教育部人文社会科学研究项目（15YJA870004）基金资助

中日图书馆学交流65年（一八九九—一九六四）历史探微

范凡 ◎著

海洋出版社

2020年·北京

图书在版编目（CIP）数据

中日图书馆学交流65年（一八九九——一九六四）历史探微/范凡著．—北京：海洋出版社，2019.9

ISBN 978-7-5210-0407-6

Ⅰ.①中… Ⅱ.①范… Ⅲ.①图书馆学-文化交流-研究-中国、日本-1899-1964 Ⅳ.①G250.1

中国版本图书馆CIP数据核字（2019）第184052号

责任编辑：高显刚 张 欣

封面设计：何 瑛

责任印制：赵麟苏

海洋出版社 出版发行

http：//www.oceanpress.com.cn

北京市海淀区大慧寺路8号 邮编：100081

北京朝阳印刷厂有限责任公司印刷 新华书店发行所经销

2020年1月第1版 2020年1月北京第1次印刷

开本：787mm×1092mm 1/16 印张：29.75

字数：344千字 定价：86.00元

发行部：62132549 邮购部：68038093 总编室：62114335

作者与庆应大学图书馆情报学系部分师生合影

2014 年 6 月 25 日，作者夫妇受邀与庆应大学图书馆情报学系田村俊作教授、仓田敬子教授、岸田和明教授、安形麻里副教授、酒井由纪子副教授等五位教师和三位硕博士生，在庆应大学教职员专用食堂（ファカルティクラブ）共进午餐。仓田和岸田二位教授因下午有课提前离开，未参加合影。

合影从左至右：隋亥华博士、酒井由纪子副教授、安形麻里副教授、范凡、郑志勇、田村俊作教授、木村麻衣子博士、李靖硕士

序

1925年，梁启超先生在中华图书馆协会成立大会上呼吁，建设“中国的图书馆学”，明确指出“须要对于中国的目录学（广义的）和现代的图书馆学都有充分智识”之人，才能将中国的图书馆学建立成为一门独立的学科，成为“中国的图书馆学”（见《中华图书馆协会会报》1925年1卷1期）。自此之后，几代图书馆学人共同努力，完成了中国图书馆学从孕育到成熟的发展历程。

自刘向、刘歆父子校理群书起，中国古代藏书文化源远流长，积累了丰富的藏书经验与整理理论；数千年来，一代代爱书人聚书万卷、丹黄不辍，谱写了世界文化史中关于书的学问最为华彩的篇章。近百年来，数代图书馆学家筚路蓝缕，将中国传统藏书管理、整理的方法和理念，与西方图书馆学思想相结合，完成了中国图书馆学的本土化进程。在这个过程中形成的思想、理论、著作、学术流派，为学科发展做出贡献的人物，以及学科教育、学术组织、刊物等，都属于中国图书馆学学科史的重要内容。今天，我们重视学科史，既为表彰前辈学人开山辟路之功，同时也要在回顾成就的基础上，为中国图书馆学的未来发展厘清思路。自改革开放以来，图书馆事业日新月异，在传统图书馆学框架体系上，又生长出大量新的内容，决定了图书馆学在新时代的发展前景。

学术史是体现学科成熟度的重要标志。然而，中国的图书馆学虽历史悠久，但学科史的研究却十分薄弱，迄今尚无一部通论著作问世。2017 年，四卷本《中国图书馆史》由国家图书馆出版社推出，填补了我国图书馆史系统性研究的空白。

图书馆事业与图书馆学，为一体之两面。作为《中国图书馆史·古代藏书卷》的主编，长期以来，笔者的主要研究领域集中在书籍史、藏书史、出版史等方面，在扒梳史料的过程中，深感古代藏书与近现代图书馆事业之间的紧密联系，以及建立中国图书馆学史研究体系的必要性。约略计之，研究中国图书馆学史的意义有以下数端：

（一）对数千年以来，我国积累的丰富的藏书技术、方法、经验、思想，以及西方图书馆学传入后，其本土化与学科化过程中产生的全部知识，进行系统总结，梳理自古至今图书馆学发展的规律和特征，这既是社会文化发展和时代变迁的需要，又是当代图书馆学人的使命和任务。

（二）客观评述中国图书馆学发展历程，探索图书馆学发展的内在规律，通过对文献的梳理，回归历史现场，重新认识图书馆学在近代学科体系中的地位与价值，并为图书馆学的未来发展提供镜鉴。

（三）补齐图书馆学教育的短板，促进专业教育中图书馆学史课程的开设和人才培养体系的健全。

随着包括笔者在内的学界同道对于“中国图书馆学史”研究意义认识的不断深入，我们愈发感到推进“中国图书馆学史”研究的必要性。因此，2013年初，笔者向国家社科基金委员会提交了“中国图书馆学史”重大项目选题。选题通过后，我们组建了一支由来自北京大学、南京大学、武汉大学、上海大学、河北大学等国内较为知名的图情院校的中青年研究者组成的科研团队，共同完成课题申报，并于同年11月获得立项，其预定目标就是推出一套多卷本的《中国图书馆学史》。5年以来，通过全体参与者的戮力合作，目前项目进展情况良好，预计将在年内完成初稿。

按照课题组对中国图书馆学史研究对象的界定，我们在时间上将中国图书馆学史分为传统图书馆学（鸦片战争之前）与现代图书馆学（鸦片战争以来）两个阶段。

其中，传统图书馆学的内容，首先是古代藏书管理（有学者将其称为藏书学，即书籍的收集、保存、利用与传承）的思想、方法等。其次是古代藏书整理的部分思想与方法。中国古代典籍整理的学问被统称为“校雠学”，“校雠”本初意指的就是图书校勘，后来随着藏书与图书出版业的发展，校雠学的范围不断扩大，成为了包括目录、版本、校勘、注释、辑佚、辨伪等在内的学科群，也就是我们今天更常使用的“文献学”。有学者认为，校雠学是中国图书馆学的源头。如果从广义校雠学的角度来看，这个界定有些过于宽泛了。我们认为，按照与图书收藏、利用之间关系的密切程度，校雠学可被分为三个层次，第一层次是与藏书活动直接相关的目录、版本学等，第二层次是间接相关的辑佚、辨伪学等，第三层次则是校勘、注释等相对独立的学问，并非藏书整理活动的必备工作。其中，第一层次的内容应当属于传统图书馆学的研究范畴，第二层次和第三层次内容不应作为传统图书馆学的一部分，而应归入图书馆学相关学科给予适当的介绍。

由此，我们将传统图书馆学研究内容界定为：藏书管理和藏书整理理论。具体包括：古代藏书管理的思想和方法，即古代藏书收集、保存、利用等相关经验的总结；古代藏书整理的思想与方法，重点放在分类、编目、类纂、版本等，从藏书整理实践中总结的方法和理论。

与传统图书馆学对应的是现代图书馆学。自19世纪后半期，西方社会科学思潮大量涌入以来，中国传统学问受到了全面冲击。吸收西方学科理论，改造中国传统学问，是当时学术发展的共同趋势。现代意义上的中国图书馆学，就是这种时代背景下的产物，虽然继承了许多来自传统图书馆学的养分，但是主要以西方图书馆学理论为基础，搭建了现代图书馆学学科体系的基本框架。因此，这一阶段的图书馆学史研究内容应当包括：传统图书馆学的现代转型；西方图书馆学思想影响下形成的中国图书馆学方法和理论，如图书馆管理、资源建设、资源利用、图书馆服务等方面的理论和实践成就；图书馆学学科教育；图书馆学学术团体、学术期刊；图书馆学相关学科的发展，如文献学与图书馆学的关系等。

在建立中国图书馆学史知识体系之余，我们认为，学人是学术史研究的核心。一部学术史，究其本质是学者及其学术活动，以及所处学术环境的总和。因此，从宏观上梳理中国图书馆学发展的整体脉络与阶段特征之后，我们将研究重点放在了代表性图书馆学家身上。从中国图书馆学发展的每一阶段，挑选最具代表性，对学术发展起到重要作用的图书馆学家，展开专题研究。

从图书馆史到图书馆学史，从图书馆学知识体系到图书馆学家，回顾以往研究历程，我们发现日本学者在图书馆学史研究上也与我们有着许多相似之处。日本的图书馆史研究，从20世纪中期武居权内的一系列研究开始，就经历了从研究图书馆史到研究图书馆学史的转变。经过几十年的发展，日本图书馆史研究整体上呈现出从总体（图书馆史），到重要方面（图书馆学史、图书馆思想史等），再到更为细化的专题和专史（图书馆制度史、运动史、服务史、经营史、藏书史等）的发展历程。同样，日本在对待传统的目录学方面，由于西方 bibliography 概念的传入，目录学和 bibliography 这两门分别研究中西方图书的学问，本来相互独立、自成体系，因在日本发生了交汇，而产生了一门新的学问——书志学。书志学不仅在日本日渐发达，而且在 20 世纪二、三十年代还被输送到中国，引起了一定反响。可见中日两国的图书馆学在历史上就一直存在着密切的交流，也应当进入图书馆史研究者的视野。

从世界范围看，图书馆学史正在走向日益融通的时代，范凡撰写的这部《中日图书馆学交流 65 年（1899—1964）历史探微》在中日图书馆学交流史方面做了一个新的尝试，最近，还看到有学者进行中美图书馆交流史的研究，我们相信，中国图书馆学即将进入一个世界化的崭新时代，中国图书馆学史研究中的中外图书馆学交流史研究算是一个新起点。

是为序。

王余光

2019 年 7 月于畅春园

自　序

2013年9月至2014年8月，我申请了北京大学—庆应大学校际交流项目，到庆应大学图书馆情报学专业担任访问副教授，联系老师是安形麻里副教授。在申请阶段，我得到了北京大学信息管理系李常庆教授的建议，如果日语不好的话，应该找对方学校的年轻教师，他们的英语会更好一些，更便于交流。

我的导师王余光先生和师母钱婉约教授对于我此次外出交流非常重视，专门为我饯行，嘱托在外事项。回来之后，又接风洗尘，令我感动不已。回顾自己的成长历程，每一个进步都与导师的辛勤栽培分不开。

在庆应大学的一年中，我对20世纪前半叶日本图书馆史做了较为系统的研究。首先从日本学者松见弘道对中国图书馆史和图书馆学家的系列研究中，找到了研究中日图书馆学交流史的突破口，发现了当时在中日图书馆学交流中发挥过重要作用的关键人物，如杜定友、刘国钧、间宫不二雄等。其次，通过间宫不二雄创办的《圕》《圕研究》和《青年图书馆员联盟会报》上所刊登的论文，发现当时日本图书馆学界一个个具体的研究话题，与同期中国图书馆学界的研究领域有着惊人的相似之处，二者存在着合作交流的广泛基础。接下来，有意识地将中日图书馆学交流的内容进行了收集、排比与分析，试图从中发现此前未曾发现的规律性的东西。

作为第一本系统研究中日图书馆学交流史的专著，本书成果有如下数端：

第一，关于历史分期，首次概括总结中日图书馆学交流的五个历史时期及其特征，同时界定了“圕时代”——这个象征中日图书馆学双向交流的重要时代。

第二，在机构与人物方面，以中华图书馆协会和青年图书馆员联盟为核心，向前追溯中日图书馆学交流的开拓者，向后扩展至战后重开交流的重要人物，彰显其贡献。

第三，关于图书馆学著述方面，突出了以《圕研究》与《图书馆学季刊》和《中华图书馆协会会报》为主的交流平台，揭示了中日图书馆学界之间的密切互动。

第四，对抗战时期中国图书馆界遭受的重大损失及付出的巨大努力展开系统研究，在这个研究领域中发出中国研究者自己的声音。

此外，通过对中日两国诸多关系密切的概念进行梳理和辨析，如中国藏书与日本文库，中国目录学与日本书志学、日本图书馆史研究与中国图书馆史研究、日本图书馆学史研究与中国图书馆学史研究等，揭示出中日图书馆学具有共同的文化底蕴，日本图书馆学研究中有许多可供我们借鉴之处。

回顾这段历史可以发现，那些致力于中日图书馆学交流的前辈，大都具有宽广的眼界、开放的胸怀、实干的精神和强烈的使命感，这是值得我们学习的。

人们常说，不忘初心，方得始终；回到原点、展望未来；换个角度，看清自己。这也是本研究所期望的，愿中日两国图书馆学交流有更加光明的未来！

最后，谨以此书献给我的母亲。我刚到日本半年，母亲便被确诊为癌症，但为了不让我分心，老人家一直到辞世，都没有要求我带她来医疗条件较好的北京就医……

范凡

2019 年 5 月 8 日于燕园

目 录 Contents

绪 论

在全面查阅庆应大学图书馆所藏日文图书馆学文献，收集整理日本图书馆学者的相关研究成果的基础上，尝试对1899—1964年65年间中日图书馆学交流史进行梳理。

绪论主要说明研究缘起、研究范围、研究意义、研究方法，以及目前的研究状况等，对本研究的主要研究内容加以概括论述和限定，并对本研究可能取得的研究上的推进点进行概括和论证。

一、研究缘起

如学界所公认的，在19世纪末20世纪初，中国图书馆学最初步武东瀛，继而转学美国，也就是说，在20世纪20年代以后，随着一批留美图书馆学者学成归来，美国先进的图书馆学成为中国学习的榜样，相对来说，不那么先进的作为二传手的日本图书馆学发展状况如何，和中国图书馆学还有没有关系？相信这是一个非常令人感兴趣的话题。

从19世纪末到20世纪60年代中期，中日两国图书馆学之间有着密切的交流，根据图书馆学研究著述的流向，可将这65年历史划分为五个阶段：近代图书馆制度从美国传入的阶段、中国向日本学习图书馆学的阶段、中日两国图书馆学双向交流阶段、日本全面发动武装侵华战争后单向攫取的阶段、1949 年以后到“文革”之前的相互交流阶段。本研究从每个阶段的图书馆事业背景、图书馆学著述研究内容、各自的特征以及对彼此的影响，来考察中日图书馆学之间的交流与联系，为从国际角度观察中国图书馆学的发展提供一个视角。

二、研究范围

本研究时间范围限定为从 1899 年到 1964 年间的 65 年，其理由在于，1899 年梁启超首次在《清议报》17 期上刊登《论图书馆为开进文化一大机关（译太阳报第九号）》① 一文，开启介绍日本图书馆学之先河，《清议报》是他在戊戌变法失败后避难日本时所创办，是多次介绍日本图书馆学的重要园地。1964 年刘国钧所著《中国书史简编》一书在日本翻译出版并销售 1 周年，刘国钧在获知日译本的销售情况后曾给译者松见弘道写了回信②，这封信是目前见于文献记载的中国大陆图书馆学界代表人物在“文革”开始前与日本图书馆学界的最后联系。从 1899 年到 1964 年，中日图书馆学之间经历了“单向交流（中学日）——双向交流（中日互学）——单向交流（以日学中为主）——双向交流（中日互学）”的变迁，是一个相对独立，并有重要研究价值的历史时期。

三、研究目的

第一是为了弄清 1920 年前后赴美留学的中国图书馆学者归国后，

---

① 梁启超．论图书馆为开进文化一大机关（译太阳报第九号）［J］．清议报，1899（17）：1073-1078.

② 松見弘道．図書館をつくった人々⑩劉国鈞［J］．図書館雑誌，1982，76（3）：151-152.

中国图书馆学与日本图书馆学之间是否仍然还存在着交流和联系，如果有，是一种什么样的情形和状况。目前这方面的研究仍是空白。

清末民初，图书馆被当做一种启迪民智的教育机关在全国各地纷纷设立，然而相对于传统藏书机构，图书馆毕竟是一种新兴事物，究竟应当如何办理，一直是一个令国人感到困惑的难题。除了一些报刊的零星翻译介绍外，还有1910年谢荫昌译述日本户野周二郎的《图书馆教育》，其中已经出现“图书馆学”一词。1915年日本图书馆协会出版了《图书馆小识》，两年后被北京通俗教育研究会译为中文，在中国图书馆界产生了重大影响，不仅为当时图书馆的办理提供了依据，而且由此衍生出多本相关图书，包括1917年朱元善的《图书馆管理法》、1918年顾实的《图书馆指南》、1920年郑韫三的《图书馆管理法》等。因此，人们普遍把中国图书馆学的引进源头归于日本，金敏甫曾说“民国六年，北京通俗教育研究会，以日本图书馆协会之图书馆小识，译示国人，是为中国图书馆学术书籍之滥觞。”① 1920年后，出现了正式以“图书馆学”命名的文献，一是刊登在1920年5月20日出版的《约翰声》第31卷第四期上的《图书馆学》论文，二是杨昭悊于1920年5月31日翻译日本人田中敬著《图书馆学指南》一书，之后杨昭悊本人编写了《图书馆学》。实际上，杨昭悊翻译的《图书馆学指南》和编著的《图书馆学》，都是学习和研究日本图书馆学的结晶，可见中国图书馆学的产生受日本影响颇深。但是随着中国图书馆学界留美一代的学成归来，美国图书馆学成为取法的榜样，从此，中日图书馆学之间的交流和联系状况就很少被中国图书馆学者关注或总结。

第二是为了弄清在民国时期成长起来的中国第一、二代图书馆学家，包括“留美的一代”和“文华的一代”，他们的研究成果，如果放

① 金敏甫．中国现代图书馆概况［M］．广州：广州图书馆协会，1929：29.

到世界范围来看，究竟达到了怎样的高度，产生了什么影响。

目前国内图书馆学界对于第一、二代图书馆学家的研究，已经取得了越来越多的成果，发掘了许多从前不为人知的领域。然而总体上看，这些研究从时间纵轴上展开的多，从国别横轴上展开的少，因而对其学术贡献就难以准确定位，存在着盲目崇拜和妄自菲薄两种倾向。产生了不少主观的甚至是武断的看法，有的认为在中国没有世界级的图书馆学大家，有的认为中国图书馆学本土化程度低，有的甚至认为图书馆学还不是一门科学等，诸如此类，因而图书馆学史研究急切呼唤新的视角与突破。

第三是为了弄清从 19 世纪末到 20 世纪 60 年代中期这段时间，中日两国图书馆学及图书馆事业的发展状况，总结出各自的特点，从而为今后中国图书馆学的发展提供借鉴。

从历史上看，中日两国图书馆学的交流，对于促进双方的发展不无裨益。对中国来说，图书馆事业最初的发展便得益于从日本学习的图书馆制度；而对日本来说，也大有益处，其中最著名的例子就是 1926 年杜定友访日对日本图书馆学的发展发挥了莫大的作用，以至于被不同时代的日本图书馆学者反复提起①。杜定友的日本之行可以说是一次中国图书馆学家风采的展示，他对日本图书馆事业和图书馆学的客观评价，让中日图书馆界重新开始认识对方，从而开启了一扇双向交流的大门。

四、文献综述

对于 1899—1964 年这段历史时期中日图书馆学交流的研究，目前只有个别人物或节点大家比较熟悉，人物方面有杨昭悊和马宗荣，而节

---

① 松見弘道．図書館をつくった人々⑪杜定友［J］．図書館雑誌，1982，76（5）：255-256.

点只有两个：一个节点是1917年日本的《图书馆小识》的翻译和利用，另一个节点是杨昭悊于1920年翻译日本田中敬原著《图书馆学指南》、1923年以日本图书馆学著作为基础而编写的《图书馆学》。而此前和此后，中国对日本图书馆的介绍和引进情况并不为大家所熟知，如梁启超在戊戌变法失败以后避难日本，他利用《清议报》对于日本图书馆的介绍，以及他发明的《和文汉读法》① 对日本图书馆学著述翻译引进的作用，都还没有引起人们足够的重视。又如罗振玉和王国维在《教育世界》和《教育杂志》上发表的同类文章也未得到足够重视。同样，1926年杜定友访日的情况，因为当时发表在非图书馆学刊物上，并无太多人知晓。然而杜定友访日却在日本产生了深远的影响，日本图书馆界著名人士间宫不二雄在杜定友来访之后，立即行动起来，他于当年发行《圕》刊，次年成立日本青年图书馆员联盟，第三年开始发行《圕研究》季刊，勉力维持16年，1943年停刊，1944年青年图书馆员联盟解散，1955年他将《圕研究》系统整理、复制出版。这在日本图书馆学发展史上是一个非常特殊的时代，可以称为“圕时代”，目前这方面的研究刚刚开始②。

在中日图书馆学的交流史上，从1931年到1945年，由于日本帝国主义对中国的疯狂侵略和野蛮暴行，使中国图书馆学研究者一直无法释怀，造成了大家不愿意去触碰此类研究领域。比如日本在华殖民地图书馆情况、沦陷区图书馆情况、侵华日军破坏图书馆、掠夺图书文物情况，日本图书馆学界已经出版了许多书籍，无不标榜科学客观，而中国图书馆学界却很少有这方面的研究。我们不能让那些片面之词来掩盖历

---

① 哀时客［梁启超］．论学日本文之益（稿）［J］．清议报，1899（10）：579-581.

② 范凡．杜定友访日开启中日图书馆学双向交流的“圕时代”［J］．山东图书馆季刊，2014（4）：35-40.

史的真实。如日本人鞆谷纯一在2011年出版的《日本军接收图书》①，把侵华日军在中国掠夺图书的暴行美化为“接收”，该书不管在日本博得了多少人好评，号称有多么客观，如果连“掠夺”与“接收”的含义都分不清的话，就只能说明作者的立场在于掩盖侵华日军的侵略罪行。

然而，在日本图书馆学界，也不乏真正的友人，比如松见弘道，他40年如一日研究中国图书馆学，取得了丰硕成果，研究领域遍及中国的图书馆事业、图书馆学家、图书分类法和目录学等诸多方面，对中日两国图书馆界交流的促进与宣传贡献尤多。他对中国老一代图书馆学家刘国钧和杜定友的学术成就的翻译和介绍尤为突出，对于他们毕生的学术贡献也做出了非常全面而客观的评价，堪称“北刘南杜”海外研究的集大成者。他对于中国图书馆学的研究，因其文化背景、学术立场，甚至研究方法的不同，充满了令人意想不到的学术见解，颇有借鉴价值，应当引起国内图书馆学研究者的重视。松见弘道先后将杜定友的《图书分类法史略》②、刘国钧的《中国书史简编》③和《中国书的故事》④等论文和著作翻译出版，还多次撰文介绍他们的学术业绩和人格，并致以崇高的评价和敬意。松见弘道对“北刘南杜”的研究是置于世界图书馆事业和图书馆学的发展视野之中的，他史无前例地把他们与举世公认的世界一流图书馆学专家相提并论⑤。松见弘道对于“北刘南杜”等中国图书馆学家的研究揭示了以“北刘南杜”为代表的中国

① 鞆谷純一．日本軍接収図書：中国占領地で接収した図書の行方［M］．大阪：大阪公立大学共同出版会，2011.

② 杜定友．図書分類法史略［J］．松見弘道，译．図書館界，1958，10（3）：87-91.

③ 劉国鈞．図書の歴史と中国［M］．松見弘道，译．東京：理想社，1963.

④ 劉国鈞，鄭如斯．中国書物物語［M］．松見弘道，译．東京：創林社，1983.

⑤ 范凡．松见弘道对“北刘南杜”的研究［J］．中国图书馆学报，2015，41（2）：85-94.

图书馆学家在日本图书馆学界的影响，以及中国图书馆学的国际影响。松见弘道的研究，打破了我们以往关于20世纪初期中国图书馆学从日本引进的单一认识，使我们认识到随着以“北刘南杜”为代表的中国图书馆学家的成长，中国图书馆学在20世纪20年代中期已经超越了日本图书馆学的发展水平，并对其产生了巨大影响，这种影响一直持续到20世纪五、六十年代。从而为国内“北刘南杜”研究乃至中日图书馆学交流史研究提供了新的视角和借鉴。

总体上看，与这65年交流史最为相关的资料大致包括三个方面：中国学者对日本图书馆学的研究、日本学者对中国图书馆学的研究，以及中日两国学者对图书馆界所共同面临的问题进行的各有特色的研究。我们可以在对现有研究成果进行分析、比较和总结的基础上，深层挖掘中日图书馆学交流方面的有关史料，系统梳理中日两国的图书馆学学术史，提炼总结二者之间的相互影响，系统反映两国图书馆学交流的历史。具体地说，主要从事业背景、重要人物、刊物、论著研究主题等各个方面，对中日两国图书馆学进行比较研究，发现各自的长处和短处，体现二者共生发展的历程。

五、65年交流史分期

第一期，近代图书馆制度从美国传入的阶段。在近代图书馆学传入之前，中日分别有悠久的藏书历史和文库历史，以及在此基础上所形成的目录、分类和图书整理的理论与方法。在近代特殊的历史背景下，作为学制的一部分，近代图书馆制度在日本的明治时期、中国的晚清时期被引进，然而两国对这一制度的接受程度有一定的差异。

从日本方面看，1872年发布的学制令，为教育打下了基础，1879年又公布了教育令，从学制令到教育令，两者在内容方面存在矛盾，从而使与学校教育密切相关的书籍馆的地位也跟着存废不定。1876年教育令制定者之一文部大辅田中不二麻吕（或田中不二麿）到美国参加了费城万国博览会，他做了3件事：一是见识了美国图书馆协会的成立，二是把美国联邦教育局编纂的图书馆特别报告当成重要资料带回日本，三是回国后刊行了《美国百周年博览会教育报告》，其中第三卷有《书籍馆》一项。田中不二麻吕的美国之行是日本图书馆发展的重要起点。日本最早的图书馆是1880年建立的东京图书馆，而该馆前身就是1872年设立的书籍馆。这个时期出现了各种目录、著述、期刊、协会、规则和讲习。目录方面有《书籍馆书目》、《东京教育博物馆目录》、《东京图书馆目录》、《帝国图书馆目录》。协会方面，1892年日本文库协会创立，1908年改称日本图书馆协会，自1906年开始每年都召开全国图书馆大会。期刊方面，1900年成立的关西文库协会于次年创办了日本最早的图书馆杂志《东壁》，该刊名取自中国史书《晋书 天文志上 二十八舍》："东壁二星，主文章，天下图书之秘府也。"① 可见日本图书馆学的最初发展依然不能脱离传统中国文化的影响。1907年日本文库协会创办了《图书馆杂志》。讲习会方面：1903年日本文库协会主办的第一次图书馆事项讲习会召开，1908年文部省主办的第一次图书馆事项讲习会召开，为后来图书馆职员养成所设置打下了基础。从这些标志来看，日本比中国更早、更系统地接受了近代图书馆制度。

第二期，中国向日本学习图书馆学的阶段，从19世纪末到1923年杨昭悊《图书馆学》的出版，可以看作中日图书馆学的单向交流时期，以梁启超、罗振玉等对日本图书馆制度的介绍、1910年谢荫昌译述日本户野周二郎的《图书馆教育》、1917年《图书馆小识》的翻译、1920

---

① 岩猿敏生．東壁について［J］//関西文庫協会．東壁復刻版．東京：学術文献普及会，1974：23-32.

年杨昭悊翻译《图书馆学指南》，接着编写《图书馆学》为代表。单向交流的主要方式是中国对日本图书馆学著作的翻译。将译著与原著进行对比，考察其异同，就会发现中国学者对图书馆学术的关注重点和想要解决的问题。尤其是杨昭悊编写《图书馆学》，意欲用学术体系来统领图书馆的应用技术，不仅超越了翻译的境界，而且超出了当时日本图书馆界对图书馆学术体系的认识，日本在20世纪五六十年代，才出现了更为系统的图书馆学研究著作，如大佐三四五的《图书馆学的展开》①、武居权内的《日本图书馆学史序说》② 等。

第三期，中日两国图书馆学双向交流阶段，以1926年夏杜定友访日为起点，间宫不二雄从杜定友身上看到了中国图书馆学家的风采，意识到了日本与中国图书馆学界的差距，他不仅全盘接受了杜定友新创制的“圕”③ 字，并以该字为刊名，先后创办了《圕》和《圕研究》两种刊物。杜定友此行，有三个直接的成果，一是“圕”字的正式使用，二是以一个图书馆学家的眼光对日本的图书馆事业和图书馆学的发展状况进行了调查分析，三是代表中华图书馆协会邀请日本全国图书馆协会派出代表参加中华图书馆协会的会议，研究中日图书馆联络合作问题，并得到了对方积极的响应。

杜定友关于日本图书馆事业和图书馆学的看法，以及对中日图书馆学发展水平的对比分析集中反映在1927年发表的《日本图书馆参观记》④ 一文中。他对中日图书馆界的比较分析，让双方看清了彼此的问题和成果，从而开启了一个中日图书馆学双向交流的新时代。而这个时

---

① 大佐三四五．圖書館學の展開［M］．東京：丸善，1954.

② 武居権内．日本図書館学史序説［M］．東京：早川図書，1960.

③ 間宫不二雄．「圕」卜言ウ文字ノ生立記．圕研究，1934，7（4）：27-28.

④ 杜定友．日本图书馆参观记［J］．山东教育月刊，1927：6（2）：51-63；6（3-4）：65-71；6（6）：43-56；6（7）：33-43.

代是如此独特，它以“圕”的正式使用为特征，也差不多与“圕”的使用相始终。从此日本的图书馆学研究变得更加有组织、有系统、有计划，开始形成规模。

本期重点是中日以图书馆学刊物为平台开展的学术交流。日本新式的具有标准图书分类法性质的《日本十进分类法》（*Nippon Decimal Classification*，NDC），其编制受到了来自中国的图书馆分类法的许多启发①，比如马宗荣介绍到日本的清华学校图书馆旧籍分类法、裘开明的汉和图书分类法、杜定友的分类法等，都对这部由森清编制的NDC产生了积极的影响②。此外中国的著者记号法③，尤其是王云五的四角号码法④，也都受到了间宫不二雄等人的追捧。他们以《圕研究》为主要平台，全方位对中国的图书馆学刊物和著作进行了介绍，一直到该刊面临停刊之际，1943年出版的最后一期，还刊登了铃木正次撰写的《上海图书分类史》⑤。而中国图书馆界对于日本图书馆界的动态也有积极的反应，如《图书馆学季刊》《中华图书馆协会会报》等图书馆学期刊先后刊文，对于间宫不二雄创办的日本青年图书馆员联盟及其机关志大加赞赏⑥，并及时介绍间宫不二雄关于中国图书馆界的看法⑦等等。

第四期，日本全面发动武装侵华战争以后，作为受害和加害的中日双方，已经失去了正常交流的基础，中国图书馆人在奋力保护图书，宣

① 范凡．马宗荣的“创造世界共通的国际的图书馆学”理论构想评介［J］．河南科技学院学报，2015（1）：78-82.

② 清水正男．図書館資料分類の研究［J］．長野大学紀要，1987，8（3）：75-94.

③ 間宮不二雄．漢字排列法ノ革命：王雲五氏發明四隅番号化検字法［J］．圕研究，1929，2（3）：115-129.

④ 王云五发明．漢字ノ四隅番号化検字法［J］．間宮不二雄，译．圕研究，1929，2（3）：130-162.

⑤ 鈴木正次．上海圖書分类史［J］．圕研究，1943，16（1）：59-88.

⑥ 衡．日本青年图书馆员联盟［J］．图书馆学季刊，1928，2（3）：180-181.

⑦ 日圕专家推崇中国圕界［J］．中华图书馆协会会报，1937，12（4）：42.

传抗战，而日本图书馆人一方面在为侵略军队服务，一方面在做侵华日军掠夺中国图书和文化财产的帮凶。关于这一时期的图书馆史，如满铁图书馆、日本殖民下的台湾图书馆、侵华日军掠夺图书等，日本学者发表了不少论著，无不带有日本人之立场，但是中国学者却整体比较沉默，目前这种状况对于后人正确了解这一段历史是非常不利的，中国学者需要加强对这一时期的研究。实际上，由于日本侵略对中国造成的巨大破坏，不止是有形的物质层面，还包括无形的精神层面；不止对当时，而且对今天的中国学者来说也是一道难以逾越的障碍，导致中国学者无法单纯从学术角度来进行研究。举例来说，1932 年“一·二八”事变中侵华日军轰炸上海商务印书馆的东方图书馆，意在毁灭中国当时数一数二的文化宝库，以王云五为代表的东方图书馆人一方面是日本图书馆学界推崇的榜样，一方面又是日本侵略的直接受害者，在这种情形下，何谈中日之间图书馆学的交流？1937 年，抗战全面爆发后，中国的各大图书馆都遭受了惨重损失，中国的图书馆界为了保护图书，经历了千难万险，图书馆学研究基本陷于停顿。而日本图书馆学界直到太平洋战争爆发前，都能持续进行研究。其中曾担任过满铁抚顺、大连等地图书馆长，并在侵华日军掠夺中国图书时充当帮凶的大佐三四五，他的一些行动和想法表面上看很有迷惑性，实质上却只能用强盗逻辑才能解释，比如他认为自己的行动是接收并保护这些图书免受战火，他还在自己撰写的《图书馆学的展开》一书中，对中国图书馆学所取得的各种成就赞不绝口，认为超过日本很多。作为今天的一名图书馆学史研究者，如果去触碰这一时期日本图书馆学的研究成果，从民族感情到学术立场上都难以把握。所以在无形中就增加了精神压力，感觉要客观研究这段历史的确难度很大，这是当前对于该时期中日图书馆学交流史研究进展缓慢的一个主要原因。

第五期，第二次世界大战之后，日本图书馆界更加直接地受到美国图书馆学的影响。受联合国部队总司令部民间情报教育局的派遣，美国图书馆使团到达日本，对其图书馆制度进行改革，日本图书馆学受到美国图书馆学更强烈的影响，尤以受巴特勒为代表的美国图书馆学社会学派（芝加哥学派）的影响为深，他们开始加强理论研究，眼光也更加开放，先后出现了数本具有总结性的图书馆学学术史著作，如上文提到的大佐三四五的《图书馆学的展开》、武居权内的《日本图书馆学史序说》，对于包括中国图书馆学在内的图书馆学发展多有论述，表明日本图书馆学从质上有了一个较大的飞跃。武居权内是日本著名的图书馆学史研究专家，在图书馆史和图书馆学史研究方面成绩显著，先后发表过《日本图书馆史的方法》①、《日本图书馆学的发展》②-③、《关于图书馆学史》④ 等论文，1960年出版的《日本图书馆学史序说》一书奠定了他在日本图书馆学史研究方面的学术地位，该书对日本图书馆学的发展所进行的系统梳理极具参考价值。

1949年以后，中国图书馆学开始受到苏联的影响，以刘国钧为代表的中国图书馆学家积极吸收苏联图书馆学之精华，在学术上又有了新的突破，这些成就很快被嗅觉灵敏的日本图书馆界发现并引进，在日本引起了不小的反响。以松见弘道为代表的一些日本图书馆学者，成为刘国钧等人学术成果的积极引进者，他们阅读、翻译、介绍并运用中国图书馆学的成就，再次开创中日图书馆学友好交流的新篇章。然而这种良好趋势在“文革”开始后，不得不中断了，中国图书馆学走上了一条相对封闭的道路。

---

① 武居權内．日本図書館史の方法［J］．図書館雜誌，1938，32（3）：61-68.
② 武居權内．日本における図書館学の発達 上［J］．図書館研究 2，1955：1-10.
③ 武居權内．日本における図書館学の発達 下［J］．図書館研究 3，1957：29-42.
④ 武居權内．図書館学史について［J］．東海地区大学図書館協議会誌 2. 1957：6-9.

综上，通过分期讨论和总结中日两国在此 65 年中图书馆学发展和交流的特征及其发挥的历史影响，以及通过突出重要人物、重要著述、重点刊物的作用和贡献，来阐明一个道理，即中日两国图书馆学由于有共同的儒佛文化底蕴、同受以美国为主的图书馆学的影响，更具备交流的基础，不论是否认识到，或者是否愿意承认，中日两国的图书馆学之间共同之处远远大于不同之处，而且开放意味着进步、封闭意味着落后，这些结论对于中国图书馆学未来的发展将不无裨益。

第一章 中日两国图书馆学产生的事业背景

本章论述中日两国图书馆学产生的事业背景，首先论述在近代图书馆学传入之前，中国藏书的历史与日本文库的历史，以及在此基础上所形成的目录、分类和图书整理的理论与方法。其次论述作为学制一部分的近代图书馆制度，如何在日本的明治时期、中国的晚清时期被引进，以及两国对这一制度的接受程度。最后论述为了办理新式图书馆，中日两国如何进行图书馆学术的探索。

无论从殷商收藏刻有卜辞的甲骨算起，还是从老子担任周守藏室之史算起，中国藏书都有着悠久的历史。从文献的载体看，有甲骨、金石、竹木、缣帛和纸张，从记录手段看有刻铸、书写和印刷。中国很早就形成了宫廷和官府藏书、寺院和道观藏书、书院藏书、私人藏书四大藏书体系。在频繁的朝代更迭之后，还形成了为前代著史的传统，其中一项重要的内容就是编写史书艺文志。因此中国关于图书的学问——目录学、关于知识体系的学问——分类学很早就发达起来，著名的有《别录》《七略》《汉书艺文志》《隋书经籍志》《四库全书总目提要》等等，可以说中国藏书史就是对中国的文化和典籍进行不断整理、保存和发展的历史。

鉴于中国藏书史的研究成果已经非常丰富，这里不再重复已有的研究，而要明确一点：作为一个有着数千年文明的古国，中国从来不必质疑自己藏书的历史，也无需为中国古代到底有没有图书馆这个问题而纠结。诚然，中国古代没有图书馆这个名称，但是有承担古代图书馆所有功能的藏书机构。同样，我们的近邻日本，在古代也没有图书馆这个名称，有的只是文库。我们可以从日本学者处理其文库和图书馆的关系中获得一些启示，以帮助我们更好地认识中国古代藏书与近现代图书馆之间的关系。

第一节　深受中国文化影响的历代日本文库

日本的图书馆，在过去叫做文库。和田万吉①认为，文库改称图书馆，顺应了明治维新以来扫除旧思想、建立新思想的风潮。当时日本人看到了欧美先进国家所设置图书馆的性质，也想在日本开设同类性质的设施，才翻译出图书馆这个新名称，以表明与过去的文库——那种只聚集保存书籍的场所有所不同。有意思的是，和田万吉通过考证当时翻译图书馆一词所对应的英语 library 和德语 bibliothek 两个词后发现，这些词也是自古以来就有的，既有图书馆的意思，也有图书的集合的意思（例如同一书店发行的图书、同一个著者的著述等）。西方自古就有图书馆，日本也很早就有文库，可见图书馆并不是新生事物。但是一旦使用了图书馆这个词，人们的感觉就有所不同，那是因为图书馆的目的，以及实现这个目的的手段与过去的文库相比发生了很大的变化。

① 和田万吉著；弥吉光長編・解説．図書館学大綱［M］．東京：日本図書館協会，1984：3-11.

日本学者关于日本文库历史的研究有一个由浅入深的过程，从最初的简单列举发展到后来的著书立说。其文库史研究分期，既有以时代划分为依据，又有以文化主导阶层划分为依据。

早期，和田万吉提到日本文库，仅仅采用简单列举法。他指出，日本最早的文库是奈良朝石上宅嗣所建的芸亭文库；他推测平安朝僧俗诸家创设的私学中也设有文库，一些缙绅也设有文库。镰仓时代著名的文库有金泽文库以及禅寺附设的许多文库。

小野则秋耗时 30 余年出版了两卷本《日本文库史研究》[①]，按照上代的文库、中世的文库、近世的文库、近代日本的图书馆法规变迁及其背景考察四个部分，详细记述日本各个时期的各类文库。

岩猿敏生对日本图书馆史的划分依据又有所不同，其着眼点在于每个时代图书文化的主导阶层。在《日本图书馆史概说》[②] 一书中，他将日本图书馆史划分为 4 个时代：贵族文库时代、僧侣文库时代、武家文库时代和市民图书馆时代。

上述研究者有两个共同点，一是用文库和图书馆分别指代在明治前后不同阶段的日本藏书机构。二是都没有否认中国文化对日本文库或图书馆的巨大影响。

中国文化对于日本文库或图书馆的影响渗透到从文字、到图书、到图书文化等图书馆成立的各个先决要素中，是一种难以区分你我的关系。

首先从文字上来说，日本本来没有自己的文字，是从中国借用的汉字。而且最早关于日本的文字记录，也是最先出现于中国的史书上，例如大约 1 世纪中叶，倭奴国王到汉朝进贡并领受金印；2 至 3 世纪，邪

---

① 小野則秋著．日本文庫史研究［M］．京都：臨川書店，1979.

② 岩猿敏生著．日本図書館史概説［M］．東京：日外アソシエーツ，2007：16.

马台国女王卑弥呼到魏进贡，记载在《魏志倭人传》里。当时日本还没有建立起统一王朝，有关日本使者的事迹记录在中国史书中。尤其是《宋书》中记录的倭国五王中叫做倭王武的雄略天皇，他给宋上表是用漂亮的汉字书写的。可见在当时的日本统治阶层，汉字汉文是很普及的，应该有汉字的书籍存在，不过这些都是推测，只能将5世纪之前划归图书文化史以前的时代。

其次从图书传入日本来说，根据《日本书纪》的记载，应神天皇15年，从百济传入《论语》10卷、《千字文》1卷，献给了日本朝廷。应神天皇在位时间大概是4世纪后半叶到5世纪初，也就是说汉籍传入日本大概就在那个时候。

从佛教传入日本来说，大概比汉籍传入晚了一个世纪，根据《日本书纪》的记载，公元552年，从百济传入了释迦佛金铜像一躯和经论若干。佛教在中国是从后汉明帝时发展起来的，经朝鲜半岛传入日本。

公元5世纪，日本虽然达到了图书文化阶段，但仍处于图书馆文化以前时代。只有当图书已经存在，并且为了某种目的而聚集利用图书的时候，才能称之为图书馆史的开始。也就是说社会上有了图书聚集的必要，政治上成立了支配图书的机构，才算拉开了图书馆史的帷幕。

以下按照岩猿敏生著《日本图书馆史概说》① 一书中对日本文库的研究内容和观点，梳理日本历代文库的发展概要，贵族文库、僧侣文库和武家文库三个时代中的小标题为笔者所加。从中可以看出中国文化在日本各个时代文库的发展中发挥的重要作用，进一步了解并体会日本文库的发展史就是日本在不同时代受容中国文字、思想、造纸、印刷、佛教、儒学、医药等各种精华，并使之本土化发展的全过程。

---

① 岩猿敏生著．日本図書館史概説［M］．東京：日外アソシエーツ，2007.

一、贵族文库时代

贵族文库时代包括飞鸟、奈良、平安三个时代。飞鸟时代是指从6世纪前半叶到710年之间，大和政权设在飞鸟。奈良时代是指710年，元明天皇仿照唐朝建奈良为平城京，到后来桓武帝迁都至京都（平安京）为止。平安时代是指794年迁都平安京到1192年在镰仓开幕府的大约400年。

1. 遣隋使、留学生和学问僧将造纸法和书籍传入日本

飞鸟时代，推古女帝、圣德太子等人，多次派遣隋使、留学生和学问僧，一方面宣示日本的国际地位，一方面从中国输入了优秀的文化。

圣德太子对佛教有很深的信仰，不仅创建了法隆寺，还编写了佛教经典义疏，是日本现存最古的著作。据说圣德太子还编写了《天皇记》《国记》等历史书，未能流传下来，但是跟中国关于日本使用文字、编写史书的记录是一致的。

大化改新以后，天武天皇以建设像唐朝那样的律令国家为目的，派遣更多的留学生，从中国输入更多的书籍与体制。当时统治阶级蓄积利用这些典籍、律令、佛典的情形，目前还不清楚。

造纸法在推古天皇18年（610年）通过高句丽僧人传入日本。隋唐时代，中国书籍形态是卷子本，5、6世纪传入日本的经籍、佛典，想来也是纸质卷子本。

2世纪至3、4世纪，纸在中国虽然已经普及，但是仍有木简和竹简。日本也出土过木简，时间上属于飞鸟时代后期至奈良时代前期，如在729年因有谋反嫌疑而自杀的长屋王，其宅邸就曾出土5万多件木简，多为行政事务方面的内容，也有《论语》《千字文》等残片。日本

是从奈良时代开始用纸，不过当时木简也仍在使用。

飞鸟、奈良时代，书籍大多是从中国及朝鲜半岛带来的。

2. 日本的佛经抄写和百万塔陀罗尼经印制

日本自己写书是从抄写佛典开始的。

一切经写经在日本的传播，最早是从 673 年开始。735 年玄昉从唐朝带来一切经 5 千余卷，系 730 年唐朝《开元释教目录》20 卷中所收录的 5048 卷佛经。799 年唐朝又编了《贞元释教目录》30 卷，凡是目录收录的佛典叫做录内，未收录的佛典叫做录外。

关于一切经的书写，日本既有中央官营的写经所，也有地方大宰府经营的书写所，估计从 710 年到 768 年，至少写了 21 部一切经。在寺院里，佛典的书写作为教科书收藏的叫藏经，作为祈愿功德的叫做愿经。700 年再建的法隆寺，开始设置寺院藏经，分为壁藏和轮藏两种方式。轮藏是中国六朝时代传大士时发明的，不知道何时传入日本，对佛典的利用提供了便利。

除了一切经以外，还有 600 卷的大般若经、法华经。奈良朝佛典非常盛行，据说书写了 10 万卷以上。在 949—959 年写经全盛期，官营的写经所中，除了经生外，还有校生、装潢，其专业分工明确，做出的经书非常漂亮。

在写经全盛期，留下了现存世界上最古老的印刷品叫做百万塔陀罗尼，完成于 770 年 4 月，是孝谦女帝为平定叛乱发了宏愿要做成百万部陀罗尼经。这项工程花了 6 年时间才完成，当时把陀罗尼放到木制三层小塔中，放到法隆寺等十大寺院中，现在只有法隆寺的传下来了。关于当时印刷陀罗尼时采用的究竟是铜板还是木板，目前仍有争议。

由于有大量的写经以及印刷了陀罗尼，佛典流通范围更广。为了律令体制的完备，又不断从中国引进汉籍。例如 735 年，遣唐使吉备真备带回了大量书籍，包括《唐礼》130 卷，还有历书等许多实用的书。

3. 宫廷文库、大学和国学文库、贵族文库

奈良朝的文库分为 3 类，宫廷文库、大学和国学文库、贵族文库。

701 年大宝律令完成，其中规定，7 省中的中务省设 6 个寮，其中一个叫做图书寮。图书寮负责国史撰集，书籍的收集、保存、校写，以及与纸、笔、墨相关的事务。比今天图书馆业务范围还要广泛。图书寮准许贵族和官人借览书籍，具体情况因缺乏记录，还不明确。

在宫廷之外，还设有保管文书的文殿，这是官方的图书馆和文书馆，在平安朝，设立了宫廷直属的文库——校书殿和冷然院。

大宝令规定，在中央和地方要分别建立大学和国学，作为培养人才的机构。教授五经和算学等内容，应当有一定的藏书及目录，但是没有传下来，一些史料显示国学中很缺乏图书。

贵族个人也拥有文库，例如 757 年被诛的橘奈良麻吕，就被没收图书 480 卷。贵族文库中最早公开的是石上宅嗣的芸亭。宅嗣之父住在石上，宅嗣官至大纳言。他笃信佛教，晚年把旧宅改成佛寺，其中设置芸亭，向好学之人公开。芸亭的芸指芸香草，能够驱虫，所以给文库取了这个名字。后来有人猜测中国古典中有“芸香辟蠹，故藏书台称芸台”，大概宅嗣也是取了此意。

4. 书籍制度

平安时代，传入日本的书籍出现了册子本。与卷子本作为正式装帧相比，册子本装帧更加私人化，同样日本书与汉籍相比也更加私人化，因此日本书多采用册子本装帧。册子本比卷子本利用起来更加方便，日

本的佛典由卷子本改成册子本的比较多。

由于册子本折页比较容易破，又改成了粘叶装。中国敦煌写本中的粘叶装都是9—10世纪的物品，推测唐朝都城一带出现粘叶装更早一些。日本最古老的粘叶装是弘法大师入唐（804—806年）时的记录《三十帖册子》。随着岁月流逝，粘叶装的浆糊会失去黏性，有的又改成袋缀装。

在和歌、物语及其他日本文学著作的装订中，出现了佛书、汉籍中都没有见过的缀叶装，以及类似正方形的枡形本。

5. 根据汉字创造假名

9世纪中叶，日本根据汉字的草书体创造了平假名、根据楷书体的部首创造了片假名。从10世纪到11世纪，出现了用假名书写的《古今集》《源氏物语》。从奈良时代到平安朝初期，公用文字仍然是汉字，假名文字被称为女文字或女人写的字。9世纪敕撰诗歌集还是汉字，10世纪出现了首部敕撰和歌集《古今集》，从此假名文字才从私用文字变为公用文字，成为日本文学的主体文字。

6. 佛教普及，从写经转向开版印刷

平安时代，由于政教分开，佛教从镇护国家的宗教变成个人的信仰。9世纪初最澄、空海分别开创了天台宗和真言宗。贵族阶层以《法华经》为中心，做成大量的装饰经，即在染了颜色的纸上书写金银字，其代表作是12世纪的《久能寺经》《平家纳经》。为了通过写经增加功德，佛典被大量书写，追求佛经千部供养，有时会用到印刷术。特别是从中国引进了宋版一切经以后，大规模的写经衰退了。

最早的实用印刷品是供僧侣研究佛教用的教科书，即刊于1088年

的《成唯识论》10卷。除了教科书，还有功德、供养用的佛典印刷品，其中兴福寺的春日版，一直到江户时代还在开版印刷。后来东大寺、西大寺、法隆寺等也陆续开版印刷。

7.《日本国见在书目录》

平安朝汉诗文盛行，官僚贵族必备汉字汉文知识。伴随遣唐使到中国的僧侣，回到日本后要报告自己的行踪，要给朝廷提交所带回佛典的目录，但是遣唐使中的贵族和官人带回的汉籍却没有目录传下来。

9世纪末出现了《日本国见在书目录》，这本目录没有序跋，编纂契机、编成时间都存在多种说法。据说是藤原佐世奉宇多天皇敕编纂。875年正月宫中失火，存放朝廷书籍的冷然院被烧毁，这个目录就是烧剩下的书籍目录。据说该目录记载了1 586部、16 734卷书，分为40部门，著录了书名和卷数。其中医方家165家、小学家158家、五行家156家，此三家合计479家，占到全部书籍的三分之一。从中可以看出平安朝初期统治阶级对哪些书籍比较关注。这个目录中不收佛典，但是混进了一些日本书。

8. 贵族藏书家

9世纪以后，随着大学衰退和有力氏族的崛起，出现了私立大学，官职和学问世袭化，使得当时贵重的和汉书籍大多能够流传下来。

平安朝贵族中好学的藏书家有藤原赖长（1120—1156），他的日记《台记》是其读书记录，所读书很多都是宋版书。1144年藤原赖长建成了一个文库，该文库建在一尺高的基台上，高一丈一尺、东西二丈三尺，南北一丈二尺，南北留有窗户，四壁涂抹石灰，屋顶葺瓦。离建筑物6尺围种一圈草，外围一道壕沟，沟外种了一圈竹子，最外面围上院墙，为预防灾害做了充分准备。文库建成后，他选了良辰吉日，整理好衣冠，按照阴阳方位将书架和书籍安置好。他还编了目录，分为全经、史书、杂说和本朝四部，本朝专指日本书，占了全部藏书的一半。可惜的是这个目录并没有流传下来。赖长于 1156 年在保元之乱中战败而死，他的书籍同时散失。

当时与藤原赖长齐名的藤原通宪——入道信西，编有一部目录《通宪入道藏书目录》，收录藏书 1 万卷，可惜这些藏书在平治之乱中，因主人败死，随宅邸一同被烧毁。该藏书目录流传至今，对于书籍收藏的函别、欠卷朽损、虫蛀状况，以及是写本还是刊本情况均有注记。

平安朝还有日野资业建成的法界寺文库，这是较早使用文库这个名称的例子。大江匡房建成的千草文仓，又叫江家文库，是大江家十代人努力建成的拥有数万卷藏书的文库，可惜在 1153 年 4 月京都大火中被烧毁。1177 年再发大火，宫中和更多贵族宅邸以及民房被烧毁，书籍、记录之类被烧的更多。

二、僧侣文库时代

僧侣文库时代包括镰仓、南北朝、室町三个时代。镰仓时代武家政权在镰仓开了幕府，一方面贵族阶级的文化创造力衰退，仅在 1205 年编成了《新古今和歌集》，与《万叶集》《源氏物语》并称贵族阶级创造的三大古典。另一方面武士阶级的文化创造力尚不具备，所以就由僧侣阶层来继续传承图书文化传统。

1. 禅宗传入和兴起，促进佛典输入与印刷，佛经目录出现

镰仓时代新佛教兴起，天台宗学僧荣西 1191 年从宋朝带回了禅宗，很快受到了新兴的武士阶级的重视，在镰仓为其建了福寿寺。南宋中国

高僧为避战乱也来到日本，受到镰仓幕府的欢迎，为其建造了建长寺、圆觉寺等，这样禅宗进一步在武士阶级中普及开来。不仅是宗教，宋元的文化也同时传入。中国禅宗提倡儒释不二，与儒学有密切的关系，禅僧语录、偈颂也多用汉诗文形式，锻炼了禅僧的汉诗文才能，由此产生了五山文学。

作为研究对象的佛典一定要正确，因此促进了佛典印刷的发展。南都的兴福寺、东大寺、西大寺，京都的比壑山、醍醐寺、东寺、东山的泉涌寺等都在刊行佛典，特别是泉涌寺直接将宋版佛典进行覆刻。

印刷已经不限于京都和奈良，而向地方普及，比如高野山刊行的叫做高野版。净土教版的《黑谷上人和语灯录》是日本最早的使用平假名的印刷品。五山版受中国宋版的影响，跟日本以前的刊本在版式上稍有不同，其内容不仅有禅籍，还有汉诗文集、韵书等。

寺院文库方面，986年入宋僧奝然把宋版一切经带回日本，这是一套蜀版一切经，卷子本。后来刊行的北宋版、南宋版一切经都是册子本，再后来又带来元版的一切经。

泉涌寺的俊芿1211年从宋归国带回佛教经典、儒书、诗文集、医书，其中除了与律宗和天台宗有关的教典，还有儒书256卷、杂书463卷，共计2 100余卷。1244年，他的弟子归国，又带回经论数千卷。

东福寺的圆尔弁圆1241年从宋归国带回典籍数千卷，自编《三教典籍目录》，今已失传，但是他的法孙大道一以1353年前后所编《普门院经论章疏语录儒书等目录》流传了下来，其中注明是写本还是刊本。因为宋朝正是从写本向版本转变的时代。

之后再入宋、入元的僧侣，也带回了佛典和汉籍，均为各寺院自己收藏，不出寺门，不向外界公开，也没有编制目录。

2. 宫廷、贵族文库

宫廷、贵族文库方面，由于经历了平安时代的京都大火、镰仓时代的动荡等损失很大，也没有明确的记录，只有莲华王院的宝藏是个例外。莲华王院建于 1164 年，是宫廷贵重品收藏库，收藏了许多书籍，早期就作有书籍目录，后不断增补，但是这个目录已经失传。有学者推定 13 世纪出现的《本朝书籍目录》是根据莲华王院宝藏书籍目录编成的。该宝藏图书历经盗贼、管理不善等原因，已经全部毁灭。

除了宫廷文库以外，还有主要收藏文书的官务文库，由官务家小槻家管理。小槻家世代管理官务文库，非常辛苦。1476 年《官文库记》中说此文库是 1165 年所建，“东西五间、南北四楹，聚满书架，挂着书签以便区分，如今已经有千余函了。”

此外，贵族文库中还有梅小路文库，于 1226 年烧失。贵族藏书经历了政权丧失、经济上不及武士阶级，再加上火灾、风灾、水灾、战乱，一旦藏书丧失，要想再度蓄积非常困难。

3. 金泽文库

武士阶级的文库方面，虽然政治权力到手，要完全战胜贵族阶级还要在文化上处于优势才行，因此，武士阶级欢迎新传来的禅宗，努力接受中国大陆传来的新文化、收集书籍，其中的代表就是金泽文库。

金泽文库由北条氏的一门金泽氏创建，地点在镰仓的金泽，历经风雨保留至今，而保存在武士阶级私宅里的书籍却随着幕府灭亡消失在兵火中。

金泽文库创立时间并不明确，镰仓幕府第二代执权者北条义时的孙子北条实时开始努力收集书籍。经过实时、显时、贞显三代人的努力，金泽文库成为日本中世史上灿烂辉煌的一大文库。

北条实时勤学好问，留意收集罕见书籍。对于宋版书，他先从京都莲华王院宝藏、公卿、名刹中借抄，自己缮写校订，金泽文库中由他缮写校订的书都有明确的标识语。

实时自家宅邸曾经失火，藏书烧失。金泽文库中，那些烧失的书，重写抄写时都有标识语。实时在临死前2个月还书写了一册《群书治要》，同样，显时在死前2个月还写了《圆觉经》。

实时建造了称名寺，但是其中文库建造的时间不详，小野则秋认为文库是实时之子显时所造，取名金泽文库，其中收集了实时书写的图书。

关于金泽文库本，各时代藏书目录都没有传下来，不知道藏书的全貌。但是关于藏书利用的文件留下来不少，从中能了解利用的情况。经过三代收书，文库不断发展壮大，1333年镰仓幕府灭亡之际，贞显与其子贞将同殉幕府。

金泽文库藏书质量很高，川濑一马说，“其中的汉籍就不用说了，佛书以外的日本书是国内最古老的传本，且外形最好。”金泽氏作为幕府执权者，倾其权力、财力，利用当时传下来的最可靠的和汉古典，采用最好的料纸书写校对，尽了最大的努力。金泽文库本的优秀不仅仅显示了其主人的权力，也不仅显示了其好书好学，还显示了武士阶级的向上的文化担当。由于与镰仓有一段距离，镰仓幕府灭亡时，金泽文库并没有受灾，失去了主人的文库后来归学僧管理，现在是神奈川县立金泽文库。

武士文库中还有名越文库，收藏幕府的文书记录和家学书籍，1208年失火，重建后于1221年再度失火，未能保留下来。

4.《本朝书籍目录》

13世纪后半叶编成了《本朝书籍目录》，按照和田万吉的说法，这个目录与平安朝藤原佐世编的《日本国见在书目录》正相反，只收录日本人的撰述，是和书的第一部目录。《本朝书籍目录》没有序跋，编者及时代、编纂目的也不明确。收录图书493部，著录书名、卷数、对撰者进行简单注记。分20个项目，其中政要84部、诗歌65部、假名54部、传记48部。从这个目录看，失去政治权力的贵族阶级对于和歌、诗歌以及政要还是关心的。

5. 地方文化兴起，印刷术向民间和佛典外转移，包背装出现

南北朝和室町时代。1333年镰仓幕府灭亡，政权再度归京都朝廷，醍醐帝肆意专制，引起了倒幕功臣足利尊氏的不满，很快演化为军事对立，醍醐帝战败逃到了吉野，建立了南朝。足利尊挟光明天皇在京都开了幕府，为北朝，形成南北朝时代。1392年在足利三代将军努力下，实现两朝合一。足利幕府时代称为室町时代。1467年由于爆发应仁之乱，京都变为战场，贵族逃往地方去投靠有力武家，京城的文化向地方普及，培育了地方文化。

这个时期文化担当者仍然是僧侣阶级。新来的禅宗与政治权利结合在一起，一面造成了禅宗的堕落，一面在与中国、朝鲜的外交和通商中，懂汉语汉字的禅僧又很重要。在镰仓、京都的五山变成了官营的，要求禅僧掌握汉诗文知识，五山文化和五山版盛行起来。中日两国禅僧的交流，带来了新的学问、新的艺术，包括朱子学和水墨画。此外造园、茶道、能乐的分野都是以这个时期的禅为基础的。

1370年，大批中国刻工来到京都，元灭明兴固然是一个原因，主

要原因是与镰仓末期贵族、寺院发愿有关，开版印刷禅籍，给中国刻工带来丰厚的报酬，由此进一步助长了开版活动的兴盛。中国刻工在日活跃时间大概30年，不光为了经济利益，刻工自身也有宗教方面的需求。

应仁之乱以后，禅寺开版活动衰落，而向日本各地、民间转移。此外禅籍以外的儒书、字书等外典也开版印刷，五山版到处可见。五山版采用包背装这种新的装订形式，这是中国从元到明采用的装订形式，传入日本。明朝有名的《永乐大典》据说是最好的包背装。包背装在中国清代宫中写本中用的较多，一般刊本不易见到，但在日本室町末期很常见。与粘叶装类似，随着浆糊失去黏性，包背装也常常改为袋缀。

中央文化向地方普及，大内氏开版印刷尤多，武士开版印刷的多为消灾愿经、儒学汉籍。14世纪后半叶，庶民社会成长起来，庶民的识字能力也不断增强，也开始开版印刷面向庶民的读物，如《论语集解》《医书大全》《韵镜》《四体千字文》，以及日常用语字典《节用集》等。

6. 足利幕府与足利学校

足利幕府与明朝贸易往来很多，也带来了很多书籍。许多僧侣充当遣明使，带回了更多的书籍。8代将军足利义政于1464年、1476年2次提出要求的中国书目录，包括佛书和外典，可见日本国内对中国书籍的需要。此外对高丽版大藏经、明版大藏经都想方设法求得。

北朝编制了朝廷集书目录《仙洞御所目录》。这个时期知名的寺院文库有东福寺普门院书库、东福寺海藏院文库。宫廷贵族文库有桃花坊文库、近卫家文库、三条西家文库、冷泉家文库、柳原家文库。纸做成的图书，很容易被天灾人祸所毁，但是日本留下的古书远比中国多，其原因是各时代的人付出了更大的努力。

足利义满时代培育出了北山文化，足利义政时代培育出了东山文化等新的武家文化。其中最有名的是足利学校，学校设有文库。

足利学校非常有名，不仅在中国，在基督教传教士中，甚至远至西欧，人们都知道它。其藏书特色与金泽文库不同，金泽文库藏有汉籍、国书、佛典，以满足武士阶级文化教养方面的需求。足利学校直接以必要的汉籍为中心，1446 年上杉宪实制定的《学规三条》中规定儒学是这个学校必须讲的。后来其教育方针有所改变。也收日本书和佛典了，1725 年足利学校文库藏书，有日本书 24 部（125 册）、汉籍 256 部（2 056册）、佛典 221 部（714 册）。另外在佛典方面，金泽文库中和汉古典籍写本较多，而足利学校文库中宋版书优品较多，许多汉籍传至今日。

三、武家文库时代

武家文库时代包括安土、桃山、江户三个时代。分别以织田信长的本城安土城、丰臣秀吉的本城桃山城（又称“伏见城”）和德川家康幕府所在地江户城为名。织田信长平定了大半个日本，丰臣秀吉继之统一天下，后丰臣秀吉被德川家康取代，1868 年德川幕府彻底垮台。

1. 朝鲜活字和西洋活字的传入

从 1467 年应仁之乱开始，到 1573 年织田信长放逐足利义昭将军为止大约 100 年间，日本处于战国时代，这个时代是日本从中世进入近世的重要转折点。

几乎与此同时，葡萄牙和西班牙开启了大航海时代，1542 年葡萄牙船队将铁炮传入日本，很快就被生产出来，大大改善了战斗力，战国霸主织田信长靠着铁炮征服了各地。织田信长之后丰臣秀吉称霸，侵略了朝鲜。

日本从朝鲜掠回了图书、精妙的活字本、金属活字印刷术，促进了日本活字印刷的发展，使日本进入了古活字版时代。与古活字相对，在江户后期到明治初期的木活字印刷物叫做近世活字本。

西洋活字也随着铁炮的路径传入日本。1549 年天主教的一派耶稣会传教士佛朗西斯库·塞维尔到日本传教，步其后尘者还有很多，他们首先与当地大名结合，在他们的保护下布教。大名们于 1582 年派出了天正遣欧少年使节团跟随传教士范礼安到欧洲去，1590 年他们回国时将金属活字印刷机带回日本。范礼安利用这套印刷机，很快就在岛原半岛着手印刷，称为切支丹版（天主教版），之后天主教受到打压，切支丹版只存在了 20 年，留下的印刷品不过 29 种，多藏在奈良的天理图书馆。

丰臣秀吉把从朝鲜掠来的金属活字献给天皇，于 1593 年用它印成《古文孝经》，是日本最初的活字印刷本，但是未流传下来。1597 年后阳成天皇用木活字印成《劝学文》《锦绣段》《古文孝经》，1599 年又印成《日本书纪神代卷》《四书》《职原抄》等，这些由天皇下令印刷的版本，均称为敕版。

关于活字印刷术，中国的活字印刷，宋庆历年间（1041—1049 年）毕昇发明了泥活字，元大德年间（1297—1308 年），王祯发明了木活字，宋元时期应该有金属活字，但是没有活字本留下。高丽的金属活字大概发明于 1102 年以后，当时高丽已经铸造成海东通宝铜钱，与现在传下来的高丽活字成分相同。1126 年高丽内乱，宫廷藏书多烧毁，1127 年，金国攻陷北宋首都，掳走皇帝。高丽需要的宋版书很难求得，只好自行刊印，由于缺乏大量的板木，并且刻木板需要巨额经费，为了做成多品种少部数的刊本，自然想到了金属活字。当时的金属活字刊本留下的不多，15 世纪以后进入朝鲜时代，其金属活字本质和量均高。15 世纪初朝鲜的金属活字至少比古登堡金属活字印刷术早半个世纪。

高丽王朝因受倭寇的侵害，多次求室町幕府镇压倭寇。足利义满在镇压倭寇的同时，也得到了高丽版的大藏经以及其他经论，都不是金属活字版的。15 世纪以后丰臣秀吉将朝鲜金属活字引入，在日本开创古活字版时代。明朝中期为了排除倭寇，中日之间禁止私人贸易，而实行勘合贸易船进行交易。这个时期也是中国推行活字版时期，汉籍进入日本很多，但哪些是活字版？日本知识界对此是否像对朝鲜活字版那样关心？与此相关的内容目前尚未见到。

2. 活字印刷对文化的普及作用

15 世纪末的日本图书文化，已经从僧侣阶级转移到武士阶级，甚至向一般庶民转移，读者范围渐渐扩大，但是数量还没有定下来，这时要求生产多品种少部数的图书，活字印刷方式正好与之相适应。中国作为一个大国则不同，虽然泥活字、木活字发明很早，但是没有大发展，活字印刷几十部到上百部的数量对于中国非常多的读书人口来说是远远不够的。木版印刷因具有好的木材保证、刻工费低、有保存板片的空间、可以多次印刷等优点，在中国非常繁荣，而活字印刷在朝鲜繁荣。日本古活字盛行半个世纪以后很快衰退了，又被木版印刷所代替，是因为读书人口增加了。古活字版印刷因为准备的活字数量少，一般是反复在一版（2 页）中植字、印刷、拆板，与整版印刷相比，花费少，负担小。另外跟铜活字相比，木活字更具有优势，所以变得盛行起来。不过活字印刷部数不超过 100 部，为了应付更大的需要，不得不向着整版印刷发展，以便于增加句读标点等。

古活字版的印刷，除了前面提到的敕版，还有寺院印刷的古活字版。比如天台宗、日莲宗的许多寺院都有活字印刷开版。1637年用活字版刊行了一切经，称作《天海版一切经》或者《宽永寺版藏经》。1678年用整版刊行了《铁眼版一切经》。

民间刊行的古活字版。庶民阶层刊书较早的有1364年用整版刊行《论语集解》。用活字版印刷的有，1596年小濑甫庵刊《补注蒙求》、1599年洛阳如庵宗乾刊《元亨释书》、1603年富春堂新刊《太平记》、1604年洛阳如庵宗乾刊《徒然草寿命院抄》、1605年下村生藏刊《元亨释书》、1607年医德堂刊行《太平记贤愚抄》、1608年花园一枝轩刊《五家正宗赞》、1609年室町通近江町本屋新七刊《古文真宝》、1610年才云刊《太平记》、1610年春枝刊《太平记》，此外刊年不详的还有《伊势物语阙疑抄》等。这些刊本都是使用的汉字假名混写文字。日本书刊行时，刚开始使用片假名，不久就改用平假名。

虽是活字本，也想追求写本之美，其中最美的有光悦本和嵯峨本。人们对图书美的追求，不止要求内容正确，还要求有美的思想、美的语言、美的形态，才愿意读。就像平安朝贵族对宋版书的爱好那样，古活字版中光悦本这样的华丽图书，是图书文化史上绽放的美丽奇葩。

寺院出版内容世俗化，出版了《论语集解》《孟子抄》等，原来在寺院内从事开版印刷的刻工，也渐渐走到外面，一方面继续从事宗教印刷，一方面从事世俗印刷。其出版事业从寺院门前向京都市内扩展、向大阪、江户扩展，出版业变得兴盛起来。京都是传统的佛书、儒书出版中心，大阪是面向庶民日常生活的。17世纪后半叶江户书店多是京都出版书肆的分店，18世纪以后，江户、京都、大阪的出版业都非常活跃。

3. 书籍贩卖目录

由于16世纪末到17世纪中叶民间出版业发展显著，17世纪后半叶刊行了最早的全国性的书籍贩卖目录——《和汉书籍目录》，推定其刊行年在1666年前后。其中分22个大类，列出了2 600部书名。1670年刊行了京都的西村又左卫门的《增补书籍目录 作者付大意》，分36大类，约3800部书名，并简单注明著者和内容。1671年又刊行了京都的山田市郎兵卫的《增补书籍目录》，收录数近3 900部，增加了近100部。1772年刊行了京都的武村新兵卫的《大增书籍目录》，京都书肆的贩卖目录持续刊行。

江户的全国书籍目录。江户的出版事业先是作为京都书店的分店逐渐发展起来的，1675年刊行了《新增书籍目录》，1681年刊行了山田喜兵卫的《书籍目录大全 价格付大意》，收录书籍约6 000部，并首次附上价格。

1801年刊行了大阪多田勘兵卫的《合类书籍目录大全》，收录书籍多达19 300部，这是江户时代最后出版的目录，可知18世纪后半叶出版业的极度活跃状况。

4. 德川家康与文库发展

丰臣秀吉继织田信长后结束了战国纷乱，建立了全国统一政权，因其政权短暂，未及文事。德川家康饱受儒学、兵学教育，关心文事，从事开版印刷，刊行有伏见版和骏河版。

伏见版是在伏见的圆光寺中用活字所印，德川家康为此造了数十万木活字，印有《孔子家语》等7种书。骏河版是他隐退到骏河以后用铜活字所印，印有《大藏一览集》《群书治要》等书。

德川家康在骏府设有骏河文库，其中收藏有金泽文库传下的书籍、丰臣秀吉军队掠来的朝鲜本，以及1610年以来从各地收来的古书古记录等，大约1千部1万册，一半是明版和朝鲜版。德川家康死后，骏河文库分给了他分散在尾张、纪伊、水户三地的直系后代。

德川家康在江户城内设有富士见亭文库，1614年他赠给富士见亭文库30部书籍，今存22部，其中14部朝鲜本、5部明版、3部朝鲜写本。1639年，三代将军德川家光在江户城内红叶山建了红叶山文库，把富士见亭文库的书搬过去，红叶山文库也叫做枫山文库或枫山秘库。1633—1866年的234年间，文库设有图书管理者（书物奉行），之后废除，曾有约90人担任过这个职务，其中于1808—1819年任职的近藤重藏（正斋）是一名优秀的书志学家。后来红叶山文库的藏书归了明治政府。

历代将军都很重视藏书，六代将军德川家宣曾建樱田文库，他入江户城时，将其中的藏书搬到了红叶山房文库，并为此新建了房子。诸大名也献上很多书籍，特别是佐伯藩八代藩主毛利高标收藏图书，他的佐伯文库中有数千种8万卷以上。在他死后，1828年从其藏书中取出儒书1 653部、医书90部，共1 743部、20 758卷善本献给幕府。1864年《元治增补御书籍目录》中收经史子集4 592部143 696卷，国书943部10 807卷，其他312部5 416卷，总计5 847部159 919卷。红叶山文库在江户时代武家文库中占第一位。

江户幕府为了使其统治正当化，大力宣扬儒学尤其是理学，朱子学天地君臣的社会秩序是江户幕府推行其身份制社会秩序的思想基础。朱子学也因此变为江户幕府的官学，就像在中国明清时代、在朝鲜那样。1605年德川家康首次用儒者林罗山，不过儒者当时地位低下，还需要剃发作为僧人，取僧号道春。儒学还要像以前的时代那样与禅僧结合起来。1691年五代将军德川纲吉，再任用林罗山的后代子孙时，首次任命其为大学头，儒学与宗教分离，已经世俗化了。

林罗山曾经为德川家康管理过骏河文库，1618年他获赐神田宅地，

1630年他获赐上野忍冈，在忍冈建了塾舍和文库，开始教育学生。1632年尾张藩主德川义直在忍冈为林家建了孔子堂。1655年，四代将军为林罗山在江户城内修建了文库，林罗山把神田私宅的图书搬过来，可是于1657年江户大火中烧毁。失去了多年的藏书，也失去了活下去的勇气，75岁的林罗山于4天后去世。

1663年德川家纲赐给林家家塾名为弘文院，1690年德川纲吉将孔子堂改建到神田，成为他祭祀孔子的地方，孔子堂所在地也根据孔子出生地昌平乡而改为昌平坂，塾舍也改名为昌平坂学问所（昌平黉）。孔子堂和塾舍都是林家的私有财产。后来昌平校屡遭火灾，每次都得到幕府的援助而复兴，只不过规模逐渐缩小。1790年宽政禁止异学以后，昌平校变为官学。1797年12月以后，学校废除士庶共学制，成为将军直属武士和诸藩子弟为主的纯粹官学，迎接明治维新的到来。

昌平校文库失火后，得到了将军、大名的援助又充实起来。因幕府命令林家编纂《本朝通鉴》，文库在收集书籍上很方便。1670年310卷的《本朝通鉴》完成，林鹅峰允许将编纂使用的建筑和经费用于学生教育上，由此巩固了学问所的基础。1790年变为幕府官学之后，年年都能得到图书经费，收集必要的教育用书。宽政时期藏书总计约5 400种近4万册。1842年6月根据图书出版管理令（书物出版取缔令），昌平坂学问所负责出版物原稿检阅，经过学问所改过的出版物，出版后要上缴一部给昌平校，这是日本最早的呈缴本。通过这项制度，文库的藏书大大增加了，至此已有2个书库，后来又增加了2个书库。昌平校文库的利用，1809年限定借给学生不超过5部，1813年又限定不超过3部，因为当时的看法是，借书太多，心思容易分散，不利于勤学苦读。

官版刊行及其目录。一般来说，官版是指1799年以后昌平校出版物，1839年《昌平坂御官板书日》收书166部，全是汉籍，大部分是整版印刷的，只有几部是木活字印刷。幕府还鼓励诸藩开版印刷。

5. 大名、藩校文库

除了幕府以外，各大名、诸藩校也拥有文库。他们拥有文库的原因，除了好书好学之外，还有的是为了研究，如尾张藩德川义直撰述《神祇宝典》；有的是为了修史，如水户藩德川光圀编纂《大日本史》；有的是为了防止贵重书籍散佚，如加贺藩前田家集书；有的是设了藩校，校中设文库，这些藩校不光是搞教育，还刊行教育上必要的图书，其中多是汉籍。

属于德川御三家的文库有尾张藩文库和明伦堂文库（后归名古屋市所有）、纪州藩文库和南葵文库（后捐赠给东京大学）、水户藩彰考馆文库（毁于第二次世界大战中）。诸大名文库中，著名的有加贺藩前田家的尊经阁文库和藩校文库（也叫做明伦堂文库），胁坂安元的八云轩文库，池田光正的闲谷学校文库，松平定信的乐亭文库（也称白河文库、桑名文库）和立教馆文库，平户藩乐岁堂文库和维新馆文库，信州须坂藩主堀直格的花廼文库，丰后佐伯藩主毛利高标的佐伯文库，近江仁正寺藩藩主市桥长昭的黄雪书屋等。藏书家大名还刊刻善本书，如纪州藩支藩水野忠央刊印《丹鹤丛书》。

6. 神道书库和个人文库

日本的神道本来是一个自然宗教，并没有特别的教义和教典。佛教传入日本后，曾出现过神佛习合论，佛教理论适用于神道。镰仓时代开始提倡独立于佛教的神道理论，室町时代神道进一步发展，建立自己的教典，许多神社都开始建立文库收藏这些记录、文书和书籍。江户时代，受到日本国学勃兴的影响，复古神道得到极大发展，认为日本神道自古就有，无需依附于佛教，并且走上了排斥儒佛的道路，甚至与尊皇攘夷的政治运动联系到了一起。

江户时代神社文库有两种模式，一是为了神官研究并宣扬神道而建，二是因为18世纪前后，书屋公会往往将新刊图书捐赠给神社，因而建立了神社文库。著名的神社文库有丰宫崎文库和林崎文库（分属于伊势神宫的外宫和内宫文库）、贺茂三手文库、羽田八幡宫文库和栉田神社文库、天满宫文库和住吉文库。

江户时代，在一般武士基层和商人中，也出现了个人文库，甚至有了向普通庶民公开的图书馆。武士中，近藤重藏（正斋）建有泷川文库、屋代弘贤建有不忍文库、新见正路建有赐庐文库。商人中狩谷望之建有青裳文库、小山田与清建有拥书楼、木村兼葭堂建有兼葭堂。个人设置的公开图书馆有，河本一阿的经宜堂、青柳文藏的青柳馆文库、竹川竹斋的射和文库。至此在日本图书馆文化史上，一般庶民已经登上了历史舞台。

7. 日本书库与中国文化

从日本历代文库发展的历史来看，日本从文字、书籍、佛教、印刷、儒学到各方面文化的传入，无不深受中国文化的影响，整个日本文库发展的历史，就是日本受容上述文化和技术并加以本土化的历史，中国文化就是日本文化发展的源泉，若要割断二者的联系，是不可想象的。

当然，正像《论汉籍东传日本及其回流》① 一文中所总结的，日本文库也有许多回馈中国文化的例子。人们最为熟知的事件有杨守敬日本

---

① 黄仁生．论汉籍东传日本及其回流［J］．常德师范学院学报（社会科学版），2002（6）：37-41.

访书，多系日本文库保存下来的中国古籍；北京大学图书馆早年接受的方功惠氏赠书，多购自日本佐伯文库；近年购置“大仓文库”，也在学界轰动一时。最近看到有关日本永青文库向中国捐赠汉籍一事的报道①，该文指出，唐太宗时编纂的《群书治要》长期囿于禁中，流布不广，唐末五代战乱，致使此书在宋代亡佚。所幸日本遣唐使将大量汉籍抄写回国，《群书治要》成为日本学习大唐“贞观之治”的重要经典。平安时代，日本皇室将其作为帝王教育的必读书。江户时代，《群书治要》成为学者研究的重要书籍。1786 年，日本印刷《群书治要》分发给诸藩主及亲臣。10 年后，日本学者近藤守重将 3 部《群书治要》委托商船带回中国，才被清朝学者所见，成为两国文化交流的见证。该文中所说的近藤守重就是前面提到的曾任红叶山文库书物奉行的近藤重藏（1771—1829），他的藏书盖有“正斋藏”“近藤守重”等印②。可见，“近藤守重”只是“近藤重藏”的藏书印，而非他本人的名字。

第二节　近代图书馆思想传入中国和日本

一、近代图书馆思想在中国的传播和推广

在中国传播和推广近代图书馆思想方面，有五大群体做出了贡献，即西方传教士、开眼看世界的中国人、维新派、清末地方士绅，以及清末新政期间的中央和地方各级政府。以下根据程焕文的《晚清图书馆学术思想史》③ 一书对这个历史过程进行概要梳理。

---

① 赵洪雅．一衣带水书为舟——日本永青文库向中国捐赠汉籍始末［N/OL］．人民日报海外版，2018-08-10（7）．http：//paper. people. com. cn/rmrbhwb/html/2018-08/10/node_ 871. htm.

② 岩猿敏生著．日本図書館史概説［M］．東京：日外アソシエーツ，2007：132-133.

③ 程焕文．晚清图书馆学术思想史［M］．北京：北京图书馆出版社，2004.

最早向中国介绍西方图书馆事业的是西方传教士，可以追溯到明朝天启癸亥年（1623年）意大利耶稣会传教士艾儒略的中文译著《职方外纪》，最早向中国介绍17世纪初欧洲国家的图书馆情况，首次将西文“图书馆”一词和西方图书馆观念传入中国。鸦片战争以后，西方传教士的著述开始在中国士大夫中传播，并发生一定程度的影响。如：英国传教士马礼逊著《外国史略》、美国传教士祎理哲著《地球说略》、戴德江著《地理志略》、高理文著《美理哥合省国志略》、英国传教士慕威廉著《地理全书》和《万国地理全图集》等早期西人著作中，都提到了西方的图书馆。

林则徐和魏源作为开眼看世界的中国人，提出“师夷长技以制夷”，他们分别编撰了《四洲志》和《海国图志》。林则徐将西文的“图书馆”一词，翻译为“书馆”，比西人翻译为“书院”更确切，更易被国人理解。《海国图志》增补了《四洲志》对西方公共图书馆的宣传介绍，更有利于中国人进一步认识和了解西方的公共图书馆。

鸦片战争以后，到欧美日本去学习、访问和工作的人不可避免地接触到西方近代文明的标志——图书馆，一些人将这方面的见闻记录下来，在国内加以传播。如斌椿父子所著《乘槎笔记》记录了一些埃及亚历山大图书馆历史。志刚所著《初使泰西记》，有一处涉及图书馆。张德彝所著《再述奇》记录了在纽约参观公共图书馆的情形，并且他已经注意到西方公共图书馆与中国藏书的差别，也就是公共性和平民化。王韬先后撰述了《漫游随录》和《扶桑游记》，侧重于对东西洋图书馆的考察，他已经将“开书籍馆”提高到了“维新”和“专尚西学”的认识层面。郭嵩焘所著《伦敦与巴黎日记》注意到了西方呈缴制，以及西方图书馆在管理上与中国不同的两大特点，一是卡片式目录，二是图书馆分类。刘锡鸿所著《英轺私记》反映了他在看到大英博物院图书馆时受到的强烈震撼。此外还有张德彝著《四述奇》，曾纪泽的《出使英法俄国日记》中非常简略地提到了参观英法图书馆，李凤苞的《使德日记》对德国图书馆进行了详细的考察。薛福成的《出使英法意比四国日记》，记述了参观梵蒂冈图书馆和欧洲其他各国图书馆的情形，综述各国图书馆藏书情况。而且他还把中国的藏书与西方的图书馆进行了横向比较，突出强调江南三阁所具有的“公”的性质，表明他对近代图书馆的认识已经达到了相当的高度。李圭的《环游地球新录》记述了外国的监狱图书馆。蔡尔康、林乐知编写的《李傅相历聘欧美记》，提到了李鸿章参观国会图书馆。洋务派创立的同文馆开始有藏书活动，《同文馆题名录》中有《同文馆书阁藏书》，记述该阁存储汉洋书籍、学生应用各种功课之书，以备查考①。清末新政时期，出洋大臣载泽的《考察政治日记》只有两处提及参观图书馆，戴鸿慈的《出使九国记》对图书馆的记述相对全面一些。

维新派人士认识到了图书馆在教育人才中的重要作用，郑观应在《易言》中提到：泰西各大学院中，各种书籍、规仪、器物无一不备。他在《盛世危言》提出：大抵泰西各国教育人才之道计有三事：曰学校、曰新闻馆、曰书籍馆。把图书馆提高到了培养人才的三大措施之一。该书《藏书》一章尤为重要：一是对传统藏书的批判、二是对图书馆重要性的认识、三是倡导普遍设立近代图书馆、四是普遍设立近代图书馆的方法、五是向西方图书馆学习。他的这些思想对于西方图书馆观念在中国的传播和维新派提出图书馆的主张及其创办学会学堂图书馆都产生了重大的影响。

康有为 1896 年编撰的《日本书目志》，是他在向西方学习、寻求

---

① 李希泌，张椒华．中国古代藏书与近代图书馆史料 春秋至五四前后［M］．北京：中华书局，1982：85.

真理中，长期关注日本及其出版物，精心编撰的一部新学书目，同时又是鼓吹维新变法的一个政治工具。该书将全部图书分为15门：生理学、理学门、宗教门、图史门、政治门、法律门、农业门、工业门、商业门、教育门、文学门、文字语言门、美术门、小说门、兵书门，每门下面还分为数目不等的小类。这个书目分类体系，是对中国延续了近两千年的传统的四部分类法的重大突破，对于后来新的图书分类法的产生也有一定的影响。康有为的图书馆思想体现在以下诸书中：《公车上书》第一次正式向清政府提出了“设书藏”的建议，说明了图书馆在广开民智中的作用，并提出在全国普遍设立图书馆的建议。《上清帝第四书》，第一次正式地提出了开设议院和“开馆顾问”的主张。《京师强学会叙》中提出“合众人之力，则图书易庀”。康有为亲自拟定的《强学会章程》认为最重要的四件事是：译印图书、刊布报纸、开大书藏、开博物院。此外，康有为还有《上清帝请大开便殿，广陈图书书》、《上海强学会后序》、《记筹办书藏经过》等著述，也表达他开书藏的主张。

梁启超1896年在《时务报》上发表了《西学书目表》，集中反映了梁启超对书目功用的认识——将书目的功用从指导读书治学上升到了学子自立和国家自立的高度。在分类方面，他将西学图书分为“学、政、杂”3大类、28小类，对我国传统分类体系进行了改革，其分类思想与新学和新政的变法维新思想基本上一致。在著录方面，他以简明的表格形式代替了提要，在具体著录项目上也多有改进。《西学书目表》既对西学的传播和变法维新的高涨起到了积极的作用，又对中国近代目录学和分类学的发展产生了深远的影响，后人效法该表而改革分类法，或者专门著录译书的很多。梁启超在《时务报》上发表的《论学会》和《变法通议》，把“藏书”作为“兴学会”和“兴学校”的主要内容之一，反映了他主张建立图书馆的思想。1896年，李端棻的《请推广学校折》（梁启超起草）是有关设立公共藏书楼的重要文献，它继承并发扬了康有为的“开大书藏”思想：在全国普遍设立藏书楼、建设藏书楼的馆藏、建立藏书楼的管理制度。同样出自梁启超手笔的《京师大学堂章程》，将“设大书楼”的思想又进一步具体化。

戊戌变法失败后，康梁流亡海外。梁启超对图书馆的关注仍然不减，他的《新大陆游记》阐明了有关公共图书馆的几个重要问题：其一，公共图书馆的性质“为公共教育之机关”；其二，公共图书馆的创办方式是“征市税”、“由议会提款”；其三，公共图书馆起源于美国，并被英国所仿效；其四，公共图书馆由总馆、分馆、借书处三级构成，“分布于市中”。所以，他的这段论述，阐明了公共图书馆的主要特征，对于清末新政时中国公共图书馆运动的兴起具有相当重要的影响。梁启超还介绍了美国国会图书馆在国家中的地位和作用、美国大学图书馆的开架管理方式等，开架服务中存在的几个问题，他认为：其一，开架服务是在美国大学图书馆中一种普遍的服务方式；其二，开架服务利大于弊；其三，开架服务有助于社会公德的养成；其四，由于中国社会的积弊，开架服务没有百年时间不能全面推广。梁启超还论述了美国钢铁大王卡内基对图书馆事业的贡献，并分析了其中的原因。值得指出的是，梁启超对于图书馆的记述，基本上使用的是图书馆的专业术语，并且对图书馆学理论也有一定的阐述。

虽然戊戌变法失败了，各地学会学堂仍然如雨后春笋般设立，受到强学会“开大书藏”的影响，纷纷设立藏书楼或阅览室，并且制定出很多章程。如苏学会的《看书章程》，规定了管理架构、书目体系和借阅制度，通义学堂的《图书馆章程》，是我国近代的第一个《图书馆章程》。《扬州匡时学会章程》“以广购书籍为第一要义”，《两粤广仁善堂圣学会章程》“广购书器”“公之同志”。其他如金陵劝学会、湖州崇实学堂等几十个学会都有设立藏书的规定①。

清末地方士绅也加入到推广公共藏书楼的行列。1901 年，以何熙年为首的皖省士绅上《皖省绅士开办藏书楼上王中丞公呈》，并制定了《皖省藏书楼开办大略章程十二条》，发布了《皖省藏书楼同人广告本省官绅公启》和《皖藏书楼启》等。这些著作体现了皖省士绅的公共藏书楼思想，一是对藏书楼社会作用的认识：开通风气，消弭隐患；示士林以趋势，创天下之先声。二是藏书建设思想，主张古今中外之图籍和各种报刊均应收集。三是公共藏书楼思想，他们强调藏书楼的公共性，主要体现在公开性、公平性、公益性和独立性以及藏书楼的大公性。

何熙年创办的公共藏书楼，产生了一定的社会影响，《广藏书说》就反映了士人对皖绅公共藏书楼思想的认同和推广。《上海格致书院藏书楼书目序》则倡导各省士夫“援安庆藏书楼，古越藏书楼之例，徧设藏书楼于各省、府、厅、州、县、城镇”。浙江绍兴徐树兰的《为捐建绍郡古越藏书楼恳请奏咨立案文》（后附《古越藏书楼章程》和 1916 年的《教育部批审计院核算官徐尔榖呈请续办故父捐设绍兴藏书楼文》）体现了徐氏父子的公共图书馆思想。1903 年张亨嘉的《浙江藏书楼碑记》也认识到“书楼之法，辅学堂之行，在各国最称善政”，同时批评时人不知中国藏书的历史最为悠久，方法最为完善②。1906 年，刘光汉发表《论中国宜建藏书楼》，体现了对“以书籍自私”的批判，对“学术者，天下之公器也”的提倡。1906 年，罗振玉撰写《京师创

① 李希泌，张椒华．中国古代藏书与近代图书馆史料 春秋至五四前后［M］．北京：中华书局，1982：100-106.

② 李希泌，张椒华．中国古代藏书与近代图书馆史料 春秋至五四前后［M］．北京：中华书局，1982：113-114.

设图书馆私议》，倡议设立京师图书馆，认为“保固有之国粹，而进以世界之知识，一举而二善备者，莫如设图书馆”，创设京师图书馆的大略办法主要有建筑、经费和藏书三端。其实，早在1901年，罗振玉就和王国维创办《教育世界》，不断翻译介绍欧美图书馆实况，如《日本文部大臣宫彦图书馆事务分掌规则》、《关于幼稚园图书馆等及私立小学校规则》、《欧美书藏纪要》、《美国轮阅图书馆》、《记美国少年图书馆》等文章。1902年，罗振玉提出新教育制度，建议在全国普遍设立公共图书馆与博物馆，除京师及各省省会外，还要在每一府厅州县设立图书馆。主张在每一所图书馆内都应收藏中日西文书籍，向民众开放阅览①。

由于清政府的提倡，西方的图书馆观念在清末新政时期得到了更加广泛的传播，并由此形成了一场“公共图书馆运动”，为民国时期的“新图书馆运动”奠定了基础。1904年，清政府颁布《奏定学堂章程》，对于大中小学堂图书馆的行政、业务和职员等都有比较具体的规定。1905年，清政府废科举，设学部，拟定《各省学务详细官制及办事权限章程》。第一次确立了从中央到各省的图书馆管理机构和管理官员，这既有利于图书馆的管理，又有利于推动图书馆的发展，同时还具有政府提倡设立图书馆的积极意义。1906年，清政府宣布立宪。为了预备立宪，学部于1909年上《奏分年筹备事宜折》制定了各项分年筹备事宜，内有“颁布图书馆章程”和“京师开办图书馆（附古物保存所）”两项。预备立宪的第三年（1910年）的筹备事宜中有“行各省一律开办图书馆”。根据“京师开办图书馆（附古物保存所）”的计划，学部于1909年9月，拟定了《学部奏筹建京师图书馆折》，其中所

① 严文郁．中国图书馆发展史——自清末至抗战胜利［M］．台北：“中国”图书馆学会出版，1983：15.

阐述的京师图书馆思想主要有三个方面：供多士之研求、昭同文之盛治，修建馆舍规模必求宏远，搜求图书必极精详。与之相关的还有《学部奏准派编修缪荃孙等充图书馆监督各差片》、《学部奏请饬内阁翰林院将所藏〈永乐大典〉等书籍移送京师图书馆储藏片》、《学部咨京师图书馆准库伦办事大臣咨送唐开元御制故阙特勤碑拓片文》、《学部为续送敦煌唐人写经致京师图书馆片》、《学部咨京师图书馆希选择敦煌经卷数种送部转送奥京陈列文》，以及缪荃孙的《筹办江南图书馆、京师图书馆纪事》① 等，显示出学部对京师图书馆的开办事务不遗余力。

根据“颁布图书馆章程”的计划，学部于1910年专门拟定了《京师图书馆及各省图书馆通行章程折》。其目的是为了在图书馆创办伊始，头绪纷繁之际，方便各地通行办理图书馆，使全国的图书馆整齐划一，“植初基而裨文治”。该章程对图书馆宗旨、图书馆管理、图书馆建筑、图书藏书的分类、收集和利用都有所规定。这也是清政府第一次以法规的形式正式确定的图书馆名称规范，从此以后，“图书馆”这个名词开始完全取代过去的一切称谓，成为合法的统一名称。

预备立宪期间有关图书馆官制的建立和在全国设立图书馆的计划是一个了不起的庞大计划，表明了清政府积极提倡设立图书馆的姿态和意向，也说明了自鸦片战争，尤其是戊戌维新以来，宣传西方图书馆观念、倡导设立新式图书馆的思想与活动已经从民间的呼吁上升到了官方的提倡，从地方士绅的个人行为上升到了清政府的国家行为。

清末新政官员在清政府的倡导下，湖南巡抚、安徽巡抚、奉天总督、两江总督、山东巡抚、山西巡抚、浙江巡抚、广西巡抚、直隶总

① 李希泌，张椒华．中国古代藏书与近代图书馆史料 春秋至五四前后［M］．北京：中华书局，1982：132-141.

督、贵州巡抚、云南提学司、署归化城副都等人都积极奏设图书馆。由于地方官吏的直接参与，在晚清历史上出现了一个创办新式图书馆的热潮，并由此形成了一场公共图书馆运动。这场公共图书馆运动，包括公共图书馆的创办、图书馆管理体制的建立、图书馆管理制度的建立、公共图书馆观念的广泛传播、西方图书馆学术的翻译介绍等内容，奠定了中国图书馆发展的基础。

二、近代图书馆思想在日本的最早传播

日本从明治政府开始，为了对抗外来侵略，积极推行富国强兵、文明开化的政策。石井敦①指出，日本采用了三个办法来引进欧美先进的制度、文化和思想，一是向欧美派遣视察者和留学生，二是招聘欧美的学者和技术人员，三是翻译欧美的图书和报刊。图书馆被当做各种政策中的一环从欧美移植进日本。

按照办法一，明治初期出国考察的元老们分别撰写了考察报告，其中关于图书馆的报告有福泽谕吉的《西洋事情》、伊藤博文和木户孝允的《特命全权大使美欧回览实记》、田中不二麻吕的报告、美国留学生监督目贺田种太郎的报告等。

福泽谕吉的《西洋事情》写于 1866 年，该书指出西洋各国大都市都有文库，其中备有各国图书，从日用图画到古书珍本都有。众人可以随意阅读，但是不允许借回家。伦敦文库有书 80 万卷、彼得堡文库有书 90 万卷、巴黎文库有书 150 万卷。据法国人说，巴黎文库的书排成一列有 7 里长。文库有的属于政府、有的属于普通人。外国的书需要购买，本国新出版的书送给文库一部。

① 石井敦．図書館史：近代日本篇［M］．東京：教育史料出版会，1989.

虽然许多日本人认为《西洋事情》最早地介绍了欧美的图书馆，但是岩猿敏生持有不同观点，他认为，早在1860年，遣美使节团（福泽谕吉是其随员）的记录中就有对欧美书籍馆或者书院的介绍，只不过这个记录没有福泽谕吉的《西洋事情》公开的早，也没有其影响力大①。

《特命全权大使美欧回览实记》编于1878年，介绍了美国费城书库、大英博物院书库和法国皇宫书库的位置、馆藏、管理、开放时间等概况。

1873年田中不二麻吕的《理事功程》中介绍，美国每个都邑必有一两个书库，其内必设学习室，定规则方便读者使用。按人头征税，一年大概1美元，如超出，可再收税，限50美分以内。其他也有私人结社建立书库的，州内大大小小的书库大概有300余所。

田中不二麻吕对公共图书馆的介绍贡献很大。他于1871年担任文部大丞，负责确立学制，同年他作为岩仓美欧使节团随员视察各国的学制。他归国后上奏了《理事功程》，其中明确记载，地方自治体通过征收固定资产税的5%~6%来维持公共图书馆，公共图书馆免费供公开使用。田中不二麻吕1874年升为文部大辅，1876年到费城参观万国博览会并考察美国的教育制度。回国后于1877年1月写了《美国百周年博览会教育报告》。该报告介绍美国每个大都市内都设有公共书籍馆，无论何人只要付费就能看书。而一百多年前的美国却不是这样，当时山村人口少、铁路未通、邮局未达，偏僻之处人民想看书并不容易。安大略州1853年设立了公立书籍馆奖励法，该州人民追求知识的风俗顿时为之一变。田中不二麻吕在1876年《文部省第四年报》中介绍海外事情的文章中，主张在日本全国各地设置公立书籍馆，并为此设定奖励办

---

① 岩猿敏生著．日本図書館史概説．東京：日外アソシエーツ，2007：150.

法。这在当时不能不说是一种深知远见①。

1879年目贺田种太郎的报告中，有关《公立书籍馆》一节指出，日本古代就设有学校和文库，但那是封建世袭的，公众享受不到其利益。今日文库要以谋公众知识之开达为宗旨，谋文库之扩张，务要省其费用，又要扩大其利益。

按照办法二，多个在日本担任要职的外国人，都提到了图书馆，如曾任华盛顿农政局长官的霍勒斯·卡普隆、京都府聘用的美国教师查尔斯·鲍德温，以及文部省最高顾问田中不二麻吕的帮手大卫·马利学监。明治时期经常依赖外国人直接指导，雇用外国人最多时达到214名。

1871年10月9日卡普隆写给黑田次官的信中指出，为了辅助教化，在北海道开拓使厅及各学校的建筑中，不能少了文房和博物院。

京都府御雇英学教师美国人霍尔伦建议，建书籍会社是一件紧要的事情，书籍会社存放让人快乐的图书。要翻译这样的书、刻印这样的书，以便大家能买到，才能使京都人民开化智识。

按照办法三，日本为了确立教育制度，翻译了先进国家教育方面的书籍，其中也包括图书馆的内容。如1876年2月海后宗臣翻译的《法国学制》中附录有《法兰西第三共和国以前实施的教育法规》和《美国学校法》，后者收录了各州的学校法及其图书馆。有学者推测，这些教育制度极大地影响了当时以田中不二麻吕为中心的文部省首脑。

《法国学制》附录的《学生及文学相关的馆舍》中规定了学校要设书籍院，书籍院建筑中禁止存放易燃易爆物品，书籍院借阅的一些规则等。

---

① 日本図書館協会．近代日本図書館の歩み：日本図書館協会創立百年記念［M］．東京：日本図書館協会，1993：5-6.

《美国学校法》中《公共书籍馆、府邑书籍馆》规定各府邑要为其居民设置公共书籍馆。为学区书籍馆购买书籍时，根据法律要求，超出本州纳税人一年10美元的费用时要通过区内课税或者由本州配给本区公共资金来解决。

从上述文字中可以看出这个时期，日本对欧美“图书馆”一词仍存在多种翻译，如文库、书库、书籍院、书籍馆、书籍会社、文房等词，或者直接使用图书馆一词的音译“ライブラリー”，还没有翻译为“图书馆”一词。不管使用什么词，都表明日本已经将这个设施视为开化民众智识的一种途径。

通过对比我们可以发现，在早期对西方图书馆的接触和翻译方面，中国比日本更早一些。但是由于不同的文化背景，日本的受容文化有助于日本人抱着学习的态度来积极理解和运用这种制度，而中国缺乏受容文化，难免带着固有的立场和态度，甚至文化上的优越感来观察西方。即使一部分中国人较早注意到了西方图书馆的不同和长处，也未能迅速而有效地在中国加以推广，在实践方面落后于日本，以至于后来又向日本学习如何办理图书馆。

三、近代图书馆在日本的早期发展

关于日本近代图书馆的发展，日本学者进行了较为充分的研究。此处根据绵拔丰昭最新撰写的教科书《图书・图书馆史》① 以及日本图书馆协会编写的百年纪念等书，对明治、大正、昭和时期的图书馆事业进行梳理。

日本几乎在引进欧美图书馆思想的同时，就开始了图书馆实践，包

① 綿抜豊昭．図書・図書館史［M］．東京：学文社，2014：98-117.

括设立书籍馆、内阁文库、新闻纵览所、公共图书馆、学校和大学图书馆、私设图书馆等，其发展历程反映了日本在图书馆实践方面的早期探索。

1. 书籍馆

日本的书籍馆可以说和学制同时诞生。日本于1872年公布学制，学校由此诞生。与此同时，以东京汤岛旧昌平学校为临时馆舍，以昌平学校传下的图书和开成所的洋书为基础，建成了书籍馆，这是日本最早的官立公共图书馆。

书籍馆制定了阅览规则，收取阅览费，贵重图书和一般图书阅读费用不同。书籍馆接受了很多捐赠，在社会上产生了很大影响。1875年书籍馆归内务省管辖，藏书全部搬到了浅草文库。1881年浅草文库归农商务省管辖。1884年太政官文库设立时，继承了浅草文库的藏书。1875年文部省在汤岛旧书籍馆的建筑物里又成立了东京书籍馆，以前要收取的阅览费此时也不再收取。而且内务省收取的呈缴本也送到东京书籍馆，东京书籍馆从1876年开始刊行图书目录。1877年，因财政原因，该馆归东京府管理，改名为东京府书籍馆。1880年，该馆又归文部省管辖，改名为东京图书馆。1897年，贵族议员外山正一等人建议制定《帝国图书馆官制》，该馆改名为帝国图书馆。1906年，该馆在上野建了新馆，当时藏书约24万册，普通阅览室能容250人，特别阅览室能容85人，规模宏大，在亚洲很有影响。第二次大战后，帝国图书馆于1947年改名为国立图书馆，1949年，上野馆成为国立国会图书馆支部上野图书馆。

2. 内阁文库

1884年宫内省的图书寮复活，收藏历代皇室相关藏书。1888年以后，小槻家的官务文库、古贺家万余卷楼、德山毛利家的棲息堂文库、伊势藤波家的藏书、土御门家的藏书等等都献给了图书寮，幕府的红叶山文库以及昌平黉的旧藏本中的一部分都归了图书寮。1884 年，太政官将诸官省所属图书综合收藏，在赤坂离宫建造了文库，藏书约 40 万册，成为太政官文库。1885 年，太政官废止，变为内阁，文库改名为内阁文库。1971 年后内阁文库成为国立公文书馆的一部分。

3. 新闻纵览所

明治以后，开始发行以前没有的报纸杂志和翻译书，日本建立了不少新闻纵览所来阅读这些报刊书籍。新闻纵览所普遍建立的主要原因是明治初年日本曾经有训令要求各县设置新闻纵览所，而且当时的《东京日日新闻》和《邮便报知新闻》等报纸都是免费发行、邮局免费邮递的。1872 年以前设立的有福井县南条郡武生的新闻会同盟、横滨的新闻纵览所等，之后，各地都设立了这类设施，被认为是明治期图书馆运动的前奏。

4. 公共图书馆

1872 年，京都发起集书会社，借书给读者，因来馆者太少而关闭。1890 年，京都府教育会图书馆开设。从 1872—1878 年，先后成立了群马县安中町便览社、青森县八户町书籍纵览所、共存同众文库、石川县饶石文库、大阪府立书籍馆、大阪住吉御文库、静冈书籍馆，均公开阅览。

1887 年大日本教育会事务所附属图书馆开馆，从东京图书馆接受了 15 000 册图书，还开设了儿童室，是日本最早的儿童图书馆。受大日本教育会书籍馆的影响，地方教育会也积极促进地方公开图书馆的设立和运营，如高知图书馆、京都府教育会图书馆、千叶县教育会附属图书馆、山梨县教育会附属图书馆等。1899 年图书馆令公布之后，设立了更多的公立和私立图书馆，如松江图书馆、群马县上野教育会附属图书馆、成田图书馆等，据统计，截至 1912 年，新设立的公立和私立图书馆近 20 家。

1915 年，为了纪念日本大正天皇即位，在日本国内建立了很多公私立图书馆。据 1915 年 3 月调查，公私立公共图书馆总数达到了 702 个，其中 408 个是私立馆。

5. 学校和大学图书馆（学校附属的图书馆）

1869 年在军舰操练所和神户海军操练局中就设有图书室，1869 年海军兵学寮中也设有文库，被视为最早的学校图书馆。海军之所以对图书馆有很大的热情，全得益于胜麟太郎。1860 年时任日本军舰咸盐丸舰长的胜麟太郎（海舟）将遇海难的美国海员送回旧金山，见到了当地商事协会的图书室，深感日本之落后，因此买了很多军舰操练、兵器相关的参考书。胜海舟后来在军舰操练所、神户操练局都非常注重购买新书，不仅自己学习，也供部下研究。1869 年海军操练所在江户设立时，已经担任兵部省大丞的胜海舟亲自制定文库规则。1872 年，作为海军卿的胜海舟在海军省设置了图书室，在兵学寮中也设置了洋式的图书室，借以掌握机械、操舰、炮弹命中等知识。可见这样的图书室已经变成了日本海军战斗力的一部分，怎么能不受重视呢？

1877 年在神田开办的学习院，有 3 183 部 15 406 卷和汉洋藏书。1877 年东京大学成立，其中法理文学部设图书馆，医学部设书籍室。1886 年东京大学改为帝国大学，制定了帝国大学图书馆规则，明确了它作为中央图书馆的地位，1893 年新馆开馆。1897 年设立京都帝国大学，帝国大学改为东京帝国大学，其图书馆也改为“附属图书馆”。1923年关东大地震中，该图书馆全被烧毁。1928年12月，再建钢筋混凝土大图书馆。受到震灾的还有明治大学、专修大学、日本大学、东京商科大学、东京高等工业学校等图书馆，后来都建成了耐震耐火建筑，书库采用铁质书架。大正以后大多数学校都设置了图书馆，图书馆成为学校教育的必要设施。

6. 私设图书馆

明治中期以后，尊重古典的精神被唤起，为了保存祖传的图书，富豪开始设文库收集贵重图书，其中著名的有杉野文库和里内文库，成田图书馆、大桥图书馆、南葵文库、蓬左文库、松廼舍文库和安田文库、静嘉堂文库、东洋文库、楂栲书屋等。

此外，还有寺社文库、通信制图书馆等。

7. 明治、大正、昭和时期的图书馆运动

1879年发布的《教育令》是日本最早的关于图书馆的法规，其中规定图书馆的设置要和学校设置一样，须在文部省官员的监督下进行。同年发布的文部省通告，明确了公立图书馆设置的基准。

1886年制定了《帝国大学图书馆规则》。1897年制定了《东京帝国大学附属图书馆规则》，其中规定要设置图书馆长。1890年日本实行了市町村制，根据改正的《小学校令》，图书馆、幼稚园要和小学校一样被认定为市町村立。

1892年，田中稻城和西村竹间发起建立了日本文库协会，这是日本最早的图书馆团体。田中稻城是由当时的东京图书馆馆长手岛精一为了本馆未来的发展而推荐到欧美留学的。田中稻城于1888年8月受命到欧美考察、研究图书馆，先后跟随美国哈佛大学温莎博士从事图书馆实务，到波士顿图书馆学习了卡特字典式目录，在伍斯特公共图书馆见到了格林、到普罗维斯特见到了福斯特，他们都是温莎博士介绍的，田中稻城都很积极地听取他们的意见。田中稻城到过耶鲁、康内尔、普林斯顿等大学图书馆，访问了阿斯特、莱诺克斯、皮博迪、普拉特等纽约公共图书馆。到英国后，受教于大英博物院的加内特。在英国图书馆大会期间，他还见到了美国的杜威和卡特。田中稻城还去了牛津、爱丁堡、都柏林等地，又去了法国和德国，完成任务后于1890年回日本。先任东京帝国大学教授兼图书馆管理，后专任东京图书馆馆长。他不仅设立了日本文库协会，而且对官厅图书馆、公共图书馆都有所指导。其图书馆观的形成受格林和福斯特影响很深①。田中稻城是继田中不二麻吕之后第二个在日本大力推广公共图书馆事业的重要人物。

1892年日本文库协会成立后，每年召开例会，并开始发行本会记事。首先讨论的是和汉图书目录编纂规则问题，《和汉书目录编纂规则》于1893年通过实施，太田为三郎和田中稻城在其中发挥了重要作用。与《美国图书馆协会目录编纂略则》不同，该规则以书名做标目②。1910年又完成《和汉图书目录编纂概则》。

1892年12月《图书馆管理法》出版，这是日本出版的第一本洋装书。该书可以说是田中稻城在美欧实地训练并考察的结果，西村竹间根据田中稻城的报告，再加上自己在东京图书馆的经验，写成了《图书馆管理法》。田中稻城为该书写了序，大日本教育会会长写了跋，强调图书馆在教育上的重要作用。该书内容包括：总记、阅览室和书库、图

---

① 日本図書館協会．近代日本図書館の歩み：日本図書館協会創立百年記念［M］．東京：日本図書館協会，1993：5.

② 日本図書館協会．近代日本図書館の歩み：日本図書館協会創立百年記念［M］．東京：日本図書館協会，1993：14.

书选择和处理顺序、目录编纂法、图书排列法和书函构造法、曝书和点检、阅览室的准备和图书借还的顺序、学校图书馆管理者注意等 8 章。这是日本当时最好、最新的图书馆管理法教科书，从官厅图书馆到教育会附属图书馆都仿照这个方法管理图书馆。

《图书馆管理法》还是当时关于目录法和分类法的唯一的一本书。其中关于目录法的内容主要包括：目录采用 10 cm×3. 4 cm 的卡片，从右到左书写，记录册数、函架等。分类采用东京图书馆的 8 大类分类法，洋书采用哈里斯分类法。东京图书馆分类法与传统的四库分类法完全不同。其大纲为："神书及宗教"、"哲学及教育"、"文学及语学"、"历史、传记、地理、纪行"、"国家、法律、经济、财政、社会及统计学"、"数学理学医学"、"工学、兵事、美术、诸艺及产业"、"类书、丛书、随笔、杂书、杂志新闻纸"共八门。图书馆学放在第三门"文学及语学"下"甲 文学"下的"九 书目"类中。

1899 年日本颁布首部《图书馆令》，是日本最早的单独图书馆法规，据此各地开始建立公私立图书馆。

明治时期的图书馆活动还以关西为基地展开，1900 年京都帝国大学附属图书馆内，岛文次郎馆长和秋间玖磨、笹冈民次郎等人发起关西文库协会，创办了机关志《东壁》，虽然只发行了 4 期，却是日本最早的图书馆杂志。1907 年，日本文库协会的机关志《图书馆杂志》才创刊，1908 年日本文库协会才改名为日本图书馆协会，成为全国性的图书馆综合团体。竹林熊彦曾经比较过两个协会，认为关西文库协会比日本文库协会会员多，但是其中的业余人士也多，日本文库协会会员虽少，却都是专家。因此关于专业的问题，在日本文库协会都能引起激烈的争论，而关西文库协会研究的往往是通俗的问题，起到的只是启蒙作用①。

1903年8月1—14日，日本图书馆协会在新设立的大桥图书馆召开了第一次图书馆事项讲习会，有37人最后得到了证书，他们后来都成为图书馆界的活跃分子。讲师都是当时最好的专家，其讲授科目如下：

表1-1 1903年日本图书馆协会第一次图书馆事项讲习会讲授科目及讲师

正科讲演		外科讲演	
科目	讲师	科目	讲师
图书馆设置法	伊东平藏	图书馆之必要	市岛谦吉
图书馆管理法	田中稻城	统计学一班	伊东祐穀
目录编纂法	和田万吉	学校图书馆之话	长谷川錧一
欧美图书馆史	和田万吉	卡片目录	锦织精之进
图书馆管理法实习	西村竹间	德川时代文学史（上半期）	千秋季隆
目录编纂法实习	太田为三郎	德川时代文学史（下半期）	长连恆
图书分类法	坂本四方太	官厅图书馆	杨龙太郎
和汉书史学及日本图书馆史	赤堀又次郎	欧美图书馆现况	盐泽昌贞
和汉书史学	中根肃治		

1908年7月27日—8月7日，又召开第二次图书馆事项讲习会。1918年8月新潟县支部召开了图书馆事项讲习会，3天时间内为22人讲了小学校附属儿童图书馆的经营、图书馆实务等内容。1918年4月，和田万吉馆长在东京大学文科国语国文学中开始书史学讲座，此讲座持续开了5年。1921年6月1日文部省图书馆讲习所开设，凡初中毕业生

① 日本図書館協会．近代日本図書館の歩み：日本図書館協会創立百年記念［M］．東京：日本図書館協会，1993：20.

或女子高中毕业生，已经从事馆务的都具有入学资格。讲习会持续到次年3月共计40周，由通晓图书馆实务者担任讲师。

1906年在帝国图书馆新建筑落成之际，日本文库协会召开了第一回全国图书馆员大会，出席者40余人，可见当时之规模。以后每年都要开全国图书馆员大会。在第一回大会上，还提出了标准目录编纂问题。1911年《图书馆书籍标准图书目录》由文部省委托田中稻城、和田万吉、市岛谦吉、渡边又次郎、今井贯一、汤浅吉郎、佐野友三郎7人编纂完成。1914年《日本图书馆协会选定新刊图书目录》（月刊）创刊。该目录是供普通图书馆、学校、教育会、读者等选择购买、分类编目时参考，其著录项目为书名、著者名、发行年月、大小册数、页数、发行所、定价、分类、件名等项。

1906年《敕令》规定了日本图书馆职员资格，包括3类，馆长、司书和书记。同年发布《文部省令》，对图书馆的设置和经营进行了规定。1911年，根据《敕令》设置司书官和司书职制。要在各高中设置图书馆。1920年关于图书馆员待遇的问题再次提上日程，1921年7月《公立图书馆职员令》（敕令第336号）发布，图书馆人实现了多年的愿望。

1915年，为了纪念日本大正天皇即位，在日本国内建立了很多公私立图书馆。日本著名的《图书馆小识》就是这个时候由日本图书馆协会编写出版的，该书1922年又进行了修订。《图书馆小识》与1912年田中稻城的《图书馆管理法》（改订版）、1915年佐野友三郎的《通俗图书馆论》一起被称为图书馆学三大著作①。1920年佐野友三郎的《美国图书馆事情》由文部省发行，从图书馆经营方针、图书馆服务，

① 日本図書館協会．近代日本図書館の歩み：日本図書館協会創立百年記念［M］．東京：日本図書館協会，1993：40-43.

及图书馆社会活动等方面对《图书馆小识》进行了补充，在图书馆界影响很大。

1927年大阪的青年图书馆员联盟成立，创办了机关志《圕研究》。这个联盟是作为全国的图书馆学研究团体进行活动的，发表了日本十进分类法（NDC）、日本目录规则（NCR）、日本件名标目表（NSH），这些都是图书馆最基本的规则，今天仍是日本图书馆使用的标准规则。

从上述日本图书馆实践看，几乎在欧美图书馆思想引入的同时日本就展开了图书馆实践，设立了各种类型的图书馆，并不断有相关的法规来规范其发展。同时图书馆学研究、图书馆行业协会、图书馆学刊物、图书馆讲习会都相继出现，对图书馆事业的发展提供理论指导，走上了一条健康发展的道路，成为中国取法的对象。

第三节　日本最早的图书馆杂志《东壁》中的中国文化元素

自汉代目录学发端以来，中国就有发达的知识分类和组织的学问，但是随着19世纪末20世纪初，以启迪民智为目的的社会教育时代的到来，图书馆学取代目录学开始发达起来了。目前大家公认的图书馆学进入中国的路径是先学日本，继而转学美国，但是忽略了在日本开始学习欧美图书馆学之际，中国文化所发挥的作用。这里通过深入解读日本的第一种图书馆杂志《东壁》，来探讨中国文化在日本图书馆学形成过程中产生的影响，以及由此形成的日本图书馆学与中国图书馆学之间天然的联系与共性。

《东壁》在其刊名、研究论文和著作评论中，都有不少中国文化元素，例如，东壁这个典雅的刊名就是从中国经典中而来；中国公使在日访书故事刺激了日本学者和图书馆加强对古旧书籍的收集；钱大昕《元史艺文志》的学术价值引起了日本学者的重视等等。可见，中国文化在日本学习欧美图书馆学的过程中依然发挥了重要的作用。

一、《东壁》简介

1901 年创刊的《东壁》是日本最早的图书馆杂志，系日本关西文库协会的机关志。该刊发行时间不长，仅仅出版了 4 期，在出版势头甚好的情况下突然停刊，原因至今未详，有学者猜测可能是由于经济原因①。

1900 年创立的关西文库协会，作为地方性的图书馆协会，虽然在成立时间上晚于 1892 年创立的全国图书馆行业协会——日本文库协会，却于 1901 年率先发行了机关志《东壁》，而后者迟至 1907 年才开始发行机关志——《图书馆杂志》。因此，《东壁》被公认为是日本最早的图书馆杂志。

该刊虽然发行时间不长，却在世界范围内产生了影响，美国和德国的图书馆刊物先后对该刊进行了介绍，例如该刊第四期上选登了美国图书馆期刊 *The Library Journal*1901 年第 26 卷第 10 期对该刊所作的详细介绍与评价，指出："该刊的出现意味着日本图书馆期刊的诞生，从实践方面证明了图书馆运动已经为百花王国培育了肥沃的土壤。"②

同样，该刊在日本图书馆学史上也具有重要的学术地位，有研究者指出，在《东壁》创刊 6 年之后出现的《图书馆杂志》，从关注的内容

① 岩猿敏生．東壁について［J］//東壁．關西文庫協會 復刻版．東京：学術文献普及会，1974：23-32.

② 關西文庫協會．東壁 復刻版［J］．東京：学術文献普及会，1974：33.

到栏目设置的顺序上，无不模仿《东壁》的风格①，从这种意义上可以说《东壁》基本上奠定了日本图书馆杂志的范式。但是由于该刊发行时间不长，存世数量很少，在日本一些重要的图书馆学研究著作中竟然没有关于它的任何记载。为了满足图书馆界的需要，日本学者岩猿敏生、沓挂伊左吉等人在 20 世纪 70 年代将该刊再版，赋予其第二次生命。

关于该刊的宗旨，在关西文库协会会则第四条中说得很明白，要刊登图书馆学相关的论说、记事及本会报告等，向会员颁发，并向世人公布。

从该刊的栏目设置上来看，由七个部分组成，包括论说、杂录、解题及批评、会报、附录、插图照片、广告。从内容上看，既有对欧美图书馆的介绍，也有日本图书馆的调查、介绍和法令规则，还有对各国图书馆学书籍的评论。该刊对欧美图书馆的介绍是建立在全面而深入研究的基础上的，这些研究即使以现在的学术标准来看仍有一定的价值，比如关于欧洲专业图书馆、欧美图书馆的现状、德国图书馆的状况、耶鲁大学图书馆、美国近世图书馆年表等。

其中值得一提的是第四期上刊登的《美国近世图书馆年表》，此表是把自 1638 年哈佛大学图书馆建立以来美国图书馆发生发展的历史按年代详细排列，然而该表的内容并不限于美国，同时还把日本图书馆发生发展的历史也混排其中，颇有一股学什么就要变成什么的劲头。例如 1872 年日本文部省书籍馆成立，后成为帝国图书馆；1892 年东京帝国大学图书馆新馆建成，日本文库协会在东京设立；1893 年东京帝国大学图书馆搬进新馆并开馆，日本文库协会编纂《和汉图书目录编纂规

---

① 岩猿敏生．東壁について［J］//東壁．關西文庫協會 復刻版．東京：学術文献普及会，1974：23-32.

则》；1898年京都帝国大学图书馆新馆落成；1899年京都帝国大学图书馆成立并搬入新馆；1900年在京都成立关西文库协会；1901年关西文库协会机关志《东壁》发行并成为日本的图书馆机关志之嚆矢，这些条目均列在当年美国图书馆事项之后，对比效果很明显。

笔者之所以对《东壁》感兴趣，是因为它体现了许多中国文化元素。目前国内学术界普遍认为，中国图书馆学最初学习日本，后来转学美国。但是作为日本最早的图书馆杂志，《东壁》所体现的诸多中国文化元素却说明，日本在学习欧美图书馆学的过程中，也融入了深厚的中国传统文化，从而造就了日本图书馆学与中国图书馆学的某种天然联系，这是我们在研究早期中日图书馆学关系史中所不能忽视的。

二、《东壁》的命名反映了中国文化对日本图书馆界的深厚影响

该刊在发刊辞中明确指出，“东壁一词取自古志，东壁二星主文籍，天下图书之府也，明则图书集道术行，小人退君子入，基于此，本刊题名为东壁。”根据文渊阁《四库全书》电子版检索，与该引文完全一致的出处是明代彭大翼在《山堂肆考 卷三》中对晋天文志的引用——“东壁二星主文籍，天下图书之府也，明则图书集道术行，小人退君子入。”而追溯至《晋书 天文志上 二十八舍》中，其原文是：“东壁二星，主文章，天下图书之秘府也。星明，王者兴，道术行，国多君子。”

该刊编者以东壁二字来命名日本的第一种图书馆杂志，充分说明了他们对中国传统文化的深刻领会，以及在此基础上的灵活运用，使用其明确的寓意来寄托对这本图书馆杂志的厚望——以东壁之明而进君子退小人，通俗的理解就是办好杂志以培养品德高尚的图书馆管理人才。对

于东壁的出处，他们只用“古志”而非“中国的”《山堂肆考》或《晋书天文志》来界定，说明在某种程度上中国传统文化也已经成为他们自己的文化，并不需要像对待外来文化那样加以区分。

事实上，从该刊复刻本后面所附的主要撰稿人简历来看，他们中的很多人都擅长汉诗，有着很深的中国文化修养和汉语水平，因此同那个时代的大多数出版物一样，该刊使用的汉字也非常多，与现代日语出版物在语言文字上不尽相同，使得没有太多日语基础的中国读者也能读懂其大概内容，从文字上感受到中国汉字和文化的亲和力。

梁启超对于阅读这一时期的日语文献颇有心得，他因戊戌变法失败而避难日本期间，曾接触到很多他认为非常有用的日本翻译的欧美书籍。他指出，学英语要花费数年时间才能奏效，而学日文则相对容易，他甚至说，“学日本文者，数日而小成，数月而大成，日本之学已尽为我有矣。”又说“学日本语者一年可成；作日本文者半年可成；学日本文者，数日小成，数月大成。”① 可见他对掌握日文的说、写、认三种能力难易程度的认识，说明学会日文远比学会日语容易得多。他根据自己学习日文的经验，写了一本《和文汉读法》，对于阅读当时与中文差别不那么大的日文来说，非常有效，这个方法很快就在留日学生中流传开来，随后在国内广泛流传，使当时许多没有什么日文基础的人都可以看懂日文书了。所以出现了大量翻译或者译述日语的著作，图书馆界也不例外，如1910年谢荫昌译述户野周二郎的《图书馆教育》、1917年北京通俗教育研究会翻译的《图书馆小识》、朱元善的《图书馆管理法》、1918年顾实的《图书馆指南》等，从而使图书馆界有了中国图书馆学开始步武东瀛，转而学习美国的说法。

---

① 哀时客［梁启超］．论学日本文之益（稿）［J］．清议报，1899（10）：579-581.

三、从《东壁》可以看出，中国学者在日访书一事使日本学者重新认识到了收集古书旧籍的重要意义

日本现代图书馆学的源头虽然来自美国，但日本在历史上也有藏书设施——文库，其藏书思想深受中国的影响，在目录编制和目录学方面也有不少成绩，如下面将要提到的森立之等人所著《经籍访古志》，就是一部关于日本保存的中国古籍的书目。日本的历代统治者也相当注重藏书，汉籍是日本藏书中很重要的组成部分。

《东壁》第一期上刊登的第一篇论说是京都帝国大学校长、法学博士木下广次的演说《论图书蒐集之必要》，在这篇演说中，他回顾了日本历代统治者的藏书情况，其中有不少中国图书，如《尚书正义》《贞观政要》《通鉴纲目》等。明治维新时，日本对于旧有事物一扫而空，从而导致大量文库的古书旧籍散佚，木下校长对于这种作法感到非常痛心，认为“维新对古书旧籍命运来说，实际上造成了急剧而残忍的革命”，同时他又用中国学者在日本访书的事例来提醒日本人要注重对古书旧籍的搜集。他不惜笔墨详述了几年前中国公使黎庶昌访书的故事，当时黎庶昌趁着日本人认为汉籍无用之际，命其馆员采购了大量古书旧籍，其中有寺庙所藏古写本，还有根据遣唐使带回的唐写本而复写的本子，这些都是清国考据家们所未曾见过的宝贝，黎庶昌把这些图书收集起来，送回中国，摹刻出版。

木下校长所说的黎庶昌访书，也就是我们更常说的1880年杨守敬到日本访书一事。袁同礼曾于1926年撰写了《杨惺吾先生（一八三九——一九一五）小传》，其中详记杨守敬、黎庶昌在日访书事迹。1880年春，何如璋出使日本，杨守敬为随员同行。杨守敬每日到书肆物色古书，见到已经绝版的古书就买下来，凡是用钱买不来的，就用自己携带

的汉魏六朝碑板和古书古印去交换。每次得到一本书，就要考其源流并用另纸记录下来，这样积累了20多册，后来刻成《日本访书志》。1881年黎庶昌接任驻日公使，看到了杨守敬的日本访书缘起，就筹划刻印《古逸丛书》，杨守敬因此更加用功搜访古书。后来，他得到了日本人森立之所著《经籍访古志》，便按照这本书上记载的汉籍进行搜访，而且还发现了这本书中没有记载的古书数百种，积累久了，数量惊人，就从1882年起，开始校刻《古逸丛书》，1884年《古逸丛书》200卷刻成。杨守敬也于同年5月回国，到黄冈担任教谕①。至于《日本访书志》，王重民后来在整理杨守敬藏书时，又发现许多不见于《日本访书志》的手跋，于是辑录成《日本访书志补》。可见《日本访书志》在袁同礼、王重民等一代图书馆学家心目中的地位。

杨守敬访书一事在中日两国都掀起了巨大波澜，开启了双方文化和学术交流的新纪元。从此，两国著名学者纷纷到对方进行访书，日本方面如内藤湖南、田中庆太郎、武内义雄、神田喜一郎、长泽规矩也等人，他们的访书事迹见于钱婉约教授辑译的《日本学人中国访书记》；中国方面如董康、傅增湘、张元济、孙楷第等人，不仅访书者本人记载了访书的详情，而且他们所接触到的人也留下了不少记录。中国学者的访书活动在日本的出版物上也得到了一定的反映，这要归功于日本当时的一些图书馆员，如樋口龙太郎对董康等人访书的记载、田中敬对杨维新访书的记载、长泽规矩也对杨守敬访书情况的研究等②。而《东壁》对此事的记述则是比较早的，当时的木下校长甚至还记不清黎庶昌所刻书的书名《古逸丛书》，也没有弄清楚《古逸丛书》刻书的地点是在日

① 袁同礼．杨惺吾先生（一八三九——一九一五）小传［J］．图书馆学季刊，1926，1（4）：637-642.

② 范凡．1927—1928年到内阁文库访书的中国学者——樋口龙太郎相关文章解读［J］．大学图书馆学报，2015（3）：100-106.

本而非中国，但是中国学者访书事迹却使以他为代表的日本学者重新认识到了搜集古书旧籍的重要意义，使他们对明治维新中毁弃旧籍的做法痛定思痛、并进行拨乱反正。在这个过程中，《东壁》无疑是一个重要见证者。

四、从《东壁》对钱大昕《元史艺文志》的评介，看日本学者在中国文献学方面的精深造诣

《东壁》第四期的“解题及批评”栏目，评介了清代学者钱大昕的《元史艺文志》，虽然作者未署名（很有可能是该刊的编者，英文名为B. Shima，对应的汉字应该是该刊附录《执笔者介绍》中的岛文次郎），仍能感受到作者精通汉学，在文献学方面有高深造诣。该文不长，但是层次分明，引人入胜。第一层论述史书中的艺文志，第二层介绍钱大昕其人及学术成就，我们从中可以看出作者对钱大昕推崇备至，第三层讲述写作缘由，最后讲述了一件奇事以结束评论。为了给研究《元史艺文志》提供一段完整的史料，特译述如下：

> 自班固《汉书》开始，史书就有了艺文志，隋唐以来历朝都是用艺文志来考证一代文献，以供后人搜访。元朝奇握温氏统治中华不足百年，继承了南宋璀璨的文化，名儒硕学文人逸士辈出，他们的著述极多，但是元史却没有艺文志，为了补上这个欠缺，倪璠著有《补辽金元艺文志》，在抱经堂《群书拾补》中刊行，但仍有一定的挂漏。钱大昕所著则补上了这一欠缺，称得上一本好书。
>
> 钱大昕字晓徵，号辛楣，又号竹汀，浙江嘉定人（雍正六年生、嘉庆九年卒），不仅精通经学、音韵、历史、地理、金石学，还通晓西洋数学，头脑明晰，与其他腐儒不同。钱大

昕倾注心血最多的是元朝的史学，他曾感慨元史中纰漏太多而著《元史稿》一百卷（现在存佚情况不得而知），余力所及还有艺文志四卷、氏族志三卷。艺文志记载从辽金至元朝的典籍，共三千余部，著录项目有著者的字号、籍贯、官职等。近来东洋史学盛行，尤以元史为最。珍贵的《元朝秘史》、《皇元圣武亲征录》、丘长春《西游记》等作为很多东西方学者感兴趣的根本史料，全与钱大昕的发现校订有关，可以说大家都是在钱大昕的元史中工作。现在与清国的通信日益开放，从前见不到的奇书珍籍现在也不难罗致案头，笃学之士有志于访书的话一定所获良多。我期待他年，能够有人如博览通识之士王应麟补《汉书艺文志》、章宗源考证《隋书经籍志》那样，来考证《元史艺文志》。

顺便说一下，今春，文艺阁太史内藤湖南寄赠给我一部蒙文的《元朝秘史》，与杨氏的《连筠簃丛书》以及石印本等的分卷不同，原文是蒙汉对译的，正文后面是意译文（杨氏刊本只把这个意译文抄出来了）。《元史艺文志》上是这样著录的："元秘史十卷，续秘史二卷，不著撰人，记太祖起及太宗灭金事，皆国语旁译，疑即脱必赤颜也。"此书的原本是稀世珍宝，关于此书的由来参见二月三日《大阪朝日新闻》上湖南君的文章就明白了。去年冬天，田中文求堂重刊《元圣武亲征录》，关于该书的评论可参见拙文，发表在一月二十日《京都新闻》星期一集刊上。

值得称奇的是，《元史艺文志》上著录了辛文房（字良史、西域人）的《唐才子传》十卷，记述唐一代诗人略传，是文学上很有趣味的一部好书，但是在中国很早就散佚了，没有足本，德川时林大学头将其收在《佚存丛书》中，重新活字印刷，然后赠给清国，从此完本开始广泛流传。

考虑到这篇评介发表时间是在 1901 年，作者已经对钱大昕《元史艺文志》的来源、学术价值、著录数量、缺陷（期望将来的考订）有了明确的看法，跟后人关注钱大昕及相关研究的着眼点相近。不仅如此，他还能对钱大昕的《元史艺文志》中的有关著录（如《唐才子传》）进行补充注解，并根据它来判断有关史料（如《元朝秘史》）的真伪及价值，已经把这本书的价值发挥到了极致，不能不说日本学者在中国文献学方面具有很高的造诣。

日本学者对中国文献学和汉籍的偏爱，必将使日本图书馆长期保存中文图书，也必然对日本图书馆学特色的形成产生一定的影响。这种特色突出体现在日本图书馆在制定“和汉图书目录编纂规则”时不能不考虑比西文著录中遇到的复杂得多的问题。

五、日本图书馆学与中国图书馆学在发展之初面临的共同问题

《东壁》第二期在评介 1893 年日本文库协会制定的《和汉图书目录编纂规则》时就指出，和汉图书的书名既有音读又有训读，此外还有特殊的读法，很难进行索引。和汉图书的著者难度也不小，何况一多半的古书著者是靠别号、假号流传下来的，这些都对和汉图书的编目造成了困难。

实际上，和汉图书编目时遇到的问题，与中文图书编目遇到的问题既有联系又有区别。在日语体系里，和汉文至少有一个共同点就是都可以用假名表示，这套体系无论是形状还是读音都比较固定。而在汉语体

系中，在汉语拼音出现之前，没有一种普遍公认、简单易用、顺序固定的辅助表达体系，编目时遇到的问题就更加难以处理。1917年中国第一个赴美学习图书馆学的留学生沈祖荣在学成归国之后，曾到日本，在东京和其他各地考察了2个多月，想要在日本图书馆寻得一种解决中国图书管理难题的办法。他曾以为“日本与我同种同文，又是图书馆事业先进的国家”，但考察后发现，就分类来说，日本对于和书，各馆有各馆的分类方法；对于中国书，大多还是奉行四库法。就目录来说，和书的目录卡片很简单，中国书的目录要么没有，要么仍是书本式。就排列来说，用的是和文，最后他得出结论“我们一点都不能采用”①。

沈祖荣看到的是日本图书馆学与中国图书馆学之间的差异，马宗荣在20世纪20年代留日期间更多的是看到了二者之间的共性，他甚至提出了一种主张要建立世界共通的国际的图书馆学，而日本最早的图书馆杂志《东壁》则让我们看到了日本在学习吸收欧美图书馆学过程中，中国文化所发挥的巨大作用。人们很难用一句话说清楚日本图书馆学和中国图书馆学之间的关系，历史正以一种迷人的方式向人们展示早期中日图书馆学交流的各个侧面，越来越令人期待。

---

① 沈祖荣．在文华公书林过去十九年之经验［C］//丁道凡搜集编注．中国图书馆界先驱沈祖荣先生文集1918~1944年．杭州：杭州大学出版社，1991：62-75.

第二章 中国向日本学习图书馆学的阶段

中国向日本学习图书馆学的阶段，时间上是从19世纪末到1923年杨昭悊《图书馆学》的出版，可以看作中日图书馆学的单向交流时期，以梁启超、罗振玉等对日本图书馆制度的介绍、《图书馆小识》的翻译、杨昭悊翻译《图书馆学指南》并编写《图书馆学》为代表。单向交流的主要方式是图书馆学著作的翻译。

第一节　创办报刊、编译文字，介绍日本图书馆制度

戊戌变法失败后，梁启超到日本去避难。他创办的《清议报》成为介绍日本图书馆学的重要园地。1899年梁启超首次在《清议报》17期上刊登《论图书馆为开进文化一大机关（译太阳报第九号）》① 一文，开启介绍日本图书馆学之先河。该文主要观点是在日本提倡建立公共图书馆，认为公共图书馆是学校之外的又一大开进文化的机关，重点

① 梁启超．论图书馆为开进文化一大机关（译太阳报第九号）［J］．清议报，1899（17）：1073 1078.

介绍了公共图书馆的8项好处："第一之利，图书馆使现在学校受教育之青年学子，得补助其智识之利也。""第二之利，图书馆使凡青年志士，有不受学校教育者，得知识之利也。""第三之利，图书馆储藏宏富，学者欲查故事，得备参考之利也。""第四之利，图书馆有使阅览者，随意研究事物之利也。""第五之利，图书馆有使阅览者，于顷刻间，得查数事物之利也。""第六之利，图书馆凡使人皆得用贵重图书之利也。""第七之利，图书馆有使阅览图书者得速知地球各国近况之利也。""第八之利，图书馆有不知不觉便养成人才之利也。"1900年，《清议报》57期上刊登了一条来自美国新报的消息《地球大事记：古图书馆》，称美国大学生在土耳其京城附近考古发现了一个古代图书馆，时间上相当于中国黄帝时代，比埃及图书馆还要古老，堪称世界第一大图书馆。上述两篇文字虽然不长，但是反映了译者对图书馆功能的初步认识，以及译者对图书馆方面内容的敏感和关注。

罗振玉等人通过创办《教育世界》和《教育杂志》等报刊，编译日本关于图书馆方面的文字，探究图书馆及其管理方法。1901年4月《教育世界》杂志在上海创刊，其发起人是罗振玉，主编是王国维。杂志在内容上分为文篇和译篇，文篇为国内文献或外国人针对中国问题撰写的文献，译篇则是翻译日本教育方面的文献，故而《教育世界》被认为是向国人打开了一扇了解、学习日本教育和取法日本图书馆的窗口。

《教育世界》第1卷的文篇便是罗振玉撰写的《教育私议》，他就教育人才提出了十条方略：一曰设学部，二曰定规则，三曰明等级，四曰编书籍，五曰培养教员，六曰行补助奖励之典，七曰派员游历及留学，八曰讲求体育及卫生，九曰兴女子教育及婴儿教育，十曰立图书馆及博物馆。指出"谋教育之普被，必自扩国民之闻见始。而扩国民闻见则图书馆博物馆为先务”。他设想在京师设立大图书馆、博物馆各一所，在各省会各州县亦依次而设。上述十条是罗振玉针对将来科举废除后如何为国家培养人才所提出的方略，设立图书馆就是十条教育人才的方略之一，可见图书馆在教育方面的重要性。

《教育世界》还刊载了几篇介绍日美图书馆的译文，虽然篇幅都很短，只是一些规则和制度的介绍，亦反映了编辑欲借他山之石的良苦用心。据不完全统计，该刊关于图书馆的译文包括：1901 年第 3 卷译篇《关于幼稚园图书馆等及私立小学校规划》、1903 年 49 卷译篇《美国轮阅图书馆》、1903 年 62 卷译篇《拟设简便图书馆说》，1907 年该刊 150 期又刊载了杂纂《日本图书馆之增设》。此处移录《美国轮阅图书馆》① 如下，以反映译篇之大概。

> 美国近来有轮阅图书馆盛行于各地，如纽约克一府多至二十六处，前岁一年中，贷出书籍都六十七万余卷。费拉迭费一府多至九十五处，是年贷出书籍都八十余万卷，该馆置备图书，借与诸学校及各种公会而不取阅资，不但国内为然，并可远贷诸外国。英属坎拿大地方亦对该图书馆大事奖励云。考翁达里倭一省，前年中共借出书籍二百余万卷，今就该省之轮阅图书馆现行章程录要如下：
>
> 一本馆应各学校各公会或俱乐部之嘱而贷与书籍，
>
> 一由各学校及各公会设经理一人或二人，以任遗失图书之责，
>
> 一由经理选用司书一人，
>
> 一凡借出图书，概不取资，但往返寄费应由借阅者自给，
>
> 一非得文部长官予以特别之许可者限于六阅月内缴归

① 罗振玉编．教育世界文篇译篇 八 四十九卷：5–6.

图书，

一司书者经管书籍，许人轮流阅览，又就会中一切情形制表报告，

一各学校及各公会，有毁损图书者，得酌量科以罚款。

1909 年《教育杂志》创刊后成为晚清宣传和介绍图书馆的另一个重要园地。该刊 1909 年 8 期上刊登了蔡文森编辑的《设立儿童图书馆办法》，1910 年 2 期上刊登未署名文章《儿童图书馆》，1910 年 5 期上刊登了蔡文森翻译日本服部教一的《欧美图书馆之制度》。

第二节　图书馆学著作翻译

据目前掌握的资料看，清末民国译自日本的图书馆学著作有如下 9 种。从出版时间上看，前后长达 20 多年，但是实际上各个时期的翻译著作所发挥的作用并不相同，最初的译作作用相对较大，如《图书馆小识》、《图书馆学指南》等，因为这个时期，到国外学习图书馆学的留学生尚未归来，国内还缺乏自己撰写图书馆学著作的条件，必须从国外翻译同类著作。不过这里面有一本书例外，就是清末民初谢荫昌译述的《图书馆教育》，由于其出版时间特殊，再加上该书存世不多，很少有人对其进行过详细的研究，其贡献也并未得到世人的充分认可。

需要指出的是，由于当时图书馆学的学术规范尚未完全确立，一些著作明明是翻译著作，译者只是多多少少加进去了一些自己的意见，就完全据为己有，不肯承认是译作，使得译作的统计数字有所减少，如顾实的《图书馆指南》、马导源的《书志学》均属于这种情况。

表 2-1 清末民国译自日本的图书馆学著作一览表

序号	书名	原著者	译者	出版地	出版者	出版年
1	图书馆教育	户野周二郎	谢荫昌	奉天	图书发行所	1910
2	图书馆小识	日本图书馆协会	通俗教育研究会	北京	通俗教育研究会	1917
3	图书馆管理法	日本文部省	朱元善	上海	商务印书馆	1917
4	图书馆学指南	田中敬	杨昭悊	北京	法政学报社	1920
5	儿童图书馆之研究	今泽慈海、竹贯直人	陈逸	上海	商务印书馆	1924
6	标题目录要论	加藤宗厚	李尚友	武昌	文华图书馆学专科学校	1934
7	图书分类法	村岛靖雄	毛春翔	上海	开明书店	1934
8	宋元刊本刻工名表初稿	长泽规矩也	邓衍林			1934
9	书志学	小见山寿海	李尚友	北平	中华图书馆协会	1935

一、谢荫昌译述《图书馆教育》

由于各种原因，谢荫昌的译述及原书——户野周二郎著《学校及教师和图书馆》① 都很难找到，为了能让更多的研究者窥其大概，特将其章节罗列如下，以展示该书内容与其他图书馆学著作之不同，同时也展示译述与原著之区别，体现译述者的再创造。另外需要指出的是，原著 1909 年 1 月出版，而译述 1910 年底即出版，两者相差时间很短，反映了译述者的敏锐与迫切。

① 户野周二郎著．学校及教師と図書館［M］．東京：宝文館，1909.

表2-2 《图书馆教育》译著与原著章节对比

书名 章节	谢荫昌《图书馆教育》	户野周二郎《学校及教师和图书馆》
第一章	图书馆之要旨	圖書館の必要
第二章	关于图书馆发达之意见	圖書館の發達に關する所見
第三章	欧美学者关于学校图书馆之名论	圖書館の種類
第四章	欧美各国及日本图书馆之概况	圖書館殊に學校圖書館に關する歐米學者の所論
第五章	达那氏关于创立图书馆顺序之意见	歐米圖書館の概況
第六章	图书馆之当局者及评议员	我國圖書館の概況
第七章	图书馆之设备	圖書館創立の順序に關するダナ氏の所說
第八章	达那氏关于阅览室之心得	圖書館の當局及び評議員
第九章	图书之选择	圖書館の諸室器具圖書並に其他の物件
第十章	图书之购入及簿记	閲覽室に關するダナ氏の所說
第十一章	图书之制本法	圖書の選擇
第十二章	图书馆之处理方法	圖書の購入取扱上の注意原簿の記入及分類
第十三章	儿童图书馆	圖書の裝釘
第十四章	巡回图书馆	圖書館執務の順序付圖書館に缺くべからざる目錄帳簿等の樣式並に圖書の分類法
第十五章	图书馆与实业家	兒童圖書館
第十六章	在避暑地浴场之图书馆	巡迴圖書館
第十七章	图书馆员之待遇	圖書館と實業家
第十八章	图书馆员当服膺之训条	避暑地湯治場及海水浴場に於ける圖書館
第十九章		圖書館員の待遇
第二十章		圖書館員の服膺すべき訓條

续表

章节＼书名	谢荫昌《图书馆教育》	户野周二郎《学校及教师和图书馆》
附录	附日本图书馆令	圖書館に關する法令
	附日本图书馆规程	東京市立日比谷圖書館々則及細則
	附日本公立学校图书馆职员退隐金及遗族扶助金制	
	附日本帝国图书馆高等官俸给令	
	附日本东京市立日比谷图书馆规则	
	附东京市立日比谷图书馆阅览规程	
	附东京市立日比谷图书馆处务规程	
	附东京市立日比谷图书馆处务细则	
	附东京市立日比谷图书馆评议员规程	

1910 年，时任奉天提学司图书科副科长的谢荫昌，在肩负图书馆教育的研究和引导职责的驱使下，凭借自己三次到日本考察的心得，将日本举办图书馆的经验引进过来，试图将我国国内的图书馆区分为两大类型进行办理，一为培养学者的、一为教育国民的，或者说一为参考图书馆、一为普及中等初等教育的图书馆。前者可依照学部 1910 年颁发的《京师图书馆及各省图书馆通行章程》办理，而后者亟需另制定章程加以指导。谢荫昌译述此书的目的就是要上奏宣统皇帝，希望该书能在 1911 年以《府厅州县城镇乡中初等图书馆章程》的名义颁发，专门用于指导此类图书馆，如此才能收到图书馆教育之功效。

可见谢荫昌的图书馆思想已经达到了当时日本图书馆界的先进程度，如果他的愿望能够实现，我国通俗图书馆的发展可能会更好一些。

可惜他的观点和他翻译的著作都生不逢时，被改朝换代的洪流所淹没。

谢荫昌的绪言还保留了许多非常有价值的信息，比如他在提到该书作者户野周二郎是日本研究图书馆学之经验家，以及提到美国图书馆学大家达那氏时，都使用了“图书馆学”一词，当然在正文中用到“图书馆学”一词的次数更多。又如他提到 1908 年日本文部省夏期召开的图书教育讲习会促进了地方公共团体发展图书馆事业等等，都是日本国内新近发生的事情，可以与日本有关图书馆史记载相互印证。

而书中随处可见的图书馆学大家达那氏，就是《图书馆入门》（*A Library Primer*）一书的作者戴纳（John Cotton Dana），该书 1899 年初版，后多次再版。这些熟悉的名字一下子将中日美三国图书馆学的距离拉近了许多。

另外，日文原书《学校及教师和图书馆》问世之前，日本图书馆学著作也仅有 1892 年出版的《图书馆管理法》及其在 1900 年的修订再版，因此原书在日本图书馆学史上也应该占有一席之地，遗憾的是，笔者并没有看到日本学者对该书做过评价。

作为第一本译自日本的图书馆学著作，又被冰封百余年，谢荫昌译述的《图书馆教育》还有许多地方值得我们细细品味。

二、北京通俗教育研究会翻译出版《图书馆小识》

1917 年北京通俗教育研究会翻译出版了《图书馆小识》，该书由日本图书馆协会原著，系 1915 年日本图书馆协会为纪念其大正天皇的即位大典而写。具体由和田万吉、今泽慈海、村岛静雄、植松安 4 人编撰，虽说仅用了 3 周时间就编撰完成，但是由于编撰者专业水平都很高，所以该书质量仍很高，被称为日本当时三大图书馆学著作之一①。

与日文原书相比，汉译本的翻译水平可谓信达雅。不过汉译本最后的附录“图书分类标准”却是日文原书所没有的，该附录介绍英国 Crafton 公司出版的 Sayers 所著 *Canons of classification applied to the subject, the expansive, the decimal and the Library of Congress* 一书。译者的意图很明确，就是给当时图书馆员们提供分类法方面的最新参考，“英国刻赉顿 Clayton 氏著图书分类原理 *The Canons of Classification* 一书，为章凡六，第一绪论、第二论准绳、第三论事类法、第四论十进分类法、第五论递广法、第六论英国国会图书馆分类法。语多精至。深耐咀含。兹摘译其准绳一章，以供掌柱下职者之参考。” *Canons of classification* 一书的出版时间是 1915—1916 年间，大概是在日本《图书馆小识》原书之后出版的，所以日文原书中未收也是有可能的。值得一提的是，译者将此附录书的出版者误为作者，且将 Crafton 错写为 Clayton，另外，书名也没有写准确，颇使笔者花费了一番考证功夫。

从《图书馆小识》一书的内容体系来看，当时的日本对图书馆事业已经有了很深刻的认识，所表述的观点也已经非常完备。该书共分 22 章，分别论述：图书馆之必要、图书馆之功效、图书馆之种类、图书馆之创立及经费、图书馆之职员及职务、图书馆之建筑、图书馆用器具、普通图书馆、儿童图书馆及儿童阅览室、学校图书馆、图书之选择、图书之购买及受入、图书目录及种类、目录记录法、分类法、图书之整顿及排列法、阅览并出纳法、分馆及派出出纳所（配备所）、巡回文库、家庭文库、图书之点检及曝书、图书之消毒及废弃，附录图书分类标准。

---

① 日本図書館協会．近代日本図書館の歩み：日本図書館協会創立百年記念［M］．東京：日本図書館協会，1993：40-43.

如果单从章节名称看，所能得出的印象无非是该书所涵盖的内容非常全面，但是如果换一个角度来看，就会发现中日学者对于图书馆事业的认识存在着很大的不同。不妨将二者进行一番简单对比：

第一，在向欧美学习方面，因为历史背景的不同，中国图书馆界往往要在追思其悠久的藏书历史，在中西之间的结合上作文章。而日本却没有这些历史的包袱，反倒是责备自己从明治维新以来，只重视学校教育而没有认识到“图书馆为教育最有力机构”①。并非是日本图书馆界没有认识到东西方之间的不同，相反，他们对于具体问题的不同有着非常清醒的认识，比如“图书馆之创立及经费”一章，就有“自来规定开办费，应按照地方状况及立馆之情形。应多应少，相机测定，若先行概算，不足为准。如仿照欧美办法，其不当可知。”② 但是这种认识是建立在首先要向欧美学习，其次再来处理这些差别的基础上，因此日本对于欧美图书馆的学习是比较彻底的，那么成效也就比中国显著。

第二，关于图书馆类型的认识，1925年杜定友在写《图书馆通论》的时候，还仅仅是将“图书馆之种类”简单地罗列出来，而未加分类（虽然他也提出了分类的标准，即按维持经费来源、按藏书内容、按阅者程度、按阅者种类等标准能对图书馆作出不同的区分）：a. 地方图书馆，b. 通俗图书馆，c. 学校图书馆，d. 专门图书馆，e. 儿童图书馆，f. 个人图书馆，g. 纪念图书馆，h. 巡回图书馆，i. 通信图书馆，j. 病院图书馆，k. 会社图书馆，l. 盲哑图书馆，m. 军营图书馆，n. 水上图书馆。而《图书馆小识》对于“图书馆之种类”按照多种划分标准进行了不同的划分：（一）按供给一般阅览与否以为标准，分为公开图书

① 日本图书馆协会原著，通俗教育研究会编辑．图书馆小识［M］．北京：通俗教育研究会，1917：2.

② 日本图书馆协会原著，通俗教育研究会编辑．图书馆小识［M］．北京：通俗教育研究会，1917：19.

馆及非公开图书馆。(二) 图书馆按程度上分：儿童图书馆、广义普通图书馆、参考图书馆。(三) 图书馆按维持方法上分：官立图书馆、公立图书馆、私立图书馆。每类下面还有更详细的划分。

表面上看，这两种划分只是详略的不同，实际上却隐含着不同的意义：在中国，对图书馆的类型进行详细的划分并不重要，因为图书馆事业的发展还没有达到需要这样划分的程度。而在日本却不同，他们认识到："前陈各种图书馆，目的与任务各异，要在管理者随其特质发挥尽致，若有误解，以普通图书馆作为参考图书馆，国立图书馆仿普通图书馆，匪惟阻碍其发展，世人对于图书馆之效用，反滋疑窦。"①

第三，关于藏书剔旧问题。在中国由于自古以来崇尚书籍、爱惜字纸、尊重文本的传统，体现在图书馆图书的收藏方面，就是不太重视藏书的剔旧问题，因而有关这一问题的研究也不多见。而《图书馆小识》中关于"撤去废书之准则"竟有十条之多，当然这些准则并非他们的首创，也是来自欧美。他们认为："既经购备之图书，当时虽然适于用。经过若干期间，变为无用者往往有之。普通图书馆应注意时事之推移。有新购图书，书库无地可容时，应将此等不适用之图书立即撤去。此问题在普通图书馆中最为重大者也。"② 1923 年杨昭悊的《图书馆学》很多内容都取材于《图书馆小识》，该书中有一节"图书的撤销"，表达的意思与《图书馆小识》基本上相同，但是强调仅在图书毁坏或者无用时才予以撤销③。1927 年杜定友著《图书馆学概论》时，才开始正视"图书的撤销"这一问题。杜定友说："图书馆的书籍，保存还

① 日本图书馆协会原著，通俗教育研究会编辑．图书馆小识［M］．北京：通俗教育研究会，1917：14.

② 日本图书馆协会原著，通俗教育研究会编辑．图书馆小识［M］．北京：通俗教育研究会，1917：94.

③ 杨昭悊．图书馆学（上、下）［M］．上海：商务印书馆，1923：310.

来不及，为什么要撤销呢？这种论调，在数年前图书馆还没有发达的时候，是很当然的。但是现在的图书馆，对于图书的撤销，已经认为管理法中必要的事务，这大部分是根据‘图书馆重在实用’的原则上来的。因为无用的书，藏了反占地位，虚耗金钱与管理员的精力。”①

除了体现上述差别外，《图书馆小识》更多的是带给中国图书馆界的影响。1918年，顾实的《图书馆指南》②就深受《图书馆小识》的影响，刘国钧通过评述顾实的《图书馆指南》，连带着也肯定了《图书馆小识》的价值：

> 顾氏以为中国今日受世界潮流所激，实有不能不设图书馆之势。故顾氏亦主张肆应此要求而谋其适合，并取法于美利坚共和国民之高见。其书共二十四章，于图书馆之必要性质种类经营法推论綦详。然察其内容，除首尾二章外，标目悉与《图书馆小识》同，稽其实质，又复相似。意者顾氏未知此书有中译而取之为蓝本乎？惟顾氏时时流露反对专制政体之见，又以为中文图书之分类，不宜用四库，亦不宜袭东京帝国图书馆之办法，因略变异其次作中华民国图书馆分类法。又于每章稍加材料，附于其后，命曰参考，此其异于原著者。原书优点颇多，如论件名目录一段，足可矫吾国历来论著录法者之偏见。又所载和汉图书目录编纂概则，亦足资我国用片式目录者之参考。本此基础，以为建筑我国图书馆学之前途，庶几有光明乎？然顾氏既取材于此书而一语不之及，窃不知其何意也。③

① 杜定友．图书馆学概论［M］．上海：商务印书馆出版，1927：84-85.
② 顾实．图书馆指南［M］．上海：医学书局出版，1918.
③ 刘国钧．现时中文图书馆学书籍评［J］．图书馆学季刊，1926（2）：346-349.

我们从中可以看出刘国钧对《图书馆小识》的评价之高——将我国图书馆学的光明前途建立于该书之上。后来金敏甫对《图书馆小识》和《图书馆指南》两书也作出评价，从他的评价中可以看出，他的看法①也是受了刘国钧看法的影响，因为二者颇为相似：

民国初年，各地图书馆次第设立，且多深知中国旧式管理有改良之必要，惜无专书，无所依据，深感困难。民国六年，北京通俗教育研究会，以日本图书馆协会之图书馆小识，译示国人，是为中国图书馆学术书籍之滥觞。次年，上海有顾实之图书馆指南出版，顾氏之书，虽称编辑，实亦翻译于日本之图书馆小识，惟其译法与通俗教育研究会所译微有不同，而首尾则增添二章系由顾氏自撰；且每章之末，另附欧美之情形，以为参考，此其异于原本者。

但是他随后还是给两本书都以相当高的评价："总之，以上二书，实东洋图书馆学流入之代表。而此时之一般办理图书馆者，亦莫不奉为上法，于是中国之图书馆，类皆成为东洋式之图书馆，盖受此二书之影响也。"为了说明《图书馆小识》的影响，他接着说："民国九年，山西郑韫三氏，摘录《图书馆小识》而编《图书馆管理法》②，内容完全与《图书馆小识》相同，惟仅录其大纲，而删其繁节。故篇幅甚少，影响亦属甚微耳。"③

---

① 金敏甫．中国现代图书馆概况［M］．广州：广州图书馆协会，1929：29.
② 郑韫三．图书馆管理法［M］．太原：晋新书社，1920.
③ 金敏甫．中国现代图书馆概况［M］．广州：广州图书馆协会，1929：29.

三、朱元善译述《图书馆管理法》

1917年商务印书馆出版朱元善译述的《图书馆管理法》，是上海最早出版的图书馆学著作，奇怪的是刘国钧和金敏甫都没有提到这本书。

该书具体章节如下：第一图书馆之种类、第二近世式图书馆之特征、第三图书馆之必要、第四图书馆之创立、第五图书馆之建筑、第六书架之构造、第七馆务之顺序概要、第八书籍之选择、第九书籍之定购、第十总簿之记入、第十一书籍之整顿、第十二书架目录、第十三目录编纂法、第十四杂志及参考书、第十五图书出纳法、第十六巡回文库、第十七调查书籍及曝书、第十八书籍之装订。

笔者在博士论文中就曾经指出，从其内容上来判断，该书肯定取材于日本，因为书中列举的例子都是来自日本，尤其是在“书籍之整顿”一章中谈到了“分类法”，介绍的分类法大部分是日本的分类法，如：日比谷图书馆、大阪图书馆、山口图书馆、京都图书馆，还着重介绍了帝国图书馆分类法，然后介绍了“德依氏之十分分类法”和“卡达氏之开展分类法”，最后提到了“布罗尔氏之主体分类法”，唯独没有中国的分类法。但是该书的具体章节和《图书馆小识》又不尽相同，有些内容还超出了《图书馆小识》的范围，当时笔者曾猜测它是编译自《图书馆小识》或者其他日本图书馆学著作。

近来看到了日本文部省1912年出版的《图书馆管理法》，经过对比二书的章节，找到了答案：朱元善的这本《图书馆管理法》就是译自日本的《图书馆管理法》。朱元善在著作方式上写的是编纂而非译述，且没有说出编纂的依据，给人造成了困惑。

如前所述，日文《图书馆管理法》的主要内容来自于田中稻城在美欧考察和留学所得以及西村竹间在东京图书馆的实践经验。该书自

1892 年 12 月在日本出版后，分别在 1900 年和 1912 年 2 次修订再版，对当时日本图书馆界起到了很大的指导作用。朱元善作为商务印书馆的编辑，将该书内容翻译出版是有一定积极作用的。但因其未像北京通俗教育研究会翻译《图书馆小识》那样进行广泛宣传，产生的影响有限，甚至连刘国钧和金敏甫都没有见过，或者说未加评论。

至此可以说日本三大图书馆学著作中的两本都有了中译本，尽管朱元善的这本译作影响并不大。另外针对日本图书馆协会所说的三大图书馆学著作中的另外一本——佐野友三郎的《通俗图书馆论》，笔者也在日本各大图书馆目录中检索过，并未找到原书，反倒是他的另一本著作《美国图书馆事情》更有影响。

需要指出的是，上述 3 本翻译著作《图书馆教育》《图书馆小识》《图书馆管理法》，其日文原书出版时间相近、内容互有参照，因此其中文译本内容和观点也有许多相似的地方就不奇怪了。

四、陈逸译述《儿童图书馆之研究》

1924 年陈逸译述、郑次川校订的《儿童图书馆之研究》由商务印书馆出版，日文原书是今泽慈海和竹贯直人于 1918 年合著出版的。中译本上将日本作者之一的名字错写为竹贯宜人。今泽慈海是日比谷图书馆馆长，也是文学士；竹贯直人是日比谷图书馆儿童部负责人，也是《少年世界》的主笔。此外，日文原书的编写还得到了该馆儿童部前主任原田荣一郎的很多帮助。

与上述一些在学术史上有较大意义的图书馆学著作不同，有关儿童图书馆研究的书籍可能至今仍有一定的现实意义。如文中第一章提到："初期之公共图书馆，多有为儿童图书特备一二架书橱或一室者。只以当时不许十四岁以下之儿童入馆，规则过严，虽尽力设备，亦不见起色。今则情形不同，儿童一达能读书之年龄，由教师之推荐，即许入馆，得以阅览儿童用之图书矣。英美两国，最近有为儿童特别设备者，公共图书馆则特设备一大室。室中装饰华丽，其广阔亦不下大人阅览室；书籍购置丰富。且最良之新闻杂志类图画集，及其他书籍等，亦均不劣于大人所用。……美国人对于公共事业，咸不惜捐赠巨金，以为人民与其为纳税者，毋宁为公民，故儿童图书馆非常发达，自华美阅览室以及一切设备皆具，各图书馆无不如此。”

在我国，公共图书馆中对儿童读者限制较多，许多公共图书馆甚至没有为儿童读者提供服务的意识，而读者亦分不清到底哪些类型的图书馆应该为儿童服务。最近深圳大学城图书馆发布新规谢绝14岁以下的儿童入馆又引起了争议①，实际上还是有关图书馆类型划分的问题没有解决好，与研究型图书馆、公共图书馆、儿童图书馆相关的许多问题都没有搞清楚。建议争议各方都重读一遍这些基本典籍。

五、1930年以后的译作

1930年以后出版的译作，从时间上看属于中日图书馆学双向交流时期，其作用更多的是令同行开阔眼界，而不像初期那样不可替代。这个时期翻译的作品有如下4本。

毛春翔翻译的《图书分类法》，原书为村岛靖雄著《图书分类概论》1932年出版。该译作缘于学者意欲用他山之石来解决当时国内图书分类异彩纷呈而缺乏统一众人思想的著作的局面。我们从陈训慈为毛春翔翻译的《图书分类法》一书的序言可以印证这个说法。他说：“方今我国图书馆事业日渐进步，而图书馆学之讲求亦渐广。新著出世，时

---

① http：//finance. people. com. cn/GB/n1/2018/0823/c1004-30245703. html.

有所闻。而于图书分类为图书馆所遇之一重大问题，且又为学者所注意讨究者，顾未有一畅论众说以资比观之书，诚不可谓为非憾事，以是益觉村岛此书有足以应今日中国之需要。……图书分类所系，诚非浅鲜，若墨守旧说，既失之固；任取一说，亦失之偏；其未能虚心细察，遽多自作类码，亦复失之于滥。要当博采众长，共事研讨，则溯述源流，广陈各说之书，为现时国内出版界尚罕见者，正为今日之所需。”①

李尚友翻译的《标题目录要论》（由武昌文华图书馆学专科学校出版，该译文曾在《文华图书馆学专科学校季刊》第6卷第3、4期上连载），原书为加藤宗厚著《件名目录要论》*Principles and Practice of Subject Cataloging*。标题目录的重要性已经得到当时国内图书馆界的广泛认同，但是国内缺乏适用的标题表，有感于此，李尚友希望通过翻译“寻绎出我国关于标题目录之处置……见世界图书馆标题目录的大概”②。全书共12章：由分类目录到字典式目录、标题标目、名辞、标题标目名辞之选择、固有名辞的标目、标题细目、标题参照、标题标目文字及排列、标题之选择、形式标目、对于一书标目之数、标题实习。附录：标题标目表、标题标目参考资料、参考文献、问题。

1925—1940年加藤宗厚在帝国图书馆从事件名目录编目，并于1929—1940年奉命担任图书馆讲习所图书分类法的讲师③。加藤宗厚对件名目录颇有研究，1929年他就撰写有《和汉图书件名标目》，在《圕研究》第二卷上分四期连载。提起此文的撰写动机，还与中国图书馆界有些关系。加藤宗厚在该文后记的结语中说，邻邦民国图书馆界在理论与实际方面都凌驾于日本图书馆界，这是毋庸赘言的，也是青年图书

① 村岛靖雄著. 图书分类法［M］. 毛春翔，译. 上海：开明书店，1934：序.

② 加藤宗厚著. 标题目录要论［M］. 李尚友，译. 武昌：文华图书馆学专科学校，1934：译者弁言.

③ 加藤宗厚. 回顧十六年［J］. 圕研究，1943，16（1）：10-17.

馆员联盟会员都承认的，然而他听马宗荣说民国还没有关于件名目录的任何草案，但是听说好像有人刚开始翻译 ALA 的标目。他衷心希望能在联盟诸贤的真挚帮助、讨论、实验下，在不久的将来完成日本件名标目①。不用说，他言外之意是要在件名标目方面超过中国图书馆界。

日本图书馆界对加藤宗厚的《和汉图书件名标目》期望甚高，认为该文是日本关于件名标目这个主题的首个研究，希望他能够修订出版单行本②，后来他仅将其中主要内容——《日本件名标目表》③ 在间宫商店出版。1932 年，加藤宗厚撰写的《件名目录要论》又在《圕研究》第五卷上分五期连载，他本人并未将其整理成单行本出版，不料中华民国的李尚友将该论文择要翻译发表，还出版了单行本。1943 年加藤宗厚提起此事深有感慨，他说自己对李尚友君的情况并不了解，对于该书在中国图书馆界有何贡献也没有做过调查④。笔者通过对比原文与译文，发现李尚友并未将原文的序言及序论部分翻译过来。

邓衍林译录长泽规矩也的《宋元刊本刻工名表初稿》发表在《图书馆学季刊》1934 年第 8 卷第 3 期上，日文原稿发表在日本《书志学》杂志第 2 卷第 2、4 期上。译者说："日人长泽规矩也先生精研我国目录板本之学，近取宋元刊本中之刻工姓名汇为一表，分载于书志学第二卷第二第四两期，虽搜集未称完备，然亦可供考订宋元刊本之一助耳。爰为迻录于此，以济学人参考焉。"译作落款是 1934 年 11 月 21 日，与原文发表时间仅差几个月，可见当时中日两国图书馆界交流之通畅。该书结构大体分为两部分，第一部分为 130 本宋元刊本，详记其序号、书

① 加藤宗厚．和漢圖書件名標目後記［J］．圕研究，1929，2（3）：387-408.

② 加藤宗厚．和漢圖書件名標目 III（終）［J］．圕研究，1929，2（3）：355-386.

③ 加藤宗厚．日本件名標目表：附　ローマ字及漢字直接索引［M］．大阪：間宮商店，1929.

④ 加藤宗厚．回顧十六年［J］．圕研究，1943，16（1）：10-17.

名、收藏者及刊刻时代，第二部分为按照姓氏笔画顺序排列的刻工姓名，后附其所刻刊本的序号。从中，读者可以知道，一个刊本往往有数个刻工合作完成，而一个刻工往往参与多个刊本的雕刻。如果这些数据能够进一步积累，并加以统计分析的话，版本研究将有望更深入一步。

李尚友翻译的《书志学》于 1934 年由中华图书馆协会出版，原书是 1929 年日本小见山寿海所著《书志学》。日本受中国文化的影响颇深，反过来，日本对于目录学的认识应该对中国也有一定的借鉴作用。《书志学》就是这样一部受中国和欧美目录学共同影响而产生的日本目录学著作。李尚友在译者序里指出，在中国图书馆界致力于建设图书馆学术体系的时候，首先要建设好图书馆学的基础学问——中国传统的目录学，然而国内这方面著作，尤其是能贯通中外的著作并不多见。日本的小见山寿海具有国际眼光，他将目录学的范围扩展为“书志学”，从综观和分观两个方面进行论述，使目录学逐渐形成完整的学术体系，同时也使读者能够从中获取图书馆学理论知识，得到读书之捷径。

李尚友将此书翻译出版还有另外一个原因，那就是当时马导源也“著”有一本《书志学》① 作为商务印书馆的“百科小丛书”出版。李尚友认为该书有剽窃嫌疑，“负有出版权威的商务印书馆，也太轻于从事审查，该书不但把原书的精华删掉，反添入许多不关重要的东西，使失掉原书的价值，而译笔之错误，更指不胜数……”② 笔者特地找来这两本书进行对比，证实了李尚友所言不虚。

① 马导源．书志学［M］．上海：商务印书馆，1934.

② 小见山寿海著；李尚友译．书志学［M］．北京：中华图书馆协会，［1934］．译者序．

第三节　图书馆学翻译先驱杨昭悊

杨昭悊不仅是我国第一本体系完备的图书馆学著作的作者，还是第一位把日本学者田中敬的《图书馆学指南》和《图书学序论》翻译介绍到中国来的学者，也是《图书馆员之训练》的译者之一，他的借助于翻译图书馆学书籍以养成图书馆人才的主张，以及他为翻译东西方图书馆学著作付出的巨大努力值得我们尊重和效仿。

关于我国早期图书馆学家杨昭悊，人们较为熟悉的是他编著的我国第一本体系完备的《图书馆学》著作，而对他翻译的著作，包括《图书馆学指南》和《图书馆员之训练》在内，人们了解的都还不够全面。实际上他的译作创造了许多第一，比如他翻译的《图书馆学指南》是第一本以图书馆学命名的著作，他翻译的《图书馆员之训练》是在说明图书馆员应当受到什么样的训练之外，还很能阐述图书馆的社会功能的著作。而他翻译的《图书学序论》则是第一篇系统介绍日本书史学的论文，迄今为止还很少被研究者关注过。

一、从一条书目信息看杨昭悊对日本图书学（书史学）的首译地位

多年来笔者一直被一条书目信息所困扰，这就是在李钟履编《图书馆学论文索引》第一辑中，有一条书目为"《图书馆学序论》，江中孜著，浚明译，《交通日报》1917年6月16日"①，这条书目不仅缺乏其他佐证，而且无论在中国还是在日本的各大图书馆，使用其中的任何

① 李钟履编．图书馆学论文索引［M］．北京：商务印书馆，1959：14.

一个著录项目都不能查到相应的文献。然而，如果这条书目的内容正确的话，就会把以中文“图书馆学”一词命名的文献出现时间提前到1917年，而不是目前所确知的1920年5月，所以对其进行考证还是很有意义的。在1920年5月这个特殊的月份，我国不约而同出现了两篇以“图书馆学”命名的文献，一篇是杨昭悊于1920年5月31日翻译日本人田中敬著《图书馆学指南》一书，另一个是刊登在1920年5月20日出版的《约翰声》第31卷第四期上的《图书馆学》论文。

近来使用全国报刊索引数据库，以及大成老旧刊数据库，均可检出另外一条书目信息“《图书学序论》，田中敬著，浚明译，《学林》1927年第3卷第3期”。仔细对比这两条书目信息和实际文献，可以确定后一条书目是正确记载，而前一条书目信息基本上是对后一条书目信息的错误记载，原因如下：

首先是“图书馆学序论”与“图书学序论”仅有一字之差；“江中孜”与“田中敬”在外形上高度相似；“1917”与“1927”也仅有一个数字的差别；完全相同之处就是“浚明”。

浚明即濬明（“浚”同“濬”），是杨昭悊的别号，出处可参见1930年宋景祁主编的《中国图书馆名人录》中的附录“中国图书馆界人名通信录”，有关杨昭悊的记载是“姓名杨昭悊，别号濬明，通信处江西省立图书馆”①。

日本学者田中敬所著《图书学概论》② 一书出版于1924年10月，其第一章总论的内容正是《学林》1927年第3卷第3期上濬明所译的《图书学序论》。可见是杨昭悊（即濬明）在1927年（而非1917年）翻译了田中敬（而非江中孜）的《图书学序论》（而非《图书馆学序

① 宋景祁主编．中国图书馆名人录［M］．上海：上海图书馆协会，1930：30.
② 田中敬．圖書學概論［M］．東京：冨山房，1924.

论》）。这里杨昭悊为何会这样署名，给后世造成这样一个悬案？原因其实也很简单，仔细看看该期的目录就明白了，在本期中还刊载了署名杨昭悊的另外一篇文章《美国劳工部和英国坎拿大劳工部的比较研究》，此外，还有一篇署名杨昭恕的文章《生物之美的进化》。

二、《图书学序论》翻译的原因

杨昭悊翻译《图书学序论》并非偶然，而与他1920年所译田中敬的另一篇《图书馆学指南》有着密切的联系。1919年仲夏，他受命担任法政专门学校图书馆主任，因为意识到自己并非图书馆学专家，因而潜心搜集图书馆学书籍，他发现日本田中敬的《图书馆学指南》内容全面，其中推荐的都是欧美最近的图书馆学杰作，所以他不仅在1920年5月把田中敬的《图书馆学指南》翻译了出来，而且打算把这本书中提到的所有图书馆学杰作都陆续翻译出来。这里需要强调的是，杨昭悊对田中敬该文的选择独具慧眼，根据笔者近两年的研究，田中敬在日本图书馆界并非特别知名的学者，甚至一些日本图书馆学师生都不知道他名字的日语发音。

杨昭悊所译《图书馆学指南》的原文是田中敬所著《图书馆学研究的指南》（日文题名《圖書館學研究の栞》①），连载于日本期刊《學鐙》（也叫《學燈》）1919年第9-11期上。在该文末尾，田中敬指出这个指南源于对自己现有的图书馆学书籍的介绍，他说该指南仅仅介绍了一些基本的书籍，还有很多遗漏，那些出版时间早的，或者细枝末节的讨论都没有收。此外关于书史学的书籍，因为他本人也刚刚涉猎，还不能非常自信地加以解说，所以一律未收，等近期有了时机

① 田中敬．圖書館學研究の栞［J］．學鐙，1919，23（9）：1-7；23（10）：1-14；23（11）：1-5.

再写。

1920年杨昭悊在翻译《图书馆学指南》之际，应该说是比较忠实地反映了田中敬原文的内容，但是有两点不足，第一是没有指明原文的具体出处，以便读者按图索骥。笔者就曾以为《图书馆学指南》是杨昭悊对原文的节译，后来经过多方查找，才得到田中敬的原文，发现原文也确实很简明，就是书目加简评，是一个依照分类编排的图书馆学重要西文书籍导读。译文的第二个不足是没有把田中敬写在原文结尾的这段话翻译出来。但是杨昭悊并没有忘记田中敬的结语，仍然关注着田中敬著作的出版发表情况。

1924年10月，田中敬的《图书学概论》一书面世。所谓图书学，就是广义的书史学，在日本又叫做书志学。《图书学概论》与《图书馆学研究的指南》在内容上是一个有机整体，在田中敬《图书馆学研究的指南》的框架结构中，书史学是图书馆学研究中的一个组成部分，只不过因为他本人当时没有对书史学很好地掌握和理解，因而把它单另出来，留待后来讲解。《图书学概论》的出版，标志着田中敬如约将西方书史学的成果做了系统梳理，并且结合东方书史学的内容，构建了一个宏大的图书学体系。2年多之后，杨昭悊将《图书学概论》的第一章总论翻译为《图书学序论》，发表在1927年《学林》第三期上，完成了对田中敬的《图书馆学研究的指南》的完整翻译介绍。同时，又在不经意间成为把日本图书学，或者书史学，或者书志学介绍到中国的第一人，比慕骞在1933年《浙江图书馆馆刊》第2卷第4期上介绍《图书学概论》的出版信息早6年；比1934年马导源、李尚友把日本小见山寿海的《书志学》（其中也介绍了田中敬的《图书学概论》）引进中国早7年。可以说杨昭悊对田中敬著作的介绍是善始善终的，也体现了杨昭悊对于这位日本同行高度的关注和欣赏。所以，我们作为读者，也要把杨昭悊翻译的《图书馆学指南》与《图书学序论》放在一起研究，才能对得起杨昭悊的一片良苦用心。

三、杨昭悊的翻译主张

1920年8月2—20日，北京高师首次举办图书馆讲习班，杨昭悊参加了讲习班的学习，并对讲习班各位老师所讲内容进行了总结和归纳。尤其可贵的是他提出要设立一个专门的组织"译书会"，以确保为中国图书馆培养人才而提供"专书"。在谈到翻译书籍的必要性时，他说，中国图书馆不发达的原因在于一般人对此重视程度不够，以及缺乏人才。前者需要书报来做宣传，后者需要专门书籍来养成。如果没有专门书籍，只靠留学是缓不济急的。国内没有专门的图书馆学校，只教授一点粗浅的讲义，远远不够，要多多翻译书籍。关于翻译书籍的先后，他认为趁着当时翻译书籍还少，应当统一名词，先翻译一本西洋图书馆学字典，供译者和读者参考，他的想法也得到了戴志骞的赞同。杨昭悊指出，关于译书译名这样的大事，不是一个人能够办到的，需要组织一个译书会，请对图书馆学有研究的人，或者虽然对图书馆学没有研究，却对中国目录学校雠学有研究的人，二者结合在一起，先译入门书和辞典，再译专门书①。后来他再次强调"统一名词是我们必定要办的事情……我们设若不办……后来的人必定骂我们始谋不臧。"②

在这次讲习会上，杨昭悊翻译的《图书馆学指南》派上了大用场，尤其是当讲习会的演讲者讲到某个专题的时候，他都能根据此书推荐出其他相关的参考书。此外他还有了"将来要编一种图书馆学的书"的设想，并且要重点写写图书馆的沿革和近状，好让一般人知道图书馆在

---

① 杨昭悊．我对于图书馆讲习会的意见［J］．晨报，1920-08-18（7）；1920-08-19（7）．

② 杨昭悊．再论图书馆讲习会［J］．晨报，1920-08-29（7）．

时间和空间上占什么地位①。他的这个设想也很快付诸实践，1921年11月28日，杨昭悊受交通部资助启程赴美留学，在途中他将这部已经完成的书稿反复校对，并且在他到达东京后将该书稿寄回国内出版，这就是于1923年出版的著名的《图书馆学》一书。

杨昭悊本人在1921年底写成的《东游记》中，曾回顾了此书的成因，“我在车上第一种任务就是校阅《图书馆学》。先是去年春上，我翻译日人田中敬所著的《图书馆学指南》一册问世，适逢是年暑假北京高师开图书馆讲习会，行销很速，尚志学会林宰平先生嘱为会中编辑关于图书馆的书籍，以提倡图书馆教育，我当时应许并自定是年年内脱稿，不料说起来容易，做起来困难，我从去年底开始编辑，因为蒐集图书选择材料，很费工夫，到了今年九月经过一年还未脱稿……”②

在该书的编写过程中，他总结出了一条重要的经验：仅仅一本一本地翻译外国图书馆学的书籍，存在着许多不足，因为就每一本书来看，它们涉及的内容大多是某一个专题的、偏重应用的、自陈己见的，而缺乏综合性的、原理性的、通用性的内容，并不符合当时中国图书馆界的需求。杨昭悊在对这些书籍充分融会贯通的基础上，编写出了一部理论性、综合性和实用性都很强的《图书馆学》著作，具有很高的学术水平，可以说该书源于翻译却高于普通译作。

如今，关于《图书馆学》在中国图书馆学史上的地位已毋庸置疑，不仅当时为该书作序的蔡元培、林宰平、戴志骞等人对此书作出了很高评价，而且得到了许多图书馆学专家如刘国钧、金敏甫等人的重点评介。笔者在博士论文中也有较为详尽的评介，此处不再赘述。

① 杨昭悊．我对于图书馆讲习会的意见［J］．晨报，1920-08-18（7）；1920-08-19（7）．

② 杨昭悊．东游记 未完［J］．晨报副刊，1922-02-08（3）．

四、翻译背后的艰辛

尽管有了《图书馆学》一书编写的成功，他并未放弃多多翻译图书馆学书籍以养成图书馆人才的初衷，遇到好的书籍，他就会毫不犹豫地着手翻译。

杨昭悊在《东游记》中提到过自己的日文水平也仅仅是懂得日文的文法，却听不懂日语。因此在他赴美留学途经日本多地参观图书馆的时候，均要请当地的中国人来翻译。他说，“我对于日本文法虽然懂得，至于方言从未习过，不习日本语来游日本国，直同哑族行。这次游历所以还不大隔横的，全赖危君诰生余君士诚二人的鼎力。”① 可见杨昭悊在翻译日语文献时付出了很大努力。

笔者在研究马宗荣在东京大学留学的时间和专业问题时②，无意中还发现了一位与马宗荣同时同校同学部不同专业，即 1929 年东京帝国大学大学院文学部，研究新康德学派哲学的中国留学生，名叫杨昭恕③。因为笔者此前已经知道杨昭悊的兄长名为杨昭恕，就产生了二者是否为同一人的疑问。当时笔者考虑，马宗荣于 1918 年已经留学日本，会不会杨昭恕也是那个时候就到日本留学的呢？如果真是那样的话，他给在国内的弟弟杨昭悊提供一些日本图书馆学的书籍岂不很方便吗？那么，杨昭悊对日本图书馆学著作的翻译和引进，其意义就会打上一个折扣。

事实上杨昭恕是北京大学哲学系毕业。1921 年 9 月 23 日，他作为北京大学乐学讲座的助理、音乐会主任干事、《音乐杂志》编辑，曾在

---

① 杨昭悊．东游记 续［J］．晨报副刊，1922-02-21（3）．

② 范凡．马宗荣在东京帝国大学留学的时间和专业考［J］．图书馆杂志，2015（3）：107-11.

③ 東京帝國大學．東京帝國大學要覧　昭和四年［M］．東京：丸善，1929：299.

《北京大学日刊》上发表过《音乐研究会一年之经过》一文。可见 1921 年 9 月底杨昭恕仍在北大，尚未到日本留学。

杨昭悊的《东游记》为我们了解其生平和译书提供了很多可贵的资料，比如其中他曾经提到了自己的母亲专程到北京来看望他和兄长心如；在他离京赴美留学之际，侄女正容帮他找到他母亲的照片而他却忘了带走，为此他的兄长还专程追到天津，给他送去；他还提到自己当时尚无婚约，等等。这些细节均能与汤旭岩通过对杨昭悊侄子及女儿的采访而撰写的纪念文章①相吻合，从而证明二者都是非常可信的。

从这些资料中可以推测出，虽然杨昭悊比兄长杨昭恕年轻好几岁，出国留学却早一些，杨昭悊是 1922—1925 年交通部公费留美，而杨昭恕是 1923—1929 年湖北省公费留日。因此后来留学日本的杨昭恕基本上不可能给杨昭悊早期翻译日本图书馆学著作提供笔者所设想的那种帮助。

由此又联想到笔者在撰写博士论文之际的另一个误判，轻易采信了一个说法，认为我国在 1894 年《教育世界》第 62 期所刊《拟设简便图书馆说》第一次使用"图书馆"这个名词，虽然标明了具体的出处，但是当我看到该文发表年代实际为 1903 年时，还是感到非常震惊，同时也为自己没有去亲自考察文献的最初来源而感到懊悔，尽管在博士论文正式出版时删掉了这个说法，但是已经把一个错误的说法扩大到了更大的范围。笔者深刻反省：应该利用这些可信的资料，将有关杨昭悊的研究进一步深入下去，而不是仅仅凭借一条孤证，再加上拍拍脑袋就妄下论断。

2009 年 6 月，时任伊利诺伊大学香槟分校图书情报研究生院院长的 John Unsworth 教授曾到北京大学图书馆发表演讲——数字图书馆管

① 汤旭岩．续写我国早期图书馆学家杨昭悊［J］．图书情报论坛，2009（1）：8-12．

理与研究现状，他的PPT中有一张照片，是伊利诺伊大学图书馆学院1924—1925年高级班的合影，见图2-1，其中有位中国留学生，但是John Unsworth教授不知道其姓名。John Unsworth教授在来北京大学图书馆之前已经在中国举办了多场讲演，每到一处，他都希望在听众中，或许正好有这位中国留学生的孙子或孙女在座，能够认出他。当然，在中国这样的人口大国，这样的概率实在是太小了。他在北京大学图书馆作报告时恰好笔者也在场，初步帮他解决了这个问题，认为那个中国留学生应该就是杨昭悊，见图2-1后排左二，戴眼镜的中国人。

图2-1　伊利诺伊大学图书馆学院1924-25高级班合影

（1924-25 senior class of the Library School at the University of Illinois，John Unsworth 教授提供）

当时笔者做出这样的猜测，主要是依据我国台湾学者涂光霈的博士论文，而且留学的时间和地点也刚好能够对上。当然，现在情况不同了，关于杨昭悊的研究已经越来越多，有更为详细的研究能反映他在那个时候在该校学习过，比如北京大学郑丽芬的博士论文中专门有一小节来考察这个问题①。通过这些新发现的资料我们得知，杨昭悊先后在美国三个学校留学，1922—1923 年就读于美国洛杉矶公共图书馆学校，同时在南加州大学攻读政治学硕士学位，1924 年获得美国南加州大学政治学硕士学位，1924—1925 年就读于伊利诺伊大学图书馆学院。

杨昭悊是一个勤于笔耕，兴趣广泛、发文较多的学者，他把在美国南加州大学提交的硕士论文《美国劳工部和英国坎拿大劳工部的比较研究》，又翻译为中文发表在 1927 年《学林》杂志第 3 卷第 3 期上，以供国内相关人士参考。这样一位多产学者，又如此关心图书馆事业，我们却没有看到他的图书馆学硕士论文，甚至连 John Unsworth 教授也不能找到他的相关资料，想必是杨昭悊遇到了很大的困难。汤旭岩曾说，“1925 年，杨昭悊回国。这时，他已成家。杨昭悊回国是在原定计划上因病提前了一段时间。当时，由于专业科目紧、外语得加油，杨昭悊学习太用功，患神经衰弱症，大夫让他回国休养一段时间，于是只得暂时放弃继续攻读博士学位的念头。”② 由此可见，即使是在美期间翻译英文书籍《图书馆员之训练》，杨昭悊也需要克服学业重、外语差，以及生病等各种困难才能完成。正如范源濂所说“其劳既足多，其用心尤可感”③。我们应该永远纪念他为中国图书馆学的发展而付出的努力。

第四节　李大钊委托殷汝耕介绍日本图书馆管理方法

1918 年 1 月，李大钊就任北京大学图书馆主任。他 1916 年从早

---

① 郑丽芬．民国时期的图书馆学教育研究［D］．北京：北京大学，2015：98-102.
② 汤旭岩．续写我国早期图书馆学家杨昭悊［J］．图书情报论坛，2009（1）：8-12.
③ 佛里特尔著．图书馆员之训练［M］．杨昭哲，李燕亭，译．上海：商务印书馆，1928：3.

稻田大学留学回国，从读者到图书馆主任的角色转化，使他想更加深入地了解日本图书馆管理方法，就委托当时正在日本的早稻田大学同窗殷汝耕帮其实现这个愿望。殷汝耕于1918年7月回信，见《殷汝耕君与图书馆主任之通信论编图书目录事》①。信中说，“守常我兄大鉴，得来示二通，久稽裁覆，不惟忙懒使然，亦以欲稍作详答，致不易执笔也。”

殷汝耕认为图书馆有两大重要工作，一是蒐集藏书，一是编制目录。同时他强调，藏书能不能发挥作用，全在于目录，“目录苟不得法，纵集十万卷，亦惟充栋而已。”由此可以看出殷汝耕的看法与中国传统上认为的“目录之学，学中第一紧要事”的观点一脉相承，在当时具有一定的代表性。

他认为目录分为外形目录和内容目录，以他所在的东京帝国大学法科大学研究室为例，介绍了该研究室所使用的五种目录，将其中三种即著者、书名、分类目录归为外形目录，而将另外两种分国目录、分问题目录归为内容目录。指出外形目录编制容易，但是作用没有内容目录大。他详细地介绍了内容目录的编制方法：分国目录“先分洲，次分国，例如欧之英德法等，亚之中日印暹等各为项。每项下列参考书（或更分类）例如英国爱尔兰自治问题为一类。凡此二千卷中某章某节，足为此问题之参考者，胥以次录本项下。目录用Card式。每项别设Card录之。满则益以次页。然后研究者既定研究对象，则可依目录索之，只须翻此目录，得所研究之项。则此二三千卷中，若干册足供参考，均可按索而得，毫无遗漏矣。

分问题之目录，亦与此同理。唯此问题之名易国名耳。例如先大别

① 殷汝耕君与图书馆主任之通信论编图书目录事［N］. 北京大学日刊，1918-08-08（1）.

为妇人参政权问题，殖民问题……内设细项。然后依项编制，此等编制之难，在豫行遍阅此二三千卷，且于阅时，一一摘记，本书可作某项之参考而后成耳，吉野博士告弟，渠自编此目录，每日费一小时，阅二三年，乃竟事云。”可见分问题目录的编制要求更高，不仅需要对图书的内容非常熟悉，还非常耗时，持之以恒方能成功。

从殷汝耕对于分国目录和分问题目录的介绍中，可以看出这两种内容目录更类似于我们所说的主题目录，但主题目录需要依据规范化的主题词表，而这里并未提及其编目依据的工具，大概是依据学者的常识而已。

殷汝耕在信中介绍的另一个非常重要的方法是东亚经济调查局的资料分类整理办法。东亚经济调查局认定资料的范围更加广泛，包括五种，一新闻（注：指报纸）、二杂志、三公家统计调查、四私家统计调查、五书籍。该局要将这些资料按照其性质编辑成册。

殷汝耕这里介绍的杂志目录类似于我们所说的杂志论文标题分类索引，仅对一本期刊中特定主题或类别的论文标题编制索引，并不包括该刊中所有的论文。同时，殷汝耕指出这种资料整理方法较难实施的原因是：（一）阅读须得人，（二）分项目须得宜，（三）经费须充足，（四）材料须赅博。并指出此种事业，本应中央政府办理，非一图书馆所能也。

从殷汝耕的介绍中，可以看出日本在资料整理方面的细致工作，有助于我们了解日本何以具备强大的情报获取与分析能力，在中日关系上占尽先机。可惜的是，包括北京大学图书馆在内的我国图书馆界当时并没有将类似的资料整理工作开展起来。

李大钊对于日本图书馆学的引进和关注还表现在其他地方，他在任期间，《北京大学日刊》上刊登的译自日文的关于图书和图书馆界的消息明显增多，如《莫利逊文库》《美国人之支那书蒐集》，《本校图书馆所藏日本印北京皇城写真帖目录》等。李大钊在任期间，北京大学图书馆还接受了一大笔赠书，即日本法学博士阪谷芳郎男爵的捐书，于1918年9月份寄至北京大学。

第三章 中日两国图书馆学双向交流阶段

中日两国图书馆学双向交流阶段，以1926年杜定友访日为起点，间宫不二雄从杜定友身上看到了中国图书馆学家的风采，意识到了与中国图书馆学界的差距，他不仅全盘接受了杜定友新创制的“圕”字，并以该字为刊名，先后创办了《圕》和《圕研究》两种刊物。杜定友此行，有三个直接的成果，一是“圕”字的正式使用，二是以一个图书馆学家的眼光对日本的图书馆事业和图书馆学的发展状况进行了调查分析，三是代表中华图书馆协会邀请日本全国图书馆协会派出代表参加中华图书馆协会的会议，研究中日图书馆联络合作问题，并得到了对方积极的响应。杜定友此行的影响却不仅限于此，杜定友在《日本图书馆参观记》中对中日图书馆界的比较分析，让双方看清了彼此的问题和成果，从而开启了一个中日图书馆学双向交流的新时代。而这个时代是如此独特，它以“圕”字的正式使用为特征，也差不多与“圕”字的使用相始终。从此日本的图书馆学研究变得更加有组织、有系统、有计划，开始形成规模。

第一节　杜定友访日开启中日图书馆学双向交流的“圕时代”

清末民初中日图书馆界的交流基本上以中国学习日本为主，1926年夏杜定友访日向日本图书馆界展示了中国图书馆学家的风采，以间宫不二雄为首的日本图书馆界，不仅全盘接受了杜定友首创的由“图书馆”三字简写而成的新字“圕”，而且先后创办以《圕》和《圕研究》命名的图书馆学期刊，在为日本图书馆界提供学术交流平台的同时，积极开展与中国图书馆界的学术交流，从此中日图书馆学实现了双向交流。

一、杜定友访日

1926年7月，中国童子军从上海出发到日本访问，由时任上海南洋大学图书馆主任的杜定友担任英语翻译①。日本图书馆界知名人士、曾经留美的图书馆用品专门合资会社间宫商店的主人间宫不二雄（见图3-1）专程从大阪到神户迎接杜定友一行，二人此前并未谋面，仅有几次通信联系，这次会面，一见如故，成为挚友。访问期间杜定友得到了间宫不二雄的大力帮助，间宫不二雄不仅邀请杜定友到自己家中做客，共同切磋中日图书馆的有关问题，而且还尽可能地亲自陪同或安排自己的助手陪同杜定友参观，在无法陪同的情况下，又积极为杜定友安排各地的行程、图书馆的接洽，并代杜定友给各馆写参观访问后的感谢信等，凡此种种，颇为周到。

---

① 間宮不二雄．「圕」ト言ウ文字ノ生立記［J］．圕研究，1934，7（4）：27-28.

图 3-1　间宫不二雄（1890—1970）

杜定友在短短两周的访日行程中，经过日本 17 个埠头，重点参观了东京、京都、大阪、名古屋、静冈县等地的 14 所图书馆，结识了如大阪府立图书馆今井贯一馆长、京都帝大图书馆笹冈馆长等 20 多名日本图书馆界人士，并受到日本图书馆协会的设宴欢迎。除了这些日本友人，杜定友在东京还得到了中国留学生马宗荣的帮助，二人于图书馆学研究方面志趣相投，相谈甚欢，杜定友还拜托马宗荣处理此次访日未能达成的与日方商谈重印皕宋楼藏书一事①。

二、圕时代的确立

今天我们看到“圕”字，仅仅知道它是“图书馆”三个字的缩写是不够的，还要把它与一个时代联系起来，把它与中国图书馆学的巨大影响联系起来，把它与中国图书馆学学术史上的一段辉煌历史联系起

① 杜定友．日本图书馆参观记［J］．山东教育月刊，1927，6（2）：51-63；6（3-4）：65-71；6（6）：43-56；6（7）：33-43.

来。也就是说，看到“圕”字，就要想到一个时代——“圕时代”。

“圕”字的产生源于杜定友和间宫不二雄的“历史性的共鸣”①。“圕”字的生父是杜定友，接生婆是间宫不二雄，出生地是在日本大阪市北区木幡町21番地间宫家，生日（在出版物上开始正式使用）是日本图书馆学刊物《圕》的创刊时间1926年10月15日，取得中国户籍时间是1929年1月，由中华图书馆协会南京第一次年会大会决议通过②。

（1）“圕”字在中国的使用情况

为了取得国人认可，杜定友先后多次撰文，收集国内外专家的意见，从造字、书写、读音等各个方面，论证其合理性、可行性，如：《圕》（见《图书馆学季刊》1927年第2卷1期）、《“圕”新字之商榷（第二次）》（见《图书馆学季刊》1929年第3卷第4期）、《“圕”新字之商榷（第三次）》（见《图书馆学季刊》1932年第6卷第2期），最后“圕”字总算名正言顺，不仅商务印书馆和中华书局专门制作了“圕”铅字，而且由中华图书馆协会出面宣布《“圕”一字早由交通部编入明密码电报书中》（见《中华图书馆协会会报》1941年第15卷第6期）。尽管如此，众人的议论也一直没有停止过，各种看法都有，如马紫云的《介绍一个近世的“圕”新字》（见《公安旬报》1929年第9期）、汤因的《我对于圕（宀物）（囗術）三字的商榷》（见《图书馆学季刊》1937年第11卷第2期）。

虽然“圕”字在汉字大家庭中站稳了脚跟，并在全国得到推广使用，但是它于公开出版物中的使用寿命并不长，大约到20世纪50年代

① 松见弘道著．中国现代图书馆学家——杜定友［J］．魏振起，译；高凯军，校．大庆师专学报，1985（2）：59-60，63.

② 間宫不二雄．「圕」ト言ウ文字ノ生立記［J］．圕研究，1934，7（4）：27-28.

初基本停止。笔者曾使用国内 2 家权威的数据库进行验证，一是根据全国报刊索引检索，“圕”字在正式出版物题名中的运用，首见于 1927 年，多见于 1929—1949 年，之后基本绝迹。二是根据中国知网检索，“圕”字在正式出版物题名中的运用，见于 1950—1951 年，之后基本绝迹。这说明，“圕”字在中国的正式使用有较为明确的时间界限，大概在 1927—1951 年之间，代表了中国图书馆学发展的一个比较明确的时代。

（2）“圕”字在日本的使用情况

“圕”字在日本受到了很高礼遇，日本人信奉“即知即行”，正如陈伯逵所说“彼邦人士，如获拱璧，更发行杂志，以此字命名”①。由间宫不二雄主办的日本图书馆期刊《圕》于 1926 年 10 月 15 日正式发行，可惜此刊仅出了 1 期就停刊了。当时寄到中国多份，李小缘、戴志骞、陈伯逵等许多人都是拿到该刊后，才得知“圕”字的创制。笔者在庆应大学图书馆见到了《圕》刊。该刊正文篇幅仅有 40 来页，另有图书馆学图书、图书馆用品广告数页。正文首篇就是杜定友用英文撰写的关于“圕”字的发明和用法的文章，并配有杜定友的全家福照片②（见图 3-2）。马宗荣的贺辞③亦在其中。

继《圕》之后，1926 年 11 月日本图书馆协会出版的杂志也开始使用此字。1927 年 12 月，日本青年图书馆员联盟成立，并于 1928 年开始发行机关刊物《圕研究》季刊，该刊关于“圕”字创制和使用的文章至少有 3 篇，分别是发表在《圕研究》第 1 卷第 1 期的《「圕」ト云フ字ニ就イテ》、第 1 卷第 4 期转载杜定友的《圕》、第 7 卷第 4 期的

① 杜定友 . 圕［J］. 图书馆学季刊，1927，2（1）：166.

② 杜定友 . A Statement from Mr. Ding U Doo［J］. 圕，1926，1（1）：3.

③ 馬宗榮 . 圕誌ノ發刊ヲ賀メ［J］. 圕，1926，1（1）：16.

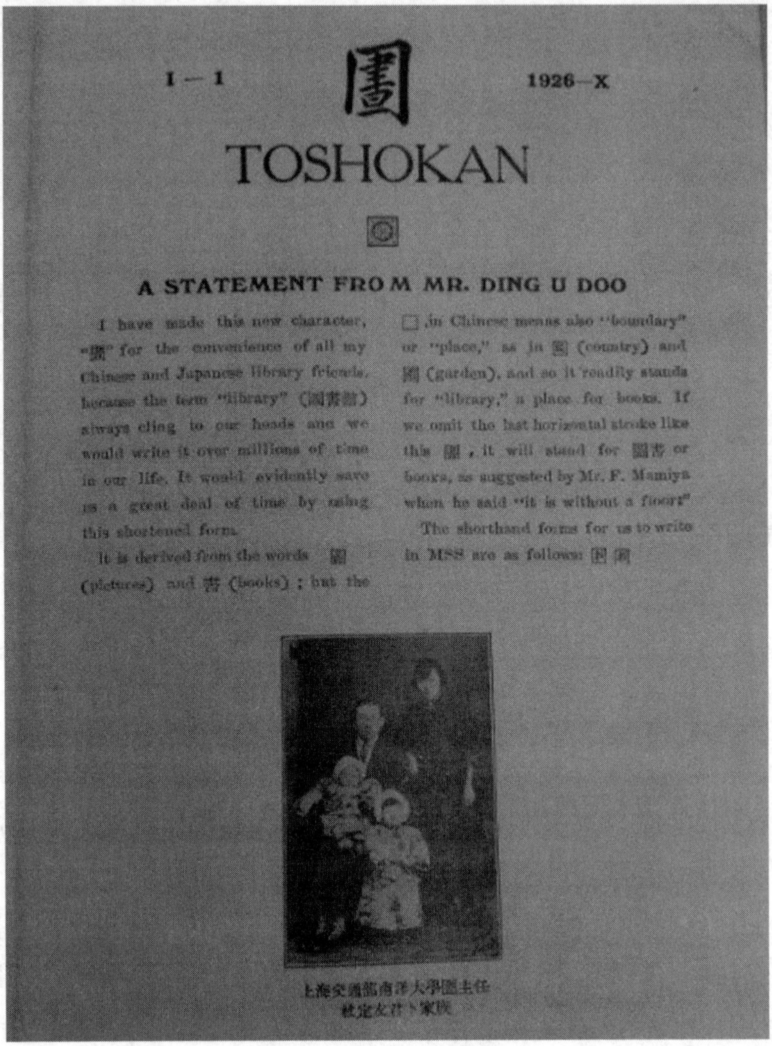

I—1 圕 1926—X

TOSHOKAN

A STATEMENT FROM MR. DING U DOO

I have made this new character, "圕" for the convenience of all my Chinese and Japanese library friends, because the term "library" (圖書館) always cling to our heads and we would write it over millions of time in our life. It would evidently save us a great deal of time by using this shortened form.

It is derived from the words 圖 (pictures) and 書 (books); but the 囗 in Chinese means also "boundary" or "place," as in 國 (country) and 園 (garden), and so it readily stands for "library," a place for books. If we omit the last horizontal stroke like this 圕, it will stand for 圖書 or books, as suggested by Mr. F. Mamiya when he said "it is without a floor."

The shorthand forms for us to write in MSS are as follows: [illegible]

上海交通部南洋大學圕主任
杜定友君ト家族

图3-2　刊登于《圕》上的杜定友文章及照片

《「圕」ト言ウ文字ノ生立記》。《圕研究》季刊于1943年停刊，先后共16卷。1955年，间宫不二雄将该刊复制出版。此后，“圕”字在出版物中的使用也越来越少，使用日本CiNii数据库检索的结果也验证了这种情况。

可见，“圕”字在日本的使用时间，开始于1926年，结束于20世纪50年代中期。与中国的情况基本一致，因此，笔者把这段时间称为“圕时代”。

三、中日图书馆学交流由单向变为双向

“圕时代”的命名具有一定的历史意义，它至少标志着中日图书馆学的交流从单向开始转变为双向。如果回顾一下清末至20世纪20年代初期中国图书馆事业发展的历史，就会知道，中国一直处于学习和模仿日本的阶段。

清末民初，图书馆被当作一种启迪民智的教育机关在全国各地纷纷设立，然而相对于传统藏书机构，图书馆毕竟是一种新兴事物，究竟应当如何办理，一直是一个令国人感到困惑的难题。1915年日本图书馆协会出版了《图书馆小识》，2年后被北京通俗教育研究会译为中文，在中国图书馆界产生了重大影响，不仅为当时图书馆的办理提供了依据，而且由此衍生出多本相关图书，包括1917年朱元善的《图书馆管理法》（当然现在我们已经考证出该书译自日本另一本著名的图书馆学著作《图书馆管理法》）、1918年顾实的《图书馆指南》、1920年郑韫三的《图书馆管理法》等。因此，人们普遍把中国图书馆学的引进源头归于日本，如金敏甫曾说“民国六年，北京通俗教育研究会，以日本图书馆协会之图书馆小识，译示国人，是为中国图书馆学术书籍之滥觞。”① 1920年后，出现了正式以“图书馆学”命名的著作，即杨昭悊翻译日本田中敬的《图书馆学指南》，以及杨昭悊本人编写的《图书馆学》，这2本书实际上也是学习和研究日本图书馆学的结晶，可见中国

① 金敏甫．中国现代图书馆概况［M］．广州：广州图书馆协会，1929：29.

图书馆学的产生受日本影响颇深。

但是随着中国图书馆学界留美一代的学成归来，美国图书馆学成为取法的榜样，那么中日图书馆学之间还有一些什么样的交流和联系呢？

留美所学图书馆学方法与工具，要应用于中国文献的管理，其差距还是相当大的，所以同属东方的日本图书馆学对中国仍有一定的吸引力。早在1917年，沈祖荣留美归国之后，曾到过日本，在东京和其他各地考察了2个多月。本来是他以为“日本与我同种同文，又是图书馆事业先进的国家”，当他面临图书管理上的难题无法解决的时候，就想到日本求得一种解决方法。他经过考察发现，就分类来说，日本对于和书，各馆有各馆的分类方法；对于中国书，大多还是奉行四库法。就目录来说，和书的目录卡片很简单，中国书的目录要么没有，要么仍是书本式。就排列来说，用的是和文。他得出的结论是“我们一点都不能采用”①。

1922年，前面提到的代表取法日本图书馆学的最高成就的2本书《图书馆学指南》和《图书馆学》的译者和作者杨昭悊也赴美学习图书馆学，此举在一定程度上表明，中国向日本学习的这一单向交流过程已经告一段落。

1926年杜定友访日可以说是一次中国图书馆学家风采的展示，杜定友对日本图书馆事业和图书馆学的客观评价，让中日图书馆界重新开始认识对方，从而开启了一扇双向交流的大门。

交流的渠道除了以往的图书馆学著作翻译，如李尚友翻译的日本小见山寿海的《书志学》和加藤宗厚的《标题目录要论》、毛春翔翻译村岛靖雄的《图书分类法》等书以外，最主要的是通过中日图书馆学期

① 沈祖荣．在文华公书林过去十九年之经验［C］//丁道凡搜集编注．中国图书馆界先驱沈祖荣先生文集1918~1944年．杭州：杭州大学出版社，1991：62-75.

刊来报道对方的成果和动态，中方刊物主要有《中华图书馆协会会报》、《图书馆学季刊》等图书馆学期刊，以及一些教育期刊，日方刊物主要有《圕》、《圕研究》和《青年图书馆员联盟会报》。

四、杜定友对中日图书馆学发展水平的对比分析

1927年杜定友发表的《日本图书馆参观记》集中反映了他对日本图书馆事业和图书馆学的看法。该报告共分12个部分：日本图书馆事业的背景、日本图书馆的概况、宏伟的建筑、科学的设备、拥挤的阅览室、丰富的藏书室、“四库？杜威？”、图书馆的利用、学者的养成、惨别的知己、新交的朋友、满载而归。此处仅择其主要观点。

关于日本图书馆学的发展水平，杜定友认为，“以图书馆学者的眼光来观察日本图书馆的事业，好像没有什么可观。日本图书馆学者对于图书馆学的贡献，似还很少。这或是因为我不懂日文，未能博考日本书籍，所以有这种结论。但是我个人的感想是如此。其实图书馆学在学术界上，还是新进的科学。其他各国，也还没有多大的发现。这是不能单单责备日本的。”

关于日本图书馆事业，杜定友认为日本人一方面接收西洋文化，一方面却能保存东方固有的精神。在图书馆方面，很少完全仿效西法的地方，总带有一些日本风味。他说，“他们全国图书馆事业，都现着蓬蓬勃勃的现象。一般办理图书馆的人，都是孜孜力谋发展。大家对于图书馆，都抱着无限乐观，这不能不令人倾倒。日人于图书馆学上，虽说没有多大的贡献；但是于事实上，已收图书馆的功效。”

从图书馆数量上看，杜定友认为，“日本全国的图书馆，不算很多，规模也不甚大，经费也嫌不足。但是所有的图书馆，都能够应实用，不是像吾国有许多图书馆的有名无实，门庭冷落，书架封尘的。这

是他们较胜的地方。”

就办理图书馆的人来说，“全国图书馆专门人材不过三、四人，但是很有经验而且专赴欧美参观图书馆的，也有十余人。”“日本人对于图书馆学，还没有很深的研究。图书馆学的书籍，也寥寥无几。但是他们有一种胜人之处，就是不尚空论。办理图书馆的人，大都是一边办事，一边研究，随时改良，随时探讨。所以没有像欧美那样设了几位教座，专门研究什么图书馆学的。他们也没有空谈理论，不务实际的，对于图书馆什么问题，都在研究之中，所以年来对于图书馆学上没有什么贡献，其原因也多半在此。现在从事于图书馆的人，我所碰见的，很多是好学深思的人。他们若能够专心在图书馆学上研究，将来一定有绝大的贡献。”

就图书馆学说推广方面看，“日本的学说，每因一、二人的提倡，全国唱和，所以推行极速。据说日本图书馆协会出版的《图书馆小识》在日本图书馆发达史上，占有重要位置，办理图书馆的，多视为蓝本。所以他们图书馆学的书籍，虽属寥寥，但是阅者能够看了马上就用，这也是胜人之处。吾国人士多尚空论，善怀疑，好批评。现在留学回国的，研究新旧学问，挂有硕士博士衔，不知几千百，但是他们的发明和贡献，实在是少得很，能够实行主张的，更不多睹。这不能不为我学术界叹啊！”

杜定友对新交的日本朋友间宫不二雄有很高的评价，事实证明间宫不二雄完全没有辜负杜定友的厚望，作为一个曾经留美的图书馆用品商人，间宫不二雄不仅对日本图书馆设备的科学统一做出了很大贡献，而且通过先后创办《圕》、《圕研究》和《青年图书馆员联盟》3种期刊对日本图书馆学的发展做出了卓越贡献。

五、间宫不二雄的行动

间宫不二雄在杜定友来访之后，立即行动起来，如前所述，他于当年发行《圕》刊，次年成立日本青年图书馆员联盟，第三年开始发行《圕研究》季刊，勉力维持16年，1943年停刊，1944年青年图书馆员联盟解散，1955年他将《圕研究》系统整理、复制出版。与《圕研究》同时创刊和停刊的还有《青年图书馆员联盟会报》。大体上看，《圕研究》和《青年图书馆员联盟会报》与中华图书馆协会发行的《图书馆学季刊》和《中华图书馆协会会报》性质相当，可见青年图书馆员联盟受中华图书馆协会影响之深。

他的这些举动很快受到了中国图书馆学界的关注。刘国钧亲自撰文①予以报道，介绍日本青年图书馆员联盟成立的原因是“日本图书馆员近来鉴于社会上对于图书馆之要求激增，而图书馆界虽有五十余年之历史，但因各自为政缺乏联络之故，以致全国不能有整齐统一之方法，对于图书馆事业之进行，如互借及交换目录等事颇感困难，因有青年图书馆员联盟之组织。”指出联盟的宗旨“在提高图书馆员之教育，确立图书馆管理法之标准，指导新设之图书馆，改善图书馆员之地位待遇，及促进单一之图书馆联盟。”还对该联盟的会址、会费、组织机构和机关刊物《圕研究》所要承担的任务一一进行了介绍。

对于已经出版的两期《圕研究》，刘国钧认为其内容“甚为丰富”，指出其中最有价值的5篇论文分别是对美国芮嘉森的《分类法之理论与实际》和《分类法之过去五十年》的翻译，森清氏的《和洋图书共用十进分类表案》、间宫不二雄的《辞书体目录之特色及其解说》、井上

---

① 衡．日本青年图书馆员联盟［J］．图书馆学季刊，1928，2（3）：180-181.

光雄的《关于图书馆内电灯配置之研究》。刘国钧还注意到我国裘开明及美国波登在美国《图书馆杂志》所发表的关于分类法的论文也已被铃木贤祐翻译为日文。刘国钧最后指出，该刊两期中共有5篇讨论分类法，可见此问题在日本图书馆界之重要性。

日本图书馆学界对间宫不二雄这一时期的贡献评价也非常高，松见弘道曾说，“对于间宫老早年在创建和经营间宫商店的同时对我国近代处于摇篮期的图书馆事业所做出的贡献以及到现代他还老当益壮精心指导图书馆事业的发展并成为青年图书馆员联盟之父的伟绩还应大书特书。”松见弘道还指出，《圕研究》“虽然仅有不足16年的历史，但它为日本图书馆事业所造就的济济人才却以雄狮奋迅之势为后人留下了宝贵的研究成果。该刊创刊号的卷首论文是植村长三郎先生的《著者号码法》。据今武汉大学图书馆学系黄宗忠主任的书信中说，在中国也曾有采用该著者号码法的图书馆。接下来在第17页以后是森清先生的长篇论文，该文首创‘NDC’分类法。也可以说这是日本不朽的图书分类法历史性的诞生。以后由富永牧太、木寺清一，村上清造、小野则秋……优秀学者陆续撰稿，使该刊呈现出百花齐放的景象，这的确是一种创举。”①

1936年间宫不二雄访华后，对中国图书馆界的蓬勃发展有了更深切的感受，他说，“最近十年来中国图书馆事业之猛进，实堪重视。日本人之所以对华问题之无有成果，或系蔑视中国图书馆事业之进展之故，亦未可知。如果欲认识中国，则应注意中国之图书馆。”又说，“在近十余年间，中国图书馆之发达，诚为可警，已超过日本图书馆进步数倍。”他对中国图书馆学人才培养尤为羡慕，“日本中等学校毕业

---

① 松见弘道著．中国现代图书馆学家——杜定友［J］．魏振起，译；高凯军，校．大庆师专学报，1985（2）：59-60，63.

后再行补习一年之图书馆讲习所只有一处，且多不合实用。中国大学毕业生有施以二年专科之设施，此种学生，大多均远涉重洋，赴英美德法留学，即在图书馆服务者，亦均经专科之补习。故余之见解，今后日本如能每年派送两名大学生至武昌文华图书馆专科学校肄业，实较留学欧美为佳也。”①

六、《圕》和《圕研究》受到中国图书馆学家的关注

《圕》和《圕研究》上刊登了多封中国图书馆学家的来信，通过这些书信我们一方面可以看到，间宫不二雄与中国图书馆学界交流的积极态度，另一方面也可以看到，中国图书馆学界对该刊的评价。这些书信，除了马宗荣用日语书写，刘国钧用中文书写之外，其余几封信都是用英语书写，为反映概貌，这里仅择其大意。

《圕》只有 1 期，刊有杜定友 *A Statement from Mr. Ding U Doo* 和马宗荣的《圕誌ノ發刊ヲ賀メ》，已如前述。

《圕研究》上刊登的中国图书馆学家的来信时间集中在 1928 年。包括以下几封：

袁同礼是青年图书馆员联盟的海外会员，他在接到该刊之后写了回信 *From Mr. T. L. Yuan, Associate Director of Peking Metropolitan Library*（见该刊 1 卷 2 期），一则祝贺该刊对图书馆界的贡献，一则答应要为该刊写稿，三则表达了与对方共同建立友好关系的意愿。

戴志骞的回信 *From Mr. T. C. Tai, Librarian of Tsing Hua College Library, Peking*（见该刊 1 卷 2 期），首先表达了对收到第 1 期刊物的感谢以及对其中论文的兴趣，接着说明自己公务繁忙，希望能在将来给该刊

① 日圕专家推崇中国圕界［J］. 中华图书馆协会会报，1937，12（4）：42.

写稿，同时希望对方能指定一个感兴趣的题目。他还赠送给对方一份本馆的中西文图书分类目录，希望对方能对此目录进行批评指正，而且希望双方能够开展此类出版物的交换。戴志骞的另一封回信 *From Mr. T. C. Tai, Librarian of Tsing Hua College Library, Peking.*（*June* 1，1928）（见该刊 1 卷 3 期），表达了对收到第 2 期刊物的感谢，重点肯定了其中"图书馆的电灯"和"DC 的应用"两篇文章的价值，并感谢日方对清华图书馆图书目录的评论。同时表示本馆要订阅该刊第一卷 3 期到第二卷 2 期。

杜定友的 *A Message From Mr. Doo, Ding U, Librarian The Sun Yatsen University, Library, Canton, China*（见该刊 1 卷 3 期），表达了他对青年图书馆员联盟成立与新刊发行的祝贺。他认为青年图书馆员联盟中的"青年"两字，不只代表年龄，更代表一种精神。青年并不是未经训练的代名词，而是代表了向上和成长，这种精神对当今世界是非常重要的。他指出图书馆是一项古老的事业，很久以前，我们的祖先收集的图书和手稿经过一代代的努力终于传到我们手中，我们要把这项事业传承下去。他指出科学和图书并不能用时间来衡量，古代先贤的言论和我们现代的言论一样至善至真。不管图书多么古老，我们都要用最先进的办法来管理它，这就需要我们保持青年的精神。图书馆不仅仅是书籍的宝库，还是教育的中心，传播知识的机构。这个世界的成长变化是如此之快，所以他认为日本正是为了与之保持同步，才成立了这个联盟。他还对该刊使用自己发明的"圕"字表示感谢，并为自己因公务繁忙不能多写而表示歉意，最后祝愿该联盟成功，青年图书馆员万岁。

桂质柏的回信 *From Mr. J. C. B. Kwei*（见该刊 1 卷 4 期），说自己正在蒙特利尔的 Gest Chinese Library 帮忙，感谢对方寄来的第 2 期《圕研究》，认为日本正在从事的促进东方图书馆的活动和图书馆员的合作令人尊敬，预祝其获得更大成功。

刘国钧的回信《来自中华图书馆协会刘国钧氏》（见该刊 1 卷 4 期），原文如下：

敬启者

顷得见贵联盟所刊行之圕研究，议论精湛、识地超卓，深为倾佩。当此新图书馆运动弥漫东亚之际，就东方之立场对圕问题作深造之研究，以求彻底之解决，实为青年圕员所不可忽视之职责。贵刊应运而兴、为世表率，将来对于圕界必有伟大之贡献，可断言之。

鄙人谬膺中华图书馆协会出版之《图书馆学季刊》之编辑，对于同类性质之刊物之发行为欣悦而深祝其前途光大者也，兹特检呈《图书馆学季刊》第二卷第一期及第二期各一册敬请詧收，并予以此批评绍为荷。专此驰贺，并祝成功。

此致青年图书馆员联盟

刘国钧敬启（八–廿）

裘开明的回信 *From Mr. A. K. Chiu, Chinese Department, Havard College Library*（见该刊 1 卷 4 期），首先对收到第 2 期及铃木贤祐将自己的论文《中国的分类法》翻译成日文表示感谢，接着祝贺该刊的创立并愿意为之撰文，然后说明自己的分类法除了宗教一类以外，各类都已完成，现在正在修订索引，一旦完成，将给对方寄去。

此外，王云五于 1929 年，为答谢间宫不二雄对自己发明的四角号码检字法的翻译介绍也专门用英语写了回信，授权间宫不二雄将此法在日本翻译出版，同时向其推荐自己发明的中外图书统一分类法（见该刊2卷3期）。而间宫不二雄也毫不吝啬地对王云五四角号码检字法进行赞扬，不仅在《汉字排列法的革命》① 一文中将此法与中国大学院公布的国语罗马字拼音法、张凤的形数检字法等一起予以重点介绍，而且专门对其进行了翻译发表②。

除了上述书信，《圕研究》还通过论文、译文、新刊介绍、会议记事等形式对中国图书馆学进行全方位的报道，这些内容非本节区区几千字所能概括，故而在此留下线索，详细内容见第四章。

第二节　1927—1928年到内阁文库访书的中国学者

由于中日文化的密切交流，日本汉籍流向中国的例子并不罕见，比如光绪初年方功惠就曾派人到日本购得日本曼殊院、尾张菊地氏、知止堂乃至佐伯文库之旧藏③。中国学者亲自赴日访书，最为有名的可追溯至1880年杨守敬赴日访书。

杨守敬到日本访书在中日两国掀起了巨大波澜，开启了双方文化和学术交流的新纪元。从此，两国著名学者纷纷到对方进行访书，日本方面如内藤湖南、田中庆太郎、武内义雄、神田喜一郎、长泽规矩也等人，他们的访书事迹见于钱婉约教授辑译的《日本学人中国访书记》④；中国方面如董康、傅增湘、张元济、孙楷第等人，不仅访书者本人记载

---

① 間宫不二雄．漢字排列法ノ革命：王雲五氏發明四隅番号化検字法［J］．圕研究，1929，2（3）：115-129.

② 王云五发明．漢字ノ四隅番号化検字法［J］．間宫不二雄，译．圕研究，1929，2（3）：130-162.

③ 清著名藏书家方功惠［OL］．［2019-04-07］．http：//fang. zupu. cn/mingren/6070. jhtml.

④ 内藤湖南，长泽规矩也等．日本学人中国访书记［M］．钱婉约，宋炎，辑译．北京：中华书局，2006.

了访书的详情，而且他们所接触到的人也留下了不少记录。国内的研究者可能对于这方面的中文资料比较熟悉，实际上他们的访书活动在日本的出版物上也得到了一定的反映，这要归功于日本当时的一些图书馆员，如樋口龙太郎对董康等人访书的记载、田中敬对杨维新访书的记载、长泽规矩也对杨守敬访书情况的研究等，其中以樋口龙太郎的记录涉及的学者人数最多、最详细，且富有感情色彩。

从这些资料中可以看出，自 1926 年杜定友访日以后，中国图书馆界似乎进入了一个访日的高潮，他们访日的目的大多在于访书。日本的各大书肆、图书馆成为中国学者访书的必到之地，内阁文库就是其中之一，从 1927 年至 1928 年底先后有董康、胡适、袁同礼、马宗荣、张元济、郑贞文等多名中国著名学者到内阁文库访书。作为内阁文库司书，樋口龙太郎有机会亲自接待了他们，并写下了详细记录，包括这些学者所看书目，以及他们之间的互动和评价等，从一个不同以往的角度给这段广为人知的访书史料提供了佐证和补充。本节将这些记录系统收集并整理出来，以期给相关研究提供一个新的视角。

一、樋口龙太郎简介

熟悉这段访书历史的人，也许已经注意到樋口龙太郎在上述访书学者的笔下曾经多次出现，如董康日记、张元济和马宗荣的来往书信中不止一次地提到过他。根据王君南为《书舶庸谭》编制的索引统计，董康在日记中一共 5 次提到了樋口龙太郎，两人的交情非同寻常。董康日记 1927 年 3 月 23 日记载，“十一时，偕田中、张杏生参赞及杨雪伦赴内阁文库。樋口龙太郎出应客。”1935 年 5 月 6 日记载，“与典藏主任樋口龙太郎交契尤深。近年樋口君另畀他职，吾国凡参观者必须由使署开列所阅书名，函知外务省订期前往，不复如曩时之便利。”① 而马宗荣给张元济的书信中则称“樋口氏为弟曾晤面过之友人”②。

但是关于樋口龙太郎的详情，目前了解到的并不多，只知道他是大阪人，于1922年3月从庆应义塾大学部文学科毕业③-④，诗文功底深厚，尤其喜欢用杜甫诗词来类比笔下人物的志向和品德。他担任过内阁文库司书，从其发表文章的署名单位看，还担任过东京市教育局社会教育课勤务、国学院大学司书等职务。1951年5月30日因神经衰弱去世，时任大阪大学法文学部图书馆主任。讣告上说他在长期担任东大图书馆司书一职期间，曾为图书馆协会杂志的编辑做出过很大功绩⑤。

樋口龙太郎当时担任内阁文库典藏部主任，他亲自接待了这些访书学者，以一个图书馆员的眼光对这些特殊的中国读者进行观察、记录，其价值不可忽视。在他的笔下，不仅详细记述了从1927年到1928年两年间，董康和张元济到内阁文库访书的情况，就连之前我们不太了解的胡适和袁同礼访书的情况也进行了详细的记载。这些文章相继刊登在日本的《图书馆杂志》上，均为作者接待这些学者的亲身经历和真切感受，读起来颇有身临其境之感。如果将他的文章与上述学者的著作结合起来，则在一定程度上能起到相互补充、相互订正的作用，使这些史料更为充实。

樋口龙太郎发表在《图书馆杂志》上的文章，交替使用“樋口龙太郎”和“樋口生”2个署名，在《图书馆杂志总索引1907-1960》上

---

① 董康著；王君南整理．董康东游日记［M］．石家庄：河北教育出版社，2000：112，303，406.

② 张元济．张元济全集 第1卷 书信［M］．北京：商务印书馆，2007：178.

③ 慶應義塾総覧［M］．東京：慶應義塾學報發行所，1922：291.

④ 国府種武．国府犀東［J］．日本文學誌要，1970，22：27-31.

⑤ 樋口龍太郎氏死去［J］．圖書館雜誌，1951（6）：145.

统一规范到了“樋口龙太郎”条目下①，计有《董康先生内阁文库到访欢迎记》②、《与中国文学革命先驱胡适博士交谈记》③、《与北京图书馆主任袁守和会谈记》④、《桔梗门丛谈二：送马宗荣君》⑤ 和《桔梗门丛谈三：关于张元济先生和他阅览的图书》⑥ 等5篇文章，分别记述董康（1927年3月）、胡适（1927年5月）、袁同礼（1927年6月）、张元济（1928年11月）等到内阁文库访书的详情以及与马宗荣多年的交往。笔者即以樋口龙太郎的上述记述为基础，并结合其他相关文献，尝试梳理这些学者究竟到内阁文库看到了哪些书，他们又给这个日本图书馆员留下了怎样的印象。

二、访书学者关注了内阁文库的哪些秘藏?

日本的内阁文库，原名太政官文库，现名国立公文书馆。1884年太政官文库成立时将原来各官厅所藏书籍大约40万册都收归其集中管理。1885年废太政官、设内阁，因而改称内阁文库，其事务管理由内阁书记官室记录课负责。内阁文库的藏书主要来自于原红叶山文库和原昌平坂学问所文库，这两所文库的历史都很悠久，红叶山文库始于1602年移入江户城南富士见亭御文库的金泽文库，昌平坂学问所文库历史可上溯到1630年幕府赐给林罗山一块地基，建孔庙、编纂《本朝

① 文部省図書館職員養成所図書館研究部．図書館雑誌総索引［1907-1960］［M］．東京：日本図書館協会，1964：46.

② 樋口生．董康先生を内閣文庫に迎ふるの記［J］．圖書館雜誌，1927（5）：169-170.

③ 樋口龍太郎．中國文学革命の先驅胡適博士と談ずるの記［J］．圖書館雜誌，1927（7）：228-229.

④ 樋口生．北京圖書館主任袁守和氏と会談の記［J］．圖書館雜誌，1927（8）：248-249.

⑤ 樋口龍太郎．桔梗門叢談（二）馬宗榮君を送る．圖書館雜誌，1930（12）：332-334.

⑥ 樋口龍太郎．桔梗門叢談（三）張元済先生と看覧図書に就て［J］．圖書館雜誌，1932（2）：31-34.

通鉴》之际。因而内阁文库收藏甚为丰富，尤以收藏日本和中国的古籍、文书见长。截至1914年底，共有和书44 884部206 304册、汉书15 144部189 091册、洋书50 234部129 243册①。内阁文库与图书寮、静嘉堂文库一起成为当时中国学者访书必到的图书馆之一。

内阁文库是针对各官厅的参考图书馆，负有保护珍稀文献的责任，并不对大众开放，仅对民间的学者和有特别需要的人提供阅览誊写服务。中国学者到此访书，都需要经过特别介绍，并有专门的介绍信，很不容易，数量非常少，因此他们的访书活动才能让樋口龙太郎有足够的热情详细记载，加上樋口龙太郎在《图书馆杂志》的特殊地位，使这些珍贵的访书记录得以发表。

1. 董康看了哪些书？

董康从1927年3月底到4月初，多次到访内阁文库，时间比较充裕。他所看到的图书分为两部分，一是樋口龙太郎推荐的秘藏，包括苏东坡真迹《石钟山记》1卷、清代各县史、《四库全书》中没有的版本125卷、朝鲜版《龙龛手鉴》1部5册、明万历版《本草纲目图谱》52卷、宋版《真本千字文》、宋版《东莱诗集》。德川时代的御朱印、宽政重修家谱，洋书有英国马礼逊著《英国文语凡［例］传》（澳门版）、培尔里《日本远征记》、安德森的《英使节清国旅行记》（1795年），还有从大宪章到乔治三世（1769—1800）的《英国法令集》，法国从公元前420年至公元1789年的《法国旧布告集》（1833年巴黎）等。其中《石钟山记》真迹受到了董康极力赞赏。

二是董康自己要求观看的图书，主要是明小说初刻本。《醋葫芦》

① 内閣文庫圖書陳列目錄 附内閣文庫沿革略［M］．東京：内閣書記官室記錄課，1914：1–5.

《喻世明言》《醒世恒言》《奇女子传》《飞花咏》《后山诗集》《拍案惊奇》《手韵清书》《忠义水浒传》《花筵赚》《花阵绮言》《玄雪谱》以及其他数种书，小说是董康最重要的研究对象。

2. 胡适看了哪些书？

胡适于 1927 年 5 月 7 日星期六上午参观了内阁文库，时间仓促，他首先要求看的书目是《忠义水浒传百回本》《三国志演义》《三国志水浒全传》《二刻拍案惊奇》《全相三国志平话》等。然后，樋口龙太郎带他看了苏东坡真迹《石钟山记》《三国志》《水浒传》《绿窗女史》《喻世明言》《醒世恒言》《元椠三国志平话》《二刻拍案惊奇》《金瓶梅》等，最后，又走马观花般看了藏有 20 万汉籍的 3 楼书室，和藏有德、英、法、荷兰、瑞典、希腊、西班牙、俄国、意大利的贵重古书室，在书室出口处有一套新的《广文库》，也引起了胡适的注意。

3. 袁同礼看了哪些书？

袁同礼于 1927 年 6 月上旬的一个星期六来到内阁文库，他首先注意到的是《内阁文库第二部汉籍目录》，因不解“第二部”的意思而向樋口龙太郎请教，原来“第一部”是指日本书目。随后袁同礼在樋口龙太郎带领下观看了《石钟山记》《后山诗注》《忠义水浒传》《四库全书》中没有的版本 125 卷、县志，以及存放洋书的贵重书室、荷兰书有安正年刊的辞典，还有西博尔德的旅行记等。其中主要阅览的书目有《高氏史略》（6 卷，明版）、《高氏子略》（2 卷，明版）、《三国志详节》（20 卷，宋版）。

4. 张元济、郑贞文看了哪些书？

张元济和郑贞文是采纳了马宗荣的建议，到日本搜访中国的古籍珍本，希望将其影印出版的，因而制订了明确的计划和分工，由张元济负责看经书，郑贞文负责看子书、小说。1928年11月10日他们来到内阁文库，樋口龙太郎因其他公务不能亲自接待而委托了长泽规矩也担任讲解。事后，樋口龙太郎将他们所看图书分为3类加以记载，见《张元济内阁文库访书目录》。

表3–1 张元济内阁文库访书目录

序号	主要阅览书目	张元济先生自补书目	拟借书目
1.	论语辑释通考 三本 永乐刊	周礼注疏 十六本 元版	东莱诗集（吕本中撰） 宋刊二十卷
2.	孟子集成 七本 元刊（宋末元初）	后汉书白文 廿本 明版	平斋文集（洪咨夔撰） 明刊八卷
3.	乐书 十二本 明刊（元刊明修）	南齐书 廿一本 元禄十六年刊	晋书列传 宋刊四十卷
4.	昭代芳摹 十二本 明刊	梁书 十五本 宝永三年刊	梅亭先生四六标准 宋刊
5.	元朝捷录 一本 明刊	旧五代史 廿本 日本写本	东坡集 宋刊
6.	天庖承事 四本 明刊	五代春秋 一本 日本写本	册府元龟 明写本
7.	关尹子 二本 明刊	临清纪略 六本 清写本	全相平话 元刊十五卷
8.	列子 二本 明刊	五代史补 二本 明版	水浒志传评林 明刊
9.	南华真经 四本 明刊	又 二本 明版	古今小说（绿天阁主人评） 明刊四十卷
10.	文子 二本 明刊	青淡弄兵录 一本 日本写本	拍案惊奇二刻 明刊三十九卷

续表

序号	主要阅览书目	张元济先生自补书目	拟借书目
11.	宋氏家仪 四本 明刊	三国新事 一本 日本写本	清平山堂十五种 明刊
12.	群芳清玩 四本 明刊	三国记事 一本 日本写本	醒世恒言 明刊四十卷
13.	禽虫 二本 日本写本	五代新说 一本 日本写本	英雄谱（明熊飞编） 明刊二十卷
14.	绝徼 天纪 一本 明刊	残兵仪的 一本 日本古活版	皇明英武传 万历十九年刊八卷
15.	类说 三十本 明刊	杜骗新书 二本 明版	唐书演义（明熊钟谷著） 嘉靖三十二年刊八卷
16.	博物志 一本 明刊	饮食书 三本 明版	国书［色］天香（明谢友可著） 万历二十五年刊十卷
17.	楚辞 八本 明版	食鉴本草 一本 明版	冯伯玉风月相思小传 明刊
18.	李峤百二十詠 一本 日本写本	荔支通谱 五本 明版	孔叔芳双鱼坠传 明刊
19.	李峤百詠 二本 庆长写本	园冶 三本 明版	苏长公章台柳传 明刊
20.	剑南诗稿 三十九本 毛晋刊本	世说新语 四本 元版	张生彩鸞灯传 明刊
21.	支离子离诗集 一本 日本写本	二刻拍案惊奇 八本 明版	八洞天 明刊
22.	论语百篇诗 一本 写本	古今小说 五本 明版	三义传 明刊
23.	颜鲁公文集 四本 明版	喻世明言 六本 明版	明珠记 明刊

续表

序号	主要阅览书目	张元济先生自补书目	拟借书目
24.	欧阳行周集 四本 明版	释氏稽古录 八本 元版	寻亲记 明刊
25.	李文饶公文集 八本 明版	息斋文集 十二本 清版	玄雪谱 明刊
26.	蔡忠惠公文集 十本 明版	杨大年武夷新集 六本 明版	北雅（元涵虚子编） 明刊
27.	赵清献公集 四本 明版	又 四本 明版	
28.	嘉祐集 四本 明版	东坡集 十二本 北宋版	
29.	伐檀集 二本 宋刊	栟榈文集 三本 明版	
30.	平斋文集 六本 宋刊	北磵集 九本 元版	
31.	花香溪集 三本 明刊	平斋文集 六本 明版	
32.	类编花果卉木全芳备祖 八本 元刊	遗山集 十二本 日本写本	
33.	醒世恒言 十六本 明版	屈翁山诗集 六本	
34.	喻世明言 六本 明版		
35.	魏书 明版 有大司寇章印记		

三、访书学者给樋口龙太郎留下了怎样的印象？

樋口龙太郎对于这些知名的中国学者的看法和评价各不相同，大致分为4类：一是尊敬，他对董康和张元济的学识和品德非常尊重；二是友情和欣赏，他对马宗荣和袁同礼夫人便是如此；三是不以为然，他对胡适的文学革命及学识就是如此；四是同行间的平等交流，他与袁同礼就图书馆管理方面的一些话题进行了交流。如果考虑到这是1927—1928年间发生的事情，此时董康还没有到伪政府任职，而胡适也还没有担任驻美大使，就会觉得樋口龙太郎对他们的一些描述还真的富有一定的预见性。

1. 学识和品德令人尊敬的董康和张元济

对于董康，樋口龙太郎从其简历、交游、爱书、刻书以及在日活动等各个方面进行介绍，处处体现着他对董康的熟悉和尊重：

“董康先生，江苏人，是一个不带丝毫背景的和平论者。先前曾担任过财政总长、司法总长、大审院长、外交总长和其他一些重要职务，没有任何小气之处。与其称他为具有大国胸襟的政治家，不如说他具有纯粹的学者气质和温厚的人格更为合适。他与京都大学的湖南博士、狩野博士关系特别亲密。他最为怀念原来的京都，并非因为那个地方山清水秀，而是因为那里的书籍。他最好的伴侣就是纸和笔。今年1月，他一到日本马上就来到东京，从那时起半个多月，每天都在宫内省图书寮寻找宋元明版之精品，并与帝国大学文学部中国学研究室讨论岩崎家静嘉堂文库中的宋版问题，见解敏锐。以前就听帝大的盐谷温博士说过先生的事，民国公使馆的杨氏也预先传来消息说先生要来文库，看来事情要成真了，之后公使馆给内阁书记官长发来一封文书，明确告知要来文库。3月20日过后，一位体态丰满中等身材、戴着一副相当大的圆眼镜、没有留胡子的和蔼慈祥的老人，一位同样戴着眼镜，但是眼镜却相当精致小巧、日语流利、面色苍白的青年绅士，另一位看起来像广东人，此外还有一位满脸得意、能说会道、会讲中国话的男士。他们分别是董康先生、张代理公使、杨外交官、文求堂主人田中氏。”①

最让樋口龙太郎感动的是董康谦和的态度，董康在内阁文库的一切活动均按照樋口龙太郎的安排进行，没有任何架子。提到董康的刻书情况，樋口龙太郎这样写道，“先生在上海的住宅有木雕师，有六七十人的印刷工厂，将藏书中的珍品复刊、校订，为中国学术花费心血。在并不太平的民国有如此硕儒为了东洋学术孜孜以求，我们不要吝啬对他致以最大的敬意。”② 他不惜笔墨，进一步全文引用杜甫的《古柏行》，将董康比作国家的栋梁。正因为倾注了如此强烈的感情，就不难理解为什么樋口龙太郎对董康当天的访书经过，之后他向董康请教版本和篆刻印章方面的知识，以及给董康送行的经过都能原原本本地记述下来，特别是在送别之际，竟然流露出依依不舍之情。

同样，对于张元济，樋口龙太郎也是非常尊重：

“我认为先生是近代民国在野的最为隐逸的遗贤硕儒。他生于浙江省海盐县，壬辰进士，任翰林院庶吉士，历任刑部主事、总理各国事务衙门章系、学部员外郎、外务部储才馆提调、邮政部左参议、学部副大臣。民国以来，绝意仕途，多次拟请他担任教育总长，他都不肯，专门于学术研究，藏书众多，目录学造诣更是无出其右者。执掌上海商务印书馆，而且是由本帮留学生组成的民国为数不多的学术团体‘中华学艺社’的总帅。……先生的使命是在作为与留欧学生学术团体‘科学

---

① 樋口生．董康先生を内閣文庫に迎ふるの記［J］．圖書館雜誌，1927（5）：169-170.

② 樋口生．董康先生を内閣文庫に迎ふるの記［J］．圖書館雜誌，1927（5）：169-170.

社’相对的‘中华学艺社’创立十二周年之际，本着学艺昌明、文化宣传的宗旨，广泛搜求佚籍、影印颁布，此举震动了东方学界，我国德富苏峰先生也对此写下了赞叹之辞。”①

因公务在身而没能亲自见到张元济，樋口龙太郎感到非常遗憾，他说：“先生于1928年11月大礼节来到内阁文库，不巧的是，我到京都御所参加供奉，无论如何都无缘与先生见面，我不由得埋怨起来，这都怪先生。”②

文中还保留了张元济的一封书信，笔者专门查考了张元济书信等相关文献，并没有发现该信，当属佚文，因而转引如下：“敬启者鄙人籍隶中华，观光贵国，夙仰大库收藏宏富，多为敝邦已佚之书，丞思趋前拜观，已托敝国公使汪君专函介绍，并乞友人长泽规矩也君代达下忱，计蒙垂詧。倘承慨允，敬祈指定时日，以便趋诣。敝邦近日影印宋版文鉴，尚属罕见之本，又鄙人重辑《夷坚志》，比诸各本尔稍完足，谨各以一部奉呈大库。明知壤流之末无裨山海之宏尔，聊效野人之献曝而已，专此上陈，伏维鉴纳，敬颂台祺。”③ 也许再没有别的文字能够将张元济先生谦谦君子的风范体现得如此完美。

这篇文章是对张元济先生访书经过的追述，当其发表时，张元济访书的成果，即中华学艺社辑印的古书已经影印了3种，分别是图书寮所藏宋本《论语注疏》、内阁文库所藏《平斋文集》、《东坡全集》。而原来打算从内阁文库借印的《古今小说》、《清平山堂十五种》、《三义记》、《明珠记》、《寻亲记》、《北雅》等几种书也因故取消了。樋口龙

---

① 樋口生．董康先生を内閣文庫に迎ふるの記［J］．圖書館雜誌，1927（5）：169-170.

② 樋口龍太郎．桔梗門叢談（三）張元済先生と看覧図書に就て［J］．圖書館雜誌，1932（2）：31-34.

③ 樋口龍太郎．桔梗門叢談（三）張元済先生と看覧図書に就て［J］．圖書館雜誌，1932（2）：31-34.

太郎对张元济的功绩又是一番夸赞："硕儒张元济先生不愧是为了学术昌明不倦追求的学术团体的主宰，为了补上缺刻，在原字上照原样仿造出活字细心修补，尽心尽力，排除万难，终于使此二册得以刊行。学艺社东京干事马宗荣君回国之后，由长泽君代行其事，他非常机敏伶俐，这是作为邻邦在学术亲善上留下的伟大功绩。中华也绝对不是一个衰老的大国，何况张先生的上述伟业就像杨子江水般广阔无边，总是生机勃勃。我从心底祈求无私的握手亲善能够达成。"①

2. 学有专攻，前途光明的马宗荣

与其他各位学者不同，马宗荣是一位在日本留学长达11年，在教育学，尤其是图书馆教育方面有着深厚造诣的学者，在日本学术界和图书馆界结交了很多朋友。1929年已经获得了东京帝国大学文学部文学士学位的马宗荣进入该校大学院继续研究，后因获得了"上海特别市督学官、大夏大学教授兼图书馆主任"的任命而于1930年初终止学业回国。

1928年张元济和郑贞文的日本访书之行在很大程度上是由马宗荣促成的，而樋口龙太郎对于张元济访书情况的追述也缘于马宗荣回国后的约稿。

樋口龙太郎和马宗荣的友谊始于1927年东京帝国大学开设的图书馆学讲座，马宗荣参加了这个讲座并到内阁文库实习，也因此和樋口龙太郎相识、相熟。通过实习和讨论，马宗荣在图书馆学方面的造诣——商务印书馆已经出版的图书馆学的大纲和即将于1928年出版的《现代图书馆序说》，以及他的笃学好问都给樋口龙太郎留下了深刻印象。马

① 樋口龍太郎．桔梗門叢談（三）張元済先生と看覧図書に就て［J］．圖書館雜誌，1932（2）：31-34.

宗荣回国之际，日本朋友为他开了欢送会，樋口龙太郎撰文记述了欢送会的盛况。欢送会于 1930 年 2 月 20 日在东京会馆举行，专门制作了“马先生送别会”的标语，由马宗荣的老师宇野哲人做东，代表东方文化研究所和东京帝大，长泽规矩也担任司仪、诸桥辙次代表静嘉堂文库、石田干之助代表东洋文库、樋口龙太郎代表内阁文库。樋口龙太郎以细腻的笔触描述了会场的气氛、各人的身材、着装、动作、言谈，以及对马宗荣归国的美好祝愿，给人以身临其境之感。在座各位也大都去过中国，席间谈政治、谈中国成了主要话题，不仅体现了马宗荣忧国忧民之情，而且展现了马宗荣与日本朋友的亲密友谊。特别是长泽规矩也流利的汉语、马宗荣流利的日语，竟让人误以为前者是中国人，后者是日本人。文中还记载了樋口龙太郎与马宗荣交往的一些往事与照片、书信往来等情况，凸显马宗荣的人格魅力。

3. 令人不以为然的胡适

胡适作为一位年少成名的风云人物在不同人的眼中有不同的形象，不巧的是，在樋口龙太郎的眼中，他的形象不尽如人意。看得出樋口龙太郎在写这篇文章时，从标题到体裁都颇费思量。先看标题《与中国文学革命先驱胡适博士交谈记》，他写道：“也许以胡适来访作标题比较妥当，然而事实就是事实，没有办法。”再看体裁：“以对话式的剧本片段，纪念这个自负的北京大学教授，不，站在中国革命文学第一线的勇者，草草成文，不过也没有办法，只能如此了。”① 可见樋口龙太郎对于胡适这位中国文学革命的先驱从心底里是不能接受的，对于他出洋归来不先回国而先来日本，并且到处演讲等各种行为也是不认可的，

---

① 樋口龍太郎．中國文学革命の先驅胡適博士と談ずるの記［J］．圖書館雜誌，1927（7）：228-229

从字里行间体现了出来。

负责接待胡适来访的还有樋口龙太郎的上司岩村书记官，在樋口龙太郎看来，胡适“很有魅力，年轻活泼、三十多岁，与其说是潇洒的青年学者，不如说更具有外交官的气质。没有胡须，皮肤白皙，穿着浅色的初夏装束，不太像来自美国，更像来自英国。他赴美十个月尚未回国。一到东京，就接连到商工奖励馆、帝国大学、帝国饭店以及其他地方发表英语演说，中间又抽空特意到宫内省图书寮、岩崎家的静嘉堂文库、帝国图书馆。”①

胡适认为汉文难以理解，提倡言文一致。诗的形式要采用新体诗，中国文学界响应他的人很多。樋口龙太郎认为胡适追求的并不是国学的蜕变，而是用欧美文明来消解国文。对于“胡适是站在先进的文学运动革新第一线的勇士，黑夜中的向导”这样的说法，樋口龙太郎并不认同，从胡适身上不能看见能引起自己共鸣的学者的风范，更不能对胡适心生敬意。他认为杜甫诗中所写的“高标跨苍穹，烈风无时休”才能称得上是中国社会活跃的指针。

胡适到内阁文库的目的并不是单纯的访书，首先，他向樋口龙太郎打听董康到文库访书的详情，问董康是否已经回上海了，在内阁文库是如何看书的，是抄写吗？紧接着要求看一下董康看书的记录，看过之后随即就变更了原定的计划，提出要看《忠义水浒传百回本》《三国志演义》《三国志水浒全传》《二刻拍案惊奇》《全相三国志平话》以及其他几部书。其次，他问日本有没有一个总的目录，强调“目录是最为重要的东西，某处有什么全靠它才能知道，是对研究非常便利的唯一的指针。”“忽视目录学是不行的，必须把它放在最重要的位置上，通过

---

① 樋口龍太郎．中國文学革命の先驅胡適博士と談ずるの記［J］．圖書館雑誌，1927（7）：228-229.

图书馆协会，一个总目录才能完成。”他并不理会樋口龙太郎所说的日本图书馆界存在的诸如各个图书馆之间完全没有关系，又如缺乏相应的经费等困难，而只是强调“要尽快解决这些问题。”① 他还说北京图书馆正在搞统一分类，如果目录完成了，一定赠送给内阁文库一部，预先赚取了感谢。

在上述两个回合里，胡适居高临下的态度让樋口龙太郎很是不快，接下来他有意通过带领胡适观看内阁文库的秘藏，来显示一下自家的宝贝。果然，当看到了中日和朝鲜版的各种珍贵书籍时，胡适先是发呆，进而赞不绝口，完全没有了先前考察者的姿态，同时也显示出他和董康在年龄、个性、理解力、见解和知识面宽窄的不同。接着樋口龙太郎带他看了藏有二十万汉籍的3楼书室，经过了藏有德、英、法、荷兰、瑞典、希腊、西班牙、俄国、意大利的贵重古书室，从二楼的法书、和书室开始，到楼下的英书室出来，书室出口处有一套新的《广文库》，胡适询问是什么，樋口龙太郎用拿手的英语回答说那是物集博士的百科全书，类似于大英百科全书。樋口龙太郎事后写道“比起无话可答，那个场合、那一瞬间我变得不可抗拒。”② 终于在这场4个回合的较量中扳回了两局。

胡适日记中似乎没有对这次访书的记录，或许是笔者尚没有看到，仅仅见过他为董康《书舶庸谭》做过一篇序文，文中也完全没有关于这次访书中遇到的这个对手的任何记录，也许是过于自信，而丝毫没有觉察到又为自己新增了一个对手。

---

① 樋口龍太郎．中國文学革命の先驅胡適博士と談ずるの記［J］．圖書館雜誌，1927（7）：228-229.

② 樋口龍太郎．中國文学革命の先驅胡適博士と談ずるの記［J］．圖書館雜誌，1927（7）：228-229.

4. 可作同行交流的袁同礼

袁同礼是带着夫人一起访问内阁文库的，相比较前几位学者，也许樋口龙太郎把这位北京图书馆主任更当成了自己的同行。他对袁同礼夫妇是这样描述的，“袁氏大约三十来岁，身材不高，不胖不瘦，是很有吸引力的一位中国青年绅士。相对于他的年龄显得过分沉着。”“说到袁夫人也许有点失礼。大约二十来岁，是个和摩登女郎不沾边的大家闺秀、符合东洋审美标准的淑女，而且善解人意，她说‘各位兄长同心协力，为文库搜寻藏书，很有趣味，也很需要勇气吧？如果不花费力气，要谋求图书馆管理事业的进步是不可能的。’”①

樋口龙太郎一开始试图用汉语与袁同礼交谈，也许是难以理解而不自知，反被袁同礼询问能不能说英语，自尊心受到了伤害。不过两人很快就聊起了共同感兴趣的话题而忘记了不快。袁同礼在樋口龙太郎的带领下看了许多珍贵的中国图书，其中一些图书的装帧是如此精美，作为北京图书馆主任可能在国内都未曾见到，所以他反复询问是不是日本复制的图书，在得到是中国原版的肯定答复后，又问是不是《永乐大典》，可见他对遗失在海外的《永乐大典》的关注。

樋口龙太郎还与袁同礼讨论了他们各自所在的图书馆的目录和卡片系统的问题，以及对日本的《图书馆杂志》和今泽氏的《图书馆管理的理论及实践》等的看法，袁同礼邀请樋口龙太郎给中国的图书馆学杂志投稿。最后谈起袁同礼已经参观和即将参观的图书馆，樋口龙太郎建议他去看看静嘉堂，真有越说越投机的感觉。不过当被问起是否曾到过北京的时候，樋口龙太郎却没有正面回答，他事后写道，“如果说没有的话，只怕就连袁夫人也认为我在开玩笑，所以只好不说而仅仅苦笑

---

① 樋口生．北京圖書館主任袁守和氏と会談の記［J］．圖書館雜誌，1927（8）：248-249.

了一下。薪水太低，还要保全帝国政府唯一的图书馆的面子，发挥些不认输的外交手段也不为过吧。”①

这些学者在内阁文库访书的成果，主要是对日本收藏的中国珍贵文献典籍进行访求、甄别和记录，进一步研究和刊刻、影印出版，使其重归故里，大家可从《书舶庸谭》《中华学艺社辑印古书》中寻其踪迹，不再赘述。本节的目的在于换个角度来展现这些学者的访书活动以及在当时引起的反响，从而说明无论时隔多久，这些抢救并保存祖国传统文化遗产、促进中日两国文化和学术交流的活动都不会被人们忘记。

第三节 中日图书馆学交流的桥梁马宗荣

杜定友访日期间，在东京得到了中国留学生马宗荣的帮助，杜定友走后，马宗荣作为中日图书馆学交流的一个桥梁，继续在日本发挥作用。

马宗荣（1896—1944），字继华。祖居江苏仪征，明初先世入黔戡乱，定居贵阳。马宗荣6岁发蒙，1915年毕业于省立模范中学，1916年任息烽县立第一高等小学校长，在教育方面初显才华。1918年考取贵州省公费留学日本，先后肄业于东京第一高等预科、名古屋第八高等本科。1926年考入东京帝国大学教育学科专攻教育行政及社会教育，1929年毕业，获文学士称号，并继续在该校大学院文学部研究图书馆教育。1930年春归国，任上海特别市教育局督学、大夏大学图书馆馆长，并主办社会教育系，先后兼任国立劳动大学、暨南大学、江苏省立民众教育学院及中国公学等校教授，还在上海留日学生组织的学术团体“中华学艺社”担任常务秘书。1935年受蔡元培先生推荐任教育部简任

① 樋口生．北京圖書館主任袁守和氏と会談の記［J］．圖書館雑誌，1927（8）：248-249.

秘书，1938年马宗荣辞职回贵阳任大夏大学总务长，兼贵阳文通书局编辑所所长。抗战初期，马宗荣当选为贵州省参政员。抗战中期，马宗荣在重庆负责筹备中央民教馆，1943年，教育部中央民众教育馆经筹备主任马宗荣设计正式成立①，但是马宗荣却因积劳成疾，患上风湿性心脏病回家乡休养，直至去世。

马宗荣在重庆期间，对于图书馆事业依然非常关心，据文献记载，1942年7月15日，国立中央图书馆奉教育部令在其重庆分馆内设立为期十周的补习学校，招收曾任图书馆职务人士及高中毕业生入学进修，设有图书馆学通论、编目学、分类学、图书征购、图书参考、目录学课程。该校每周日请社会教育专家讲演，马宗荣就是其中的一位，其他还有相菊潭、陈训慈、沈祖荣、王文山、汪长柄、钟灵秀等②。

一、马宗荣在东京帝国大学求学的时间和专业

马宗荣是民国时期一位活跃且有影响的社会教育学家，在图书馆学研究方面也颇有建树。他在日本留学长达11年，在日本图书馆界也有一定的影响。但是英年早逝的他甚至没有来得及完成自己的回忆录——《四十八年回忆录》，给后人留下了永远的遗憾。今天即使将多篇文献综合起来，也仅能勾勒其生平大概。

关于马宗荣的生平，较早的有1944年任可澄撰《国民参政会参政员马宗荣墓表》③、万大章撰《国民参政会参政员马君宗荣墓志铭》④、

① 中央民教馆正式成立［J］．中华图书馆协会会报，1943，17（5-6）：4.

② 国立中央圕简讯一束［J］．中华图书馆协会会报，1942，17（1-2）：13.

③ 任可澄．国民参政会参政员马宗荣墓表［G］//何静梧，龙尚学主编．贵阳人物续．贵阳：贵州教育出版社，1996：127-128.

④ 万大章．国民参政会参政员马君宗荣墓志铭［G］//何静梧，龙尚学主编．贵阳人物续．贵阳：贵州教育出版社，1996：128-130.

1945年章干芳撰《马宗荣先生传（初稿）》① 等，这几篇文献距离马宗荣去世的时间最近，内容应当最为可靠，然而仍有一些不详、矛盾甚至错误之处，其中最为含糊的就是马宗荣在东京帝国大学学习的时间和专业，以及他回国的时间。再加上后来的一些纪念和研究文章，也各有各的说法，使得这一问题更加模糊不清。

1. 关于东京帝国大学求学的时间

上面的文章中有两种说法，一种是笼统地说马宗荣于1929年学成回国，另一种是说马宗荣于1927年从东京帝国大学毕业，获文学士学位，并继续在该校大学院研究二年，于1929年归国。实际情况如何呢？

根据东京帝国大学官方文献记载，马宗荣于1926年4月进入该校文学部教育学科②，1929年3月从该专业毕业，获文学士称号。同年5月1日出现在该校文学部大学院生名单中，研究图书馆教育③。

当时东京帝国大学的学制，按照大学令第十条的规定，学士称号需要在学部学习三年以上，并考试合格者才能获得。而博士学位的获得，则要根据学位令的规定，在大学部研究科进行2年以上研究，提出论文，经学部教员会审查合格，并对其进行试问、认可，然后对其授予学位。马宗荣既然已于1929年进入大学院学习，且若像上面所说的“研究二年”，加上他本人在图书馆学研究方面的造诣，要获得博士学位几乎是顺理成章的，为什么没有出现这样的结果呢？经查马宗荣的名字并没有继续出现在该校1930年的大学院学生名单中，可见他已经终止学

① 章干芳．马宗荣先生传（初稿）［J］．贵州民意，1945，1（4）：32-33.

② 東京帝國大學．東京帝國大學一覧 從大正十五年至昭和二年［M］．東京：東京帝國大學，1926：485.

③ 東京帝國人學．東京帝國人學要覧 昭和四年［M］．東京：丸善，1929：400，301.

业回国。但他回国的具体时间并不是1929年，而是1930年2月底①。

2. 关于在东京帝国大学所学专业，马宗荣是否接受过图书馆学教育？

关于马宗荣在东京帝国大学所学专业有多种说法，章干芳说是“专攻教育行政及图书馆学”，张道藩说是“专攻教育行政及社会教育”②、郑贞文说是“专门研究图书馆学”③。究竟哪种说法正确呢？

马宗荣在学部生阶段接受教育学科专业教育是确切无疑的，除了上面提到的东京帝国大学官方文献记载，还有他发表在当时东京帝国大学教育学研究室主办的《教育思潮研究》上的4篇文章可以证明。该刊于1927年创办，一方面刊登该专业师生的调查和研究，一方面又是该专业学生互相讲读、介绍阅读教育学杂志体会的园地。所以才会出现章干芳所提到的马宗荣“以外文撰述之专论，往往与其师东京帝大教授吉田熊次、春山作树诸氏之文，同为彼邦人士所珍视”④ 这样的情况。马宗荣的文章集中出现在第2、3、4卷上，其中有2篇读书笔记，分别介绍小泽一氏的《儿童教育与社会保护之协调的必要》和W. M. Melcher的《图书馆教育的效果》；还有2篇研究论文，分别是《从周礼看教化制度》和《中国图书馆事业的史的研究》。

上述4篇文章中的2篇都是与图书馆有关的，可见马宗荣对于图书馆学的兴趣。但是，马宗荣在东京帝国大学求学的年代，该校并没有专

① 樋口龍太郎．桔梗門叢談（二）馬宗榮君を送る［J］．圖書館雜誌，1930（12）：332-334.

② 张道藩提议．新委省立图书馆长赵冕呈辞拟予照准遗缺拟请以马宗荣充任请公决案（省政府委员会第四二〇次会议）［J］．浙江教育行政周刊，1931，2（49）：8.

③ 郑贞文．我所知道的商务印书馆编译所［G］//中国人民政治协商会议全国委员会文史资料研究委员会编．文史资料选辑 第53辑．北京：文史资料出版社，1964：158.

④ 章干芳．马宗荣先生传（初稿）［J］．贵州民意，1945，1（4）：32-33.

门设立图书馆学专业，而仅仅开设过图书馆学讲座。日本的图书馆学专业教育，开展的时间比较晚，尤其是在大学阶段，属于时断时续的讲座形式，没有形成一个固定的专业。东京帝国大学最初的图书馆学讲座，由日本图书馆学家和田万吉（1865—1934）博士开设，他是日本著名的《图书馆小识》的4位编者之一，长期担任东京帝国大学图书馆馆长，他从1918年起在东京帝国大学文科大学国语国文学开设图书馆学讲座①。据《东京大学百年史》记载，和田万吉于1924年退休②，图书馆学讲座停办。1927年植松安助教授重新开始图书馆学讲座，植松安助教授也是《图书馆小识》的4位编者之一。马宗荣参加了这个讲座并到内阁文库等各大图书馆进行实习，也因此和樋口龙太郎相识、相熟。通过实习和讨论，马宗荣在图书馆学方面的造诣——商务印书馆已经出版的图书馆学的大纲和即将于1928年出版的《现代图书馆序说》，以及他的笃学好问都给樋口龙太郎留下了深刻印象。

马宗荣在一篇文章中曾经阐述过他对日本图书馆学教育的看法，从中可以看出他的确在东京帝国大学学习和研究过图书馆学。他说，日本于1918年（注：应该是1921年）“始开全国图书馆员教习所于帝国图书馆内，其程度专为收容中学毕业生，修业期一年的低级学校为造成常设的图书馆员养成机关的基础。”“日本的图书馆事业的发展机会，还幼稚得很。他们的图书馆员教习所，不过一所收容中学毕业修学一年的学校。以前东京帝国大学设有图书馆学讲座，但是自从担任者和田万吉博士满六十退休以后，停讲了几年，自民国十六年起聘著者所受教的植松安先生担任续讲，民国十九年春，植松先生转职台湾帝大，又休

---

① 和田万吉．図書館学大綱［M］．東京：日本図書館协会，1984：329-331.

② 東京大学百年史編集委員会編．東京大學百年史 資料3［M］．東京：東京大学出版会，1984-1987：26，142.

讲了。”①

由此我们可以得知，尽管马宗荣在东京帝国大学文学部教育学科求学的时代，日本在大学阶段还没有图书馆学专业教育，但是已经有了间断的图书馆学讲座。马宗荣入学时没有赶上和田万吉的图书馆学讲座，但是参加了1927年植松安的图书馆学讲座，并且在参加讲座之前他的图书馆学造诣已经相当深厚，所以他才会在大学院生阶段进行“图书馆教育的研究”。

二、留日早期即以图书馆教育为己任，积极编写指导办理图书馆的书籍

马宗荣早在进入东京帝国大学之前，就已经对图书馆教育非常感兴趣。1921年，他利用暑假回国调查国内图书馆教育现状，可是当时图书馆教育的落后状况令他感到悲观。他认为其中的原因在于国内缺少论述图书馆的书籍，致使办理图书馆的人无从知晓如何办理图书馆，而民众又无法了解图书馆教育的价值以及如何利用图书馆。因此他回到日本后，“取旧有关于论述图书馆之书籍，重为推敲，抄译其精华，再加以一己调查所得及理想，纂成《现代图书馆序说》、《现代图书馆经营论》、《现代图书馆事务论》、《现代图书馆教育论》、《现代图书馆发展论》五编，以公之于世，盖欲藉以抛砖引玉耳。”② 这些书稿从1923年动手写作，1924年开始在《学艺》杂志上连载，反映了马宗荣在图书馆学研究方面的早期探索，也在国内产生了一定的影响，1929年金敏甫曾经对此做出评价，“马宗荣氏，抄译日文之图书馆学书籍而加以己

① 马宗荣．日本图书馆事业的史的研究［J］．日本，1930，1（2）：1-12.
② 马宗荣．现代图书馆序说［M］．上海：中华学艺社出版，商务印书馆发行，1928：序．

意撰图书馆概论，其首二章现代图书馆的研究，及现代图书馆经营论则已在学艺杂志发表，内容较为完备而有系统。”① 其中，《现代图书馆序说》被认为是马宗荣的处女作②，可见图书馆学在马宗荣学术生涯中所处的地位。

马宗荣对图书馆教育倍加重视，“图书馆在教育上占重要之位置，已允为各国教育家所公认。盖以其对于社会既可以为民众进德、修业、安慰、娱乐之所，复能辅助家庭教育、学校教育、社会教育而增长其效能。故居今日而言教育，社会教育及家庭教育，固宜与学校教育并驾齐驱，而图书馆教育，尤宜急求发展。”也因此受到了后世图书馆学家如钱亚新等人的推崇③。

三、为抢救祖国文化遗产，巧妙利用中华学艺社在日本图书馆积极进行访书活动

最早提到马宗荣在日本图书馆活动的是杜定友。1926 年 7 月杜定友访日，在东京得到了马宗荣的帮助，杜定友说“我在东京三天，马君每天都陪着我去参观各馆。又替我翻译一切，我感激得很。”④ 二人于图书馆学研究方面志趣相投，相谈甚欢，杜定友还拜托马宗荣处理此次访日未能达成的帮助杭州樊漱圃与日方商谈重印皕宋楼藏书一事。

杜定友所托，正好与马宗荣的想法不谋而合，因为马宗荣在日期间，经常利用各种机会，参观访问日本各大图书馆及文化机构，调查了解中国流失在日本的珍贵文物，希望能将这些珍贵的古籍孤本翻拍带回

① 金敏甫．中国现代图书馆概况［M］．广州：广州图书馆协会，1929：33.
② 章干芳．马宗荣先生传（初稿）［J］．贵州民意，1945，1（4）：32-33.
③ 钱亚新．忆马宗荣与我国近代图书馆学［J］．江苏图书馆工作，1981（3）：49-51.
④ 杜定友．日本图书馆参观记（续）［J］．山东教育月刊，1927，6（7）：33-43.

国内①。在马宗荣的建议下，1928年中华学艺社与商务印书馆洽商，委托马宗荣负责，并派郑贞文、张菊生二人赴日协助，在马宗荣的老师宇野哲人、盐谷温等人的大力帮助下，终于获准挑选、拍摄静嘉堂中原皕宋楼藏书以及图书寮、内阁文库等处的汉籍孤本，由商务印书馆影印出版，成为中华学艺社辑印古书的同时，又列入商务印书馆续四部丛刊、百衲本二十四史、丛书集成。为保存和传播祖国文化做出了贡献②。

关于马宗荣在这次访书中所起的作用，早年留日归国的郑贞文曾撰文回忆，“中华学艺社东京分社干事马宗荣（继华，贵州人），在东京帝国大学文科大学专门研究图书馆学，知道日本公私立各图书馆藏有宋、元、明、清中国精版图书甚多，建议由学艺社向日本各藏书家选借。作为《中华学艺社辑印古书》的整套内部刊物出版，仅分配于特别需要的社员，不对外发售。这原是日本学术团体常有的办法。可以援例举办。马宗荣的这一提案，经上海总社干事会议通过，由我向张元济、高梦旦接洽，得到他们的赞成协助。商定由商务提供选书影印的经费。由我和马宗荣代表学艺社向日本公私立图书馆及藏书家交涉借印的手续，约明书籍印出后，每种分别赠送原书所存者各二十部。”③

关于马宗荣中华学艺社东京分社干事的身份，还有一个记录可以证明，在《圕研究》刊登的著者住址介绍中对马宗荣如此介绍：Mr. Ma. Tsung Yung（In charge of Tokyo Office, the China Society of Arts and Science, Shanghai）④。

这次访书的具体过程可参见柳和城所著《一部不该遗忘的古籍丛

① 章桢. 教育家马宗荣［J］. 贵州社会科学，1983（6）：100-101.

② 章干芳. 马宗荣先生传（初稿）［J］. 贵州民意，1945，1（4）：32-33.

③ 郑贞文. 我所知道的商务印书馆编译所［G］//中国人民政治协商会议全国委员会文史资料研究委员会编. 文史资料选辑 第53辑. 北京：文史资料出版社，1964：158.

④ 本號寄稿者住居錄［J］. 圕研究，1928，1（3）：224.

书——〈中华学艺社辑印古书〉考》。郑贞文、张元济一行于1928年10月15日离沪赴日，12月1日返国，前后不到一个半月。马宗荣当时在东京帝国大学留学，与日本文化界有广泛的联系。凭借他的“人脉”使郑贞文、张元济的访书活动进行得比较顺利。中国驻日公使汪荣宝与日本青年汉学家长泽规矩也从旁协助，起了重要作用。郑贞文与张元济回国之后，由马宗荣、长泽规矩也具体负责照影工作。从1928年12月至1930年6月，共照影回国日藏孤本汉籍约二十余种。此后，因马宗荣结束学业归国，照影工作暂停了一段时间。1930年底恢复，改由长泽一人在东京照料。这项活动前后持续了八九年，是一场中日两国学者成功的文化交流合作活动①。

这项活动说起来简单，事实上，从与各馆接洽、到选书、摄影、邮寄、计算尺寸、费用、人工，再到答谢相关人士等等整个过程是非常复杂和费神的，从当时马宗荣与张元济、郑贞文的二十多封来往书信里就能看出其中的繁难和他们做事的认真程度。这些书信均收录在《张元济全集第1卷书信》② 里，根据通信统计，马宗荣当时接洽的公私藏书有：静嘉堂、图书寮、内阁文库、东福寺、东洋文库、东京帝国大学图书馆，以及内野氏藏书等。接触到的日本友人（注：因信中仅仅提到了一些人的姓氏，笔者尽可能补上名字，亦可能有误）有：静嘉堂的岩崎男爵、诸桥辙次、长泽规矩也，图书寮杉荣三郎，内阁文库樋口龙太郎，满铁支社神鞭理事，东洋文库石田干之助，摄影师户塚氏等，还有长尾雨山、神田喜一郎、荻野仲三郎等，此外还与宫内大臣、内大臣秘书长冈部长景、鸠山一郎、山本条太郎、岩村氏等官员打交道。

① 柳和城．一部不该遗忘的古籍丛书——《中华学艺社辑印古书》考［J］．出版史料，2009（3）：110-116.

② 张元济．张元济全集 第1卷 书信［M］．北京：商务印书馆，2007：172-188.

马宗荣回国之际，上面提到的一些朋友专门为他开了欢送会，欢送会于1930年2月20日在东京会馆举办，樋口龙太郎撰文记述了欢送会的盛况①。

这次欢送会举行的时间也佐证了马宗荣的归国时间，因为此前除了马宗荣本人在《现代图书馆事务论》新序中提到自己于1930年春归国之外，大多数文献都说马宗荣于1929年回国，然而这次欢送会却于1930年2月份举行，可见1930年一说无误。

当时马宗荣拜托樋口龙太郎转交植松安一张照片，该照片拍摄于1930年正月，上面签名为“上海特别市督学官、大夏大学教授兼图书馆主任、日本帝国大学文学士”②，说明马宗荣尚未回国，就已经拥有了照片签名上的头衔，这大概就是他终止大学院研究的原因。

此外，马宗荣在东京帝国大学求学期间，还在日本图书馆学期刊上发表了多篇文献，展示了其独特的创造世界共通的国际的图书馆学理论构想，使他作为图书馆学家在日本图书馆学界得到了认可，马宗荣在中日图书馆学交流方面发挥了重要的作用。

四、马宗荣的“创造世界共通的国际的图书馆学”理论构想

马宗荣在日本留学期间，曾于1926年针对中日两国图书馆界共同存在的食洋不化的问题，提出了创造世界共通的国际的图书馆学的理论构想，之后又相继发表多篇论文进一步完善该构想。因发表时代和语言的局限，这一构想长期以来湮没不闻，很少为国人所知，也影响了大家对马宗荣的认识和评价，故有必要对之进行全面而系统的介绍。

---

① 樋口龍太郎．桔梗門叢談（二）馬宗榮君を送る［J］．圖書館雑誌，1930（12）：332-334.

② 樋口龍太郎．桔梗門叢談（二）馬宗榮君を送る［J］．圖書館雑誌，1930（12）：332-334.

西洋图书馆学传入中国初期，并不能完全适应中国办理图书馆的需要，因此图书馆先辈们通过各种努力来改变这一状况，如沈祖荣等人积极创办中国的图书馆学教育机关，梁启超极力提倡建设中国的图书馆学等。而当时正在日本留学的马宗荣也对中日两国图书馆界共同面临的食洋不化问题提出了自己的建议——创造世界共通的国际的图书馆学。

马宗荣是一位在中日两国都有影响的图书馆学家，这种影响不仅源自他在日本的卓有成效的中华学艺社访书活动，而且还与他这一期间的图书馆学著述有关，这些著述包括：留日早期就动手编写的《现代图书馆序说》、《现代图书馆经营论》、《现代图书馆事务论》、《现代图书馆教育论》、《现代图书馆发展论》等著作，以及他在东京帝国大学求学时期（1926—1929），发表在日本图书馆学刊物《圕》和《圕研究》上的4篇文献。这4篇文献集中体现了马宗荣谋求中日图书馆学互相交流共同发展的心愿，展示了其独特的建设世界共通的国际的图书馆学理论构想，在中日图书馆学交流方面发挥了重要作用，其中一些文献至今还被反复引用，仍有很大影响。

《圕》和《圕研究》，是日本著名图书馆界人士间宫不二雄分别于1926年和1928年创办的两种图书馆学刊物。前者仅出版发行了1卷1期，后者坚持了16年，出版发行了16卷后停刊，于1955年重新整理、复制出版，为日本图书馆界学术交流、培养人才做出了很大贡献。这两种刊名中的“圕”字，是“图书馆”三字的缩写，该字由杜定友创造、间宫不二雄首次在出版物中正式使用，是中日图书馆学家相互欣赏、相互交流的标志，而这两种刊物则是中日图书馆学双向交流的重要园地。

1. 世界共通的国际的图书馆学理论构想的提出

创造世界共通的国际的图书馆学理论构想是马宗荣在1926年10月

提出的，首见于他为当时创刊的日本图书馆学杂志《圕》发来的贺辞——《祝贺圕志发刊》①。该文从三个层次分别论述图书馆事业的重要性、图书馆学研究的重要性，以及图书馆学刊物的重要性，丝丝入扣，论证有力，又不失幽默。值得注意的是，马宗荣对中日图书馆界共同面对的食洋不化问题感到不满，希望加强图书馆学研究，创造世界共通的图书馆学。该文不长，且不易见到，故翻译如下：

I. 教育机关除了学校之外，还有家庭、还有各种社会教育机关。图书馆不仅是社会教育机关中最重要的组成部分，而且是学校教育中最重要的设施，也是家庭教育的辅助，因而图书馆在教育上价值颇大，所以我们如果要讲求教育，就必须努力发展图书馆事业。

那么如何谋求图书馆事业的发达呢？我认为除了实际上设立图书馆以外，一方面必须通过加强宣传增加对图书馆的利用，另一方面要深化图书馆学研究，谋求图书馆事业进步。

II. 邻邦日本，根据文部省对全国图书馆的调查，图书馆数量虽然比我国多，但是与美国相比，根本不能相提并论，而且其供给确实不能满足需要，所以我认为图书馆宣传工作仍然非常必要。

其次，日本的图书馆学研究也比我国动手早，虽然成绩显著，但是大部分成绩只不过是对西洋图书馆学的介绍。然而西洋图书馆学并不能令人满意，我相信仍有进行充分研究的空间。特别是在西学东渡以前，汉学及汉学典籍的内容和形式都与西洋图书相去甚远，所以分类法、编目法、图书排列法，如果采用西洋图书馆学的方法进行处理，必然常常给读者带来诸

① 馬宗榮．圕誌ノ發刊ヲ賀メ［J］．圕，1926，1（1）：16.

多困难。而且迄今为止我国各图书馆、日本各图书馆所谓的“改订分类法”、“改订排列法”是不科学的，打个比方进行批判的话，就像是一个人穿着西装却搭配日本的木屐，或者像一个人穿着西装却搭配民国的瓜皮帽，很不科学。所以我认为，日本图书馆界和我国图书馆界，在图书馆学上首先要努力的就是创造东方的图书馆学，不，是世界共通的、国际的图书馆学。

III. 然而为了宣传图书馆事业、研究图书馆学、创造东方的图书馆学，不，世界共通的国际的图书馆学，有建立具体机关的必要。这样的机关是什么呢？是不同于以往的必要的机关，尽管目前已经有了各种机关，但这次间宫君经营的《圕》杂志却是肩负这一使命的唯一机关，所以此杂志的出现将大大有益于中日两国图书馆界，特此祝贺。

（1926 年 9 月于东京）

这篇简短的文章体现了马宗荣图书馆学思想的一些特点，首先是他对图书馆事业重要性的认识更加具体化，不再单纯地把图书馆强调为启迪民智的教育机关，而是十分明确地指出了图书馆在社会教育、学校教育和家庭教育等各类教育中的重要地位。其次是他对单纯引进西洋图书馆学，而忽视东西方典籍在内容和形式上的固有差异的做法感到不满，希望能创造出世界共通的国际的图书馆学。所谓世界共通，根据笔者理解，就是针对汉学典籍的内容和形式，确定图书的分类法、编目法和排列法，使之首先适用于东方图书馆，进而通行于世界范围内的东方文献管理。

2. 从中国图书与图书馆实际入手，逐步实现其理论构想

马宗荣的构想并非一句空洞的口号，其目标和步骤都非常具体而明确，他为此也付出了切实的努力，集中体现在他对中国书籍形制的研究和中国图书馆史的研究，以及对中国书籍分类法的介绍上，这3篇文章相继发表在《圕研究》上。

从当时马宗荣所处的中日图书馆界桥梁地位看，他所撰写和介绍的文献非常注重对中日图书馆界的最新研究成果及时吸收融合，意在促进双方的相互交流，为尽早创造出适合东方的图书馆学，进一步创造世界共通的国际的图书馆学而努力。

（1）研究中国图书的特点——《从外形看汉书的体制》

《从外形看汉书的体制》发表在《圕研究》1928年第1卷第3期上。是一篇20页的长文，共分为六部分：① 书是什么？② 以甲、骨、石、金为材料的汉书，③ 以竹木为材料的汉书，④ 以帛纸为材料的汉书，⑤ 雕本，⑥ 从外形看汉书体制的进化。

该文无疑属于中国书史研究领域，若要确定其学术地位，必须对当时的中国书史研究状况有所了解。我们不妨回顾一下1928年7月之前中国书史方面的研究成果，通过与这些已有成果的对比，来进一步发现马宗荣此文的学术价值。

目前，比较一致的看法是，书史研究专著出现于清末，即叶德辉的《书林清话》，主要记载古代雕版书籍的各种知识。王国维的《简牍检署考》是最早对简策制度和公牍制度进行考证论释的专著，虽然已经明确提出书契的材料有金石、甲骨、竹木，但是并没有确定三者出现的次序。王国维的另外2本书史著作，《两浙古刊本考》记载浙江宋、元两代所刻书目及版刻记录、《五代两宋监本考》记载五代两宋监本各书

的刊刻缘起、人名、序跋、行款等。

1918 年孙毓修的《雕板源流考》是最早系统讲述版本学的专著。1926 年，出现了系统研究书籍制度的著作①，即马衡的《中国书籍制度变迁的研究》。马衡在篇首讲明是参考了王国维的《简牍检署考》和叶德辉的《书林清话》，再加上自己的意见，来考证古今书籍的材质和形式的变迁，所依据的是已往的记载和遗留的实物。书籍材料仅限于竹木、缣帛和纸②。

同一时期，日本方面也出现了内容更为系统的书史研究成果。1924 年田中敬所著《图书学概论》，是一部从世界范围着眼对图书的书写、印刷、材料和形态进行系统研究的专著。尽管他已经提到岩石可作为记录的材料，但在图书形态方面，仍局限于泥版、贝叶、蜡板、莎草纸、皮纸、竹帛、纸之类，并未提及甲骨、金石③。

由此可见，马宗荣一文与以上各著述在内容上存在着明显的区别，明确地把甲、骨、石、金列为汉书的材料，具有开创性。而且马宗荣此文以日文发表，更是难能可贵，在中国书史研究上应该占据一定的地位。

马宗荣把甲、骨、石、金列为汉书的材料起点，并不是为了标新立异，而是为了与他构建的中国图书馆史相呼应，他把殷的图书馆推定为中国最早的图书馆，并且认为是比西方最早的图书馆——亚西尼亚更早的图书馆④，那么中国的图书自然也应当从殷的甲骨算起。马宗荣此举是从当时西方的图书馆学观点出发，向世界宣传中国图书和图书馆的悠

---

① 查启森．中国书史研究纵览［G］//程焕文编．中国图书论集．北京：商务印书馆，1994：37.

② 马衡．中国书籍制度变迁的研究［J］．图书馆学季刊，1926，1（2）：199-213.

③ 田中敬．田中敬著作集 第1卷 図書学概論［M］．東京：早川図書，1979：444-470.

④ 马宗荣．中国图书馆事业的史的研究 上［J］．学艺杂志，1930，10（3）：1-6.

久历史，具有非常重要的意义。

但是马宗荣的研究并非空中楼阁，他在文中也提到了叶德辉、王国维、马衡等人的研究成果，比如马衡等人对于笔削漆墨的理解、对于卷轴的轴心与两端所使用的材料的认识等①。不可否认的是，从第三部分竹木材料开始，马宗荣的研究与这些研究的关联性和继承性越来越大。因为书籍材料既然是竹木帛纸、装帧形式也必然离不开卷轴、叶册（折叶、旋风装、蝴蝶装、书册），此外还有印刷术和书籍材料的发展趋势，虽然使用的个别名词不同，诸如叶册与册叶之类，但是若要对这些问题作出全新的解释并不容易。因此该文的独特之处主要集中于第一部分和第二部分，以下作较为详细的介绍。

第一部分在论述上博采古今、兼顾中西，对于“书是什么”这个问题的解释，从汉代许慎《说文解字》、刘熙《释名》对书的解释讲起，又征引1755年《约翰逊字典》、后来的《牛津字典》、芬克的《标准词典》等对书的解释，最后从图书馆学的角度对书下了一个定义，“书是指在一页或数页以上的纸或纸相当的材料上笔写或印刷，或用其他方法进行论说或绘画，连续完成或装订在一起的物品。”

第二部分，为了说明以甲、骨、石、金为材料的每一种书的意义和流行时代，作者采用征引古代文献与考古发现并重的方法，比如讲甲骨，文献方面引用了《诗经 大雅 绵》中“爰始爰谋，爰契我龟”关于甲骨的记载，考古方面介绍了安阳甲骨的考古发掘，以及孙诒让对甲骨的研究成果，作者对甲骨的契刻方式也提出了自己的见解。讲到刻石，文献方面引用《史记 封禅书》，实物和考古方面介绍了石鼓、玉版等内容。讲镂金，文献方面引用《周官 司约》，实物方面介绍了宗庙的彝器、汉代发现的黄帝的盘盂、成汤的盘銘等内容，并且以《左传》昭

---

① 馬宗榮．外形カラ見タ漢書ノ體制［J］．圕研究，1928，1（3）：1-20.

公6年郑国镂刑书、昭公29年晋国铸刑鼎来与古罗马将法律铭刻在铜表上的做法相类比。作者认为作为汉书的第一期体制，无论是镂金、刻石、还是钻骨、契龟，都具有一定的神秘色彩，且伴随着许多神话传说，作为记载事物的方法，属于最原始而幼稚的汉书体制。

（2）针对中国古籍的分类法探索——《中华民国清华学校旧籍五部分类法》

该分类法严格来说跟马宗荣没有什么关系，马宗荣并不是责任者，只不过经马宗荣之手，从清华图书馆得到这部分类法，然后在《圕研究》上发表而已，编者按道明了其中的原委："祝贺会员（注：指青年图书馆员联盟会员）马宗荣今年从东京帝国大学文学部毕业！目前还暂时留在我国继续进行研究，前几天曾顺便到访本刊编辑部（注：在大阪），谈到了中国旧籍分类的问题，碰巧广东中山大学图书馆旧籍刚刚整理完成，在中山大学图书馆报上进行了报道，马氏便进一步提到了北平清华学校图书馆的旧籍分类法，与清华馆最近发行的《中文书籍目录》所采用的十进分类法不同，答应回东京后为本刊寄一份旧籍分类表，以下即为马氏守约寄来的分类表，对马氏的好意深表感谢。"①

马宗荣一向关注图书馆界的动态，1928年底，就在他一边忙于撰写毕业论文，一边又要帮助商务印书馆安排拍摄书籍之时，还不忘向张元济索要了好几本王云五"新拟之东方图书馆统一分类法"②。王云五的《中外图书统一分类法》是1928年商务印书馆刚刚出版的，而马宗荣远在日本，竟然没有丝毫时滞，可见马宗荣的确是中日图书馆界交流的一个重要枢纽。间宫不二雄对马宗荣也格外关心，不仅为马宗荣的书做广告、做发行，而且为他的文章写编者按、编后记，如上一篇《从

① 馬宗榮．中華民國清華學校舊籍五部分類法［J］．圕研究，1929，2（3）：465-467.
② 张元济．张元济全集 第1卷 书信［M］．北京：商务印书馆，2007：173.

外形看汉书的体制》，专门就其校正做了说明“因为该文引用古籍太多，有些字现在已经不太使用，就连活字制造所也已经当作废字处理了，突然间只能采用临时替代的字。并且原稿不明，点校不注意、错别字等担心可能还会有，除非以后有机会订正，现在只能不好意思了，请大家了解。”①

这部简短的分类法，连同裘开明的哈佛大学“汉和文库”分类表，与当时欧美各主要分类法，都是通过青年图书馆员联盟主办的《圕研究》介绍过来的，对于正在着手制定一部统一分类法的日本图书馆界来说，起到了一定的参考作用。在当时就有较大的反响，樋口龙太郎说：“我听说，帝国图书馆的加藤宗厚氏、和歌山高等商业学校的铃木贤祐氏被马宗荣君的分类法所倾倒，已将其发表。”② 而后人在回顾日本图书分类法发展历程的时候，也绕不开这部分类法，比如清水正男的两篇论文中都提到了马宗荣介绍的这部分类法③-④。

（3）中国图书馆史研究——《中国图书馆事业的史的研究》⑤

该文先发表在《圕研究》1929 年第 2 卷第 3 期上，1930 年又发表在东京帝国大学出版的《教育思潮研究》第 4 卷第 1 辑上。共分为 11 部分：① 古代的图书馆事业，② 秦汉的图书馆事业，③ 晋及南北朝的图书馆事业，④ 隋唐的图书馆事业，⑤ 五代时的图书馆事业，⑥ 宋的图书馆事业，⑦ 辽金元的图书馆事业，⑧ 明的图书馆事业，⑨ 清的图书馆事业，⑩ 民国以来的图书馆事业，⑪ 略评。

---

① 馬宗榮．外形カラ見タ漢書ノ體制［J］．圕研究，1928，1（3）：1-20.

② 樋口龍太郎．桔梗門叢談（二）馬宗榮君を送る［J］．圖書館雜誌，1930，（12）：332-334.

③ 清水正男．比較教育の課題：図書館教育の場の構造-User［J］．紀要，1989，12：1-45.

④ 清水正男．図書館資料分類の研究［J］．長野大学紀要，1987，8（3）：75-94.

⑤ 馬宗榮．支那圕事業ノ史的研究［J］．圕研究，1929，2（3）：84-99.

该文与马宗荣早年完成的《现代图书馆序说》相比，对中国图书馆事业的认识更加深入，那时他把周代的王室文库定为我国最古的图书馆，老子为其馆长。而对民国以来的图书馆事业发展只字未提①。

马宗荣回国后，又将该文翻译为中文，于1930年在《学艺》杂志第十卷第3、5、7号上连载。中日两个版本内容基本一致，主要区别在于民国以来的图书馆事业部分，日文版着重于具体图书馆的介绍，而中文版本内容则更加丰富，涉及图书馆事业发展的各个方面，作者的态度也更加乐观，对图书馆事业欣欣发展的态势充满了期待，这些大概与作者回国后的亲身体验有关。如果说在1921年，马宗荣对自己调查的国内图书馆教育落后的状况感到悲观的话，此时他的心情已经大不一样。他通过自己的研究，总结出我国历代图书馆事业的一些特点：第一，官民均了解图书馆事业的必要，而时时刻刻具有力图振兴图书馆事业的精神，这是非常宝贵的。第二，我国掌管图书馆事业的人，多是有名的学者，因此图书馆的任务，除了“保存”之外，又加上了“校雠”，这对于学术界是极有贡献的，而且图书馆藏书多精良版本。第三，我国历代的图书馆，多编纂目录，且目录多附提要说明，这是我国图书馆学的又一特点。他认为我国图书馆事业不振的原因在于受政治的影响。而政治改良又离不开教育振兴，再次突出图书馆事业的重要意义。

正如前面所提到的那样，《中国图书馆事业的史的研究》与《从外形看汉书的体制》互为表里，以西方图书馆学的观点，向世界介绍中国图书与图书馆，从而向他早先提出的目标更迈进了一步，即建立东方的图书馆学乃至世界共通的图书馆学。与此同时，他还撰写了一篇《日本图书馆事业的史的研究》，也为中国图书馆界了解日本图书馆史打开了一扇大门。值得指出的是，《日本图书馆事业的史的研究》一文

---

① 马宗荣．现代图书馆序说［M］．上海．商务印书馆，1928：4.

发表于1930年，即使是在日本图书馆学界，对日本图书馆史进行总结的著述也还不多见。所以马宗荣的这两篇关于中国和日本图书馆事业史的论文都得到了当时国内图书馆学第一权威刊物《图书馆学季刊》的特别推荐，分别见于该刊3卷3期和4卷3-4期的“时论撮要”栏目。

综上所述，马宗荣发表在日本图书馆学期刊上的4篇文献，集中体现了他想要建立的世界共通的国际的图书馆学的宏观体系构架，尽管尚不完善，仍然显示了他植根于中国、日本，以及西方图书馆文化背景的研究优势，值得研究者重新认识和评价。

第四章 中日以图书馆学刊物为平台开展的学术交流

1926年杜定友访日之后，间宫不二雄先后创办《圕》、《圕研究》和《青年图书馆员联盟会报》三种图书馆学刊物，有意识地开展包括中日图书馆学交流在内的图书馆学研究。而此前，中日之间图书文化交流已悄然进行，1901年日本第一种图书馆杂志《东壁》上就有非常多的中国文化元素，1907年创刊的《图书馆杂志》上也不断刊登来自中国图书馆界的消息，同样，1919年创办的《斯文》杂志，尽管不是图书馆学刊物，也非常关注中国的图书文化。1933年创刊的《书志学》，专注于目录学研究，自然少不了中国图书和图书馆的内容。

此外在《学镫》杂志上也发表过与图书馆相关的论文，例如，我国最早以图书馆学正式命名的著作之一，杨昭悊翻译田中敬的《图书馆学指南》，其原文就连载于《学镫》1919年9-11号上，可见将刊有中日图书馆界交流情况的日文杂志网罗无遗几乎是不可能，本章仅选取其中的若干种加以观察，不足之处，有待后续研究。另外，本章没有专门将中国图书馆学刊物中所介绍的中日图书馆学交流的情况进行汇总，而是将其融入到相应的交流中，以免产生机械僵硬之感。

第一节　以《斯文》为平台的中日图书文化的交流

《斯文》由斯文会创办，斯文会的前身是明治时期的斯文学会。斯文会的目的就是要阐明以日本的儒道为主的东亚学术，他们不仅对孔子、朱熹等传统的儒家思想文化进行研究，对于中国现实中发生的事情也非常关注。

1928年7月，《斯文》上发表盐谷温著《由文学上所看的中日关系》① 一文，对于中日文化之间的关系进行过阐述，颇有道理：

> 中国是亚细亚大陆之东的大国，是文化早已发达的先进国。日本是东海之中的蕞尔小国，在文化上是很后进的国家。文化是水似的从高处流到下处的，所以日本，常在受大陆的影响。已故田中义成博士，是国史大家兼通汉学，他曾经亲到中国游历而有所闻见。他说，欲治国史，不可不时时刻刻地看到大陆的背景。本朝的一治一乱，恒在受中国的影响。例如：自日本书纪以下，六国史的编纂，是学中国的正史；奈良朝女帝之所以多者，是仿则天武后的。平将门的谋反，是五代争乱的影响。五山的僧徒之参与足利幕府的政治，犹之乎因为明太祖曾经做过和尚，所以僧侣便参与政治的顾问。又足利时代发生的能乐，据说是受了元明的杂剧传奇的影响。这一个国史家的议论，可以说是公平的。唯可惜未及发表其详细的意见就逝世了。我以为欲谈一般的文化、学问，恒须注意及两国的关系。

① 鹽谷溫. 由文學上所看的中日的關係［J］. 斯文，1928，10（7）：443-458.

上代的事，书上无所记载，已邈不可考；可是两国的交流，已是二千年以来的事实了。现在举其显著者，分成四期，说其大略：

第一期 文物输入时代——自推古天皇到奈良平安朝——唐代

第二期 佛教输入时代——镰仓室町时代——宋元明

第三期 汉学输入时代——江户时代——明末至清

第四期 新学输出时代——明治时代——清末

盐谷温所说正是中日文化交流的一个大的发展趋势，中日图书馆学之间的交流也基本遵从这个趋势。很多情况下的中日之间的交流并不是轰轰烈烈的，而是悄然进行的，人们可能都没有意识到。

从某种意义上说，《斯文》就是为了研究儒道、研究汉学、研究中国、了解中国而存在的。我们前面提到过的樋口龙太郎，他研究宋版三国志的一篇文章就分为5次连载在《斯文》杂志（第9编第9号、11号、第10编第2号、4号、11号）上。1927年5月5日胡适在日本帝大的演讲也刊登在第9编第7号上。而备受日本人尊敬的叶德辉和王国维之死也引发了他们的哀思，节山专门为二人撰写了《弔叶王两先生》“一死元知自在天，生归只恨不双全。英魂飞散今何处，空隔蓬莱万里边。”①

《斯文》密切关注民国出版的书刊，每期都有杂志名录，例如第14卷第7号，介绍并推荐《江苏省立苏州图书馆馆刊》《学文》《戏剧丛刊》《时代公论》等刊物及其刊载的值得一读的文章，其中如孙楷第的《在日本东京所见之明本水浒传》等。同一期上还有关于中国图书馆界

① 节山．弔叶王两先生［J］．斯文，1927，9（7）：437.

的报道，在《新闻提要》栏目中节选了《北平晨报》5月24日消息——《山东图书馆得到大批藏书》："河南扶沟人柳堂（字春斋）遗书六十八箱收入本馆……"

《斯文》不光关注民国的杂志和新闻，也关注同时期日本的报纸刊物发行到中国的情况，认为发行到中国的数量越多，表明日本发展得越快。据统计，1919年仅上海一地，就发行《大阪朝日》550份、《大阪每日》500份、《东京时事》140份、《东京朝日》80份、《万朝》80份、《国民》80份①。

《斯文》每期的汇报中，有关中国古籍的报道也不少。第1编第1号中刊有《古籍的散佚》，所记中国典籍的流失情况令人触目惊心。

古籍的散佚

拳匪扰攘之际，联军入京，焚掠残酷，宫庙法物、馆阁图书，荡然无存。最可惜的是翰林院所藏《永乐大典》的毁弃流散。乱平以后，崇文门琉璃厂一带古董商不知多少次买入此书。萃文书坊花大钱百文买了八大册《永乐大典》。当时鹿傅霖上奏大典共失去六百百七（注：原文如此）本（今大半被上海涵芬楼买走），此外失去经史子集共四万六千余本。内务府调查宫中失去的图书有：

长白龙兴纪念四册 历圣图像四轴 历圣翰墨真迹三十一册 玉牒草稿七十六册

穆宗实录七十四册 今上（德宗）起居注四十五册 今上御翰八册

今上御容一帧（孝钦太后御笔）丙夜乙览百三十五册 满洲碑碣六册

① 上海に於ける日本新聞の輸入数［J］．斯文，1919，1（1）：98.

历朝帝王图像百二十轴 宁寿大鉴八十册 皇萃一览四册 发逆歼灭实录四十八册

其它古籍荡然无存：宋版前汉书、六如居士大全集各一部。皇宋会编（宋方宾）、尚书精义（宋黄伦）、周礼开方图说（宋郑景炎）、后唐列传（宋张昭远）、神宗正史（宋邓洵武）、边事丛载（辽刘伸）、唐百家诗选（元仇远）、元名臣小史（元彭丝）、诸政典制（元金似孙）、明太祖手书诗四百十篇（御制）、二十一史小咏（明武宗御制）、逆案全藁（明庄烈帝钦定）、龙潜纪事（明谢丰）、古隐书（明胡应麟）、边防图览（明魏校）、十七朝圣藻集（明吴应箕）、皇明大臣年表（明许重熙）、蹶张心法（明李盘）

此外散乱的仍很多。以上都是世人见不到的书，加上永乐大典的散佚，实在令人惋惜。

此外，该栏目另有一篇《永乐大典》，记录了日本购买19卷《永乐大典》的消息。

永乐大典

由于日中交通的密切和便利，中国的珍稀图书船载到日本的渐渐多起来了。去年11月，东京本乡唐本书肆文求堂主田中庆太郎，从北京给岩崎男爵家的文库买来19卷有名的《永乐大典》，价值5千元。19卷包括：

自五千百九十九卷至五千二百五卷 四册 原字 太原府 元一统志等

九千五百六十一卷 河南地图

自一万九千四百十六卷至一万九千四百廿六卷 站字 驿站

经世大典 元典章等

对于史料比较少的元时代事迹考证极为有益。

1929年斯文会出版《斯文六十年史》①，从中可以看出该会始终致力于汉学、儒学、中国的研究，也从另一个侧面反映出中日文化同根同源，双方交流源远流长。

值得指出的是，中国图书作为儒家文化的主要载体，中国图书馆作为图书的主要保存场所，有关消息在《斯文》上面出现是司空见惯的事情，但其内容主题与近代图书馆理论和方法的介绍仍有一些不同，因此对这些内容不再进行更深入的展开。

第二节　以《圕研究》为平台的交流

1928年创刊的《圕研究》与《青年图书馆员联盟会报》是中日图书馆学之间交流的主要平台，特别是《圕研究》通过论文、译文、新刊介绍、会议记事等形式对中国图书馆学进行全方位的报道，对于日本解决相关图书馆问题起到了积极的作用。与《圕研究》专门刊登学术研究论文不同，《青年图书馆员联盟会报》更类似于《中华图书馆协会会报》，重点是放在日本国内个人会员和团体会员消息的刊登，相较于《圕研究》，该刊涉及的中日图书馆学交流的内容较少。因此，本节详细梳理《圕研究》上有关中日图书馆学交流的内容。

① 斯文會著．斯文六十年史［M］．東京：斯文會，1929.

一、NDC 编制受到中国图书分类法的影响

NDC 是日本十进分类法（Nippon Decimal Classification）的简称，该法由森清于 1928 年首创，当时名为《和洋图书共用十进分类表案》①，并配有索引。次年由间宫商店出版单行本，书名为《日本十进分类法：和汉洋书共用分类表及索引》②。这部后来被日本图书馆界普遍使用的分类法，诞生于杜定友访日之后。

1926 年杜定友访日之际，日本全国有公私立图书馆 4000 多所，奇怪的是，各馆分类法颇不一致，杜定友参观的十几个图书馆，竟没有任何两个图书馆的分类法是完全相同的。杜定友分析其原因在于日本的图书馆发达很早，“数十年前图书馆未成专门科学，没有人作通盘系统的研究，因此各自为谋，不相闻问。”③

NDC 的作者森清也持类似看法，他说，日本过去 50 年间产生的图书馆大部分都没按照基本的标准经营，经营者都是从各自的主观立场出发自由经营，可以说有 5 000 个图书馆就有 5 000 种经营法。因此，熟悉 A 图书馆经营方法的人，到 B 图书馆去，原来的经验就派不上用场，还得从头学起。

为了编制通用的分类表，森清首先分析了卡特展开式分类法、杜威的十进分类法、国会图书馆分类法等当时美国流行的几种分类法的优缺点，认为最容易记忆且世界共通的符号还是只用阿拉伯数字，杜威法采用的就是这种方式。他引用 R. R. Bowker 的评价来佐证自己的看法：使用十进分类法的有趣之处是它给图书馆界带来了一种新语言，就像电话

---

① 森清．和洋圖書共用十進分類表案［J］．圕研究，1928，1（2）：121-161.

② 森清．日本十進分類法：和漢洋書共用分類表及索引［M］．大阪：間宮商店，1929.

③ 杜定友．日本图书馆参观记［J］．教育杂志，1927，19（3）：1-17.

能通过写进号码本中的电话号码，让我们想起某些人或某些地方，十进分类法也能让图书馆员通过其号码就想起或谈论书的类别，在图书馆的语言中，400或800就代表着哲学或文学。

森清进一步参考了中国的做法，他认为“中华民国”与日本共通点很多。中国的先觉者正在积极努力，以便制定适合的分类表将中外书籍排列在一起。杜定友就是其中的一位，他编制的《世界分类表》，就是采用的十进制记号法，其他诸家采用中外图书共用的十进制也不少。森清还把杜定友的世界分类法与杜威的十进分类法进行了对比①，以展示中西两杜分类法在大类顺序上的区别（注：表中前3列来自森清的原表，第4列“森清分类法”是笔者所加）。

表4-1　中西两杜分类法的区别

大类	杜定友 Universal Classification	杜威 Dewey Classification	森清分类法
000	Ceneral works（总记）	Ceneral works Prolegomena	总记 General works
100	Philosophical science（哲理科学）	Philosophy	宗教及哲学（精神科学）Spiritual science
200	Educational science（教育科学）	religion	历史科学 Historical science
300	Social science（社会科学）	Social science	社会科学 Social science
400	Fine arts（艺术）	Philology	自然科学 Natural science

① 森清．和洋圖書共用十進分類表案［J］．圕研究，1928，1（2）：121-161.

续表

大类	杜定友 Universal Classification	杜威 Dewey Classification	森清分类法
500	Natural science（自然科学）	Pure science	工艺学，有用技术 Technology，Useful arts
600	Applied science（应用科学）	Useful arts	产业 Industial arts
700	Philology（语言学）	Fine arts	美术 Fine arts
800	Liteature（文学）	Literature	文学 Liteature
900	History & Geography（历史地理）	History	语学 Linguistics

说起中西两杜，杜定友本人就曾写过一篇《中西两杜》来展现自己和杜威的高度相似性，文中引用中外人士的评价来证明自己的观点。但是文章出自杜定友本人之手，给人的感觉未免有拔高自己之嫌。森清此文在更早的时候便将两杜的分类法相提并论，可知二人确实在伯仲之间，中国图书馆学家在国际上早就有相当的声誉。

森清强调自己所编分类法仅仅是利用业余时间、凭一己之力而成，肯定还有不充分之处，不仅需要请教方家，而且还要继续努力。

实际上，不止是森清，在《圕研究》创刊之后，日本图书馆界加强了分类法的研究，好几位图书馆学者如加藤宗厚、铃木贤祐、间宫不二雄等人都活跃在这个领域，他们积极翻译引进国外的分类理论和方法，希望为日本编制一部共同的分类法打下基础。清华学校图书馆旧籍分类法、裘开明的汉和图书分类法都是这个时期被介绍到日本的。

清华学校图书馆旧籍分类法发表于1929年7月出版的《圕研究》第2卷第3期上。正如其题名所示，是清华图书馆针对旧籍的分类法，全文用中文书写。分为经史子集丛五部，其中经史子集各部一律分为10大类，配以经000-经900、史000-史900、子000-子900、集000-集900的类号，每个大类下面再划分为0-10个数量不等的小类。丛书部下面没有进一步分类，只有2条附注："附注1. 丛书所收，四部兼，故本馆于每书编有总目片外，其中细目，另备分板目录，附于四部内，以便检查。附注2. 丛书总目录分类记号，仿西书传记编法，概以丛子目冠于著者朝代及其姓氏笔划数之上。"这部分类法对加藤宗厚、铃木贤祐有所启发，就像樋口龙太郎在1930年提到的那样。

裘开明的汉和图书分类法，其雏形见于铃木贤佑翻译裘开明所著《中国的分类法》（见《圕研究》1卷2期）一文中。该文主要讲述中国现有的各种分类体系，以及裘开明自己编制的用于哈佛大学图书馆和汉图书分类的分类法。铃木贤佑之所以翻译这篇文章，是想从中有所借鉴。他在译者序中指出，日本图书馆所藏很大一部分是汉籍，这些汉籍将来也不会从图书馆中消失，对其分类问题置之不顾是不行的，但是日本鲜有人关注分类法问题。中国不愧是发源地，近年来新旧图书统一分类问题成了研究的中心，通过阅读中国的文献，感觉中国能够解决这个问题。在对待分类法问题上，表面上看中国人求守旧，日本人求急进。日本人对汉籍分类一点兴趣也没有，是否可从中国图书馆人的态度中学到些什么呢？如果日本不把分类法这个问题解决好，日本所遇到的与中国一样的烦恼就得不到解决。铃木贤佑在翻译这篇文章中，遇到分类表中的名词无法翻译时，就参考杜定友的《图书分类法》和洪有丰的《图书馆组织与管理》，将其还原为汉字。

加藤宗厚、铃木贤祐等人的研究对森清分类法的修订完善，并最终成为日本图书馆界通用的分类法也做出了贡献。他们的努力也引起了中国图书馆界的注意，刘国钧很早就看到了日本图书馆界对分类的重视及探索。《日本十进分类法》一书问世之后，《中华图书馆协会会报》很快就对该书进行了报道，指出“是书为日本明治五年以来，第一次公刊之和汉洋书共用分类表，初发表于去年四、七两月出版之《图书馆研究》一卷二号及三号，名曰《和洋图书共用十进分类法表案》，其后订正增补，缀以英文对照，补加序说、导言，同时改名为《日本十进分类法》。其组织仿杜威氏之十进分类法，而主纲目之顺序则大体取据于卡特氏之展开分类法，以为日本之标准分类法，实最适当。分类总表凡百有余页，相关事项名索引之标目凡五千余条。其主纲表（Main Classes）如下：

〇〇〇 总记 General works

一〇〇 精神科学 Spiritual science

二〇〇 历史科学 Historical science

三〇〇 社会科学 Social science

四〇〇 自然科学 Natural science

五〇〇 工艺学 Technology

六〇〇 产业 Productive arts

七〇〇 美术 Fine arts

八〇〇 语学 Science of languages

九〇〇 文学 Liteature”①

这个介绍显示，《日本十进分类法》的类名及顺序与森清最初发表的论文相比有了一些变化，可见该分类法仍处于发展完善中。

1932 年《中华图书馆协会会报》又对此分类法进行了报道，“日本

---

① 日本十进分类法［J］. 中华图书馆协会会报，1929，5（1-2）：72.

内地各圕以日人森清氏所著之十进分类法，系仿美国杜威博士而作，其法颇适合于内地应用，近据日本圕协会调查，现已采用者，达四十六处之多。”①

1957 年间宫不二雄曾回忆日本十进分类法的编制经过，他说 1927 年青年图书馆员联盟成立纲领中有一条就是要确立图书馆管理法准则。1922 年森清从大阪市立实业学校毕业后，到间宫商店工作。工作之余，对编成分类法很有兴趣。1928 年森清编成《和洋图书共用十进分类表案》，在《圕研究》上发表，间宫不二雄邀请自己的朋友和分类专家对这本分类法进行批评指正和合作修改。森清吸收和参考了各方面的建议，对分类法进行改订，于 1929 年出版单行本，间宫不二雄将书名定为《日本十进分类法》。当时森清年仅 23 岁，而间宫不二雄 39 岁，二人都很年轻②。

1966 年森清在回顾 NDC 的沿革时指出，NDC 之所以成为日本标准分类法，离不开青年图书馆员联盟机关志《圕研究》的支持，离不开间宫不二雄的支持。是间宫不二雄首先以联盟为中心育成了 NDC，进而得到图书馆界的合作，一次次改订增补而成。NDC 在 1934 年青年图书馆员联盟总会上得到公认，进而努力普及，战前使用馆已达近百家，战后图书馆复兴基本上都使用它，1949 年文部省刊行《学校图书馆指南》使用了 NDC，接着国立国会图书馆也采用它进行和汉书分类，NDC 作为标准分类法急速得到普及，1961 年出版了新订第 7 版③。

---

① 日本内地各圕采用十进分类法［J］．中华图书馆协会会报，1932，7（4）：25.

② 間宮不二雄．圕とわが生涯 前期［M］．东京：著者藏版，1969：27.

③ 森清．NDCのつかい方 もり きよし編［M］．東京 日本図書館協会 1966：18-19.

二、四角号码检字法的翻译和运用

1. 间宫不二雄翻译和推广四角号码法

1928年王云五的《第二次改订四角号码检字法附检字表》出版不久，即被正在日本留学的马宗荣介绍到日本①，间宫不二雄很快对四角号码法产生浓厚的兴趣。1929年经王云五同意并授权②，间宫不二雄对四角号码法进行翻译，名为《汉字四角号码检字法》，发表在《圕研究》上③。间宫不二雄还撰写《汉字排列法的革命》一文，将王云五的四角号码检字法与中国大学院公布的国语罗马字拼音法、张凤的形数检字法等一起进行重点介绍。他还在《圕研究》上为王云五原著的中文版和英文版（*Wong's System for Arranging Chinese Characters*：*The Revised Four-corner Numeral System*）刊登广告④。1930年间宫不二雄在前译论文的基础上，全面参考研究中日多种汉字排检法，将王云五的四角号码法一书翻译出版，并将该书列为《图书馆研究丛书 第八篇》⑤，在日本图书馆界予以推广。

间宫不二雄的译作加进了许多再创作的内容。除四角号码法与检字表，还加上《汉字排列法的革命》、王云五送给间宫不二雄的签名肖像、译者序、参考书目、万国鼎的“新式汉字排列法一览表”等内容，

---

① 新刊紹介［J］．圕研究，1928，1（4）：669.

② 間宫不二雄．漢字排列法ノ革命：王雲五氏發明四隅番号化検字法［J］．圕研究，1929，2（3）：115-129.

③ 王云五．漢字ノ四隅番号化検字法［J］．間宫不二雄，译．圕研究，1929，2（3）：130-162.

④ 王云五．漢字ノ四隅番号化検字法：广告［J］．間宫不二雄，译．圕研究，1929，2（3）：162.

⑤ 王云五．漢字ノ四隅番号化検字法 附 檢字一覽表［M］．間宫不二雄，译．大阪：間宫商店，1930.

与王云五原著形式大不相同。

在“译者序”中，间宫不二雄说明自己将前述翻译论文再次出版的原因在于日本没有合适的索引文字，编制索引最大的困难是日本汉字一字有多种读法，而同类困难也出现在中国。中国图书馆界在汉字索引法方面发表很多论文，特别是讨论主题标目的论文，其中心问题是排列法。日本与全部使用汉字的中国相比，假名和著者名索引也遇到不少问题。

间宫不二雄指出，目录在图书馆事业中必不可少，西方人比喻“没有目录的图书馆就像没有眼睛的多眼神一样”。今后图书馆一定会有多种目录，目录排列法的难易程度决定了目录的价值。作为一种索引法，汉字直接检字法在日本的确有继续研究的必要。王云五发明的四角号码表在中国图书馆界已经得到了实际应用，也引起了争论，但其组织单纯，有助记要素，一看到文字形态，立即就能检索到（那些需要特殊处理的汉字除外）。经过亲自验证，间宫不二雄开始积极推广这一方法，希望能对日本同一领域的研究提供帮助。

在“参考书目”中，除在《汉字排列法的革命》一文中已经提到的张凤的《形数检字法第三版订正“面，线，点”照数检》、杜定友的《汉字排检法》和《图书分类》、王云五的《第二次改订 四角号码检字法 附检字表》外，新增4篇来自中国图书馆界的论文，即 Seng, Tsu Yung（沈祖荣）的 *Indexing Systems in China*（*Libraries in China*, 1929: 31-43）、万国鼎（K. T. Wan）的《汉字排检问题》、钱亚新（Y. S. Tsien）的《从索引法去谈谈排字法和检字法》、金敏甫（M. F. Chin）的《王云五的中外图书统一分类法书评》，后三篇均来自《图书馆学季刊》1929年3卷第1-2期。间宫不二雄对于这几篇参考论文的主要内容也做了简要介绍。

此后，间宫不二雄一直坚持推广四角号码法。1936 年底他到上海参观时，将当时采用四角号码法的图书馆一一记录下来。他还到日本驻上海机构——自然科学研究所，为 20 余人讲解如何使用王云五的四角号码法。很显然，他的讲解对这些日本人来说非常有必要，因为当时四角号码法在中国正流行，不掌握这个方法，就不会使用当时商务印书馆出版的各类工具书，也不会检索中国各图书馆的目录系统。

2. 四角号码法有助于解决日语汉字排列问题

间宫不二雄之所以对四角号码法如此感兴趣，是因为该方法有助于处理日语中汉字的排检问题。间宫不二雄关注索引文字已久，总体希望是依据罗马字顺序排列，前提是将日语中的汉字和假名翻译为罗马字。日语中汉字的发音非常复杂，如果不知道其读音，就很难将其翻译成对应的罗马字。特别是在人名、地名、固有名词中，虽然使用的是同一个汉字，其读音却千差万别。除本人及其亲近者知道其姓名的读法外，单靠查字典，是不可能知道其正确读音的。此外，同音异义字也很多，这些都是经常遇到的问题。

日文假名的排列方法，大部分采用五十音图排列，其中有以伊吕波顺序排列的，也有按照平假名的英文顺序排列的。在人名簿（如学士会名录、电话簿）中，不论发音如何，将同一个汉字集中在一起，或者按五十音顺排列，或者按照声母排列。

日本图书馆中假名的排列方法，大部分也采用五十音顺。不过按 ABC 顺序排列的也不少，如高等学校、专门学校、大学等图书馆，先把和汉书标目翻译为罗马字，再按字母顺序排。特别是新建的东京帝国大学图书馆，其和汉书的书名目录采用转化为标准罗马拼音（也叫黑本式罗马字）的方式，将卡片按照 ABC 顺序排列。

当主题是假名时，为什么不直接使用假名，而将假名翻译为罗马拼音后再进行排列呢？间宫不二雄也解释了其中的原因。因为日语中长音、促音、浊音、半浊音、拗音等情况复杂，历史遗留下来的假名存在不同的书写格式，如果使用五十音顺，需要在凡例中一一区别，其整理非常困难；另外，发音式假名（用假名标注外语）也会产生多种不同的格式，而直接用罗马拼音的话就没有这个问题。当然，将假名翻译为标准罗马拼音后，假名中存在的复杂问题仍未解决，所以用在编制索引时，如果有汉字，一定是用汉字来代替假名。这就出现一个问题——在日本到底是否允许索引全部使用汉字呢？与此同时，又出现将汉字转化为罗马拼音的难题。日文中的汉字，根据其字形很难判断其读音，故使用汉字的局限仍然存在。站在图书馆的立场看，把标题及件名标目翻译成罗马拼音没有困难，但把著者名翻译成罗马拼音就很困难。

在图书馆以外，针对汉字排列的直接检字法得到了相当的研究，如日本打字机的文字盘、印刷所的活字格，214个部首还没有全用上，大部分格子就占满了。而作为补助索引的汉字直接排字法，用在不知汉字的读法，或者汉字有特殊读法的情况下，只能将汉字原样不动进行索引，起到辅助作用。汉字补助索引如何组织，又是一个问题。

间宫不二雄指出，使用汉字的国家，如日本和中国，从古至今，在此方面花费了很多工夫。以康熙字典式为主的214个部首检字法，先按部首分，再按除去部首以外的笔画数分，在部首后面附有总画数检字表，用于区分特殊的字。这种方法不是直接法，而是间接法，要费二、三重周折才能查到，如采用这个方法，目录和其他索引就不能应付急用。

在汉字直接索引方法发明以前，用汉字编制补助索引基本上是不可能的。日本的假名，还是可以用作索引的，尽管存在着前面提到的种种缺点。然而，日语中还有很多汉字，与中国只有汉字相比，有更大的困难。

间宫不二雄发现，中国图书馆界的先觉者全都对汉字排检法有深入的研究，发明了很多汉字排检法，有些已经成功地应用于实际当中。根据马宗荣的推荐及间宫不二雄自己的调查，当时实用的汉字排检法有以下几种：一种是基于注音字母的——大学院公布的国语罗马字拼音法，另外几种是直接索引法，包括起笔法、四角号码法、张凤的形数检字法。另外，日本种田丰马的汉字整理法也属于此类。

关于这些排检法的优缺点，间宫不二雄也一一分析如下：

（1）罗马字拼音法虽然很便利，但是由于中国太大，各地发音不同，并非一朝一夕就能实现。特别是当表意、表音偏旁都没有的情况下，识别发音更为困难。

（2）起笔法，如杜定友在其“图书分类法”的汉字索引中所使用的“汉字排列法”，其原理是基于永字八法，先整理出汉字的总笔画，同笔画中再按照起笔的种类，依据“永”字的丶一丨丿等顺序排列。这种依据永字八法编制笔顺索引的工具书，日本也有，即坪山美佐男编纂的《日用文字立检可得笔顺索引》，确立了10种基本笔画，与杜定友的方法相差不太大。间宫不二雄详细地对比了二者的基本笔画，以及索引的方法，说明二者的异同；最后指出这种方法的问题是计算总笔画数很费时间，有些字的起笔也很难确定。日本的常用汉字不足2000个，而中国汉字更多，使用起来很难。

（3）四角号码法。索引对于没有学问和经验的人来说，使用很困难。如果想让大家根据常识就能使用索引，其原理必须简单易懂，并且效率很高。四角号码法就是这样一种方法，该方法是上海东方图书馆长兼上海商务印书馆总编王云五发明的“第二次改订四角号码检字法”。

（4）形数检字法，由获得巴黎大学文学博士学位的张凤发明，由马宗荣介绍给间宫不二雄。张凤认为汉字由象形文字演化而来，汉字形体可用几何形体的面、线、点来概括，用一个汉字中面、线、点的数目组合来代表这个汉字，如“張”是0110，“鳳”是264。这样，汉字的排列就转换为阿拉伯数字的排列。

（5）种田丰马的汉字整理法。日本从未研究过汉字，视汉字为“恶魔文字”，使其大逞淫威，人们只能听之任之。开始对汉字进行系统研究的是种田丰马，他的方案应用到东洋打字机的文字盘和印刷活字盒上，大大提高了效率；他出版了三本小册子：《汉字和效率》《增进汉字运用效率》《关于高效的汉字检索方法》。

种田丰马的方法并不考虑字义字源，而以汉字的形态为基础，将汉字分为三类：一般文字、没有左侧偏旁的文字、有左侧偏旁的文字。后2类文字的组成部分可进一步分为冠和脚（即上部和下部），扁和旁（即左侧偏旁和右部）。在分类的基础上再分基本条目和小条目。首先，根据汉字形态将其分为51种基本条目，整理成12组，前11组各4个条目，最后1组7个条目，每组配以口诀帮助记忆。其次，以这些基本条目为基础，找出与其类似的、以其为起笔的，以及能联想起来的那些笔画、部首和文字等，形成105小条目，将几个小条目对应到每个基本条目中。

该检字法采用3段条目发现法，即根据3类字形从3个地方检索到对应的基本条目。对于没有左侧偏旁的文字，按照① 全字形、② 冠、③ 脚的顺序检出相应条目。对于有左侧偏旁的文字，按照① 扁、② 旁、③ 旁之脚的顺序检出相应条目。该方法对于特殊情况另有规定。由于其第一组4个基本条目是一、寸、丿、巾，所以该方法也叫做“一寸丿巾”排列法。从间宫不二雄的介绍中可以看出，“一寸丿巾”排列法对于迅速找到一个汉字的各个组成部分，将其组成一个完整的汉字来说是非常有效的。但是对于作为整体的汉字的排序来说，其优点并不明显。

3. 日本图书馆界尝试应用四角号码法

间宫不二雄将四角号码法翻译出版一年后，《圕研究》刊登的《编制日本著者名目录的一个解决方案》① 讨论四角号码法在图书馆的实际运用。该文是作者饭田英次在看到《圕研究》上刊登的佐治氏两篇文章《本邦著者名杂考》《难读著者名一览》后有感而发，尝试利用汉字直接索引法来解决日本著者名目录编制中遇到的难题。饭田英次相信王云五四角号码法是解决日本著者名目录所有难点的最适当的方法，如果采用这种方法，与中国就能更好地联系。当然这种方法不会一开始就被阅览者直接掌握，需要馆员帮助才能逐渐普及，相信阅览者最后一定能掌握。饭田英次制定了 5 条规则。（1）号码的构成：连字符前后分别为 4 个数字和 3 个数字，分别采用著者姓名第一个字的四个角的号码，以及第二、第三、第四个字的左上角号码。如“俳諧寺一茶”，取号 2121-041。（2）原则上只取著者姓名前 4 个字的号码，但是著者姓名有 2 个字也有 4 个字的，缺字的就以 0 代替，5 个字以上的，从第 5 个字开始省略。（3）著者名中的平假名要换成片假名取号。（4）佐治氏《本邦著者别名概览》中括号里包括片假名的，按照五十音顺排列。（5）著者名是罗马字的，按照佐治氏的方法排序。按照这个规则，他将佐治氏论文中收录的 234 个作者别名按照四角号码法进行了排列，下文选择几例说明。

---

① 飯田英次．本邦著者名目錄ノ實現ニ對スル一解決案［J］．圕研究，1931，4（3）：495-510.

表 4-2　日本作者别名四角号码法排列举例

四角号码	作者别名（片假名）	罗马字
0010-203	立川談州樓（タ）	Tachikawa-Danshuro
0021-282	鹿ノ舎真萩（シ）	Shikanoya-Mahagi
0021-402	鹿都部真顔（シ）	Shikatobe-Magao
0021-410	鹿地　亘（カ）	Kachi-Wataru

饭田英次认为四角号码法的长处是不必知道字的读音，根据字形就能在极短的时间内判断出文字的位置，检索就变得很容易了。而且，掌握这个方法也相当容易，经过1~2个小时的训练即可。他经过实验，确信这种方法非常实用，相信不久就会有用这种方法编纂的汉和字典出版。他认为，如果用这种方法编制和汉著者名目录，绝对省钱省力且有利用价值，希望大家能早点抛弃困难又不完善的翻译成罗马字的方法，代之以汉字直接索引法。

4. 四角号码法在日本的应用

四角号码法在日本得到了实际应用。目前在日本国会图书馆OPAC中，随手检索四角号码（或四角号碼或四隅番号）一词，能检索出上百本图书。其中，日本学者采用四角号码编制索引的工具书有数十本，包括词典、索引、指南等；还有5本研究四角号码法的图书馆学图书，其作者分别是间宫不二雄、天野敬太郎和加藤宗厚等日本图书馆界知名学者。这些著作的出版时间分布在20世纪30年代至本世纪初，可见四角号码法在日本具有经久的影响力，这些与间宫不二雄的努力是分不开的。

这些著作中，加藤宗厚所编《日本件名标目表：附罗马字及汉字直接索引》一书出版于1930年，书后附有四角号码标目索引，即书中所说的汉字直接索引，是间宫不二雄亲自动手编制的，据说是为了方便中国图书馆能够利用此书。平冈武夫等人编纂的《唐代研究のしおり》在20世纪八九十年代被翻译为中文《唐代研究指南》，由上海古籍出版社出版，其中包括《唐代的散文作品》《唐代的散文作家》《唐代的诗人》《唐代的诗篇》《李白的作品》《李白诗歌索引》《唐代的长安与洛阳 资料》《唐代的长安与洛阳 地图》《唐代的长安与洛阳（索引）》《唐代的历》《唐代的行政地理》等，各书仍保留原书编制的四角号码索引。由此可见，四角号码法已经成为当时中日相关领域研究者进行交流的共同语言。

近来看到日本学者仍有研究四角号码法的文章，比如岩崎皇的《关于四角号码法》①。此文并未提及间宫不二雄或四隅番号，而是根据20世纪八九十年代我国大陆和我国台湾地区的相关出版物重新开始研究，可见四角号码法在日本的传承也出现了一些问题。笔者根据自己掌握的有限资料推测，这大概与日本图书馆目录组织中并没有推广使用四角号码法有关。

三、间宫不二雄的中国之行

杜定友访日十年之后，间宫不二雄终于实现了访华夙愿。他撰写了《在上海视察中国图书馆》②、③、④一文，分三次在《圕研究》上连载，

---

① 岩崎皇．四角号碼という方法について［J］．駒沢大学外国語部論集，2001（54）：1-54.

② 間宫不二雄．上海ニ於イテ視察シタ中國圕（1）［J］．圕研究，1937，10（1）：75-82.

③ 間宫不二雄．上海ニ於イテ視察シタ中國圕（2）［J］．圕研究，1937，10（2）：209-224.

④ 間宫不二雄．上海ニ於イテ視察シタ中國圕（3）［J］．圕研究，1937，10（3）：351-370.

详细地记录了这次行程，同时反映了他对当时中国图书馆界的理解、对图书馆事业之于国家和社会重要意义的理解、对于中日两国图书馆事业发展的对比。该文是继杜定友访日后，中日图书馆学家对于中日图书馆学发展状况的又一次难得的客观评价。

间宫不二雄多年来一直在等待机会参观中国图书馆。他说自己曾见过中国图书馆界享有盛名的杜定友、王云五、马宗荣、袁同礼等人，通过中国发行的图书馆杂志也获得了许多老朋友，还与洪君、桂君、沈君［注：间宫不二雄并没有具体提到他们的名字，但据《圕研究》刊登的相关内容看，桂君应该是桂质柏，而洪君和沈君的可能性则比较多，洪君有可能是洪有丰、洪逵、洪业等，而沈君也可能是沈祖荣或沈学植（丹泥），因为他们的名字均被《圕研究》或者日本图书馆界的其他文献提及过］等许多人通过信件，此外，通过《文华图书馆学季刊》、中华图书馆协会的《图书馆学季刊》和《中华图书馆协会会报》，以及《北平图书馆馆刊》等杂志上还看到了许多图书馆界新成长起来的学生的论文，知道中国图书馆界有许多自己尚未见识的行动。俗话说百闻不如一见，他希望到中国参观，以达成这些心愿，只是当时从日本报纸上看到上海很危险，加上其他一些原因，就一直没有成行。1936年底上海日本近代科学图书馆的开办为间宫不二雄访华提供了机会。

上海日本近代科学图书馆定于1937年1月15日开馆，该馆是日本外务省对华文化事业部为向上海介绍日本文化而建，目的在于通过日本图书来增进中国对日本的了解。该馆馆员均从日本派出，馆长是上崎孝之助。有2名图书馆讲习所出身的专家，即直田氏和宫原氏。还有几名干部，如松井氏等人。该馆位于上海市中心四川路与福州路交叉口，与“中华民国”大书店、大银行大公司等建筑为邻。馆内设报纸杂志阅览室兼目录室、出纳室，内有25张单独阅览桌。还设有接待室、馆长室、事务室、书库等，书库能容纳3万册藏书。该馆第一次从东京运来大约2万册图书，所用设施也从日本运至，间宫商店就是该馆大部分图书馆用品的提供商。1936年11月26日间宫不二雄利用送货机会乘渡轮到达上海，他希望该馆建成后能大大改善中日关系。

这次参观使间宫不二雄和住在上海的日本人不约而同地想到一个问题：从大阪到上海，轮渡只需26小时，为何日本图书馆界跟中国图书馆界的接触不多呢？间宫不二雄提到帝国图书馆的加藤宗厚最近曾经撰文《华北图书馆一瞥》① 介绍“中华民国”的图书馆事业，其中对北平图书馆的介绍尤为详细，认为北平馆之美富与帝国图书馆之贫弱形成了鲜明对比。间宫不二雄希望帝国图书馆能够认识自己的不足，在1940年东京奥运会召开之前进行扩建。

在上海期间，间宫不二雄先后参观了私立东吴大学法学院图书馆、圣约翰大学罗氏图书馆、国立交通大学图书馆、大夏大学图书馆、上海市图书馆、中华书局图书馆和中国国际图书馆。他以细腻的笔触详细记录了参观过程和心得感受，留下了许多珍贵的资料。对于后人来说，从这些资料中，不仅可以看出间宫不二雄所关注的重点，而且可以了解这些图书馆当时的状况。

关于抗战爆发前上海图书馆状况的记录，除了胡道静所著《上海图书馆史》（1935年上海市通志馆出版）以外，目前尚未发现有比间宫不二雄的记录更为全面细致的。从另一个角度说，通过间宫不二雄的眼睛，可以看到当时上海图书馆界所取得的成就。

1. 参观私立东吴大学法学院图书馆

1936年12月1日上午，间宫不二雄到私立东吴大学法学院图书馆

① 加藤宗厚．北支圖瞥見記［J］．圖書館雜誌，1936，30（2）．

参观，该馆主任是喻友信，毕业于武昌图书馆专科学校，曾翻译过小野则秋有关日本图书馆法规方面的著述。间宫不二雄以前就通过中国图书馆学期刊见过喻友信的照片并对其有所了解，这次参观顺便带来了小野则秋写给喻友信的回信。

间宫不二雄描述了初见喻友信的情形，喻友信是一个年轻人，身穿长袍，怀抱4、5岁的孩子。当门卫把间宫不二雄的名片递给喻友信时，他立即就把孩子交给门卫，笑容满面地与间宫不二雄携手走向图书馆，两人如旧友重逢，倍感亲切。喻友信不仅详细向间宫不二雄介绍了本馆的经营方策，而且还为他参观上海各图书馆写介绍信，无微不至地提供帮助，使间宫不二雄深受感动。

据间宫不二雄的记录，东吴大学当时学制4年，还有1年预科。学生400人，教师35人。东吴大学图书馆1915年设立，1927年改为现名。有藏书10 000册，其中洋书6 000册，中文书3 000册，日文书800册。藏书采用闭架式，但是在阅览室，新到的报纸杂志、参考书等靠墙排列，开架自由阅读，教授可以自由进库检索。阅览室外是喻友信的办公室。书架上安装玻璃门，分别放置中日外文书。

分类采用DC，对其中的法律类进行了修正。著者号依据克特桑本的著者号码表，直接用白墨水写在书脊上，如果书脊太薄，就写到标签上，然后再贴到书脊上。

中日西文图书统一采用克特桑本的著者号。日本人姓名中的汉字按照中国汉字读音来标记，如吉野作藏是C123、服部操是P523、金泽庄三郎是C424。如果是日本人的西文著述，其姓名用罗马字表示的，就按其拼写，如Ichihashi，Yamato是I16，Yamagata，Isoh是Y19，Suzuki是S968。由于该馆中日外文分别排列，日本人和中国人的西文著述就会排在外文书中，间宫不二雄认为这种著者号统一稍微有些不合理。

目录均采用标准尺寸的卡片式，外文图书是字典式目录，中日文图书有分类和著者目录（中日文图书目录排列在一起），同一分类中按著者姓氏总笔画数排列，根据永字八法的顺序。著者目录按总笔画顺序排，再按永字八法排。当然，该馆也有书本式目录，间宫不二雄获赠一部该馆于1933年发行的《东吴大学法律学院图书馆图书目录》，而新版正在编纂中。

关于图书借阅，间宫不二雄花了许多笔墨，图文并茂地介绍了该馆的借书证、书袋卡、期限表等细节，指出该馆借还书手续注重效率，不像日本那样还要鉴别印章。

间宫不二雄对该馆的干净整洁赞不绝口，他还注意到该馆悬挂的世界法学界前辈肖像中有日本的穗积陈重博士像。

间宫不二雄提到该馆正在募集捐款30万元以建造一所新馆，建成后将是中国第一法学图书馆，并将新馆设计图记录在文中。

参观之后，间宫不二雄颇为感慨，他指出日本学校图书馆最大缺点之一是不利于图书馆专家担任图书馆长，很多学校图书馆员做的工作八成是教授的仆从。即使有图书馆专家，也没有相应的专家高级待遇。即使有相应的待遇，还得像会计课长那样不能长期担任其职务，不得不转为会计。他感到遗憾的是，与“中华民国”的学校图书馆相比，日本的学校图书馆距离世界水平还相差很远。

此外，日本学校图书馆主要为教授而设，而中国学校图书馆以学生为主，教授与学生一样办理借书手续，不像日本那样允许教授一次可以借数册，而且借期长，以至于书都被所谓研究室借走了。在中国，教授长期必备的图书需要自行购买，图书馆所藏资源是供学校全体利用的。上海的图书馆（恐怕全中国的图书馆都是如此），其经营法差不多都是照搬美国的，很少像日本这样，把外行当独创，以至于造成恶果。中国图书馆人运用分类法和目录法，以百分百发挥所藏资源的作用为目的，让人感觉很了不起。间宫不二雄呼吁图书馆内部要尽可能使用现成的工具，图书馆员的要务是致力于图书的活用，他认为在这一点上中国学校图书馆的经营者很有勇气，做得正确，应该成为日本学校图书馆员的榜样。

2. 参观圣约翰大学罗氏图书馆

1936年12月9日，间宫不二雄参观了位于上海梵王渡的圣约翰大学罗氏图书馆，该馆主任是黄威廉。黄主任从该校毕业后曾任该校图书馆主任，3年前到美国哥伦比亚大学图书馆专科学校留学，去年归国再任图书馆主任，才30岁出头，英语很流利，且不带一点口音，是一位青年绅士。

截止到1936年6月30日，该馆中日文图书79 140册，西文图书24 052册，合计109 180册，另有小册子2 684册，共计111 864册，其中包含定期杂志的合订本。

图书馆建筑很陈旧，最初并非为图书馆而建。从中间入口进去，右转是报纸杂志阅览室，架子上既有现刊也有合订本，周围书架上还有数种参考书。左转是学生自修室，周围是最近5年定期杂志的合订本，排架非常整齐，此室午后向学生开放。图书馆开放时间是：上午8时-12时，下午1时-7时，晚上8时-10时，学生全部寄宿。该校氛围好像欧洲古老的大学，学习风气很浓。书库、自习室和报纸杂志阅览室全都对学生实行开架，由此能够想象得出校风如何。一楼还有破损图书修理室、未装订杂志收藏室、小会议室兼讲义室等，二楼中间是事务室，除黄主任之外还有3名职员，每人背后书架上都有参考书。事务室右侧是学生阅览室，窗户下的参考书全部开架，学生指定图书处由一名馆员负责管理。事务室左侧是图书收藏室，窗户旁边外文书放在双面书架上，中间是中日文洋装书，阁楼上是线装古籍，书架全是木制旧式的。外文图书馆分类用 DC，中日图书分类用改编的 DC。外文书采用克特桑本 3 位数字表，但是小说和传记以外只留 2 位数字。中日文图书采用钱亚新的《拼音著者号码编制法》，进行了一些修正。目录采用字典式，外文书按照 ABC 顺序，中日文书按照汉字总笔画法（顺序按照永字八法）。

关于卡片的著录格式和著录事项，间宫不二雄介绍的更为详细，图文并茂，看来是其关注重点之一。对借书卡、借书规则等也一一详细介绍。此外，他对于该馆由闭架借阅改为开架借阅，大大减少了工作量、提高了图书馆利用率一事也颇为赞赏。

间宫不二雄还记录下了一些数据，有意思的是其中有个别数据是他自己根据参观时的实际情况推算出来的，比如月均借书人数。该馆成立于 1894 年，年购书经费是 4 000 元（事务费和工资另算），购书由教授介绍，阅览人数月均 300 人，借书人数月均 200 人（不含一般阅览室中参考书利用者人数、报纸杂志及其合订本的阅览人数）。中西文杂志共有 250 种，中西文报纸共有 15 种。每年都有图书馆概要报告，并发行图书新增目录。教授和学生利用图书馆的手续相同，不像日本教授的用书被送进研究室。

离开该馆，间宫不二雄又去参观国际图书馆。

3. 参观国立交通大学图书馆

1936 年 12 月 8 日，间宫不二雄参观了位于海格路的国立交通大学图书馆，该校过去叫做南洋大学。馆长是查修博士，主任是钱存训。因为双方早就互相闻名，见面非常亲切。间宫不二雄说自己同该校图书馆前馆长杜定友有很亲密的关系，现任馆长查修也是中国图书馆界的重要人物、中华图书馆协会有影响力的会员，通过各种杂志早就熟悉了，不过见面却是第一次。

该校学生约800人，图书馆阅览座位200个。根据1930年统计，藏书约5万册，其中中文书4万册、西文书1万册，杂志合订本及小册子另算，在间宫不二雄参观时已达8万册。

图书分类方面，中日西文书都用DC，但是分别排架，全放在3层。古籍、线装书分类用四库法，单独平放排架，放在2层。杂志合订本收藏在书库1层，由杂志阅览室出入。

图书记号方面，西文书用克特桑本号，中文图书用杜定友著《著者号码法》，日文图书用杜定友号码法的最后一个号930加上日本人著者姓氏的第一个字的笔画数，例如间宫某著，“間”是12画，930+12=942，间宫某的著者号就是942。日文图书统一排在中文图书之后（按照姓氏笔画数为序）。

阅览目录方面，一是分类目录，中日西文图书按照分类号混排在一起。二是字典式目录，西文图书按字母顺序排，中日文图书按杜定友著《汉字形位排检法》排。

阅览室有普通阅览室、参考书及指定图书阅览室和定期刊行书阅览室。一般阅览室中，辞书、百科全书等放在上锁的玻璃门书架中，由工作人员开锁借阅。指定图书及参考图书也是如此，但是韦氏标准辞典供自由阅览，前后封皮上安装有金属部件，并用弹簧固定在桌子上面，防止被随便移动或盗走。

图书可以借出馆外，都配有书袋卡。教授和学生采用相同的制度借书，教授1人5册不限期、学生1人2册限期2周，续借次数不限。间宫不二雄对于借书制度花了大量笔墨并加上8幅图片进行了描述，将这所杜定友曾经就职的图书馆的借书手续详尽无遗地记录下来。

该馆三层书库是最近增加，书架是钢制的，按照标准间隔排列，书架横宽约 12 尺（分为 4 节），高 7.5 尺（分为 7 层），上海夏天潮湿，感觉会生锈。馆内及书库内非常干净，职员中有好几名妇女，端庄美丽，干活麻利，从动作上看大多数日本女图书馆员赶不上她们。

间宫不二雄就图书馆问题和中国各种分类法目录法与查修谈论了大约 1 个小时，进而与之谈论了他所认识的人物，获益良多。查修也是毕业于武昌文华学校，在美国伊利诺伊大学图书馆学专业学习，同时研究政治经济，获得博士学位后，回到交通大学担任图书馆主任兼任政治经济学教授，与日本学校图书馆长差不多都是外行的情况相比令人感慨颇深。间宫不二雄感到遗憾的是，与“中华民国”学校图书馆长对图书馆方法的理解程度相比，外行馆长说出分类法目录法来往往让人感到很滑稽。查修擅长英语，关于各个问题都能作出结论，是新进“中华民国”的代表人物。

钱存训毕业于南京大学，在图书馆学书志学方面造诣很深，是个安静的研究家。与钱氏会谈了许多该馆以外的图书馆经营的细微问题，比如，如何从中国人的雅号获知其本名、从西洋人名的汉字获知其原名等方法，钱氏分别推荐了袁涌进著《近代中国作家笔名表》（中华书局出版）、《汉译标准外国人名地名表》（商务印书馆出版）、*Chinese-English dictionary*、钱亚新著《拼音著者号码编制法》。

间宫不二雄在该馆参观时间较长，上午 2 小时、下午 1.5 小时，临别获赠 1932 年编《交通大学图书馆编目规则》。他注意到该馆位于学校中心位置，便于大家使用。

随后间宫不二雄又去了自然科学研究所，给该所包括所长在内的

20 多人做了一个讲座，讲解王云五发明的四角号码检字法①。

4. 参观大夏大学图书馆

1937 年 12 月 8 日，间宫不二雄在参观了中华书局图书馆之后，到大夏大学图书馆参观，该馆位于上海中山路上，临近沪宁铁道。馆长是陈一百。大夏大学创立于 1925 年，1930 年迁至该址。

该校有 1800 名学生，是以培养学校教师为目的的高等师范，相当于日本的文理大学。该校图书馆和校舍分离，坐落在宿舍旁边。在校舍旁另有一个群贤堂，内设普通阅览室（180 个座位）、新杂志阅览室，还有写毕业论文者专用的场所。阅览室都是男女同席的。只有杂志是让人自由阅览的，其他全部是锁在装有铁纱门的书架里，需办理手续才能借阅。中央馆书库中使用的都是间宫 1926 式两面铁书架，系在上海本地仿造，另外群贤堂中大辞书和参考图书阅览台等设备也系模仿间宫式，可见该馆前主任马宗荣对图书馆设备很在意，也付出了很多努力。间宫不二雄对上海能模仿自己的设计感到很光荣。

在理化学研究室、商学、法学、历史地理等各室中都有相关的图书和杂志供学生使用，每室都有一个工作人员，中央馆和群贤堂有几个工作人员负责借还。此外，在学生休息室也有报纸阅览室。

截止到 1936 年，该馆共有中日文书 38 201 册、西文书 10 974 册、中日文杂志合订本 1 727 册、西文杂志合订本 572 册、中西文报纸合订本 337 册，合计 51 851 册。

该馆年图书购置费 1 万元。分类法采用杜定友的《世界图书分类法》，图书记号法采用杜定友的《著者号码法》。目录有卡片式和印刷

---

① 間宮不二雄．上海ニ於イテ視察シタ中國圕（2）［J］．圕研究，1937，10（2）：209-224.

式2种。卡片式目录，中西文都有分类及字典式2种，中文书按照总笔画数排，画数相同再按永字八法的顺序；西文书都是字母顺序。印刷式目录，包括期刊目录（含杂志和报纸）、外文书分类目录，以及其他2、3种出版目录。

大学部的阅览时间是周一至周五，上午8：00-12：00点，下午1：00-5：00点，晚上6：30-9：00，周六至下午4：00，周日只开晚上。借书时间是除周日以外的每天下午1：00-5：00点。

间宫不二雄去参观时，因陈一百主任外出，仅由一个工作人员接待他，用英语交流很困难，陪同前往的长谷川能够翻译上海话，但碰到专业术语时就有点困难，间宫不二雄因不能了解到更详细的情况而感到很遗憾。

间宫不二雄对该校图书馆的规章制度介绍得很详细，他说，该校图书馆是他最亲密的朋友马宗荣担任了多年主任的地方，图书馆规则非常完备。图书馆利用指南、阅览规则极为详细。持证入馆、有图书请求单才能借书。入馆证丢失的，要向工作人员再申请，并给会计交2角钱才能补办。普通书可外借，贵重书和学生指定参考书只允许在馆内阅览。借期7日，若续借须办理手续，若超期，每日罚金6枚铜元（相当于大洋2分）。普通图书限借2册，线装书限借1册。

馆内不许高声喧哗、走路不能打扰其他读者，不能抽烟、严禁吐痰、严禁戴帽子。开架阅览的图书杂志须放归原处，阅览时如外出，须办理归还手续。如果没有办理手续而带出馆外，每册罚金2角，每增加1日，罚金多1角。借出的书严禁污损、圈点、沾唾沫翻页、折角。如果催促3次才还书，就向学科主任报告。如有裁页、遗失、污损的，将受到批评并数倍赔偿。

图书馆通知返还的必须立即返还，期末全部书必须立即返还。期末前10日闭馆，未经书库主管者允许不能入馆。还有其他特别借书规则，教授借书规则规定，教职员本人持证借书有效，1次最多可以借5部，参考书、指定图书、杂志类不许借出，教职员借期2周，但是教科书、准教科书可以借出1学期，学期末10日前必须全部归还。教职员要对自己借出的图书负全部责任。

该馆除主任之外，工作人员共9名，分布在总馆、群贤堂、中学部阅览室，各学科阅览室中没有见到正规的图书馆员。

与交通、圣约翰比起来，该馆虽然注重图书馆的使用，但是在整顿和整洁方面逊色不少。书架上装着金属网门，给人的感觉就不好；书脊上的索书号，或者直接写在书上，或者写在标签上，但是标签位置不定；卡片目录也很杂乱，不能一下就看到。

该馆自创立以来几经更换工作人员，迟早需要大整顿。

5. 参观上海市图书馆

1936年5月1日上海市图书馆成立，位于市中心区府前右路与府南右路之间，与博物馆望衡对宇①。洪逵被任命为图书馆长②，洪逵是安徽怀宁人，毕业于英国伦敦大学政治经济学院，曾任教育部佥事、京师图书馆主任、简任安徽省教育厅厅长、国立中央大学教授兼文学院院长等职③。

间宫不二雄在介绍上海图书馆之前，先对上海的历史和现状做了简要介绍，他认为这是了解“中华民国”图书馆观念的关键。

据间宫不二雄介绍，上海有350万人口，土地分为三大块：中华民

① 图书馆界 国内消息：上海市图书馆成立［J］．学觚，1936，1（6）：12.

② 上海市政府指令第一八四七三号 为据呈报奉令兼任本市图书馆馆长令准备案由［J］．上海市政府公报，1936（169）：61-62.

③ 中外图书馆消息：上海市图书馆成立［J］．厦门图书馆声，1936，3（10-12）：11.

国治理的上海市、法租界、共同租界（英美日共同管理，日本人大部分居住于此），总面积45 019亩。

在民国政府管理下，又合并了数倍地区，希望将租界回收，这是将来建设大上海市的理想。第一步是建设市中心区。1927年5月设立了上海特别市，1929年8月成立了市中心区域建设委员会，把黄浦江下游吴淞乡、江湾、引翔港中间的土地约6 000亩定为市中心区域。规划了道路，俯瞰其形状如一架飞机的轮廓。市中心以南是商业区，以西是住宅区。在市中心的中央设政治区，包括市政府及所属各局、市党部、市参事会、图书馆、博物馆、美术馆等。

图书馆建筑壮丽雄伟，和博物馆左右相对，分处市政府两侧，三者平面位置呈工字型。从图书馆所处的显著位置来看，间宫不二雄认为中国人的进步思想很令人敬佩，尽管市中心区要成为上海的中心还得十年、二十年才行。他引用上海市长吴铁城为《上海市图书馆成立纪念册》所作序言中的一段话来说明自己的观点：

> 近世世界之进化，有一最重要之特征，厥为科学文化之发展。近代列强，其政治经济社会教育之进步，以及国力之发展，其基本动力之所在，亦唯在文化。故文化之为物，实乃一民族为适应其环境努力奋斗所得之物质精神的成绩，乃为民族生命力与争存力之具体表现。而文化之盛衰，又往往可瞻其国运之隆替焉。
>
> 中国民族，本为世界上历史最悠久之文化民族，先民创造文化之精神与能力，且久已为万邦所崇仰。数千年来，吾族所以雄峙东方，威震遐迩者，实即基因于此。徒以后世文化创造能力之中绝，以致社会状况，久滞不进；国计民生，日趋穷蹙，同时世界列强，则又以现代科学之进步，无论物质生活，

国家实力，均一日千里，突飞猛进，以国力之悬殊，至遘今日之国难。为国民者，处此厄运，以视我先进建立国家，创造文化之精神，诚当当何以奋起报国乎！

吾人本此历史的信念既知文化盛衰，为国运兴替之主因，故今日复兴民族，充实国力之道，自当以文化建设为前提。上海自开埠以来，徒负文化中心之盛誉，实则本市关于文化建设之工作，迄今尚未为充分之努力。即规模宏大之图书馆与博物馆之建筑，至今犹付阙如。较之世界各国都会，固相形见绌，即比诸吾国较大都市，如北平等处，亦尚有逊色。以本市之地位重要，吾人又岂能长此因陋就简，而不为远大之设计。铁城有鉴及此，故虽承战乱之余，际艰屯之会，仍毅然致力于圕与博物馆之建筑，以为本市文化建设之起点。

作始也简，将毕也巨；今当图书博物两馆，正式成立，爰志数言，以表愚忱；所望海内贤豪，本市市民，共赐匡助，加以爱护；使本市文化之萌芽，得以发荣而滋长，则岂特本市之荣，实亦邦国之福也。

间宫不二雄还记录了当时上海市图书馆博物馆董事会名单，指出董事会成员都是上海及中国图书馆界的权威人士，包括：董事长蔡元培、副董事长王云五，董事有：张元济、丁福保、伍连德、马宗荣、戴超、吴铁城、俞鸿钧、潘公展、蔡增基、沈怡、董大酉、李公朴、童致旋、桂质柏、徐则骧、杜定友、洪逵（馆长）。

上海市中心区域内行政区划制定后，从1933年8月到1936年5月1日开馆用时3年。当时发行公债筹备200万元，分别建设图书馆（30万元）、博物馆（30万元）、体育场（100万元）、医院（40万元）。

预算制定后，以杜定友等专家的计划为基础，图书馆由市中心区建筑委员会主任建筑师董大西及其助理王华彬亲手设计，采用钢筋混凝土防火结构，南北长约66米，东西长约51米，建筑面积约1 620平方米，各层面积合计约3 470平方米，容积约16 000立方米。大部分是两层，总高度为12米，正面有门楼。后方及左右预留出2倍大的空地以备将来扩建。式样采用中西混合式，如果单纯采用中国式费用就非常高且不实用。门楼顶采用黄色琉璃瓦，四周平台围着石栏杆，充分显示中国建筑特色，建筑外壁贴着人造石面。

馆内一楼玄关左侧存包，右侧接待。进去后，中央是长宽12×13米的大厅，左侧是上楼的台阶。大厅里面是17×14米的报纸阅览室，再往里是长宽30×11米的书库，设置5层钢制书架，才完成第3层，下面两层和上面两层只有立柱。间宫不二雄估算5层书架大概能容50万册。过道上铁框内嵌入长宽24×24厘米、厚2厘米并有图书馆标志的玻璃，便于光线通过地板。铁框和玻璃区域周围镶嵌薄薄的橡胶以防直接接触。地层其他铁柱已经生了锈，上海潮湿季节钢制书架能不能靠得住还是个疑问，上海图书馆和交通大学图书馆的书架将是很好的试验。

右翼一楼是儿童室、善本图书室、演讲室（长宽约10×18米）。左翼一楼是各事务室、巡回文库室、装订室等。

二楼中央是展览室（长宽22×13.5米），天井、柱子都涂着中国式的彩色。展览室里面是目录室兼出纳台，通过天窗采光，非常明亮。中西文书的卡片目录柜各3组，都是分类目录。目录柜上是字典式索引，通过索引再查卡片目录。目录室中间设有沙发，等待借书时可坐，氛围很好。里面是出纳台，直通书库的第三层。出纳台内侧还能通向露台，以便自由眺望。

二楼右侧大房间是新到杂志阅览室，开架阅览。面向走廊的小房间是伍连德博士特别藏书室。左侧面向走廊的房间是参考室，大房间是大阅览室，水泥地板，总体看起来非常壮观，当时地板中央镶嵌一个圆形图案，是一本打开的图书，任人踩踏，作为图书馆来说显得不太尊重图书。

楼下接待室，日常用品全是中国式的，前后墙面上悬挂着蒋介石司令和林森主席放大照片，左右墙壁上悬挂着马宗荣的“人生最乐 莫如读书”，以及商务印书馆、开明书店、中华书局赠送的“知识原宗”“睿哲文明”等祝辞挂轴。间宫不二雄置身接待室，看到这些顿生感慨，如果这是在日本会怎么样呢？当然有时也会醒目地悬挂显官肖像，但是否有雅量悬挂书店这样写的匾额呢？也许能够做到，但是让图书馆和书店如此密切合作，通过图书尽力促进文化发展是不可能的。

接待间宫不二雄的是编辑部（注：编藏部）干事陈鸿飞和秘书陶祖鏁，两人英语都很流利，态度亲切，让人产生好感。陈鸿飞是武昌文华图书馆专科学校毕业，陶祖鏁是南京大学毕业。会谈之后领着他参观了各处，洪馆长不在馆。

间宫不二雄看到大阅览室仅有一人，杂志阅览室也只有几个人。顿发感慨，如此现状，当局竟然建设了这样壮丽的大图书馆，相当令人敬佩。间宫不二雄由此联想到日本某人最近到欧美考察图书馆，回国后到处宣扬，欧美图书馆经常门可罗雀，不如日本图书馆常常读者满员，可见日本图书馆绝不逊色，岂不知欧美是允许将书借出馆外的公共图书馆，且图书馆与人口数量的比例远超日本，此人不了解实际情况，缺乏对图书馆事业的研究，像官吏似的自以为是地发表些一知半解的议论，不利于图书馆事业的振兴。

当问到陈鸿飞是否收取阅览费时，他一口回答说没有，还补充道，这是公共图书馆。“中华民国”的图书馆在此方面已经捷足先登，日本公共图书馆员如果听到了一定会表示失敬，因为日本为了建立中央图书馆，好不容易才设立了不收阅览费的公共图书馆，此事如果让中国图书馆员得知，日本图书馆员会感到脸红的。

截止到 1936 年 9 月 1 日，上海图书馆藏中外图书 75 000 册。每天开馆时间是上午 9：00–11：30，下午 12：30–4：30，中午与大学图书馆一样，均让读者离馆。目录有分类和字典式 2 种，此外还有杂志目录和儿童目录。分类法采用的是王云五的中外图书分类法。字典式索引有 2 种，其排列，中日文按照总笔画，西文按照字母顺序。著者号，西文书采用克特桑本号，中日图书采用王云五的四角号码，翻译书，有著者记号之外，还附有译者记号，“中华民国”出版的翻译书非常多。

与在其他馆一样，间宫不二雄对于该馆的书袋卡、卡片目录都进行了详细的考察和记载，从中可以发现，该馆阅览用分类目录卡片款式（15×5. 5 cm）与通行的款式规格（12. 5×7. 5 cm）不同，在卡片的关键部位还贴上一层布予以加固。

该馆计划今后 10 到 20 年，年投入经费 7. 5 万元，其中 5 万元购买图书，收集东西文图书，以上海为中心进行新文化建设。

临别之际，间宫不二雄向陈鸿飞询问中国图书馆员的收入情况，得到的回答是不太好。与日本图书馆预算（图书占 25%，人员费 50%、其他 25%）相比，该馆是（图书占 65%，人员费和其他占 35%），可见陈鸿飞所言不假。两国相比，日本图书馆员收入高，但在新研究、新计划方面却比中国图书馆员落后，间宫不二雄感到脸上无光。

6. 参观中华书局图书馆

间宫不二雄于 1936 年 12 月 7 日到中华书局图书馆参观，中华书局在租界西北隅澳门路上，见到了图书馆主任楼荣林、中华书局编辑所长舒新成，和毕业于京都大学文学部的编辑张梦麟等。

中华书局体现了中国出版界的特异性，在日本，著者与出版者是完全独立的，著者编述之后，交给出版者发行销售。中国当然也有这种形式，但是像中华书局和商务印书馆这样的大出版社，自己也成立了大编辑部，从编纂原稿开始，到出版销售，需要底本和各种参考书，收集的多了，就成了图书馆。

图书馆位于中华书局大楼五层，全是钢制书架，据说能容30万册书。已有中日西文图书20万册，其中西文书有5万册。日文书相当多，还不断地购入新出版的图书，日本的杂志也长期购入，内山杂志部专设1人负责处理中华书局的订单。

这个书库所藏均为艺术和科学书籍，数百名编辑将其脱胎换骨，或研究参考、或翻译，作为中华书局的出版物行销全国。图书馆事务由楼氏和其他几人负责。楼氏讲汉语，张氏翻译，但是有些问题的回答有隔靴搔痒之感，未能详细了解。分类法采用的是杜定友的旧图书分类法，图书记号按照图书进馆顺序给号。阅览目录采用标准尺寸的卡片，竖着使用，记录简略。同该馆的藏书量相比，人手显得不够。虽只供社内使用，但在书架整理、阅览目录整理等方面仍有不少地方需要改进。该馆制定有《中华书局图书馆写排卡片简则》。

在1932年2月1日事件（注：“一·二八”事变）中，与中华书局存在竞争关系的商务印书馆的编译局和印刷工厂全部被毁，而中华书局因地理关系未受损失，得到了大发展，中华书局的营业所同在福州路上，其规模与商务印书馆不相上下。

间宫不二雄由此联想到商务印书馆。他对该馆的王云五及其东方图书馆的珍贵馆藏很熟悉。指出东方图书馆不幸在1932年事件中全部被毁，据悉该馆藏有世界名著、稀见图书，特别是中国的府县省志收藏世界闻名。比利时鲁汶大学图书馆在欧战之际毁于兵燹，恢复和平后全世界的图书馆界都齐心协力助其复兴，可见兵燹对于文化的影响巨大。东方图书馆已经着手复兴，裘开明在 *Library Journal* 杂志上向世界有关各界发出了希望复兴东方图书馆计划。这件事上日本给世界图书馆人留下了难以磨灭的印象，日本应当积极协助东方图书馆的复兴，以弥补过去犯下的错误。

间宫不二雄接着介绍商务印书馆，其总局及营业所在河南路福州路，创业已经 40 年了。1932 年因兵燹，该馆设在闸北区的工场，以及供编辑局参考并向公众开放的东方图书馆归为乌有。不管怎么说，商务印书馆在出版界影响惊人，出版图书的学科从 0 大类到 9 大类都有，出版物总量达到 8 258 种，社会科学数量最多，其次是文学，再次是史、地、实用科学、语言学、自然科学、哲学、艺术、总记、宗教。分店遍布全国，有 43 个分店。1912 年仅出版 500 册，1935 年出版 4 300 册，总之在出版界势力很强。该馆总经理王云五是具有实干能力的思想家，一方面发明了分类法和四角号码法，另一方面有计划地出版了万有文库。根据王云五的设想，这套丛书计划出版 1 万种图书，将成为地方小图书馆的基础资料，价格仅 1 500 元，该馆所做出的牺牲必将有益于小图书馆的兴旺发展。出版的丛书自带分类号和著者号，并随书发售卡片目录，采用王云五的分类法、著者号采用四角号码法，地方小图书馆购买后几日内就可以提供阅览。可见王氏有非常好的理想，同时他的实干能力一定会使这个理想很快变成现实，如果说商务印书馆是“中华民国”文化的推进力也毫不为过。日本出版业只会忙忙碌碌地算计，是赚钱的奴隶，却没有为日本将来发展而谋划并且具备远大理想的人，很是可悲。

间宫不二雄指出，在这里之所以要记上一笔，是想提醒读者注意，日本人常说日本教育普及，而中华民国教育尚未普及，这也是中华民国公认的。虽然从比率上看，日本教育普及率达到了99.5%，基本上没有不识字的人，但是如果去除不能读书的幼儿，全国具有读书能力的只不过7千万人。与之相对，中华民国识字的人有20%，99.5%当然比20%强，但是中华民国人口总数是4亿，20%是8千万人，实际数字跟日本比起来，远超日本，这是必须注意的。中国以扫盲作为振兴国家的基础，设立识字学校，努力扫除文盲，不远的将来就会见到成绩。所以如果忽略比率和实数的差别而产生误信，就会发生各种各样的问题。

间宫不二雄接着以当时人们最为关心的兵力为例，日本是国民皆兵主义，女子在战斗中无用，就去掉了全部人口的一半，剩下3.5千万人，其中1-20岁，及40-50岁者又与职业军人不同，也不能充当一般兵力，那么可控制的兵力只有五分之二，亦即1.4千万，仅占全部人口的20%。依据比率的国家非常特殊，和全世界大都依据总数作为计算基础相比，将会犯下大错。中华民国总人口4亿，其2成人口参加战斗的话就是8千万人，比日本加上老幼妇女的全部人口还多得很。如果单从统计比率来看感到很安心，实际上认识非常不足，必须注意。间宫不二雄进一步指出，了解了中国出版界兴旺的理由，才能彻底想象出中国的伟大。中国人变得越伟大，越能成为合作者，日本人必定为之高兴。文盲很多是一国之灾祸，东洋人文盲多是东洋之灾祸，东洋不逊于西洋之唯一办法是扫除文盲，希望两国紧密合作使东洋全面进步。

7. 参观中国国际图书馆

间宫不二雄参观完交通大学图书馆之后，经鹈鹰氏介绍，到上海一个特殊的图书馆——中国国际图书馆参观。东亚同文书院的垂水外茂夫做东，请间宫不二雄到其住处（位于上海法租界福开森路的世界社）

去访问，中国国际图书馆也在同院内。

道格拉斯·阿切森先生既是同文书院的英语教授，又是国际图书馆的有关人员，曾长期在日本居住，对于关西地方及大阪神户沿线的地理很熟悉，并且日语很拿手。从其言谈中得知，该馆图书馆员最近生病，请他代为介绍，但是他对于很多重要的细节不太知道，所以就送给间宫不二雄中英文《中国国际图书馆概要》各一本。

中国国际图书馆是在法国 M. E. Heriot 和德国 C. H. Becker 等欧洲名人协助下，由李煜瀛、蔡元培、蒋中正、张仁杰、吴敬恒、汪兆銘、宋子文、朱家骅等人，于 1932 年在日内瓦设立了日内瓦中国国际图书馆，1933 年在上海设立分馆。上海分馆暂以已经设立的世界社附属图书馆为基础而设立，没有特别的书库或者阅览室，巨大的房间分成讲演场、图书馆员培训所，事务室、阅览室等，杂志阅览室在另外一个房间，有 30-40 个座位，放着 200 种以上中西杂志，开架阅览，大多是青年在阅览，其中用柜台围成事务所，回答提问并进行监督。柜台上备有上海中国国际图书馆来宾指导片，介绍设备、杂志、日报、招待、阅览时间等内容。该馆医学图书很多，讲堂中有 10 岁左右的男女儿童在女教师指导下玩游戏，据说要将这些儿童培养成图书馆员，以后送到各国的汉学研究所去。从儿童起开始培养外语，这个宏大的计划令人钦佩。巡视书架时，间宫不二雄发现在书架上堆积着日本外务省捐赠的日本图书，顺手一查，其中居然夹着一本森君的 NDC 第三版，顿感非常高兴。该馆中搜集了很多美术品，展廊中的古代乐器都是极品，还有许多珍贵的书画。

间宫不二雄详细介绍了中国国际图书馆的组织（注：与开头介绍的稍有出入），1932 年在日内瓦设立欧洲部，1933 年在上海设立总部，计划在 1934 年设立美国部。成立该馆的目的有四点，向世界介绍中国数千年的文化，通过出版物给国际机关提供咨询参考，为中外学者研究以及中外文化比较研究提供方便，收藏国际机构出版物供中国人阅览。该馆的任务，除了一般的提供阅览外，还要从事与国际图联的联络与协作，每年7月份召开国际文化联合会并联合主办图书展览会。有300位中外人士成为该馆的创始者。

若要成为该馆的创立委员，须尽如下义务：① 一下子缴纳中国货币或者瑞士货币4 000元以上（法国货币20 000法郎）者。② 每年缴纳中国货币或者瑞士货币400元（法国货币2 000法郎）者。③ 一下子或连续捐赠价值中国货币或者瑞士货币4 000元以上图书者。以上捐赠者，可以担当理事、名誉理事或名誉赞助人，并制定理事会章程。

总之，中华民国在这种文化事业的国际运动方面花了很大力气，以作为增进中华民国与欧美各国在财政经济等方面合作的基础，值得引起日本的注意。该馆简介中指出，欧美有越来越多的大学图书馆通过收藏中国图书研究汉学。日本尚无这种思想，有点落后了，所以间宫不二雄在日本第31回全国图书馆大会讨论时，就介绍了该图书馆的做法。

间宫不二雄在完成这篇上海图书馆见闻记之后，深有感触，他希望能唤起日本朝野、学者、学校图书馆主任、大公共图书馆长的特别注意。他指出日本人有关中华民国的观点是非常落后的，日本所收藏的汉籍唐本无助于理解现代中华民国。中华民国的新大学及图书馆，也将日本所说的汉籍唐本束之高阁而不太重视这部分图书的实用价值。重视的是常用的图书，第一是现代中文图书，第二是外文书，第三是日本书，中国人对自己的国家、欧美和日本的了解就是利用这些出版物的结果。然而，日本虽然常使用同文同种、唇齿相依、友善邻邦等外交辞令，但是作为日本图书馆的代表，从帝国图书馆到与中国关系深厚的大阪府立图书馆，一年内能购买几本中华民国新出版的图书呢？恐怕一本也没有。跟中华民国有贸易关系的商业学校等，恐怕也没有购入其新出版的图书，所以平常接触到的日本大部分报告，大多以日本为中心，因为很难知道中华民国的真实情况，世界虽广，也许没有哪个国家比日本更不了解中华民国。他希望日本主要图书馆先要购买中国最近出版的图书，努力引起人们的注意和阅览。燃眉之急是与中国有关的高等商业学校图书馆要购入中国最近出版的图书以供研究。中国出版的书中也记述有对日本不利的地方或者愤慨的地方，但是他山之石可以供日本人反省，唯有如此图书馆才能奋起。本国真正伟大才有听取他人批评的雅量，骄傲自大、天下第一是非常危险的。日本图书馆人从来只依赖欧美，有必要提倡直接接触民国人，并对其国民进行研究。只凭在中国的日本人以及日本国内发行的报纸杂志的报道介绍很难达到这个目的。

间宫不二雄从上海返回日本后，还撰写了一篇《中华民国的图书馆》①，发表在《青年图书馆员联盟会报》上。上海市图书馆陈鸿飞将此文翻译发表在《中华圕协会会报》12 卷 4 期和《文华圕学季刊》9 卷 1 期上。陈鸿飞指出，去年十二月中旬日本圕专家间宫不二雄先生来华考察中国圕事业，其时适值中日间问题紧张中，未能多赴各地考察，乃经王云五先生之介绍，来本馆参观，计前后两次，与本馆职员谈论历五小时之久，对本馆一切设施赞美备至，回国后因感而作成《中华民国之圕》一文，此文虽系对日式圕界立论，就中推崇我国圕界不无有言过其实之处，然国人读之亦可知所警惕而加以奋勉矣②。

《中华民国的图书馆》一文强调，最近十年来中国图书馆事业突飞猛进，超过日本数倍，日本应派留学生到武昌文华图书馆专科学校

① M-F. 中華民國ノ圕［J］. 青年圖書館員聯盟會報，1937，10（1）：11-12.
② 二ツノ論文支那文ニ譯サル［J］. 圕研究，1937，10（2）. 265.

学习。①

四、上海日本近代科学图书馆参加“上海图书馆学图书及工具展览会”

七七事变爆发当天，上海图书馆界曾经发生过一件在中国图书馆史值得一书的事情，即在1937年7月7日举办了“上海图书馆学图书及工具展览会”，不仅展示上海图书馆事业发展的成绩，而且展示当时图书馆学取得的成绩。

可惜此展生不逢时，该展览被突如其来的战争打断。国内关于此次展览的资料，目前能见到的有展览会筹备和开幕当天的报道，以及陈鸿飞撰写的展览概况。而《圕研究》则将此次展览当做图书馆界及图书馆学上的一件盛事进行了记录和报道，从一定程度上反映了日本图书馆界对当时中国图书馆界特别是上海图书馆界的认识。

为阐扬图书馆学识，加深市民对图书馆的认识，1937年5月16日上海市图书馆协会执监会召开会议，决定与上海市图书馆合办图书馆学图书及工具展览会。该展览会筹备颇为充分，确定了40多位出席展览会者名单、贵宾名单、筹备会址、筹备职员分工、征集展品范围等内容。1937年6月20日，办事处又召开了第二次筹备会，汇报工作进展，制定下一步收集展品、陈列保管、宣传等办法，以及与报馆接洽编辑展览会特刊等。40多位出席者，均为当时上海图书馆界知名人士，包括：洪逵、查修、陈鸿飞、林斯德、黄警顽、喻友信、杨长治、景培元、黄剑虹、方承淡、包洵、王寒铁、陈季杰、秦锡兆、汤增扬、杨玉华、陈念曾、吴克昌、高之生、宋禀钦、崔濂、王瑞、金武周等人。贵宾包括

① 日圕专家推崇中国圕界．中华图书馆协会会报，1937，12（4）：42.

潘公展、王云五、陆费伯鸿、李书绅、李石曾、黄任之等上海市图书馆协会名誉会员。有关该展览筹备的其他详情见中华图书馆协会的相关报道①。

大夏大学图书馆也为此次展览积极准备，“本年七月七日为上海市政府成立十周年纪念，俞代市长为纪念起见，将举行盛大隆重典礼，并通告各学校各社团各机关及全市市民参加是晚之提灯会等。是日，本市图书馆协会在市中心区市立图书馆开全市图书馆学图书及工具展览会，函请本校图书馆参加。闻陈一百主任已面嘱全馆馆员准备一切，以便届时参加，共襄盛举云。”②

展览开幕当天的来宾及日程在《大公报》上海版有所报道，向我们展示了这次展览的盛况。实际参会者有：王云五、洪逵、陈鸿飞、林斯德、蒋复璁、戴志骞、陈训慈、李组绅、崔濂、过苏民、方承瑛、秦锡纯、翁家修、喻友信、吴克昌、彭明江、孟绍虞、陈季杰、洪慰慈、曾宪文等百余人。展品陈列共计1623种，3559册件，内中最名贵者，如大英博物院图书目录、美国有史以来之出版书籍目录、法国书籍目录、德国书籍目录，以及商务印书馆善本书目六种③。展品分图书及工具两部，图书部又分书目学类及图书馆学类，均照杜威分类法排次，图片依国别，中国居前，他国附后。工具部按出品公司分置。展品在阅览室中分三圈摆放，靠墙壁为书籍、中间为图片及模型、中心东段为中文目录学普本书籍、西段为工具，类标分明，布置井然④。

---

① 沪市圕协会定期举办圕学图书工具展览会［J］．中华图书馆协会会报，1937，12（6）：29.

② 校闻：图书馆将参加市图书馆学图书及工具展览会［J］．大夏周报，1937，13（29-30）：695.

③ 圕学图书工具展览会昨晨开幕［N］．大公报上海版，1937-07-08（7）.

④ 圕学图书及工具展览会今晨开幕 由洪慰慈小姐行剪彩礼［N］．大公報上海版，1937-07-07（7）.

陈鸿飞撰写的《图书馆学图书及工具展览会概况》① 分筹备经过、陈列述略、开幕后纪事三部分详细记述了这次展览。文中在“珍本书述要”部分，将“《图书馆学季刊》一卷至十卷全”、“《圕研究》（日本）一卷至九卷全”并列其中，足见当时中国图书馆学界对于两刊之重视。

日本《圕研究》对此次盛会也给予了高度重视，很快刊发了由上海日本近代科学图书馆撰写的《上海圕协会及上海圕主办的圕学图书及工具展览会》②，该文虽然没有个人署名，实际上是铃木贤佑主笔③。此外，还将上海日本近代科学图书馆参展品目录在同一期《圕研究》上原原本本地罗列出来④。

铃木贤佑早年在大阪府立图书馆工作，不久到和歌山高等商业学校图书馆担任图书馆主任，与间宫不二雄关系密切，也极力推动图书馆用品和设备的标准化。1927年青年图书馆员联盟成立时，铃木贤佑担任理事，在《圕研究》上发表了不少论文。1937年，日本以庚子赔款退款在上海设立日本近代科学图书馆，馆长上崎孝之助因人手不够，特邀请铃木贤佑到馆工作，铃木贤佑于2年后离任⑤。

上海日本近代科学图书馆是此次参展的唯一一个日本图书馆，有深刻的参展感受。《上海圕协会及上海圕主办的圕学图书及工具展览会》一文分为5个部分：导言、概况、展览会与本馆、本馆展品、所见所感。

---

① 陈鸿飞．图书馆学图书及工具展览会概况［N］．大公报上海版，1937-07-15（17）．

② 上海日本近代科學圕．上海圕協會及上海圕主催圕學圖書及工具展覽會［J］．圕研究，1937，10（3）：433-441.

③ 紹介［J］．圕研究，1937，10（3）：432.

④ 上海日本近代科學圕．上海市圕圕學圖書及工具展覽會（1937年7月7-18日）本館出品目錄［J］．圕研究，1937，10（3）：442-449.

⑤ 間宮不二雄．圕とわが生涯 前期［M］．东京：著者藏版，1969：46-47.

导言介绍展览背景，指出上海特别市成立十周年纪念期间举办各种展览，图书馆学图书及工具展览会属于其中之一。概况系将上述陈鸿飞发表的文章进行了再整理，并对陈鸿飞进行了介绍，称其是上海图书馆协会常务委员、市图书馆编藏部主任，很年轻，一人负责这次展览的有关情况报道，《大公报》1937 年 7 月 15 日上的《上海市政府成立十周年纪念大会日刊》上《圕学图书及工具展览会概况》就是出自其手。该文对于陈鸿飞文中提到的展览每日参观者由“数千至万人不等”一说略表质疑，认为圕学图书及工具展与市政展览会场相连，要参观后者必然经过前者，如果没有后者的话，也许单凭圕学图书及工具展，其参观者还达不到这个数字。

在“展览会与本馆”部分，该文从日方图书馆专家的角度阐述对当时上海图书馆界的看法，某种程度上代表了抗战爆发之前日本图书馆界对于中国图书馆界的认识，与前面间宫不二雄对上海图书馆界的认识有较大的不同和差距，虽说见仁见智，也反映了铃木贤佑与间宫不二雄二人阅历不同、心态不同，写出的观点自然也不相同。

该部分指出当时世界图书馆事业之间注重合作，馆员交换、资料交换、协作编目、集中编目、馆际互借等已不限于一个城市、一个国家，早已扩展到了国际领域。但是日本也好、中国也好，从全体来看，都还没有完全达到这个状态。在集中编目方面，中国仅次于美德俄，已经成为屈指可数的几个国家。在协作编目和馆际互借的组织和业绩方面上看，北平都已具备充分的资格跻身于世界文化都市。然而，号称文化的进步的活跃的或者说世界缩影的上海，虽然有着大小各种图书馆，且全市已经布下了相当的图书馆网，不可思议的是上海各图书馆之间的协作还不发达。

铃木贤佑认为，图书馆协作理应先从资料融通开始，先有组织上的融通，协作才能收效。但是这样的组织并非一朝一夕就能成立，打算在上海，先把图书馆之间互借的组织成立起来，再期待实现其他的协作。对于其他图书馆活动，凡出于良好目的，就不惜全力提供协作。上海日本近代科学图书馆现在正在积极努力，一旦准备好，就要面向团体出借图书。为展览会提供展品也只是第一步，希望以后还能做得更多。在同年四月份由世界百科全书编辑委员会、世界文化合作中国协会、世界学院中国国际图书馆、世界合作出版协会共同主办的各国百科全书展览会召开时，上海日本近代科学图书馆接受邀请，欣然提供了展品。这次展览会，上海日本近代科学图书馆由于相信合作的效果和必要，所以也积极地提供展品。目的并非只为了解这个活动本身，还有如下几点希望：

第一，尽可能多出版与日本图书馆相关的资料，对中国图书馆人来说，欲让其深刻认识日本的图书及图书馆事业的前提是让其知道有这些资料。中日图书馆界密切相关，从两国历史、地理关系、语言文字、处理图书形态的近亲关系上来看都是如此。事实上，近代以来，日本对欧美也没有达到这个程度。虽然其中理由很多，就中国来说，不能忽视由于韦棣华的忘我奉献而形成的中国与美国之间的深厚关系，不管怎样，中国从欧美先进国家学到了很多东西。同时，中日两国仍有许多先进国家没有的共通的问题和困难，例如图书分类法、目录法以及其他各个领域，进行了各种各样的研究，但是研究成果交流较少，研究上互相协作更少。该文通过统计“中日图书馆相关著作及论文表”，从中推知最近20年，特别是最近10年两国研究结果的交流状态，从资料、从收集的书目上就能很明确地看出，将来中日两国图书馆人在研究和实务上，可以互相合作的方面很多。合作从互知开始，铃木贤佑认为自己在日本已经相当注意中国发行的图书馆方面的图书了，来到中国以后，才发现在日本见到的仍不及一半。同样，中国也是如此，希望中国能够先关注一下日本的情况。

第二，在真正实现图书馆之间的相互借还之前，希望能以图书馆员自身使用为目的进行互相融通，同时创造相关机会。上海日本近代科学图书馆还不熟悉上海的风俗习惯，准备还不充分，如果突然就开始大量借出图书，难免感觉有些危险和不安。然而以图书馆员自身为对象出借，范围较窄，实行起来就不会有这种感觉，不光可以借出，还希望可以借入。

此外，上海市民还不知道上海日本近代科学图书馆，他也想借此机会也让大家头脑中对其留下印象。

上海日本近代科学图书馆得知展览会的计划很偶然，仅在开展前约一周，该馆馆员带领参观者到上海图书馆去参观，偶然说到此事，上海图书馆邀请该馆能够提供一些展品。因为日期迫近，该馆又是电话联络、又是看会场，又是提供展品，总算在开展前一天把展品都搬过去了，还讨论了主办方在会议期间还该不该开放等问题。不管怎样，从参展这件事上看，上海日本近代科学图书馆的态度很积极，比较起来显得主办方很被动。

关于“本馆的展品”，上海日本近代科学图书馆在同一期《圕研究》上刊出了详细的展品目录①，列出其参展的 12 种工具、用品及 294 册图书，图书又按照日中、欧美分别列出。记录了该馆保存的在那个时代图书馆界流行的中日及欧美图书馆学著述，仅凭一馆之力能送展多达 213 种图书馆学著作，实际收藏也许更多，可见该馆对于图书馆学著作之重视。

该馆强调其展品之新、质量之好，引起了观众对所谓日本制造的特别注意。此外还解释了选择各展品的原因：选择那些即使在中国也算不

① 上海日本近代科學圕．上海市圕圕學圖書及工具展覽會（1937 年 7 月 7-18 日）本館出品目錄［J］．圕研究，1937，10（3）：442-449.

上珍稀的中国刊行图书是为了表明其对中国图书馆事业及技术的深切关注，选择北平近代科学图书馆的目录是为了介绍其北平姐妹图书馆，选择间宫商店的《圕研究》是为了显示日本是如何研究图书馆相关用品的，选择书店销售目录是为了让人了解其特色，或者是目录本身同展览会有关联，还有一半展品选择的理由仅仅就是因其拥有这些馆藏。

在“所见及所感”部分，铃木贤佑指出其展品中有关图书馆学的图书多，而有关目录学的图书很少的原因，一则是因为日本相对于中国这方面存在不足，一则是因为该馆刚刚创立，这方面收藏当然不足，今后要加强对这方面日本书的收集。日本图书馆学方面的图书比中国方面多，是因为漏收了不少相当重要的中国图书。可见上海日本近代科学图书馆通过这次展览，意识到了自身在图书馆学图书收藏方面的问题和不足，同时也使这次展览达到了超出主办者预料（为阐扬图书馆学识，加深市民对图书馆的认识）以外的效果。

关于这次展览存在的优缺点，铃木贤佑也一一指出。中国图书馆送展的日本图书比他期待的要少，假如同样的展览会在日本大都市如东京、大阪等地举办，一定会展出更多的中国出版品。不过即便如此，当看到了中国图书馆送展的和田万吉等著《图书馆小识》、植松安著《教育和图书馆》、和田万吉著《图书馆管理法大纲》、田中敬著《图书馆教育》和《图书学概论》、林靖一著《图书从购入到排架》、太田为三郎著《和汉图书目录法》、村岛靖雄著《图书分类概论》等书，也还是有种他乡遇故知的感觉。

对于主办方让参展馆提交卡片目录的做法，铃木贤佑也很欣赏，认为此举既不会给参展馆增添麻烦，又可借此制成联合目录，成为大家相互了解馆藏的武器，对于上海图书馆界、中日图书馆界来说，都是值得庆贺的。

铃木贤佑指出此次展览存在一些问题，比如，未能像四月份举办的各国百科全书展览会那样为展品提供保险，以致当出现类似本馆展品被拿错（后来又纠正过来了）时无法解决。还指出这次展览据说有开幕式，按照常识来说，如果有开幕式的话，不管受邀请者是否参加，都应该在邀请函中注明。就展览会自身来说，上海日本近代科学图书馆作为参展馆也没有接到邀请函，对于展览会的一些事情也不是很清楚，觉主办方总是一副吞吞吐吐的样子。

此次展览由于七七事变爆发提前结束，主办方让上海日本近代科学图书馆取回展品。铃木贤佑还介绍了他在上海的一些感触，指出本馆待人总是虚心坦诚，而中国的图书馆，当你踏入图书馆时感受不到亲切的细心的接待。如此看来，这次展览会的主办方，特别是直接交涉的当事人，与各种各样不认识的人打交道，也是很辛苦的。

该文最后列出“中日图书馆相关著作及论文表”，系根据《圕研究》上的《圕相关主要论题分类目录》《图书馆杂志・总索引・第一》及《圕研究总索引，第一号》整理而来，时间回溯 20 年，资料大部分属于最近 10 年间的内容，因为日本收录有关中国杂志的论题是从《圕研究》开始的，《圕研究》创办还不满 10 年，而且中国创办最早的图书馆杂志大多也不超过 10 年。

表 4-3　中日图书馆相关著作及论文表

作者	题名	出处
关于日本图书或图书馆办理的中文论文		
杜定友	日本图书馆参观记	教育杂志，1927，19（1）（3）
马宗荣	日本圕事情史的研究	文华图书馆学专科学校季刊，1933，4（2）：177-191

续表

作者	题名	出处
李景新	日本参考书举要	文华图书馆学专科学校季刊，1936，8（3-4）：365-419，553-598
关于中国图书馆办理的日文论文		
卫藤利夫	关于如何实施图书馆事业的日中合作策略	图书馆杂志，1921（45）：20
仙田正雄	中国的著者记号法	图书馆杂志，1931（137）：136-142
加藤宗厚	图书馆分类法之杜定友和王云五	图书馆杂志，1929（112）：89
加藤宗厚	北支图书馆瞥见：附中华图书馆协会	图书馆杂志，1936（195）：35-44
翻译论文		
裘开明著 铃木贤佑译	中国的分类法	圕研究，1928，1（2）：164-168
裘开明著 间宫不二雄译	哈佛大学汉和文库指南	圕研究，1932，5（4）：507-521
日本杂志上刊登的中外关于中国图书或图书馆办理的论文		
鲍士伟	致中华图书馆协会及中华教育改进社	图书馆杂志，1926（76）：12
马宗荣	从外形看汉书的体制	圕研究，1928，1（3）：257-2761
马宗荣	中国图书馆事业的史的研究	圕研究，1929，2（3）：438-453
桂质柏	中国图书馆发达史	圕研究，1929，2（3）：454-457
间宫不二雄	在上海视察中国图书馆	圕研究，1937，10（1）：75-82；10（2）：209-224

续表

作者	题名	出处
译成中文的日本图书馆相关著作及论文		
加藤宗厚著，李尚友译	标题目录要论	文华图书馆学专科学校季刊，1934（3）－（4）
村岛靖雄著，毛春翔译	图书分类法	1934
林靖一著，于式玉译	图书改装费与登录价格等问题	图书馆学季刊，1930，4（2）：237-254
田村盛一，于式玉译	通俗圕底图书选择法	图书馆学季刊，1931，4（3-4）：353-395
日本图书馆协会和汉图书目录法调查委员会著，于震寰译	和汉图书目录法	文华图书馆学专科学校季刊，1933，5（1）：39-58
日本图书馆协会和汉图书目录法调查委员会著，余章译	和汉图书目录法最终修正案	中华图书馆协会会报，1934，10（1）：5-6
服部宇之吉著，王古鲁译	目录学概说	图书馆学季刊，1934，8（1）：69-90
小见山寿海著，李尚友译	书志学	图书馆学季刊，1934，8（3）：357－410；1935，9（2）：217－266
小见山寿海著，马导源剽窃	书志学	
译成日文的图书馆相关著作及论文		
王云五著，间宫不二雄译	汉字四角号码检字法	圕研究，1930，单行本

铃木贤佑所列《中日图书馆相关著作及论文表》，仅仅记载中日图书馆学相关的著作和论文，揭示了当时中日图书馆学交流的一个侧面。

实际上，中日图书馆学之间的交流并不限于此，《圕研究》很早就注重对中国图书馆学期刊进行全面的报道。在1卷4期《新刊介绍》栏目中，就介绍了刘国钧博士寄给该刊的中华图书馆协会机关志《图书馆学季刊》第二卷第1、2期的所有论文题目，认为《图书馆学季刊》

内容丰富，从中可知中国图书馆事业的运动趋势和图书馆学研究的兴盛，指出中日两国图书馆事业共通点很多，关系友好，互相之间可以取长补短，并且从内心祝福中华民国图书馆协会之发展①。

五、《圕研究》对中国图书馆学论著的全方位介绍

《圕研究》对中国图书馆学书刊和动态密切关注，除了前面提到的直接发表中国图书馆学者的论文、翻译中文图书馆学论著之外，还通过各类书目、广告、书评、介绍、转载、报道等途径予以介绍，以下对《圕研究》介绍过的中国图书馆学书刊、消息等进行全面的梳理。

1.《图书馆相关杂志主要论题（分类）目录》中收录的中国图书馆学论文

《圕研究》从1931年7月开始编制一部连续性的《图书馆相关杂志主要论题目录》，后来改名为《图书馆相关杂志主要论题分类目录》。参与该目录编制的人员起初有3人，包括间宫不二雄、铃木贤佑和神波武夫，后来，天野敬太郎、小岛武男、崛口贞子（婚后改为福士贞子）、目黑加一、小野则秋、关野真吉、田中铁三等人也加入了进来。

该目录的编纂缘于1931年4月青年图书馆员联盟召开的第一次会员恳谈会，大家都希望能有这样一部目录。编纂者给自己定下的目标是要做到调查彻底、资料融通、资料速报、分类整理、省时省钱省力。

在这个目录中，包括部分翻译论文在内的中国图书馆学重要研究论文得到了更为全面的介绍。因为该目录把中国图书馆学主要期刊纳入到世界图书馆学主要期刊体系中，制成一个图书馆学期刊列表，并配以相应的简称，如下表所示，收录的期刊后来有所增加。目录精心选择各刊

---

① 中華圖書館協會機關志 圖書館學季刊［J］. 圕研究，1928，1（4）：577.

重要论文，按照一定的标准进行统一著录。

表 4-4　资源杂志与略字表①

资源杂志	略字
American Library Association Bulletin	ALA Bull
Library Association Record	LAR
Library Jorunal	LJ
Library Quarterly	LQ
Library World	LW
Libraries	L
Special Libraries	SL
Zentralbratt für Bibliothekswsen	ZB
中华图书馆协会圕学季刊	中圕季
中华图书馆协会会报	中圕报
北平（国立）图书馆刊	北圕刊

《图书馆相关杂志主要论题目录》计划连续不断地在《圕研究》各期上连载，以便连续补充揭示这些杂志的每一期内容。在每年第一期刊登这些杂志 9、10、11 月各期内容，第二期刊登这些杂志 12、1、2 月各期内容，第三期刊登这些杂志 3、4、5 月各期内容，第四期刊登这些杂志 6、7、8 月各期内容。

最初目录按照著者英文字母顺序排列，无著者时按照标题排。来自中华民国的论文，按照卷末记载的著者姓名的罗马字母顺序排，无著者或者著者罗马字母不明时，按照四角号码顺序排；后来改为分类目录，

① 神波武夫，間宮不二雄，鈴木賢佑．圕關係雜誌主要論題目錄［J］．圕研究，1931，4（3）：579-585.

又按分类排。

《图书馆相关杂志主要论题目录》在1931年《圕研究》4卷3期上第一次刊登时，收录的中国图书馆学论文①如下，是按照著者姓名拼音顺序排列的。

表4-5 《图书馆相关杂志主要论题目录》第一次收录的中国图书馆学论文

1.	赵尊岳（T. Y. Chad）-词籍考．中圕报6：11-2. Nov. -Dec.，1930.
2.	钱南扬（Chien Nan-Yang）-天一阁现状．北圕刊5：33-8. Jan. -Feb.
3.	傅增湘（Fu Tseng-Hsiang）-文苑英华（藏园群书校记）．北圕刊4：73-9. Nov. -Dec.，1930.
4.	觉明［译］（T. Hsiang）-道尔顿（Dalton）制与中学圕．中圕报6：3-5. Nov. -Dec. 1930.
5.	向达（Hsiang Ta）-汉唐间西域及海南诸国古地理书叙录．北圕刊4：23-36. Nov. -Dec. 1930.
6.	谢国桢［译］（Hsieh Kuo-Ch'en）（日本．内藤虎次郎著）-明奴儿干永宁寺碑考．北圕刊4：5-22. Nov. -Dec. 1930.
7.	阚铎（Kan To）仿宋重刊营造法式校记．北圕刊4：53-72. Nov. -Dec. 1930.
8.	刘盼遂（Liu Pan-Hsui）-三家补严氏全上古三代秦汉三国晋南北朝文辑目．北圕刊5：9-32. Jan. -Feb.
9.	罗振玉（Loo Ching-Yu）-正始石经尚书尧典残字跋．北圕刊5：1-2. Jan. -Feb.
10.	孙楷第（Sun Kai-Ti）-关于儿女英雄传．北圕刊4：37-51. Nov. -Dec.，1930.
11.	孙人和（Sun Jen-Ho）-韩非子举止．北圕刊5：3-8. Jan. -Feb.
12.	于震寰（Tseng Vain Yu）-近见译书录目．中圕报6：5-10. Nov. -Dec.，1930.

① 神波武夫，間宮不二雄，鈴木賢佑．圕關係雜誌主要論題目錄［J］．圕研究，1931，4（3）：579-585.

续表

13.	王重民（Wang Chun－Ming）－校道藏本南华真经注疏跋．北圕刊 4：1－3. Nov.－Dec.，1930.
14.	元椠宋史校记（续）．北圕刊 5：39－76. Jan.－Feb.
15.	楝亭书目 清，曹寅撰钞本．北圕刊 4：81－105. Nov.－Dec.，1930.
16.	楝亭书目 清，曹寅撰钞本．北圕刊 5：77－102. Jan.－Feb.
17.	检字委员会之新资料 中圕报 6：13－5. Nov.－Dec.，1930.

据统计，在《圕研究》停刊之前，一共刊登此目录 39 次，其中 27 次都收录了中国图书馆学论文，这些目录所在卷期页码如下：

表 4-6　收录有中国图书馆学论文的各期《图书馆相关杂志主要论题目录》

第 1 次	神波武夫，間宮不二雄，鈴木賢佑．圕關係雜誌主要論題目錄［J］．圕研究，1931，4（3）：579－585.
第 2 次	神波武夫，間宮不二雄，鈴木賢佑等．圕關係雜誌主要論題目錄［J］．圕研究，1931，4（4）：679－682.
第 3 次	神波武夫，間宮不二雄，鈴木賢佑等．圕關係雜誌主要論題目錄［J］．圕研究，1932，5（1）：143－148.
第 4 次	神波武夫，間宮不二雄，涉谷國忠等．圕關係雜誌主要論題目錄［J］．圕研究，1932，5（2）：295－299.
第 5 次	神波武夫，間宮不二雄，關野真吉等．圕關係雜誌主要論題目錄［J］．圕研究，1932，5（3）：452－456.
第 6 次	神波武夫，間宮不二雄，關野真吉等．圕關係雜誌主要論題目錄［J］．圕研究，1932，5（4）：611－615.
第 7 次	神波武夫，間宮不二雄，關野真吉等．圕關係雜誌主要論題目錄［J］．圕研究，1933，6（1）：149－152.

续表

第8次	神波武夫，間宮不二雄，關野真吉等．圕關係雜誌主要論題分類目錄［J］．圕研究，1933，6（2）：251-256.
第9次	神波武夫，間宮不二雄，關野真吉等．圕關係雜誌主要論題分類目錄［J］．圕研究，1933，6（3）：389-396.
第10次	神波武夫，間宮不二雄，關野真吉等．圕關係雜誌主要論題分類目錄［J］．圕研究，1933，6（4）：541-547.
第11次	神波武夫，間宮不二雄，關野真吉等．圕關係雜誌主要論題分類目錄［J］．圕研究，1934，7（1）：119-124.
第12次	神波武夫，間宮不二雄，關野真吉等．圕關係雜誌主要論題分類目錄［J］．圕研究，1934，7（2）：263-268.
第13次	崛口貞子，神波武夫，間宮不二雄等．圕關係雜誌主要論題分類目錄［J］．圕研究，1934，7（3）：377-382.
第14次	崛口貞子，神波武夫，間宮不二雄等．圕關係雜誌主要論題分類目錄［J］．圕研究，1934，7（4）：531-537.
第15次	崛口貞子，神波武夫，小島武男等．圕關係雜誌主要論題分類目錄［J］．圕研究，1935，8（1）：111-119.
第16次	崛口貞子，神波武夫，小島武男等．圕關係雜誌主要論題分類目錄［J］．圕研究，1935，8（2）：241-248.
第17次	天野敬太郎，崛口貞子，神波武夫等．圕關係雜誌主要論題分類目錄［J］．圕研究，1935，8（3）：391-400.
第18次	天野敬太郎，崛口貞子，神波武夫等．圕關係雜誌主要論題分類目錄［J］．圕研究，1935，8（4）：515-520.
第19次	天野敬太郎，崛口貞子，神波武夫等．圕關係雜誌主要論題分類目錄［J］．圕研究，1936，9（1）：141-147.
第20次	天野敬太郎，福士貞子，神波武夫等．圕關係雜誌主要論題分類目錄［J］．圕研究，1936，9（2）：251-255.

续表

第 21 次	天野敬太郎，神波武夫，小島武男等．圕關係雜誌主要論題分類目錄［J］．圕研究，1936，9（3）：453-459.
第 22 次	天野敬太郎，神波武夫，小島武男等．圕關係雜誌主要論題分類目錄［J］．圕研究，1936，9（4）：579-585.
第 23 次	天野敬太郎，神波武夫，小島武男等．圕關係雜誌主要論題分類目錄［J］．圕研究，1937，10（1）：137-144.
第 24 次	天野敬太郎，神波武夫，小島武男等．圕關係雜誌主要論題分類目錄［J］．圕研究，1937，10（2）：285-290.
第 25 次	天野敬太郎，神波武夫，小岛武男等，圕關係雜誌主要論題分類目錄［J］．圕研究，1937，10（3）：453-461.
第 26 次	天野敬太郎，神波武夫，小岛武男等，圕關係雜誌主要論題分類目錄［J］．圕研究，1937，10（4）：595-598.
第 27 次	未收中国论文
第 28 次	天野敬太郎，神波武夫，小岛武男等，圕關係雜誌主要論題分類目錄［J］．圕研究，1938，11（2）：267-270.

《图书馆相关杂志主要论题目录》在 1933 年《圕研究》6 卷 1 期上第七次刊登时，开始增加《文华图书馆学专科学校季刊》，简称为“文圕季”。并且从这一卷开始，依据 NDC 对目录进行分类编纂①，在 1933 年《圕研究》6 卷 2 期上第八次刊登时，题目中增加了“分类”两字②。在 1935 年《圕研究》8 卷 2 期上第十六次刊登时，开始收录《广

① 神波武夫，間宮不二雄，關野真吉等．圕關係雜誌主要論題目錄［J］．圕研究，1933，6（1）：149-152.

② 神波武夫，間宮不二雄，關野真吉等．圕關係雜誌主要論題分類目錄［J］．圕研究，1933，6（2）：251-256.

东大学图书馆季刊》（简称《广大圕季》）上的论文①，在1937年《圕研究》10卷3期上第二十五次刊登时，开始收录《学觚》②。10卷4期上第二十六③次刊登以后，随着日本侵华战争的全面爆发，中国大多数图书馆学刊物停刊，这个目录中有关中国图书馆学的内容也越来越少，仅在11卷2期第二十八次刊登中看到为数不多的几条往期回顾④。但是这个目录中，一直保留着中国各种期刊的刊名，只是在每刊后面标注上“没有”字样，编制这个目录的日本图书馆人究竟在期待什么呢？

下表是该目录刊登的最后的中国图书馆学论文，按照分类排列。从中可了解该目录对中国图书馆学关注的重点，对作者的熟悉程度，以及资料工作之扎实。

表4-7 《图书馆相关杂志主要论题分类目录》最后三次收录的中国图书馆学论文

序号	分类	论文
1.	010 圕学（Library science）	Ono Noriaki（小野则秋）（喻友信，译）：圕学序说．学觚1（11）：1-8. Dec
2.	010 圕学（Library science）	Yü Shuang-mi（俞爽迷）：圕与社会教育．中圕报12（5）：7-12. Mar-Apr.
3.	010. 17 圕与学校（Library & Schools）	Li Ching-yü（李靖宇）：县立圕与乡村小学教师．中圕季11（1）：37-46. Mar.

① 崛口貞子，神波武夫，小島武男等．圕關係雜誌主要論題分類目錄［J］．圕研究，1935，8（2）：241-248.

② 天野敬太郎，神波武夫，小岛武男等，圕關係雜誌主要論題分類目錄［J］．圕研究，1937，10（3）：453-461.

③ 天野敬太郎，神波武夫，小岛武男等，圕關係雜誌主要論題分類目錄［J］．圕研究，1937，10（4）：595-598.

④ 天野敬太郎，神波武夫，小岛武男等，圕關係雜誌主要論題分類目錄［J］．圕研究，1938，11（2）：267-270.

续表

序号	分类	论文
4.	010. 253 美国图书馆事情（U. S. A）	Chiu Kai-min（裘开明）：美国圕事业之新趋势．文圕季 9（2）：165-168. Jun.
5.	010. 253 美国图书馆事情（U. S. A）	岳良木：美国圕最近的动向．学觚 1（10）：1-9. Nov.
6.	010. 7 养成 学校（Training & Librarianship）	Accredited lib. School histories. Fan Kuo-jen（范国仁，译）：美国圕学校史略．文圕季 9（2）：289-301，June.
7.	011. 1 圕和国家（Libraries & the state）	Ch' eng Ch' ang-yuan（程长源）：行政机关参考事务管理之建议．中圕报 12（5）：1-5. Mar. -Apr.
8.	012. 5 阅览者用诸室（Reading - rooms）	嘉卜原：圕期刊阅览室之容量及方位．学觚 1（12）：1-8. Dec.
9.	013 圕组织（Library Organization）	毛宗荫：圕事业合理化之刍见．学觚 1（8）：1-10. Sept.
10.	013. 1 职员（Personnel，staff）	Wang Pe-nien（王柏年）：圕员运动．中圕报 12（5）：5-7. Mar. -Apr.
11.	013. 11 资格（Qualification）	Hill，R. A.：Librarianship：A profession. 文圕季 9（2）：307-312. June.
12.	013. 4 经费（Expenditure，Finances）	Sherman，C. E.：The lib. budget.（陈尺楼 = Chen C. D. H. 译）：公共圕预算．中圕季 11（1）：25-35. Mar.
13.	014. 3 目录法（Cataloging）	Hsing Yun-lin（邢云林）：图书目录著录法与编辑法论．中圕季 11（1）：1-24. Mar.
14.	014. 3 目录法（Cataloging）	Hsing Yun-lin（邢云林）：集中编目法与合作编目法．文圕季 9（2）：173-179. Jun.
15.	014. 3 目录法（Cataloging）	Tsien Ya-sin（钱亚新）：中国索引论著汇编初稿．文圕季 9（2）：249-287. June.

续表

序号	分类	论文
16.	014.3 目录法（Cataloging）	金敏甫．铁道学主题标题表．学觚 2（1）：1－15. Feb.
17.	014.4 图书分类（Classification）	Ku Chia－chie（顾家杰）：公共圕音乐书籍之分类与编目．文圕季 9（2）：201－208. June.
18.	014.4 图书分类（Classification）	沈丹泥：刘国钧氏中国图书分类法评．中圕季 11（1）：103－110. Mar.
19.	014.5 排列及整顿（arrengement）	余敬禹：克特桑本（Cutter－Sanborn）著者号码表解说．学觚 1（9）：1－8. Oct.
20.	014.6 利用 参考事务（Use，Reference Works）	Chen Shih－hsüe（程时学）：阅读的速率．文圕季 9（2）：219－228. Jun.
21.	014.6 利用 参考事务（Use，Reference Works）	Hutchins，M.：The artist－techer in the field of Bibliography.（张遵俭 译）＝Chang Tsen－chien：参考书教学法．文圕季 9（2）：209－217. Jun.
22.	014.8 保存（Preservation）	Iiams，T. M.，& Beckwith，T. D.：书籍之霉斑及其防止方法小识．学觚 2（2）：1－7. Mar.
23.	015 专门圕（Library on special subject）	Wang Pe－nien（王柏年）：两年来之师［范］大［学附属第］一小［学校］儿童圕．中圕季 11（1）：111－125，Mar.
24.	015 专门圕（Library on special subject）	喻友信：美国法学圕及其馆员之现状．学觚 1（7）：1－14. Aug.
25.	016.3 公共圕（Pub. libraries）	Yen Che－chae（颜泽霪）：市镇圕概论．文圕季 9（2）：181－200. Jun.
26.	018.6 儿童读物研究（Juvenile reading）	Chueh Be－tsung（阙培珍）：阅读对于儿童的影响．文圕季 9（2）：169－172. June.
27.	028 圕目录（LIB. Catalogs）	Chao Lu Ch’o（赵录绰）：北平圕善本书目乙编续目．北圕刊 11（1）：65－114 Jan.－Feb.

续表

序号	分类	论文
28.	029 图书解题及目录（Bibliographies & Catalogs）	Chao Wan-li（赵万里）：清真集校辑．北圕刊 11（1）：47-64. Jan. -Feb.
29.	029 图书解题及目录（Bibliographies & Catalogs）	Chen Chieh-chi（陈介祺）：簠斋金文考．北圕刊 11（1）：1-26. Jan. -Feb.
30.	029 图书解题及目录（Bibliographies & Catalogs）	Chu Nan-hsien（朱南铣）：打马图说．北圕刊 11（1）：31-45. Jan. -Feb.
31.	029 图书解题及目录（Bibliographies & Catalogs）	Wu Kai-sheng（吴闿生）：韩非子疑义考．北圕刊 11（1）：27-30. Jan. -Feb.
32.	029 图书解题及目录（Bibliographies & Catalogs）	Fan Tung-tuan（范腾端）：馆藏李唐墓志目．北圕刊 9（2）：95-114，May-June，1935
33.	029 图书解题及目录（Bibliographies & Catalogs）	Iman shi，R.（今西龙著），Tr. By Yang Wei-sing（杨维新译）：新罗真兴王巡狩管境碑考．北圕刊 9（2）：33-65
34.	029 图书解题及目录（Bibliographies & Catalogs）	Kao Hung（高亨）：孝子世系考．北圕刊 9（3）：11-4. May-June，1935
35.	029 图书解题及目录（Bibliographies & Catalogs）	Sun Chin-chi（孙志楫）：吕氏春秋校记．北圕刊 9（2）：71-6 May-June，1935
36.	029 图书解题及目录（Bibliographies & Catalogs）	Sun Kai-ti（孙楷第）：韩非子札记．北圕刊 9（2）：23-31. Mar. -Apr.，1935
37.	029 图书解题及目录（Bibliographies & Catalogs）	Sun Pin（孙彪）宋书考论——卷二．北圕刊 9（2）：95-149. Mar. -Apr.，1935.
38.	029 图书解题及目录（Bibliographies & Catalogs）	Sun Pin（孙彪）宋书考论——卷三．北圕刊 9（3）：15-70. May-June，1935.
39.	029 图书解题及目录（Bibliographies & Catalogs）	Tsien Mu（钱穆）：跋古文尚书疏证．北圕刊 9（3）：1-10. May-June，1935.

续表

序号	分类	论文
40.	029 图书解题及目录（Bibliographies & Catalogs）	Wu Ju-lun（吴汝纶）：春秋左传异文考．北圕刊9（2）：67-93. Mar. -Apr.，1935.
41.	029 图书解题及目录（Bibliographies & Catalogs）	Yeh Wei-ching（叶渭清）：元椠宋史校记．北圕刊9（2）：77-94. Mar. -Apr.，1935.
42.	070 新闻学（Journalism）	Kao Hsing-kao（高向杲）：中国新闻学文字索引．中圕季11（1）：79-102. Mar.
43.	370. 3 教育书目（Bibliographies on education）	Wu Tsao-chou（吴藻洲，编）：民众教育书目．中圕季11（1）：51-78. Mar.
44.	011. 2 圕法规（library legislation）	Yü You-hsin（喻友信）：圕法律论．中圕季11（2）：189-205. June.
45.	014. 3 目录法（Cataloging）	Hsing Yun-lin（邢云林）：图书目录著录法与编辑法论（续完）．中圕季11（2）：175-188. June.
46.	016. 3 公共圕（Pubic libraries）	Li Ching-yü（李靖宇）：县单位民众圕的经营与管理．中圕季11（2）：133-174. June.
47.	016. 5 学校圕（High School libraries）	Wang Pe-nien（王柏年）：两年来师大一小儿童圕（续完）．中圕季11（2）：247-270，June.
48.	222. 04 近古史（Early modern history）	Nevsky，N. A.，Tr. by Tang Yü（唐豫译）：关于西夏国名．北圕刊9（2）：1-18. Mar. -Apr.，1935.
49.	029. 5 专门书目（Subject bibliographies）	Kao Hsiang-kao（高向杲）：中国新闻学文字索引（续完）．中圕季11（2）：227-245. June.
50.	029. 5 专门书目（Subject bibliographies）	Wu Tsao-chou（吴藻洲）：民众教育书目（续完）．中圕季11（2）：211-226. June.
51.	821. 4 音声，音韵	Kao Heng（高亨）：古韵鱼部原读考．北圕刊9（2）：19-22. Mar. -Apr.，1935.

2. "Books on Bibliography & Library Science" 栏目中所介绍的中国图书馆学著作

《圕研究》上还有一个栏目，叫做 New additions：Books on Bibliography & Library Science，从第一卷开始不定期刊登，是对《图书馆研究第 2 辑第 2 卷》的补充。该栏目中不时有中国图书馆学著作出现。

1 卷 2 期上有《清华学校图书馆中文书籍目录》和 *Classified Catalog of the Tsing Hua College Library*。

1 卷 3 期上有马宗荣的《现代图书馆经营论》和《现代图书馆序说》。

2 卷 2 期上有中华图书馆协会的《图书馆学季刊》、刘国钧的《中国图书分类法》（Liu，Kwoh-Chuin. --*A system of book classification for Chinese libraries*）、王云五的《中外统一图书分类法》（Wang，Y. W. --*Wong' s system for the uniform classification of Chinese and foreign books*）。

2 卷 4 期上有中华图书馆协会的 *Libraries in China*。

3 卷 1 期上有国立中央大学商学院图书馆的《国立中央大学商学院圕图书目录》。

3 卷 3 期上有《中国圕名人录》、Chun，T. H. -Applied book Classification. Shanghai，High school 和北平图书馆的《国学论文索引》。

3 卷 4 期上有 *The Metropolitan Library：annual reports*，*Peiping*，《东方图书馆概要》和《国立中山大学圕周刊》。

4 卷 1 期上有 *Bulletin of the Metropolitan library*，*Peping*. 1930 和杜定友的《校雠新义》。

4 卷 2 期上有 *Bulletin of the Metropolitan library*，*Peping*. *vol*. 3

4 卷 3 期上有《中华图书馆协会第一次年会报告》、洪有丰的《二十年来之清华圕》。

4卷4期上有 *Yenching University Library* 所编 *Harvard - Yenching institute sinological indes series*; *No. 1 Index to Shuo Yuan*（引得第1号：说苑引得）以及 *No. 2 Index to Po Hu Tung*（引得第2号：白虎通引得）。

5卷3期上有《图书馆学季刊》第3卷、朱士嘉的《中国地方志备征目》、《学艺》19和20卷、杜定友的《中国检字法》。

5卷4期上有《中华图书馆协会会报》第2卷-第6卷，《引得 第4号 历代同姓名录引得》、《北平国立圕馆务报告等》、《清华大学圕增刊》（民国19.2-20.10）。

6卷3期上有《文华图书科季刊》1929—1931年出版的第1、第2、第3卷，中华民国图书馆协会出版的《图书馆学季刊》1930年—1931年出版的第4、第5卷，裘开明著 *Chinese Historical documents of the Ching Dynasty*，《燕京大学图书馆报》1931—1933年出版的第1-44期，《国立北平图书馆馆刊》1930—1932年出版的第4-6卷。

此后，该目录在《圕研究》上不再更新。

另外，从1934年7卷3期开始，《圕研究》上开始连载《圕学文献目录》①，由天野敬太郎编纂，专门收录日本国内出版发行的书刊。从其收录的杂志和图书馆报纸的缩写来看，没有欧美和中国图书馆学刊物的缩写，可见作者的意图仅限于收录日本出版的图书馆文献。若干中国学者发表在日本图书馆学刊物上的论文也被收入其中，如前面提到的马宗荣、裘开明等人的论文。

此外，间宫商店发行和经办的《圕参考书》、广告等书目中，也介绍中国图书馆学著述。其中，杜定友所著6本图书馆学著作就和日本图书馆学著作并列在一起，并详细标明了书价和邮费，如表4-8所示②。

① 天野敬太郎．圕學文献目錄［J］．圕研究，1934，7（3）：341-352.

② 圕参考書間宮商店發行及取扱圖書目錄［J］．圕研究，1928，1（2）：255.

表 4-8　《圕参考书》中收录的杜定友著作

作者	书名	书价	邮费
杜定友	图书分类法（中英两文）	3.50	0.18
杜定友	图书馆通论（中文）	0.45	0.04
杜定友	图书选择法（中文）	0.45	0.04
杜定友	图书目录学（中洋两文）	0.55	0.04
杜定友	汉字排字法（中文）	0.45	0.04
杜定友	著者号码编制法（中文）	0.50	0.04

在《分类法书各种》① 中，同时介绍了中国的 3 本分类书：杜定友的《图书分类法》、王云五的《中外图书统一分类法》和陈伯逵的《中外一贯实用图书分类法》。

《圕必备参考图书在库目录》中多次介绍了杜定友的《图书分类法》、王云五的《中外图书统一分类法》和《四角号码检字法（英文）》、马宗荣的《现代图书馆经营论》。

间宫不二雄翻译王云五的《汉字四角号码检字法》多次出现在《圕研究》所刊间宫商店的广告中。广告中还介绍了桂质柏编《国立中央大学图书馆分类大全》、何日章和袁涌进合编《中国图书十进分类法》②。

3.《新刊介绍》或《介绍》栏目所介绍的中国图书馆学书刊

《圕研究》设有《新刊介绍》栏目，后改为《介绍》栏目，该栏目对书刊内容的介绍相对详细，相当于简略的书评。

---

① 分類法書各種［J］．圕研究，1930，3（2）：243.

② 广告［J］．圕研究，1935，8（2）：248.

第 1 卷第 4 期上《新刊介绍》介绍了王云五的《第二次改订四角号码检字法附检字表》①，该文指出此书是会员马宗荣所介绍，用于汉字索引，是最近的研究成果。此前的研究多是使用起笔法，按照永字八法排序，日本也有此种字书。王云五这次的研究，是根据汉字四个角，将其分为十类笔形，配上 0-9 个号码，将文字转化为号码进行排列，用于索引编制。书前面部分将汉字分为 10 类，正文是配了号码的汉字，附录是四角号码应用举例，包括《中国人名大辞典》、电话号码本、分类表等，以及研究过程的记述等。

第 2 卷第 1 期上《新刊介绍》介绍了王云五所著《中外图书统一分类法》②，该文认为，王云五是中华民国图书馆界的先觉者，享有中国图书馆界重镇之令名。发表了很多有用的著述，对中国图书馆事业发展很有贡献，作为上海商务印书馆编辑长、东方图书馆长，他最近完成了汉字索引法的大改革，改变了从前繁难的检字法，现又完成了分类法。该分类法与杜威十进分类法体系相同，仅将杜威法中缺少的与东洋（包括中国和日本）对应的类号前加上了十、土、廿 3 种附加符号，发明出中外图书分类法。根据这个分类法，外文书按杜威法分类，中日文图书在杜威法特定分类号前加上特定的附加符号，并且排在没有附加符号的相同类号前面（卡片和图书都是如此排列），可见此方法能够不妨碍使用杜威法，对日本图书分类者来说不失为一种参考。因此如果附上中外文事项索引，就能成为相当完备的实用分类表。该文推测特设记号中一两个强加的记号（为严格遵守杜威法原体系）如果不能统一的话，仍不能将二者真正同时使用。总之，相信这样好的一本参考书不单对中华民国图书馆界有裨益，对日本也是如此。

---

① 新刊紹介［J］. 圕研究，1928，1（4）：669.
② 新刊紹介［J］. 圕研究，1929，2（1）：215.

第2卷第2期上《新刊介绍》介绍了刘国钧所著《中国图书分类法》①。该文指出，最近刚得到了王氏的《中外图书统一分类法》，又得到了金陵大学图书馆长、中国新图书馆运动先驱《图书馆学季刊》主编刘国钧博士的《中国图书分类法》。由此看来，中国图书馆运动已经进入了第二期，不断出现很多实质性的成果，而日本一本公开出版的分类法书也没有，不禁倍感寂寞。接着介绍了刘国钧《中国图书分类法》十大类的记号方式和排列顺序，各类中再按照著者分类排序。

表 4-9 《圕研究》介绍的刘国钧《中国图书分类法》十大类

000 总部（含丛书、群经）	100 哲学部
200 宗教部	300 自然科学部
400 应用科学部	500 社会科学部
600 史地部（总记及中国）	700 史地部世界
800 语文部	900 美术部

该文指出，与日本相同，中国普通公共图书馆和学校图书馆外文书仍然很稀少，重点需要考虑本国图书的排列。该分类法是参考了 DC、EC、LC、SC、杜定友、孟芳图书馆等的分类法后的集大成之作，分类号码与 DC 同样，也含有助记性，可惜的是没有事项索引，在将来改版之际肯定会附上索引。

第3卷第1期上《新刊介绍》介绍了《中华图书馆协会第一次年会报告》②，介绍了1925年成立的中华图书馆协会由于政治变乱经过四年才召开的第一次年会的详情，包括参会代表、大会5天内3次会议的

① 新刊紹介［J］. 圕研究，1929，2（2）：262.
② 新刊紹介［J］. 圕研究，1930，3（1）：43.

主持人、主要日程、主要提案等，指出通过该报告可以了解中国图书馆事业的现状，并称该会议将戴志骞、袁同礼、李小缘、刘国钧、杜定友、沈祖荣、何日章、胡庆生、洪有丰、王云五、冯陈祖怡、朱家治、万国鼎、陶行知、孙心磐、柳诒征、田洪都等中国图书馆界之先觉者尽皆网罗。

在这一期的《新刊介绍》上，还介绍了王重民的《老子考》（中华图书馆协会丛书第1种）和《国学论文索引》（中华图书馆协会丛书第2种）①。该文称王重民是中华民国图书目录学的少壮学者，《老子考》是王重民花费十余月，涉猎众多史志、公私藏书志等，参考了国内外有关老子的500余家研究著述，遍访当代藏书家，明确了现存各书的版本之后编辑的目录，按照书目的时代加以排列，记载了存佚、刻本、序跋、记读、书记、按语等，还有老子译书略目、道德经碑幢略目等，是老子研究者的指南、书史研究者的好参考书。《国学论文索引》是王重民参考1925—1928年中国发行的83种重要杂志，将其中3 000多篇国学论文的题目分17大类编排，其下又细分纲目，著录著者、杂志、卷号、年月，成为探究中国学术发展轨迹的有益资料。可见中华图书馆协会通过刊行各种好书，致力于发挥图书馆对文化发展的支持，幸亏日本图书馆界也有同样有力的团体，希望相互合作在此方面也能有所贡献。

此外，在这一期的《新刊介绍》上，还介绍了《中华图书馆协会会报》第5卷第1、2期合刊和《图书馆学季刊》第3卷第1、2期合刊②。重点关注的是这期《中华图书馆协会会报》对中日图书馆界近况的报道，包括对青年图书馆员联盟主办的第一回圕学讲习会、对森清的《日本十进分类法》的评介等内容。对于这期《图书馆学季刊》，则一

---

① 新刊紹介［J］. 圕研究，1930，3（1）：48.

② 新刊紹介［J］. 圕研究，1930，3（1）：114.

一列出了清华大学蒋复璁的《中国图书分类问题》、燕京大学图书馆目录主任徐家麟的《中国目录法论》、武昌大学图书馆长沈祖荣的《中国标题论》、东吴大学图书馆主任黄星辉的《中国编目中的标目论》、金陵大学图书馆研究部主任万国鼎《汉字排列法》、第一交通大学图书馆目录主任钱亚新《从目录看汉字排列论》等对近代图书馆学有用的论文及古书目录学相关论文。尽管《图书馆学季刊》设有《本期著者略历》栏目，但通常远离正文，位于某个不显眼的位置，《圕研究》上的这段介绍与之还略有不同，更显出该文作者对这些中国作者了如指掌。

第 4 卷第 3 期上介绍了燕京大学图书馆编纂并发行的《引得》第 1 号《说苑引得》及英文引得使用解说书①。文章指出：燕京大学鉴于当下东西洋对中国古代哲学研究的热潮不断高涨，在燕京学会的赞助下，对中国重要的书籍编纂索引，准备逐步出版一套索引丛书。其中第一本就是《说苑引得》，“引得”由“索引”（index）改译而来。“说苑”是 2000 多年前，西汉刘向编纂秦汉典籍的地方。毁于唐五代宋等历代兴亡战火的古代典籍，其性质和内容只能从《说苑》中获知，所以《说苑》非常珍贵，中国学者必人手一册，因此流传下来的版本很多，据说有 20 余种。《说苑引得》以《四部丛刊》本为标准编纂，同时编制“各板说苑叶数推算表”，以适用于 12 种版本，这一点值得日本的汉学家和书志学研究者好好学习参考。另一点值得学习的是“中国字庋撷法”，这也是汉字直接索引的一种，以王云五的四角号码检字法为基础的“一文字一个数字”的方法，比王云五的方法更好些，也更复杂些。总之，中国图书馆界一直致力于让图书接近大众，针对方法不断认真地改良，值得日本图书馆界学习。最后指出，书末还有拼音索引，考虑非常周到。

---

① 新刊紹介［J］. 圕研究，1931，4（3）：476.

第 4 卷第 4 期上介绍了燕京大学引得编纂处发行的《白虎通引得》(引得第二号)。介绍文字充满了热情："白虎通是汉书作者后汉班固所撰，白虎通综合引得——四部丛刊本是《引得》第二号。该引得用了 10 页篇幅考证《白虎通》的各种书名、作者、刊行时代，引用了各家学说，令人读起来津津有味。针对 17 种版本，该引得编纂了比《说苑引得》更为精密的推算表，项目采用中国字庋撷法排列，相信即使作为检字法的研究资料也有一读的价值。"①

同期还介绍了北京燕京大学引得编纂处的《读史年表》附引得(特刊第一号)。认为这是一部大型年表，包括 22 个年表：(1) 读史年表总表、(2) 前汉年表、(3) 后汉年表、(4) 三国年表 (A 蜀 B 魏 C 吴)、(5) 晋代年表、(6) 五胡诸国年表 (A-R 18 种)、(7) 北朝年表、(8) 南朝年表、(9) 唐代年表、(10) 五代年表、(11) 十国年表 (A-J 10 种)、(12) 宋代年表、(13) 辽代年表、(14) 西夏年表、(15) 金代年表、(16) 元代年表、(17) 明代年表、(18) 清代年表、(19) 三国纪年对照表、(20) 晋、五胡、南北朝纪年对照表、(21) 五代十国纪年对照表、(22) 宋、辽、夏、金、元纪年对照表。全部表格都采用石版印刷，总表 1cm 展现 500 年、其他表 1cm 展现 10 年。后附中国字庋撷法引得，以便于检索。邻国将如此困难的工作当做一项图书馆事业一件件努力地完成，他日必将取得好的结果。该表校订者是燕京大学历史学者杜联诘女史，年表制作者是关瑞林等，引得由洪业等编纂处诸人合作。

第 5 卷第 1 期上介绍了杜定友的《中国检字问题》(*The Chinese Filing Problem*)②，该介绍文字明确署名为间宫不二雄，文中指出，该

① 新刊紹介 [J]. 圖研究，1931，4 (4)：648.
② 新刊紹介 [J]. 圖研究，1932，5 (1)：175.

书共 16 章，对于已发表的各种检字法进行批评和比较研究，认定杜氏的汉字形位排检法最为合理，主张以 8 种形状为基本形状，（1）纵（杜）、（2）横（定）、（3）斜（友）、（4）载（述）、（5）覆（公）、（6）角（開）、（7）方（圕）、（8）整（史）。杜氏以前发表的《图书分类法》索引大体上以根据永字八法而来的起笔法为顺序排列项目，新方法与以前相比，在基础理论上有了很大的跃进。

第 5 卷第 2 期上介绍了朱士嘉的《中国地方志备征目》（燕京大学圕报单行本）①，指出该目收录 4912 种燕京大学所藏地方志，按照地方排列，在卷尾附录各省县名，不仅对地方志研究者，对中国地志调查研究都有参考作用。

第 6 卷 2 期上介绍了裘开明的 *Chinese Historical Documents of The Ching Dynasty*，1644-1911，发表于 *The Pacific Historical Review*1932 年 9 月号。北平博物馆 1929-31 复制刊行了《筹办夷务始末》一书，介绍清朝对外事务。裘开明在 *The Pacific Historical Review* 一刊上介绍了该书及其相关事项，指出如此珍贵的外交文献乃是罗振玉从造纸厂 10 多吨造纸原料中抢救回来的②。

第 8 卷 1 期上介绍了马宗荣的《现代图书馆事务论》（上）。间宫不二雄首先介绍其作者马宗荣是东大文学士，一直钻研图书馆学，现任上海大夏大学图书馆长兼教授。书稿是马宗荣在日本时起稿的，又增加了最新的事实，援引中日洋书中的许多例子，参考了欧美日相关图书，以中国为主，并与日本现状相对照。上卷包括 3 章：第 1 章 现代图书馆的常务与事务，第 2 章 图书的选择，第 3 章 购订与登记，相信续卷完成后，必定成为不偏不倚、中庸公道的中文图书馆学参考书。间宫不

① 新刊紹介［J］. 圕研究，1932，5（2）：180.

② 紹介［J］. 圕研究，1933，6（2）：198.

二雄久未得到马宗荣的音讯，如今得其惠赠图书，就想起了以往的深情厚谊，他祈盼马宗荣健康、中国图书馆事业发展、中日亲善①。

同期还介绍了徐家麟等翻译的《世界民众圕概况》。首先说明该书是美国鲍士伟原编，1933年曾在《文华图书馆学季刊》上发表，如今出版了单行本。全书由14个人翻译，沈校长作序，与英文原书的顺序完全相同。然后指出，该书日本部分是帝国图书馆长松本喜一撰稿，由钱亚新译述。因为固有名词重新翻译很困难，于是译文中保留了罗马字写法，而没有翻译成相应的汉字，例如 Yuzo Tsubouchi（坪内雄藏）、Yakatsugu Isonokami（石上宅嗣）、Surugadai（骏河台）、Tanbaichi（丹波市）等。另外存在用词不当的情况，译文中出现了连日本人也不知所云的地方，如“内山县立圕”和“和田隅圕”等，如果中国人读后并且相信了，就会错上加错，还不如就像前面那样直接保留罗马字写法，防止出错。由此可见，虽说日本与中国同文同种，但就汉字来说，相同的汉字其发音和用法完全不同，这就是一个明证，希望双方都细心注意。在指出了译文瑕疵之后，评述者话锋一转，对文华图书馆学校始终致力于推动中国图书馆事业的启蒙运动深表敬意，同时对日本图书馆协会进行批评，认为《图书馆杂志》从去年1月起开始断断续续地抄译鲍士伟原书，与中国直接将原书全部翻译出版相比，实在是“慢动作”②。

第8卷2期上介绍了桂质柏的《国立中央大学图书馆分类大全》。首先介绍著者，桂质柏是拥有芝加哥大学图书馆学博士学位的图书馆学专家，现任中央大学图书馆主任，在十进法方面造诣很深，赴美之前，任济南齐鲁大学图书馆主任时就将杜威分类法改编为适用于中国图书的

① 紹介［J］．圕研究，1935，8（1）：54.
② 紹介［J］．圕研究，1935，8（1）：102.

分类法。在美留学近十年，研究图书馆学，期间到加拿大 McGill 大学讲学并整理该校汉籍。归国后，九一八事变前在奉天东北大学，旋即到南京。中央大学已采用杜威法分类 20 年，对中日文图书分类上的不便深有体会，为此编纂了《国立中央大学图书馆分类大全》。采用十进法，大类为：0 总类、1 经类、2 史地类、3 哲学宗教类、4 文学类、5 社会科学类、6 自然科学类、7 应用科学类、8 艺术类、9 革命文库。经类和革命文库独立成大类，在经类中的 181–185 设立言语学，特别对中国地名和历史制定了详表。项目分配上既有采用 DC 的，也有完全根据著者见解组织的。虽然未经仔细比较相关的各种分类表还不能断言该分类法是否可行，但是可以相信，将它用于实际分类时，一定便于中国图书的分类。该分类表卷末附有共通形式区分、中国时代表、西洋时代表、中国省区域表、国别表等助记表，附有按照永字八法排列的汉字索引，然后中国著者号码表也是按照永字八法排列姓氏，并分配 3 个数字作为记号，例如沈 114、清 116、王 256 等。最后是西文著者号码表，以克特桑本为基础，配 3 个阿拉伯数字，但是比较少的著者名，以 J 和 K 开头的配 2 个数字，如 Dewey，John：Democracy and Education 是 370. 1/D519；Kwei，C. B.：Chinese books in America 是 026/K98。桂质柏博士在本职工作之外，还完成了如此大业，令人深表敬佩。希望各方面多加参考，间宫商店代销①。

同期上还介绍了 2 本书，一本是马宗荣的《大学圕经营之实际》（大夏大学图书馆组织与管理），马氏是大夏大学图书馆长兼教授，为该馆的改善和进步鞠躬尽瘁，该书是以大夏大学图书馆事务组织为主干，记述了大学图书馆经营理论，包括：组织、委员会、管理通则、细则、目录部、阅览事项、大学图书馆的运用、大夏大学图书馆图书费分

① 紹介［J］. 圕研究，1935，8（2）：142.

配情形，以及大学行政系统图等，可说是了解今日中国大学图书馆组织情况的最佳读物。另一本是《大夏大学圕指南》，包括馆内平面图、目的、重要设备、开馆时间、入馆及阅览手续、参考书目、图书及分类记号等，在保证读者与馆员更好地接触的同时，百分之百地运用好图书馆。相信该指南是馆长马宗荣理想和指导的结晶，封面里面印着标语“一日一页，谁敢侮之”、“人生最乐，莫如读书”①。

第8卷3期上介绍了《国立北平师范大学圕图书目录》（第1次–第5次），说明该馆过去刊行了《中国图书十进分类法》，去年11月–今年4月，发行了该目录，以方便大家利用该馆，中日文书是按照《中国图书十进分类法》分类，西文书是按照DC分类②。

第8卷4期上介绍了《国立北平师范大学圕图书目录》（第6次），指出其内容分为汉洋两类，其他一切与第1–5次完全相同③。

第9卷1期上介绍了《北平市立第一普通图书馆概况》，指出该书内容包括沿革、组织、藏书、目录、阅览、编纂及出版，圕推广、附设事业、馆则、职员表、内外平面图、馆员合影等。藏书方面，中文书15 551种62 750册，英文书826种1 588册，日文书210种701册，杂志763种1 830册，报纸189种3 344册，小册子318种319册。此外还介绍阅览人数、阅览册次、职员数目，女职员比例等，并建议与日本圕协会志2月号上刊登的加藤氏的论文对照阅读④。

第9卷3期上介绍了《杜氏丛著书目》⑤，间宫不二雄说其友杜定友将迎来40岁生日，杜母将迎来60岁生日，钱亚新等10人相计编纂

① 紹介［J］. 圕研究，1935，8（2）：182.
② 紹介［J］. 圕研究，1935，8（3）：269.
③ 紹介［J］. 圕研究，1935，8（4）：434.
④ 紹介［J］. 圕研究，1936，9（1）：106.
⑤ 紹介［J］. 圕研究，1936，9（3）：447.

杜氏发表的著述及论文目录，计书 36 种、论文 201 种，75%都与图书馆、童子军、教育、文学相关。间宫不二雄接着指出，在这个目录中，还有 2 篇未收录，即《圕》1926 年第 1 卷第 1 号上刊登的 *A Statement from Mr. Ding U Doo*，《南针》第 2 期上刊登的《图书馆实业家间宫氏传》［马祖圣（pseu.）杜定友］。间宫不二雄引用 Lillian Thomson 的一段话，祝愿杜定友为了中国图书馆事业的跃进而更加健康，“So, while England had her Lord Bacon, and America her Melvil Dewey, China has her Ding U Doo.”

第 9 卷 4 期上介绍了 *Libraries in China: Papers prepared on the occasion of the tenth anniversary of the Library Association of China*。介绍中指出，该书如标题所示，是中华图书馆协会创立十周年纪念出版物。执行委员会主席袁同礼在序文中透露，该书沿袭 1929 年出版同名著作，以宣传最近 10 年间中国图书馆事业，尤其是变迁轨迹。所收 9 篇论文作者全部是受过美国或者系统的图书馆员教育的现任图书馆长或图书馆学校长，是活动在第一线的杰出人物，见下表：

表 4-10 《圕研究》介绍的《中国的图书馆》一文目录

作者	单位	中文题目	英文题目及作者
裘开明	Harvard 大学汉和文库	近代圕运动	Modern library movement in China, by A. Kaiming Chiu
吴光清	南京，金陵大学圕	图书分类及编目最近十年史	Ten years of classification and cataloguing in China, by K. T. Fu
沈祖荣	武昌，文华圕学专科学校	圕员养成	Professional trainking of librarianship in China, by T. Y. Seng
查修	上海，国立暨南大学圕	圕立法	Library legislation in China, by Lincoln H. Cha

续表

作者	单位	中文题目	英文题目及作者
严文郁	国立北平大学圕	圕间合作	Cooperation between Chinese libraries, by W. Y. Yen
蒋复璁	南京，国立中央圕	国立圕	National libraries in China, by Ching Fu-tung
柳诒征	南京，江苏省立国学圕	省立圕	The provincial libraries in China, by Liu I-cheng
戴罗瑜丽	北平协和医学校圕	医学圕	Medical libraries in China, by Julie Rummerhoff Tai
杜定友	上海交通大学圕	公共圕与成人教育	Public libraries and adult education, by Ding U Doo

间宫不二雄接着指出，中国人擅长宣传，某种程度上这个册子就是其中一例。但是并非像国立公园的宣传那样只说好的方面，而是客观地记述事实、观察、批评和希望，决非只说自己国家好，每一篇都具有开拓者的抱负和追求真理的热情，令人欣慰。间宫不二雄接着指出，就像该书所叙述的那样，作为图书之国、图书馆之国，中国具有悠久的光辉历史，近代图书馆运动的历史虽然不超过30年，从整体来看，图书馆与一般民众生活的相关程度，绝不比引以为豪的日本落后多少。从西洋移植过来的近代技术方法不适宜于国情，日本也为克服这些问题付出了艰苦的努力，两个同文的国家几乎处在同一个轨道上，该书长达48页的第一宏论《图书分类及编目最近十年史》讲述的就是这方面的问题。另外在图书范围内，中国比日本先进一步的有以下三点：第一，圕员养成方面，有专门学校（文华圕学专科学校），开设讲座的学校好几所，还有很多举办夏期讲习会的（2-6周）。第二，国立图书馆，已有国立

北平和国立中央 2 个图书馆，还要再设立 3 个，已设国立图书馆在规模、组织、阵容、事业方面都很宏大，不负国立图书之名。第三，图书馆之间的合作，尽管有地理、行政及其他障碍，目前还有区域不发达等诸如此类的事情，但是北平地区的协作，远超东京，证据之一是 1933—1934 年度，国立北平、北平协和医学校、清华大学、燕京大学 4 个图书馆馆际互借合计 3 517 件，此外，不断产生综合目录，最终出现了集中编目（国立北平圕颁布印刷卡片）。总之，中国近代圕事业虽然年轻，组成指导阶层的图书馆人都是真正认真的、生气勃勃的、教养很高的（颇有美国教养，非常令人瞩目，又不令人讨厌）年轻的馆长们，民国政府的图书馆政策与识字运动相关，积极进行，中国图书馆事业的将来令人刮目相看①。

同一期还介绍了《北平市立第一普通圕二十四年度馆务报告》，指出这是该馆现状报告，另外，年经常费（24 年度）13 320 元，临时费 867 元②。

第 10 卷 3 期上介绍了圕学图书及工具展览会图书部分拟定目录：甲《圕学书籍》和乙《目录学类书籍 附 日文图书》，首先介绍这两种目录的来历，该展览是在 1937 年 7 月 7 日上海市政府成立十周年纪念日当天，举办的手工业、机械工业、防空、卫生、体育用品等各种展览会的一部分，由上海图书馆和上海图书馆协会共同发起，由上海中心区图书馆洪逵、陈鸿飞等 7 人准备筹划，其中一半都是参考书，如这两种目录所示。然后介绍中国图书馆事业，指出当今中国图书馆界不断努力，在图书馆事业各方面都取得了效果，根据《中华图书馆协会会报》

---

① 紹介［J］. 圕研究，1936，9（4）：571-572.
② 紹介［J］. 圕研究，1936，9（4）：572.

12卷5期报道①，中国青年图书馆员要成立一个协会，作为中华图书馆协会的附属机关，共同研究改良图书馆学，推进图书馆事业跃进，成为业界的一道异彩，呼唤同志奋起直追日本青年图书馆员联盟。最后指出，关于这个展览，铃木贤佑有详细的报告②。

同一期还介绍了《私立东吴大学法学院圕图书目录》③。

第12卷2期上介绍了裘开明发表于*Library Journal*上的《中文书印刷卡片》一文的选印本，指出在1927年中文图书的卡片仅复制大约30枚就够国内外中文图书使用，后来需求量增加，燕京大学图书馆和哈佛大学汉和文库，双方都常备多量卡片。1936年哈佛大学开始准备发行印刷目录，计划采用普通纸印刷，然后将其贴在卡片上，因美国工价太高而没有进行。Gardner教授提议接受洛克菲勒财团援助，使该计划得以进行。哈佛燕京学社预付给卡片7组1 400元，1937年7月又送给燕京大学150万张白卡片，手工排版、脚踏印刷机印刷3 200种佛教图书的卡片，每种50枚，足够一般应用。此外，还介绍了卡片的特性、使用方法、标题卡片、卡片样本、卡片订购方法、分类目录等。最后说明裘开明是青联最初团体会员代表，祝愿他活跃、健康④。

第14卷1期上介绍了裘开明编制的《美国哈佛大学哈佛燕京学社汉和图书馆汉籍分类目录》第一至三册，介绍者署名“斗螺”。先介绍该目录的基本内容：计划十册，第一册经学类、第二册哲学宗教类、第三册历史科学类。各册首有红纸印刷的分类表和页码，每页著录18、19条。收录的并非稀书珍本，而是以坊刻丛书为主，极尽所能，努力

---

① 会员园地 青年图书馆员协会宜急起组织［J］. 中华图书馆协会会报，1937，12（5）：42.

② 紹介［J］. 圕研究，1937，10（3）：432.

③ 紹介［J］. 圕研究，1937，10（3）：449.

④ 紹介［J］. 圕研究，1939，12（2）：193.

收集。再介绍该目录的著录方式，介绍者认为百闻不如一见，故而从该目录中节选出一页，附在介绍之后，希望好学之士能够借鉴，甚至可以到联盟本部去实地看看该目录，研究一下。介绍接着指出，只要看了这种著录方式，就能领会标目（著者）的复杂性。该目录更改了从来标目的定义，这里标目并非排列的基准，而是能被发现的记载、明示文献的著者性的一种记载，用字、号、生卒年来明确著者的个性，这种用意给人以启发。裘开明能做到这种程度，实在让人佩服。该目录同样具有中国目录刊记简略的特征，但是令人注目的是卷数表示非常详细。感谢编者裘开明投入的满腔热情，等该目录全部完成后，再进行详细的评价。顺便提一句，因东京帝大图书馆没有这部目录，评论者特地从联盟总部搬来了这部目录①。

第 15 卷 2 期上介绍了卢震京的《图书学大辞典》。介绍者首先介绍该书编纂目的是“节述各种图书学说，并提示图书馆所用之术语，摘叙中外图书制度之概要，旁征博引，详为参证，以供图书馆及学者之参考。”体裁仿美国百科全书、不列颠百科全书及教育百科全书等，收录 2 000余条项目，按照首字总画数排列。这只是上册，下册附录收有各种表，包括《中文重要圕学书目 · 西文重要圕学书目》《重要参考书 · 中西文编目条例 · 全国学术机关一览表》等 24 种 700 余页，是否刊行还不知道，内容当然是很多与中国书史相关的项目，一一标明出处，方便参看。网罗图书馆术语，列举国内外各种分类表主纲，其中包括日本的 NDC。介绍者然后列出自认为很有趣的汉语翻译，如 Alphabetico-classed cat = 字顺分类目录、Filing = 序列法、Name cat = 命名目录、Running title = 页题书名、Omission mark = 省字记号、Tracing = 根查、Scrap book = 剪裁簿、Information desk = 询问部、Library extension = 圕推广事

① 紹介［J］. 圕研究，1941，14（1）：132.

业、Anonym＝隐名、Finding list＝简明目录等。介绍者发现书中很多插图很熟悉，应该是出自间宫商店的《圕用品目录》，可见已被当作圕用品的标准加以登载了，不禁发出来会心的微笑，指出中国图书馆从业者从来就是压倒一切地讴歌美国，但是本书却没有那样做，而是采用了日本的东西，或许认识到了东洋的共通点。图书馆用品已经是东亚共同体的东西，这个很有趣的表述，已经被人们所接受。本书中插图一大半没有标注意思，大概是著者忘记了吧。评论最后指出，该书有一小部分记事不恰当，被禁止发售，一般买不到，实在遗憾，希望再版时能够改订①。

4. 单独介绍的中国图书馆学书刊资料

所谓单独介绍，是指未被列入某个统一的栏目名称下，而直接以所介绍的书名为标题，撰写一篇独立的文章进行介绍。

对《中华民国清华学校图书馆藏书目录》② 的介绍，包括中文书籍目录和外文书籍目录。首先说明这两本中外文目录的形式特征，包括出版时间、尺寸、页码和价格，然后概述其内容，指出1927年5月完成的《中文书籍目录》是清华学校图书馆馆长戴志骞长年努力的结果，是该校从成立以来收集的中文图书的分类目录，依据杜威十进法分类，但有增补。接着说明该目录前面有该馆的照片、曹校长的序文和戴主任的导言、凡例等。然后一一列出该目录的几个优点：在凡例中清楚交待对杜威法在整理汉籍中不合适之处进行的补订、专门列出了可供参照的分类表、目录按照分类排列，集中同著者的著作，此外，附有类别索引表，按照汉字检查法（起笔法）排列，还附有类别号码表。该文提到

① 紹介［J］．圕研究，1942，15（2）：198.

② 中華民國清華學校圖書館藏書目錄［J］．圕研究，1928，1（2）：240-241.

戴志骞专门来信说明中文书目录分类仍不理想，尚待更多的研究。由此自然而然地转向了日本图书馆界的情况，指出杜威分类法对于日本图书馆的图书排列来说也有一些不便之处，因此一些图书馆便自制分类表，不顾理论，不考虑共性。而对戴志骞这种尽量站在共通的立场上，仅对杜威法不适用的地方进行补订的做法表示尊敬和借鉴。

在这篇文章的后半部分，用英文介绍了清华图书馆的外文目录——*Classified catlog of the Tsing Hua College library*, *Peing*, *China*，指出该目录严格按照杜威十进法（仅在100哲学和570生物学有一点修改）对该馆12年来的馆藏进行分类。参考书列于每类之前，并在索书号上加上R以示区别。目录按照索书号排列，先类别后著者，索书号由杜威号和卡特号组成。有关中国的书，在索书号前加上C以示区别，就像参考书那样，例如C915.11 M87代表Morris, T. M. 的*Winter in North China*, 1892，这样做在处理杜威法分的书时不会带来任何不便，给美国之外的国家比如日本的图书馆提供了一个很好的例子，也给在不同情况下使用杜威法的国家提供了一个最好的例子。该文指出戴先生及其成员为读者编制这个有用工具付出了不懈努力，也为中日图书馆编目提供了借鉴。

对其联盟会员马宗荣2本新著的介绍①，即《现代图书馆经营论》和《现代图书馆序说》，不仅介绍了两书的外部特征和章节内容，还介绍了作者本人，因介绍者与马宗荣是老相识。马宗荣当时正在东京帝大文学部就读，是中华民国上海图书馆协会会员，同时也是青年图书馆员联盟会员。据该文介绍，马宗荣在日本留学学习教育学，同时对图书馆学有很大兴趣，一直致力于图书馆学研究，钻研中日洋参考书。这两本书内容中的一部分在《学艺》杂志上连载，经补订后刊出。内容涉及图书馆经营的理论与实践，书中的例子多为日本图书馆，还参考了美国

① 會員馬宗榮君ノ新著二種［J］. 圕研究，1928，1（3）：349.

戴纳（Dana）的《图书馆入门》，必然对中国图书馆事业的发展大有贡献，奉劝日本图书馆员一定要读一读。

对桂质柏《中国图书馆发达史（图表）》[①] 的介绍。桂质柏当时在加拿大蒙特利尔 McGill 大学中国学研究图书馆供职，他曾在该大学讲演中国图书馆发达史，该图表就是这次讲演的主要内容。《圕研究》不仅将此图表完整列出，还介绍了桂质柏本人，并照登其英文来信。

1929年，中国图书馆界向在意大利召开的万国图书馆及书志学会提交的会议论文《中国的图书馆》（*Libraries in China: papers of Library Association of China, Peiping*, 1929）[②]，也受到了《圕研究》的关注。该论文集由袁同礼会长作序，收录4篇英文论文，包括裘开明的《汉籍形态变迁史》、戴志骞的《中国新图书馆发展史》、胡庆生的《中国的图书馆学校》、沈祖荣的《中国的各种索引法》，武昌大学图书馆长沈祖荣还代表中国到罗马参会。《圕研究》对此论文集的评价颇有深意，认为这4篇英语论文一定会在国际图书馆合作方面发挥很大作用，使中国图书馆界在进军国际图书馆界方面超过日本，希望日本图书馆界人士也要更加奋发努力。

裘开明撰写的《哈佛大学汉和文库指南》，被间宫不二雄全文翻译刊登[③]。间宫不二雄在文中交代了背景：承本会会员裘开明先生厚意，寄来英文版哈佛大学汉和图书馆指南，现将其译出。在翻译中参考了裘氏书信中所写的藏书册数，还参考了《圕研究》第1卷裘开明的《中国的分类法》及其后续的《汉和文库》分类大纲，此大纲有英汉两种索引，在转载时省略。该指南内容包括：历史、方策、分类、目录、借

---

① 桂質柏．支那圕發達史（圖表）［J］．圕研究，1929，2（3）：454-457.
② Libraries in China［J］．圕研究，1929，2（4）：544.
③ Harvard 大學‘漢和文庫’案内［J］．圕研究，1932，5（4）：507-521.

出规则、参考事务、馆际互借、图书馆评议员、图书馆职员等。

在译文之后附带介绍裘开明著《中国图书编目法》[①] 中文版，指出其著者裘开明是哈佛大学汉和文库主任，通晓东西洋图书馆学和事务的第一人，过去数年间致力于文库整理，以其实践所得为基础，参照ALA及图书馆的其他规则，终于完成汉籍目录法最新著述，可供日本图书馆目录法参考的地方不少，其中有111种规则应用实例。紧接其后，刊登了裘开明的汉和文库分类表[②]。

1934年《圕研究》介绍了中山文化教育馆编《期刊索引》（月报，第1卷第1期，民国21年10月份）[③]。间宫不二雄从该刊编纂的起因讲起，指出1929年1月28日–2月1日在南京金陵大学召开的中华图书馆协会第一次大会上议决的众多议案中，有一项是图书馆用品机关筹备，1933年12月1日在上海成立了中国图书馆服务社，为图书馆事业发展尽力。从这项事业着手开始，发行了杂志记事索引杂志。该期收录约580余种杂志，记录杂志名、出版者、价格、卷及发行年月日等，按照总笔画数排列。还有分类表，共分11大类：1总类、2哲学类、3宗教类、4教育类、5社会科学类、6自然科学类、[7应用科学类]、8艺术类、9语言学类、10文学类、11史地类，每个大类还有小类。在第3章，按照这个分类，有3567条记事被索引。顺序是标题、著者、杂志名及卷、年，没有标注页码。第4章是著者索引，按总笔画数排列，共有3647条。该期是收录民国22年10月份期刊的，11月就发行了，相信付出了不少努力。在日本还没有与之匹敌的总体杂志记事索引发行的计划，而邻国已经实现了，可见其图书馆人之认真和努力，值得庆贺，

① 裘開明著中國圖書編目法（華文）[J]．圕研究，1932，5（4）：521.
② 裘開明．Harvard大學‘漢和文庫’分類表[J]．圕研究，1932，5（4）：522–528.
③ 間宮不二雄．期刊索引[J]．圕研究，1934，7（2）：164.

只是用纸和印刷技术还应该更好。期望该杂志能够坚持出版，为中国文化发展做出贡献，也期望日本早日出版同样的索引。间宫不二雄曾多次注意到，日本杂志与其总索引编制很不相称，杂志发行者只顾名利，缺乏编制索引以供将来永久参考的观念。虽然日本杂志发行量高达几万号，读了以后就像废纸一样没有价值，对日本文化来说遗憾至极。当务之急是改造杂志发行者及图书出版者只顾名利不顾其他的头脑。图书出版公会应当率先组成图书及杂志形态研究会。曾说定价几何的《图书总目录》（东京书籍商公会发行），由完全不懂目录是何物的人编纂，此类东西最终是拿不出手的，如此杜撰的目录，作为行业公会会员出版物理所当然要失败。应该如何进行改良呢？号称日本文化事业中基础的出版事业竟让这些无知之徒经营，让人感到心寒。祝贺该杂志发刊，希望中国学界、中国研究者能够很好地利用它。间宫不二雄接着将自己关于图书及杂志形态的注释列出来供大家参考，包括《对著者出版者的希望》（《读书标》5卷40页）、《关于图书、杂志的构造与形态》（《圕研究》3卷266页）、《文部省了解一下图书形态吧》（《圕研究》6卷145页）。

除了介绍著作之外，《圕研究》有时还原汁原味地转载中国发表的图书馆学论文，以便日本图书馆界参考。例如：

（1）《圕》① 是从中华图书馆协会机关志《图书馆学季刊》第2卷第1期上转载。

（2）中华民国铁道部出版品目录②（List of publications of The Ministry of Railways，China）：交大图书馆藏，是转自杜定友的报告。

---

① 杜定友．圕［J］．圕研究，1928，1（4）：545-547.

② 中華民國鐵道部出版品目錄［J］．圕研究，1930，3（1）：121-124.

(3)《中国新出元素用文字》① 是从皮高品的《中国十进分类法》中选取的。

5. 来自中国的消息

这类消息包括前面曾经提到的来自中国图书馆界的知名人士写给《圕研究》的英文信件，如杜定友、袁同礼、戴志骞、桂质柏、刘国钧、裘开明等人，也有在日留学生马宗荣转达的消息。

对于中国图书馆界的动态，《圕研究》给予了特别的热情，曾以《志友的名誉》② 为题报道桂质柏取得博士学位的消息，称桂质柏从前担任济南齐鲁大学图书馆长，1925 发表《杜威书目十类法》，不久留美，还去过加拿大 McGill 大学图书馆学校，从芝加哥大学图书馆研究生院获得博士学位，今年 3 月回到武昌。他在美国时曾 2 度通过 *library Journal* 介绍过《圕研究》。他的博士论文是 *Bibliography and Administrative Problems Arising from the Incorporation of Chinese Books in American Libraries*，最近要公开出版，现住所是中国武昌昙华林路 23 号。

除此之外，对于中国刊物上刊登的关于日本图书馆界的内容，《圕研究》也会及时刊载。

1931 年 7 月，《圕研究》上刊发《我等业绩跨过了海洋》③ 一文，对于来自中国图书馆界的肯定感到非常欣喜。该文指出，中华图书馆协会主编刘国钧来信说，中国希望能翻译《圕研究》第 3 卷上刊登的林靖一的《图书改装费与登录价格等问题》④ 一文，还希望能将同一期上

---

① 支那デ新ラシク出來タ元素用文字［J］. 圕研究，1936，9（1）：149.

② 誌友ノ名譽［J］. 圕研究，1931，4（3）：494.

③ 我等ノ業績海オ越ユ［J］. 圕研究，1931，4（2）：331.

④ 林靖一. 图书改装费与登录价格等问题［J］. 于式玉，译. 图书馆学季刊，1930，4（2）：237-254.

田村盛一的《通俗图书馆的图书选择法》也翻译为中文，说明《圕研究》发表的论文在中华民国很受欢迎。该文处处洋溢欣喜之情：我们当初希望日中两国互相利用彼此研究成果的意图逐步实现，感到非常高兴。中华民国和日本都在东洋，图书馆事业有很多近似之处，比起西洋来，两国当事者的经验和研究更能解决问题。由此可见，我们青年图书馆员联盟的成立和机关志《圕研究》的发刊，起到了很好的联系作用，必然比预想的发展还要快，相信对两国图书馆事业的进步与改善贡献绝非浅少。对各位会员的自始至终的支持深表感谢，衷心希望通过本刊发表更多的研究论文。该文反映了以间宫不二雄为首的青年图书馆员联盟对中日图书馆界合作发展的美好期待，如果没有后来日本疯狂侵略中国，中日图书馆事业的发展与合作也许是另外一番景象。

1932 年 12 月，间宫不二雄以《中华民国的中枢机关》① 为题，介绍了武昌文华图书馆学专科学校，他指出，该校培养了众多现代中华民国图书馆界执牛耳者，为近代图书馆事业的跃进贡献了极大力量，该校与韦棣华女士一起在中国新图书馆运动中大放光彩。现在为了促进相互研究和联络，该校将其机关志《文华图书馆学专科学校季刊》和《圕研究》互相交换。该刊将会与北平的中华图书馆协会各刊及国立北平图书馆馆刊一起，供日本研究中国图书馆事业的状态，同时也增加了日本图书馆业绩在中国传播的机会，真令人高兴。《圕研究》在下期论题目录中将增加介绍该季刊的内容索引。

间宫不二雄对于《文华图书馆学专科学校季刊》相当重视，对往期内容也不放过。他对 1930 年夏万元发表的《辽宁全省圕与东省日侨

① 中華民國圕界ノ中樞機關［J］．圕研究，1932，5（4）：591.

所设圕之比较观》① 一文感慨很多，专门撰写了《满洲能有今天多亏了图书馆事业》，在介绍夏万元文章主要内容的基础上，提出一个观点（当然间宫不二雄是站在侵略者立场上所讲，对此我们要有清醒的认识），他说满蒙取得的一切，并非一些人认为的那样全是军力所致，图书馆事业起到的作用更大，他希望日本图书馆员充分认识自己的使命和任务，进一步发展图书馆事业。他原文引用夏万元的一段话来证明自己的观点“辽宁地处边陲，环境特殊，国家关系，错综复杂，痛受侵略。匪伊朝夕，而外患迭乘，迄挽近而益极！其中关系綦切，而侵略亦最甚者，莫如日本，日本除用其手段外，更进而遍设图书馆于各地，以助长其文化之侵略，其经营组织，突飞猛进，诚有令人惊异而不容忽视者！爰就其经营图书馆情形，及我辽宁全省图书馆概况，分别胪述，俾我图书馆界知所注意而奋起焉。”②

1937 年 4 月《圕研究》发表了 2 条来自中国的消息，一条消息是该刊 9 卷 3 期上小野则秋的《圕学序说》被上海东吴大学法律学院圕主任喻友信翻译发表在国立（南京）中央图书馆的《学觚》1 卷 2 期上，喻友信在写给《圕研究》编者的信中指出，如果原意有翻译不到的地方，一定是因为自己对日语的理解能力不足，但是小野氏对图书馆学基础确立的研究，以前还无人论及，这一点无疑也有益于中国的图书馆研究。另一条消息是间宫不二雄发表在《青年图书馆员联盟会报》10 年 1 号上的《中华民国的图书馆》，被上海市图书馆陈鸿飞翻译，发表在《中华圕协会会报》12 卷 4 期和《文华圕学季刊》9 卷 1 期上③。

---

① 夏万元．辽宁全省圕与东省日侨所设圕之比较观［J］．武昌文华图书科季刊，1930，2（3-4）：289-296.

② 間宮不二雄．滿洲ノ今日アルワ圕事業ニ負ウ處多シ［J］．圕研究，1934，7（1）：22-23.

③ 二ツノ論文支那文ニ譯サル［J］．圕研究，1937，10（2）：265.

抗日战争爆发后，《圕研究》上还出现过一些日本人撰写的有关中国情况的论文或消息，如1938年11卷上有内山完造撰《中国最近读书倾向与日本图书》、三宅千代二撰《中国小学教科书上与图书馆相关的内容和插图》，同卷还有一篇《看见了吗》（注：此文是转述袁同礼呼吁国际图书馆界支援在战火中损失惨重的中国图书馆界之内容）。1940年13卷上有《战后上海图书馆概况》、西村捨也撰《上海图书馆现状》，1942年15卷上富永牧太撰《战时中国图书馆管见》等。

1939年12卷上在《日美关系》① 一文中，刊登了由加利福尼亚维萨利亚公共图书馆员 Annasue Hughes 所发表的一封信件，谴责并退回日本所捐赠的 *The goal of Japanese Exansion* 一书，原载于 *Wilson bulletin*。此外还有袁同礼写给美国朋友的一封信，说明由于日本控制中国外汇资金而无法购买外文参考书，希望美国朋友能够给中国大学和科研机构捐赠参考书。

此外，还有文章在介绍国外图书馆界情形时，提到了有关中国图书馆界的事情，比如仙田正雄在介绍自己在美国国会图书馆东洋部任职期间，发现东洋部在处理中国图书时，图书目录法是以国立北平圕图书目录法为标准，图书分类表也由李芳馥改编而成，并且进行了细化和修订。仙田正雄还将该分类法略表原原本本抄录下来②。

六、西村捨也翻译谭卓垣的《清代图书馆发展史》

1935年1月谭卓垣的《清代图书馆发展史》英文版由商务印书馆出版，1941年被上海自然科学研究所的西村捨也翻译成日文，在《圕

---

① 日米關係［J］. 圕研究，1939，12（4）：523-525.

② 仙田正雄. 米國議院圕東洋部職務記［J］. 圕研究，1942，15（1）：53-73.

研究》上连载①。

该书是谭卓垣在芝加哥大学攻读博士学位时的毕业论文，目的在于全面揭示清代图书馆发展的原因。谭卓垣首先向读者介绍了在中国，学者、图书和图书馆的特殊涵义，然后介绍明代所留下的遗产以及使清代知识进一步发展的各种因素。关于清代的皇室藏书，着重介绍了康熙和乾隆皇帝的功绩，尤其是四库全书的编纂。关于私人藏书，描述了藏书家的共性和各自的特点，重点描述记述了经历太平天国战火后的四大藏书家。谭卓垣认为藏书家们在研究方法、研究材料以及提供文献学帮助方面都作出了很大贡献。谭卓垣接着简要地介绍了学术性图书馆，并对清代图书馆发展的整体状况，其优点和缺点都作了总结。最后对中国图书馆新近发生的三件大事也做了介绍，即，斯坦因发现敦煌文献、杨守敬日本访书以及罗振玉抢救皇宫档案。该书的价值不仅在于它使外国人多了一个了解清代图书馆史的途径，对于熟悉那段历史的中国学者掌握对应话题的英语表达也很有帮助②。

该书出版后，在中国很快有了书评③，但是被翻译为中文却晚至1988年，而且是作为《清代藏书楼发展史》的一个组成部分④。而日译本却出现得比较早，1941年西村捨也将其翻译为日文。

西村捨也在《译者序》中说，谭卓垣博士是广州岭南大学毕业，担任岭南大学图书馆长，此外信息一无所知。全书共5章99页，参考

---

① 譚卓垣著．清代圖發展史（2）（3）（4）［J］．西村捨也，譯．圕研究，1941，14（2）：135-157；14（3）：323-352；14（4）：473-490.

② 范凡．民国时期图书馆学著作出版与学术传承［M］．北京：国家图书馆出版社，2011：129-130.

③ 郭斌佳．书评：清代图书馆发展史［J］．国立武汉大学文哲季刊，1935，4（2）：417-427.

④ 谭卓垣，伦明，徐绍棨等撰．清代藏书楼发展史，续补藏书纪事诗传［M］．徐雁，谭华军，译补．沈阳：辽宁人民出版社，1988：1-83.

文献7页，是深得清代图书馆发展史要领的好著作。原著有150个注释，除了其中学术性的注释外，翻译时均作了合并，原著中全是英文注释，翻译时也做了个别补注。

西村捨也在《译者补记》中指出，虽然有缺点，但原著能在百页之内讲明清代图书馆史绝不容易，是值得骄傲的开先河之作。然而从图书馆员的立场来看，还有得陇望蜀之念，希望在其中能看到更为详细的内容，如那个时代经书运用的实际、社会教育的法制、目录法等等图书馆技术方面，不过这些问题也许应该是今后探明的。原著立场不太明确，方法论方面，存在内容杂陈的问题，从四库全书编纂开始，到清末都缺乏见解。另外原著英文有些地方很难理解，不过设想一下原书出版时的环境，或许对于此类问题不敢去追问。

西村捨也接着说，他之所以如此重视此书，是因为清代的图书馆发展史比其他任何事情更能称得上是民国图书馆发展的前提。“支那事变”爆发前26年内的图书馆史（从明治初年到1941年，相当于这26年的2倍半时间），是现代中国文化的一个侧面，不可等闲视之，中国图书馆事业显示出了非同寻常的活跃。大家都知道，在促进中国近代化过程中，图书馆界，与现代知识分子一样，不断地经历着成功和失败的悲喜剧，通过处理历史遗留下来的巨量典籍和无数新书，在新的构想下奋斗成功。民国近期的图书馆运动非常具有启发意义，这是任何人都承认的事实。西村捨也引用濮秉钧《中国图书馆事业的回顾和展望》（《圕杂志》1937年2期）中的话来论证这个观点：“回顾过去中国图书馆事业，已经从胚胎萌芽发展到供给各种知识，从陈腐的插架发展到科学的管理，从少数上层阶级的赏玩发展到供多数民众的利用，从仅有一、二所发展到全国普设并且不断取得进展。”

西村捨也指出，哈佛大学汉和图书馆主任裘开明指明现代中国文化趋势的一段话（见 *Libraries in China. Papers prepared on the occasion of the tenth anniversary of the Library Association of China. Peiping*, 1935. P. 17.），与这本原著绪论产生了共鸣："中国旧图书馆的近代化就是民国图书馆普及运动的诗篇。如前面所述，内容包括前期国家和私家各图书馆如何向知识阶级公开，皇帝如何允许皇室藏书向文化中心地区提供复本，进而允许阅览。各省图书馆如何被开放给一般民众，公众图书馆如何被建设。这两类图书馆如何应近代教育的要求，在法制上成为教育组织的一环。在这个过程中，中国图书馆普及运动受到了欧美的很多援助，特别是来自美国的财力、技术和精神支援。中国图书馆事业的重组中有望利用欧美的经验，图书馆事业已经成为中国近代教育体系的强有力的代行机关。"

西村捨也对《清代图书馆发展史》的翻译，再次证明了日本图书馆界对中国图书馆界的重视，他们深刻认识到，中国的图书馆事业是中国教育事业的重要组成部分，是中国文化的一个重要侧面，可以说是改变中国人、甚至改变中国的希望所在。

七、铃木正次撰写《上海图书分类法》

《圕研究》在1943年出版的最后一期上，刊登了铃木正次撰写的《上海图书分类史》。当时正值日本侵略中国最为疯狂之际，居住在上海的铃木正次一面随时准备提枪走上侵略战场，一面又在研究中国上海的图书分类法史，很难想象他究竟出于什么动机。

铃木正次生于1913年，神户市兵库区人，1934年兵库县立工业学校专修科毕业，1938年到神户市立图书馆，1940年到上海日本近代科学图书馆任司书，这篇文章就是他在上海期间所写。

《上海图书分类法》参考了众多中国学者的研究成果，包括上海市年鉴委员会编《上海市年鉴 民国二十六年》、上海通社编《上海研究资料》、王云五《中外图书统一分类法》、杜定友《校雠真义》（注：应为《校雠新义》）、姚名达《中国目录学年表》、胡道静《上海图书馆史》、陈伯逵《中外一贯实用图书分类法》、张之洞《书目答问》、国立暨南大学洪年图书馆编《国立暨南大学洪年图书馆概要》、盛朗西编《中国书院制度》、量才流通图书馆编《量才流通图书馆图书目录汇编》、杨家骆《图书年鉴 创刊本》、蒋元卿《中国图书分类之沿革》、中国图书馆协会的 *Library in China* 等书。

该文主要内容包括：序说 近代中国图书分类史中上海的地位、第1章 对四库法批判的产生、第2章 作为近代分类法萌芽的南洋中学圕藏书目录、第3章 二元分类法的产生及孙氏分类法与帝国圕分类法的关系、第4章 DC法的输入及采用、第5章 中外统一分类法的完成、结语。

关于上海在近代中国图书分类史上的地位，铃木正次的认识较为独特，虽然不见得完全正确。他指出上海图书馆协会是中国图书馆协会之嚆矢，甚至是中华图书馆协会之母，所以不单是在图书分类方面，在中国图书馆事业方面，上海都具有指导性。

铃木正次所谓对四库法批判的产生，是指徐家汇藏书楼、格致书院、涵芬楼、交通大学圕等多个图书馆都仿照张之洞的《书目答问》，在四部分类基础上，单独列了丛书类。另外，他还提到上海最早于1848年建立的上海县学内的尊经阁（于1931年改为市立图书馆），已经在他所谓的“上海事变”中被消灭了。

在第2章 作为近代分类法萌芽的南洋中学圕藏书目录中，铃木正次指出南洋中学圕打破四部传统做法，其类目包括：周秦汉古籍、历史、政典、地方志乘、小学、金石画书目、记述、天文算法、医药、术数、佛学、类书、诗文、诗曲小说、汇刻。将备受儒道尊重的经部打破，如将其中的春秋放入历史类，与尚书、杂史等并列。

所谓二元分类法，是指图书馆对于旧籍采用四部分类法，而对于新书或者外文书采用自己新编的分类法，也叫做新旧并行制；或者是新旧中文书都用自编的分类法，而西文用 DC 分类法；也有像交通大学圕，中文新书和西文图书都用 DC 法的，如格致书院新书分类表、松坡圕的分类表。最初倡导二元分类法的是孙毓修。孙毓修最早将 DC 介绍到中国，并自创分类法用于中文新书分类，同时负责管理涵芬楼藏书。蒋元卿认为孙氏分类法受到欧美流行的分类法的影响，加藤宗厚暗示孙氏分类法受到了帝国分类法的影响，铃木正次将孙氏自创分类法同帝国圕分类法和涵芬楼分类法进行了对比，似欲支持加藤宗厚的观点。

表 4-11　铃木正次对三部分类法的对比

<table>
<tr><th colspan="2">帝国</th><th>孙氏</th><th>涵芬</th></tr>
<tr><td rowspan="2">第 8 门</td><td rowspan="2">事汇、类书、丛书</td><td>丛书部</td><td>丛书部</td></tr>
<tr><td>杂书部</td><td>杂书部</td></tr>
<tr><td rowspan="2">第 1 门</td><td rowspan="2">神书、宗教</td><td>哲学部</td><td rowspan="2">哲学部</td></tr>
<tr><td>宗教部</td></tr>
<tr><td>第 2 门</td><td>哲学、教育</td><td>教育部</td><td>教育部</td></tr>
<tr><td>第 3 门</td><td>文学、语学</td><td>文学部</td><td>文学部</td></tr>
<tr><td>第 4 门</td><td>历史、传记、地志、纪行</td><td>历史地志部</td><td>历史地理部</td></tr>
<tr><td rowspan="4">第 5 门</td><td rowspan="4">政治、法律、经济、财政、社会、统计</td><td>国家学部</td><td rowspan="4">政法部</td></tr>
<tr><td>经济财政部</td></tr>
<tr><td>社会部</td></tr>
<tr><td>统计部</td></tr>
</table>

续表

<table>
<tr><th colspan="2">帝国</th><th>孙氏</th><th>涵芬</th></tr>
<tr><td rowspan="3">第 6 门</td><td rowspan="3">数学、理学、医学</td><td>数学部</td><td>理科部</td></tr>
<tr><td>理学部</td><td>数学部</td></tr>
<tr><td>医学部</td><td>实业部</td></tr>
<tr><td rowspan="7">第 7 门</td><td rowspan="7">工学、兵事、美术、诸艺、产业</td><td>工学部</td><td>医学部</td></tr>
<tr><td>兵事部</td><td>兵事部</td></tr>
<tr><td>美术及诸艺部</td><td>美术部</td></tr>
<tr><td>产业部</td><td rowspan="4">家政部</td></tr>
<tr><td>商业部</td></tr>
<tr><td>工艺部</td></tr>
<tr><td>家政部</td></tr>
</table>

不管蒋元卿、加藤宗厚、铃木正次这三位学者怎么想，中日图书馆学的最初源头都学自欧美，这是不能不承认的。铃木正次的对比进一步加深了人们对中日图书馆学同根同源的认识，非要争出此高彼低，其证据似乎也不足。

关于 DC 法的输入和采用方面，铃木正次指出最早介绍者是孙毓修，而在之前 2 年，也就是 1907 年，上海亚洲文会图书馆就已经采用了 DC 法，而在 1910 年创办的文华公书林中，韦棣华女史也采用了 DC 法。铃木正次将上海采用 DC 法的图书馆一一列出，并将这些图书馆划分为纯欧美系图书馆和准欧美系图书馆以及其他 3 大类，以证明上海的殖民地文化，详见下表：

表 4-12　铃木正次调查上海市采用 DC 法的图书馆

准欧美系	纯欧美系	其他
中华民国海关圕	亚洲文会圕	上海市商会圕
上海中国国际圕	中华全国基督教协会圕	同济大学圕
东吴法律学院圕	圣约翰大学罗氏圕	复旦大学仙舟圕
	沪江大学圕	大同大学圕
	清心中学圕	交通大学圕
	上海工部局圕	松坡圕
	震旦大学圕	明复圕

在第 5 章中外统一分类法的完成中，他花了大量篇幅对杜定友《世界图书分类法》和王云五《中外图书统一分类法》进行了非常详细的介绍和评价，揭示其分类法的思想理论基础，将杜王二人分别贴上理想家和实际家的标签，并列出了具体使用这两种分类法的图书馆。随后介绍了其他几种统一分类法，如中外一贯实用图书分类法、上海通信圕图书分类法、中国科学社明复圕图书分类法等。

在结语中，铃木正次总结了 DC 法的采用，包括各种改杜、补杜等分类法的采用，以说明美国在中国的势力之大，主要得益于美国的门户开放政策和退还庚款，此外，韦棣华女史和鲍士伟等人对中国的影响都非常大。紧接着，铃木正次暴露了侵略者的真正意图，他认为今后随着侵略战争的发展，日本势力的增强，日本对上海图书分类法的影响也必然越来越大。

铃木正次指出经部的分合是近代分类法上一大悬案，哈佛大学中文图书分类法编者裘开明、孟芳图书馆洪有丰等人就反对经部分拆，可见中国分类法正站在一个新的出发点上。

综上，《圕研究》从1928年到1943年，共出版16卷，合计61期，其质量之高，在日本国内早有公论，正如小野则秋所说，“从昭和初年到战争结束，我国图书馆学研究的优秀论文基本上都在《圕研究》上发表，这样说并不过分。《圕研究》在海外也有很高的评价，被称为我国图书馆学的金字塔。”① 如此高质量的图书馆学刊物，长期关注和报道中国图书馆学成果，就如我国台湾学者王征所说，“承当了中日圕界交换知识的桥梁”②，该刊对于中日图书馆学交流的贡献是值得我们称道的。

第三节　以《书志学》为平台的交流

1933年日本书志学会的机关志《书志学》创刊以后，成为中日图书馆学特别是目录学交流的另一个重要平台。

日本书志学会成立于1931年，其会员是来自宫内省图书寮、内阁文库、京大图书馆、大阪府立图书馆、早大图书馆、尊经阁文库、岩崎文库、静嘉堂文库等的图书馆员，此外还有一些藏书家。日本书志学会从1933年起发行《书志学》杂志，到1942年第18卷102号时中断，1965年复刊。该刊是一本同人刊物，其主要编者和作者是长泽规矩也、川濑一马和其他会员，当然也有非会员的文章，其中不乏中国学者。

许多会员都以汉籍研究见长，长泽规矩也是其中的佼佼者。长泽规矩也擅长研究汉籍，其研究对象就是中国书籍，因此他的研究可以说是将中日图书馆学融合在一起的研究。以下将《书志学》（1-15卷）上长泽规矩也发表的主要文章作一统计，以证明有很多研究内容是中日图

① 間宮不二雄．圕とわが生涯 前期［M］．东京：著者藏版，1969：75.

② 間宮不二雄．圕とわが生涯 后期［M］．东京：不二会，1971：15.

书馆学者共同关注的，中日图书馆学具有同根同源性，难以区分彼此。

有意思的是，长泽规矩也发表的文章，常常会引起中国学者的快速响应，例如他发表在第2卷上的《宋刊本刻工名表初稿》和《元刊本刻工名表初稿》很快就被中国学者邓衍林翻译发表在《图书馆学季刊》上。他发表在第7卷第1期上的《明代戏曲书刊行者表初稿》也很快收到了赵景深的来信。赵景深根据郑振铎的《中国戏曲史资料的新资料与新发见》和《一九三三年的古籍发见》对该文做了增补，见《书志学》第7卷第2期《明代戏曲刊行者表初稿补》。实际上7卷1期的发行时间是1936年7月5日，而赵景深的回信时间是1936年7月11日，相距仅6天时间，可见当时日本和中国交通之便利。赵景深与长泽规矩曾有较为密切的书信交往，长泽规矩也多次赠书给赵景深，还将赵景深的两本著作《中国文学史新编》和《元人杂剧辑逸》都在《书志学》的“新刊介绍”栏目中予以介绍①。

表4-13　长泽规矩也发表在《书志学》（1-15卷）上的文章题录

卷号	题目	卷号	题目
第1卷	关于有绘图的宋刊本	第8卷	杨惺吾日本访书考（中）
	书林清话纠缪并补遗		家藏曲本目录
	宋朝私刻本考		家藏中国小说书目
	江户时代支那小说流行一斑	第9卷	杨惺吾日本访书考（下）
	支那书籍小史		关东现存宋元版书目初稿
	关于元刊本成斋孝经直解	第10卷	就宋刊本的缺笔求教于仁井田博士
	中国的书摊		静嘉堂所藏江户时代编纂支那语关系书籍解题

① 赵景深．长泽规矩也先生：一个日本的中国俗文学通［J］．导报，1946（10）：12-13.

续表

卷号	题目	卷号	题目
第2卷	根据帝讳缺笔鉴定宋刊本的注意事项		关西现存宋元版书目（未定稿）
	宋刊本刻工名表初稿	第11卷	江户时代水浒传的流行
	宋刊本广韵刻年推定		续校勘絮谈（六）
	元刊本刻工名表初稿		续藏书印的故事
	关于国学图书馆现存的丁志著录本		佚存书目解题（一——二）
	支那书籍杂志直接购读法答复		本邦藏书印表初稿补正
	出版竞争		关于古书出价
	关于特殊图书馆的汉籍编目		图书讨价还价的参考书
第3卷	续校勘絮谈（一）		文溯阁四库全书要略及索引
	宋板鉴定法		近著书目二三
	现存明代小说书刊行者表初稿		游支杂笔等
	十行本注疏考	第12卷	我国金瓶梅的流行
第4卷	论语解题略		续校勘絮谈（七）
	关于孟子的古板本及古写本		关于书志学上的用语
	同人偶语——我为何致力于书志学		校勘絮谈（八）
	家藏旧钞曲本目录	第13卷	汉籍集部分类表
	关于支那俗曲本的教科书		浪华观书记
	越刊八行本注疏考		怪谈全书著者续考
	关于掖斋旧藏的宋元刊本		汉籍分类答问
	我的关于古书覆制方法及覆制成功的经验		《三言》书名板本续考
第5卷	汉籍的亡佚和教科书的变迁		续校勘絮谈（九）
	经书今古文疑问		续校勘絮谈（十）

续表

卷号	题目	卷号	题目
	从书志上窥本邦流行的支那诗文之一斑		续校勘絮谈（十一）
	除四史之外正史的和刻本		大唐三藏法师取经记和大唐三藏取经诗话
	宋至清藏书家表初稿	第 14 卷	关于刊本乾隆禁书目录
	家藏武藏国地志相关书目略		续校勘絮谈（十二）
	周易校勘记补遗		原本玉篇古写本断简的下落
	支那乡土志调查的参考书		佚存书目解题（三）
第 6 卷	再说现存宋刊单疏本		关于满清纪事的编刊
	藏书印的故事		佚存书目解题（四）
	汉籍彩色印刷的故事	第 15 卷	明嘉靖版农书二种
	本邦藏书印表初稿		皇明条法事类观察
	昭和十年新刊书志学关系书籍总目		续校勘絮谈（十三）
第 7 卷	唐本的版式的变迁		佚存书目解题（五）
	杨惺吾日本访书考（上）		关于新编醉翁谈录
	宋刊本《唐百家诗选考》		观澜阁汉籍善本书目
	论古书的价格		宫城县图书馆汉籍善本书目
	明代戏曲书刊行者表初稿		支那古今刻书地的变迁
	书林清话纠缪（续）		家藏北京掌故关系书籍目录
			佚存书目解题（六）

长泽规矩也作为汉籍研究的专家，他对汉籍的分类和编目问题也有专门研究，如 1934 年第 2 卷第 6 期上的《关于特殊图书馆的汉籍编目》，1939 年 13 卷 1 期上的《汉籍集部分类表》和同卷第 2 期《汉籍

分类答问》等。他在汉籍编目和分类方面的研究，显示出他善于吸收中日图书馆界的相关成果，并在此基础上有所改进和提高。

在《关于特殊图书馆的汉籍编目》一文中，长泽规矩也回顾自己从东京大学毕业后刚到静嘉堂工作时尚缺乏编目经验，虽然也写过与分类法和目录法相关的报告，并未发表。后来他从中华图书馆协会出版的《图书馆学刊》上刊登的于震寰所著《善本图书编目法》一文中学到了不少好的意见，结合他本人的经验，详细说明了特殊图书馆的汉籍编目方法。

在《汉籍集部分类表》一文中，长泽规矩也认为西洋学问和中国学问根本上不同，西洋分类法当然就不适用于中国学问，主张中国学问仍然应该采用四库分类法。他指出经学在中国学问中占有重要地位，而西洋学问中没有经学或与之相当的内容。同样，日本的国学在西洋分类法中也没有合适的类目，所以应该在日本的分类法中单设一个国学类。他认为，中国文学，与经学、史学不能完全分离。而受到西学影响的汉籍，或者与旧学完全分开，依照西洋分类法分类，或者作为子部的附录，后者就是他本人就是采用的一种方法。该分类法共分6大类，另附戏曲小说类。

表 4-14 长泽规矩也的集部分类法

大类	二级区分
一 楚辞类	
二 别集类	1 汉至隋
	2 唐五代
	3 宋代
	4 辽金元
	5 明代
	6 清代
	7 近代
三 总集类	1 文选之属
	2 历朝之属
	3 断代之属
	4 郡邑之属
	5 族望之属
	6 闺秀之属
	7 赠答之属
	8 制艺之属
	9 题咏之属
	10 歌谣之属
四 尺牍类	
五 诗文评类	

续表

大类	二级区分
六 词曲类	1 词集
	2 词选
	3 词学
	4 散曲
附 戏曲小说类	1 杂剧
	2 传奇
	3 花部
	4 曲选
	5 曲学
	6 传奇小说
	7 通俗小说
	8 小说选
	9 小说学

在《汉籍分类答问》一文中，长泽规矩也详细分析中日7部目录的特点，包括天津图书馆书目、国立北平图书馆善本书目、江苏省立国学图书馆图书总目、内阁文库图书第二部汉书目录、静嘉堂文库汉籍分类目录、东方文化学院京都研究所汉籍简目、北京人文科学研究所藏书简目，指出这些目录均以四库分类法为基础，对有关类目进行增减，以便于汉籍分类。最后他附上自己依据四库法编制的分类法（除集部），其中集部分类法如上《汉籍集部分类表》所述。

表 4-15　长泽规矩也的《再订汉籍四部分类表（除集部）》

大类	二级类（三级类）［三级类说明文字］
经部	一易类（周易、附录［纬书、三坟］）、二书类（尚书、附录［尚书大传、其他纬书］）、三诗类（毛诗、附录［三家诗及纬书］）、四礼类（周礼、仪礼［附录服制、历代礼制］、礼记［附录大戴礼］、三礼总义、通礼、杂礼［附录纬书及朝鲜礼书］）、五春秋类（左氏传、公羊传、谷梁传、总义、附录［春秋繁露、纬书］）、六孝经类、七四书类（大学、中庸、论语、孟子、学庸、语孟、四书）、八群经总义类（群经、经义、石经、附录［纬书］）、附小学类（训诂、字书、韵书［附录语学书等］）
史部	一正史类、二编年类、三纪事本末类、四杂史类、五传记类（各传、家谱、总传、汇纂、日记、杂录）、六史抄类、七史表类、八史料类、九史评类、一〇诏令奏议类（诏令、奏议）、一一职官类（官制、官箴）、一二政书类（通制、典礼、邦计、军政、法令、外交、杂书）、一三地理类（总志、方志、河渠、名迹、游记、杂记、边防外纪、舆图）、附目录类
子部	一儒家类、二兵家类、三法家类、四农家类（农书、时令）、五医家类（医学、本草、杂书）、六天文算法类（天文、算书）、七术数类（术学、占候、相宅相墓、占卜、命书相书、阴阳五行、杂技术）、八艺术类（金石、书画、法帖、音乐、篆刻、杂技）、九谱录类（器用、食谱、草木鸟兽虫鱼）、一〇杂家类（杂学、杂考、杂说、杂事、杂品、杂纂、异闻琐语）、一一类书类、一二道家类、一三释家类、附西学类

《书志学》上除了研究论文以外，还有书刊介绍、学会汇报、新闻报道。日本书志学会对来自中国图书馆界的事情非常重视，对于中国新出版的书刊也时常加以报道。比如有关四库全书影印问题的报道，“南京中央图书馆与故宫博物院交涉，协助商务印书馆选取 232 种影印。学者方面认为在影印时，如果有其他好的善本，可以将原来的版本抽换掉。张元济认为根据现实的可能性，暂时先选印库本。然后张元济又和北平图书馆交涉，达成契约影印善本书，由北平图书馆选书。袁同礼与董康合作影印日本孤本，曾因周围形势而先搁置起来，现在董氏已在东

京展开摄影。”① 再如关于东方图书馆的复兴的报道“中华民国唯一的私立图书馆商务印书馆所设东方图书馆，位于宝山路，除了寄存在金城银行的宋元旧椠以外，其余的古今书籍都在上海事变中烧失，最近张元济、王云五得到中外人士的赞助，希望能够复兴东方图书馆，成立了英美法各国赞助会。考虑到商务印书馆对中国学术贡献，本邦各方也给予了很大援助。”② 此外，《书志学》对民国出版的书刊及重要新闻都有报道，在中日图书馆界的交流方面起到了重要作用。

---

① 長澤．四庫全書影印問題後報［J］．書誌學，1934，2（1）：66.
② 長澤．東方圖書館の復興［J］．書誌學，1934，2（3）：70.

第五章 抗战时期日本的单向攫取

抗日战争全面爆发后，作为被侵略和侵略的中日双方，已经失去了正常交流的基础，中国图书馆人在战火中奋力保护图书，宣传抗战，争取胜利，而日本图书馆人一方面在为侵略军队服务，一方面在做掠夺图书的帮凶。关于这一时期的图书馆史，如满铁图书馆、日本殖民下的台湾图书馆、侵华日军掠夺图书等，日本学者发表了不少论著，无不带有日本人之立场，但是中国学者却整体比较沉默，对于后人正确了解这一段历史是非常不利的，中国学者需要加强对这一时期的研究。

第一节　抗战中的中国图书馆界

抗战时期中国图书馆界的情形，如 1938 年《中华图书馆协会会报》所言，“事变以来，战区扩大，敌踪所至，对于文化机关，摧毁尤甚，其直接及间接受战事影响者，所遭重大损失，诚不可以估计。此种暴行实为文化恶魔，人类公敌。在战区及被占领各地之文化机关，为保存吾国文化计，或已一部分或全部迁移较安处所，或继续维持残局，均值国人之钦佩及感谢。”① 要么迁移保存图书，要么在原地维持残局，成为当时中国图书馆界仅有的选择。

早在1931年九一八事变之后，侵华日军蓄意轰炸焚烧破坏我国文化机关的意图就暴露无遗。1932年“一·二八”事变中，日军公然炸毁商务印书馆，并焚烧其附属的东方图书馆。东方图书馆是当时我国东南最为完整的图书馆，以启迪民智为己任，堪称我国图书馆之巨擘②。东方图书馆被焚后，包括中文普通书268 000册（平均三四本合订一册）、外文普通书80 000册、图表照片5000套，善本书经部274种2 364册、史部996种10 201册、子部876种8 438册、集部1 057种8 710册、何氏善本约40 000册、方志2 641部25 682册、报章杂志40 000册，目录卡片400 000张，总价值1 972 000元③，全部化为乌有。1933年以后，东方图书馆筹备恢复，成立了东方图书馆复兴委员会，在四五年间，搜罗中外图书不下40万册，方拟重建馆舍，公开阅览，又逢日寇重燃战火而中搁。自太平洋战争爆发后，该馆总管理处迁渝，收拾烬余作第三次复兴④。

1933年，当平津危急之际，北京大学的图书也曾南迁，在时局好转时，为了不影响教学又迁回，颇费周折。“北大前当平津垂危之际，将文理法各院贵重图书仪器，分装八百箱，由事务主任沈某与校警总监押送运沪，存于同文书院，另一部分存于杭州浙江大学。现时局平静，距开学期只有一月，而该图书仪器等，又为全校师生每日所常用，故图书馆主任毛准与仪器组主任会商结果，决将八百箱全数运回学校，以备

① 国内消息［J］. 中华图书馆协会会报，1938，13（1）：18.

② 東方圖書館被焚 損失約有百餘萬 東方文化之浩劫［N］. 新闻报，1932-02-02（3）.

③ 损失清册：本馆总厂及东方图书馆等损失数目［J］. 商务印书馆通信录，1932（376）：3-4.

④ 东方图书馆重庆分馆开幕［J］. 中华图书馆协会会报，1945，19（4-6）：7.

应用，闻现已电在沪之事务主任沈某，令其就近交涉车辆，押运返校。”①

前车之辙犹在，侵华日军蓄意破坏中国文化设施的暴行又再次上演。图书馆界虽然无力去直接阻止，却勇敢地去揭露这种暴行，并且想方设法提前转移图书，以保存中华文化的血脉。严文郁说，“为什么敌人每于通都大邑投弹的时候，不炸毁银行大厦，而专以文化机关，尤其是图书馆为目标？从这方面体察，不难领会文化国防的重要。”② 熊洪薇说，“文化是国家的生命，是民族的灵魂，国土沦陷了，我们还有收复的一天，文化被毁灭了，我们的国家民族乃真陷于万劫不复的境地。敌人想毁灭我们整个的文化，所以时常轰炸我们的文化机关。”③ 在另一篇文章中，他又说，“敌机轰炸的目标，并非是什么军事机关，或设防要地，却是我们的文化机关和商业中心区域，这，可拿许多事实来证明：自抗战发生后，我们许多文化机关，尤其是学校和圕，大多数的不是毁于敌人的炮火和炸弹下面吗？”④ 另有报道说，“自去年八一三淞沪战争爆发，以迄于今日，我国之损失最大而又最不能计算者，厥唯文化典籍。日本对我国进攻，在军事上，有极充分的准备，在文化典籍上，也极有计划，故随军皆有摧毁劫掠我国文化典籍之有体系的组织。”⑤ 杜定友说“保卫文献，与保卫国土，同属重要！国土沦陷，尤可收复，图书湮没，永世不复。”⑥

---

① 存沪图书回运［J］．北平周报，1933（30）：2-3.

② 绍诚．抗战建国期中的圕事业［J］．中华图书馆协会会报，1938，13（1）：3.

③ 熊洪薇．抗战期中图书馆应做些什么工作［J］．中华图书馆协会会报，1938，13（2）：1-5.

④ 洪薇．抗战期江西省立圕的动态［J］．中华图书馆协会会报，1938，13（3）：8-9.

⑤ 江浙私家藏书遭浩劫［J］．中华图书馆协会会报，1938，13（3）：22.

⑥ 杜定友．香港沦陷后与我国文献之巨厄［J］．中华图书馆协会会报，1942，16（5-6）：5-7.

中华图书馆协会大声疾呼“呜呼，我国图书馆之建立，不过三十年间事耳，方当萌芽，遽罹霜雹，宁不可痛！”①，该会指出，1935年据教育部统计国内图书馆大小凡4 000余所，1939年初统计沦陷于敌手者已达2 500余所，其中多沿海大城市中藏书丰富的图书馆。幸存于川桂陕甘四省、藏书在50 000册的不过5所。而黔滇及边区，则很难见到藏书超过万册的图书馆。

为了“粉碎敌人文化亡国的阴谋”，保存文化以待胜利，转移、迁移并保存图书成为图书馆最重要的事情。他们坚信“此次是对外抵抗的战争，是为求生存而战争，除全国一致长期抵抗外，实无第二条路可走。我国文化机关，受剧烈之摧残，是不可避免的事实，吾人牺牲虽大，但最后胜利，必属于我，中华民族必能从大局转移，而收复失地，重奠邦基。”②

抗战时期中国图书馆员肩负保护中华文化血脉的重任，他们为之付出的巨大努力，是值得历史永远铭记的。

一、图书迁移保存以及图书被难情况

1937年卢沟桥事变后，中国图书馆学刊物纷纷被迫停刊，只有《中华图书馆协会会报》于1938年7月在昆明复刊，继续发行，保存了关于这一时期中国图书馆界的珍贵史料。该刊内容包括“关于图书馆战时之工作，行政之兴革，被难之状况，文物之损失，以及个人在学术上之工作，各馆复兴之计划等。”③

中华图书馆协会从1937年开始，就从事全国图书馆被毁状况调查，

---

① 中华图书馆协会．抗战建国时期中之图书馆［J］．中华图书馆协会会报，1939，13（4）：2-4.

② 本会会报复刊感言［J］．中华图书馆协会会报，1938，13（1）：1.

③ 本会启事二［J］．中华图书馆协会会报，1938，13（1）：2.

在全国设立 14 个通讯处，委托中外人士亲自赴各地访问，写成真实报告，寄到协会，分类保存。同时将报纸上的报道，作成剪报，汇编成英文报告，在国际上宣传，并向欧美各国征求图书，以图复兴。协会理事长袁同礼向各国图书馆协会写信请求援助，得到了各国积极的响应。

笔者根据 1938 年复刊后《中华图书馆协会会报》的有关报道，将当时图书迁移和图书馆被毁情况进行汇总，借以反映日寇的疯狂罪行与中国图书馆界为保存中华文化付出的艰苦努力。

统计完全按照时间顺序，并未将同一个图书馆的遭遇进行合并，主要是为了反映在战争的不同阶段，日寇对图书馆的破坏情况，从中发现一些规律性的东西，同时也反映出当时中国图书馆界如何心系国家的文化血脉。

表 5-1 抗战时期《中华图书馆协会会报》记载的图书馆迁移或被毁情况

圕/城市	重要图书/馆舍	被害/下落	来源题名	来源卷期
浙江省立圕	文澜阁四库全书	运至西南某省妥藏	浙江省立圕迁移永康	1938，13（1）
南京、苏州、杭州、南浔	70 万册	被敌劫去	南京贵重图书七十万册均被敌军劫去	1938，13（1）
湖大圕	全部图书	被炸	湖大图书被炸	1938，13（1）
山东省立圕	重要图书及古器物	被敌劫去	山东省立圕重要文物沦入敌手	1938，13（1）
齐鲁大学圕		迁至成都华西协和大学	山东齐鲁大学圕图书迁移成都	1938，13（1）
国立北平圕	中西珍本	运至安全地方	国立北平圕最近消息	1938，13（1）
		留平继续维持，袁同礼南下		
国立中央圕		迁渝	国立中央圕迁渝后近讯	1938，13（1）
国立山东大学圕	图书	迁万县，被敌机轰炸	国立山东大学圕由中央圕接管	1938，13（1）
长沙临时大学圕		迁往昆明	长沙临时大学圕随校迁往昆明	1938，13（1）
中央研究院历史语言所	中文书籍 200 箱	寄存西南联大	中央研究院历史语言所中文藏书寄存西南联大圕	1938，13（1）
西北联合大学圕		迁陕西城固县	西北联合大学圕随校迁往城固县	1938，13（1）
集美学校圕		被敌炮炸毁	集美学校圕惨遭敌人炮轰坍塌	1938，13（1）
厦大圕		迁长汀	厦大圕迁移长汀	1938，13（1）
量才圕		迁汉口	量才流通圕迁汉	1938，13（1）
协和医学院圕	社会科学书籍	被检视	协和医学院圕被敌严密检视	1938，13（1）

续表

圕/城市	重要图书/馆舍	被害/下落	来源题名	来源卷期
上海市立圕		被敌机关占据	上海的文化现状	1938，13（1）
上海民众圕		毁于战火	上海的文化现状	1938，13（1）
蚂蚁圕、蚁社圕、量才圕		停办	上海的文化现状	1938，13（1）
汕头市立圕		被毁	继续调查全国圕被毁状况	1938，13（2）
河北省立圕		停止阅览	平津圕界近讯	1938，13（2）
	大批书刊	被禁并运走		
平津各圕	抗日图书	遭禁	平津圕之遭劫	1938，13（2）
平市古物陈列所、其余公私所藏	全部珍贵宝物图书	被装三四列车劫走	北平名贵古物图书被倭劫运出关	1938，13（2）
南京国学圕	全部图书	被敌劫去	国学圕近讯	1938，13（2）
	仅善本 100 箱	预先转移		
南京	60 万图书	被敌劫去	江南藏书被敌焚劫数十万册（按：该文译自日刊）	1938，13（2）
上海、杭州、苏州、镇江、昆山、嘉定、常熟、太仓	藏书	被敌劫去	江南藏书被敌焚劫数十万册（按：该文译自日刊）	1938，13（2）
东吴法学院圕		继续维持	东吴法学院圕近况	1938，13（2）

续表

圕/城市	重要图书/馆舍	被害/下落	来源题名	来源卷期
上海工部局公共圕		继续维持	上海工部局公共圕消息二则	1938，13（2）
量才流通圕		从汉口迁渝	量才流通圕迁渝	1938，13（2）
浙江省立圕、各校圕	全部藏书	被敌纵火焚烧	杭州圕图书遭敌焚烧	1938，13（2）
文华圕学专科学校		迁渝	文华圕学专科学校迁渝招生	1938，13（2）
大夏大学圕		迁黔	大夏大学圕存渝图书扫数运黔	1938，13（2）
上海市圕	仅一部分善本及伍连德、丁福保赠书	预先转移	上海各圕被毁及现况调查	1938，13（3）
	馆舍	被占		
	全部藏书7、8万册	散失		
国立暨南大学圕	馆舍	部分被炸	上海各圕被毁及现况调查	1938，13（3）
	中日文书32527册，西文3331册	损失		
国立同济大学圕	部分书	内迁	上海各圕被毁及现况调查	1938，13（3）
	校舍	全部被毁		
国立上海商学院圕	重要图书15074册	迁出	上海各圕被毁及现况调查	1938，13（3）
	校舍	被毁		
	剩余图书	被毁		

续表

圕/城市	重要图书/馆舍	被害/下落	来源题名	来源卷期
复旦大学仙舟圕	4万册图书大部	迁出	上海各圕被毁及现况调查	1938，13（3）
	剩余图书	被毁		
	馆舍	被毁		
光华大学圕	18512册	预先迁出	上海各圕被毁及现况调查	1938，13（3）
	15963册	损失		
大夏大学圕	藏书共46120册	一部分随校西迁	上海各圕被毁及现况调查	1938，13（3）
	百余箱	留沪		
	剩余图书	毁于炮火		
大同大学圕	藏书约20000册	一部分遭破坏	上海各圕被毁及现况调查	1938，13（3）
		一部分迁出		
沪江大学圕	馆舍	先被日军占据，后被封闭	上海各圕被毁及现况调查	1938，13（3）
	图书	散失污损		
东吴大学法学院圕	苏州方面图书	全部未迁出，损失严重	上海各圕被毁及现况调查	1938，13（3）
国立交通大学圕	中西文图书约10万册	迁出	上海各圕被毁及现况调查	1938，13（3）
	馆舍	被占		
中国国际圕		停顿	上海各圕被毁及现况调查	1938，13（3）
量才流通圕		停顿	上海各圕被毁及现况调查	1938，13（3）
震旦大学圕	法教会圕	未受损	上海各圕被毁及现况调查	1938，13（3）
圣约翰大学罗氏圕	英教会圕	未受损	上海各圕被毁及现况调查	1938，13（3）

续表

圕/城市	重要图书/馆舍	被害/下落	来源题名	来源卷期
明复圕		未受损	上海各圕被毁及现况调查	1938，13（3）
鸿英圕		未受损	上海各圕被毁及现况调查	1938，13（3）
海关圕		未受损	上海各圕被毁及现况调查	1938，13（3）
中国流通圕		新设，丁福保、陈鸿飞	上海各圕被毁及现况调查	1938，13（3）
丁香圕		新设，美星明记卷烟厂，使用量才圕遗址	上海各圕被毁及现况调查	1938，13（3）
南京53所圕		损失	抗战一年来我国圕的损失	1938，13（3）
上海173所圕		损失	抗战一年来我国圕的损失	1938，13（3）
江苏300所圕		损失	抗战一年来我国圕的损失	1938，13（3）
浙江377所圕		损失	抗战一年来我国圕的损失	1938，13（3）
安徽111所圕		损失	抗战一年来我国圕的损失	1938，13（3）
北平96所圕		损失	抗战一年来我国圕的损失	1938，13（3）
天津26所圕		损失	抗战一年来我国圕的损失	1938，13（3）
河北176所圕		损失	抗战一年来我国圕的损失	1938，13（3）
青岛12所圕		损失	抗战一年来我国圕的损失	1938，13（3）
山东276所圕		损失	抗战一年来我国圕的损失	1938，13（3）
威海卫5所圕		损失	抗战一年来我国圕的损失	1938，13（3）
山西127所圕		损失	抗战一年来我国圕的损失	1938，13（3）
河南392所圕		损失	抗战一年来我国圕的损失	1938，13（3）

续表

圕/城市	重要图书/馆舍	被害/下落	来源题名	来源卷期
察哈尔 13 所圕		损失	抗战一年来我国圕的损失	1938，13（3）
绥远 19 所圕		损失	抗战一年来我国圕的损失	1938，13（3）
共计 2166 所圕	8664000 册藏书	损失	抗战一年来我国圕的损失	1938，13（3）
云间姚石子	收藏典籍极富	全部被日人运去	江浙私家藏书遭浩劫	1938，13（3）
上海王绶珊东南藏书楼	典籍价值百万，地方志 3000 余种	全部被日人运走，一网打尽，王绶珊一愤而绝		
松江、平湖、苏常、杭州	典籍	全部被运走		
西南联大文法学院图书分馆		由蒙自迁昆明	西南联大文法学院图书分馆迁回昆明	1938，13（3）
上海世界书局	500 万册图书	被运至日本	上海世界书局图书被敌劫走五百万册	1939，13（4）
沪江大学圕	校舍	损毁	沪江大学圕取出大批图书	1939，13（4）
	图书	迁至上海基督教大会联合圕		
江苏省立圕	部分珍贵藏书	移至江北	江苏省立圕珍贵藏书损失	1939，13（4）
南菁中学	宋版书、王先谦珍藏本、县志	俱遭敌毁坏	江阴图书损失浩大	1939，13（4）

续表

圕/城市	重要图书/馆舍	被害/下落	来源题名	来源卷期
松江	图书、民教2馆书籍	焚于火、流失馆外	松江沦陷后公私图书被盗窃一空	1939，13（4）
	私家珍藏	被流氓盗卖		
	韩姓祖传珍藏书籍	敌军任意糟蹋		
	公私学校书籍	全部净尽		
海盐	城区徐氏、张氏、朱氏、谈氏藏书	损失殆尽	海盐图书损失情况	1939，13（4）
	圕书籍	多损坏		
镇江	镇江师范、镇江中学、省立医政学院之藏书	敌军运去、贫民盗窃	镇江公私藏书被毁殆尽	1939，13（5）
	省立圕、私立流通圕、县立五三圕、私家藏书	敌寇驻军，用作燃料；贫民抢盗、贩售，以斤计		
苏州	中等以上学校20多个圕	敌军驻占各校，图书任意弃置，图书以每斤5分出售	苏州文化机关厄运抛弃图书每斤五分	1939，13（5）
文华圕学专科学校		1938年6月奉命由武昌迁渝。借国立中央圕筹备处一间房屋办公，在求精中学院内自建西式新屋一座作为教室。	文华圕学专科学校由鄂迁渝后工作概况	1939，13（5）
国立浙江大学圕	图书	随迁，未受损失。迁福建-江西泰和-广西宜山	国立浙江大学圕近讯	1939，13（5）

续表

圕/城市	重要图书/馆舍	被害/下落	来源题名	来源卷期
国立同济大学圕	图书	大半携出，迁金华-赣州-八步-昆明	国立同济大学圕随校迁滇	1939，13（5）
江西省立圕		先迁吉安，再分迁泰和、永新、安福、遂川四地	江西省立圕的战时工作	1939，13（6）
全国共118所大学及专科学校	14校	受极大之破坏	教部发表全国高等文化机关受敌军摧残之下所蒙损失统计	1939，13（6）
	18校	无法续办		
	73所	迁移勉强上课		
大学财产	国立3650余万元	损失	教部发表全国高等文化机关受敌军摧残之下所蒙损失统计	1939，13（6）
	省立610余万元	损失		
	私立2260余万元	损失		
沦陷区内40校图书	国立1191447册	损失	教部发表全国高等文化机关受敌军摧残之下所蒙损失统计	1939，13（6）
	省立104950册	损失		
	私立1533980册	损失		
	总计2830386册	损失		
各大学	设备图书仪器	或焚或劫，或遭轰炸，损失大半	教部发表全国高等文化机关受敌军摧残之下所蒙损失统计	1939，13（6）
中华书局、世界书局	储存教科书千余万册	敌军悉数劫去	教部发表全国高等文化机关受敌军摧残之下所蒙损失统计	1939，13（6）

续表

圕/城市	重要图书/馆舍	被害/下落	来源题名	来源卷期
北平故宫博物院、内政部古物陈列所	名贵古物	损失2900余箱	教部发表全国高等文化机关受敌军摧残之下所蒙损失统计	1939，13（6）
上海市的圕	上海市公私立大小圕，总数达200余所	损失最大者如市中心圕、南市文庙圕、同济、暨南、交通、大夏、大同、光华、沪江、上海商学院、东吴法学院、上海法学院、同德医学院	八一三后上海市圕图书损失四十万卷	1939，13（6）
	总计图书达40余万册	损失		
国立厦门大学圕	图书550余箱	随校迁长汀	国立厦门大学圕近况	1939，13（6）
岭南大学圕		借冯平山中文圕二楼办公。因经济困难，杂志不能继续订阅	岭南大学圕随校迁港之后现状	1939，13（6）
贵阳民教馆	馆舍	2月5日遭敌机轰炸	贵阳民教馆近讯	1939，13（6）
国立中山大学圕	总藏书20余万册	迁出7万余册。迁罗定-广西-安南-昆明-云南澂江	国立中山大学圕由粤迁滇经过及工作近况	1939，14（1）
私立上海中学圕	书籍	散佚颇多，八一三后，辗转迁徙	私立上海中学圕近况	1939，14（1）
国立湖南大学圕	69010册图书，价值129312元	大部分被炸焚毁	国立湖南大学圕近况	1939，14（1）
	一部分图书	随校迁移辰溪		
蟫秋圕	馆舍	被投巨石（5月3日敌机袭渝）	重庆基督教青年会蟫秋圕遭敌机轰炸	1939，14（1）
	图书	狼藉		

续表

圕/城市	重要图书/馆舍	被害/下落	来源题名	来源卷期
成都市民教馆	珍贵图书	为避免飞机大炮轰炸，迁某某县保藏	成都市民教馆珍贵图书迁地保藏	1939，14（1）
甘肃省立圕		三月敌机数次轰炸兰州，颇受损失	甘肃省立圕恢复阅览	1939，14（1）
广东省立民众教育馆		1938 年 10 月迁移罗定	粤省民教馆奉令迁移曲江	1939，14（1）
景堂圕	一部分图书	搬运乡间	新会失陷后景堂圕图书搬运乡间开设分馆	1939，14（1）
岭南大学圕		借用国立北平圕存港图书、香港大学图书	岭南大学圕近况	1939，14（1）
广州一中（昔为广雅书院）	典籍	全被敌运走	粤省广雅典籍全数被敌劫走	1939，14（2-3）
广州四大馆	中山所藏达数十万	仅运出 78403 册	广州图书损失情况	1939，14（2-3）
	市立所藏达 40 万册	全部毁于劫		
	仲元	仅海内孤本事先外运		
	广雅	全被敌运走		
国立中山大学圕	总馆和分馆的图书、杂志、日报、家具	损失 246563 件，623506.71 元	国立中山大学圕民国二十七年度工作报告	1939，14（2-3）
	图书 75304 册、杂志 3391 册	迁出		

续表

圕/城市	重要图书/馆舍	被害/下落	来源题名	来源卷期
交通部圕	原有图书约53400余册	仅运出25400余册	抗战建国时期一个政府机关圕的实例	1940，14（4）
大夏大学圕		贵阳遭敌机轰炸，珍贵图书疏散花溪存放。 花溪书籍搬运回校，以供应用	贵阳大夏大学圕近讯	1940，14（4）
四川省立教育学院		为避免空袭损失，将图书疏散山中储藏。 将图书运回，以供研究学术之用	四川省立教育学院图书搬运回校	1940，14（5）
国立川大圕	全部15万藏书的三分之一，共计350箱	迁往峨眉	国立川大圕图书运峨	1940，14（5）
南轩圕	18000余种	为避敌机轰炸，迁出长沙	南轩圕迁蓝田后照常开放	1940，14（5）
河大圕	7万余册，350余箱	迁信阳鸡公山－镇平－嵩县潭头镇	河大圕随校迁嵩之经过及现状	1940，14（5）
延安中山圕		1938年遭敌机轰炸，停顿	延安中山圕将扩大办理	1940，14（5）
福建省政府圕		并入公报室，迁至永安	福建省政府圕迁永后工作概况	1940，14（6）
清华大学圕	图书仪器50余箱	运至汉口－重庆－昆明	清华大学圕劫后经过概述	1940，14（6）
	其余	不能携出		
	校舍	敌军占据		

续表

圕/城市	重要图书/馆舍	被害/下落	来源题名	来源卷期
国立清华大学圕	中西文藏书，多系善本	于七七事变前迁至汉口，1939年夏迁至重庆，再迁至北碚，1940年7月被敌机轰炸	清华藏书被敌机炸毁	1940，15（1–2）
隆昌中学圕	馆舍	1940年8月2日被炸毁	隆昌中学圕被敌机炸毁	1940，15（1–2）
重庆大学圕	圕及宿舍共百栋	1940年7月4日被炸	重庆大学圕被炸	1940，15（1–2）
国立东北大学圕	10万余册	九一八沦陷沈阳	国立东北大学圕近况	1940，15（1–2）
	6万余册	七七事变沦陷北平		
		迁陕、迁川		
中华圕协会会报		在上海印校，滇越铁路中断。14卷6期积滞海防，改在成都出版	会报改由刘国钧博士主编兼发行	1941，15（3–4）
中华圕协会	设国立北平圕内（昆明市文庙尊经阁）	1941年1月29日敌机轰炸	本会昆明办事处因被炸房屋震坏	1941，15（3–4）
国立北平圕	大部分重要图书	事变后迁至昆明	国立北平圕在昆一部分迁乡工作	1941，15（3–4）
	一部分西文书籍	因敌机轰炸迁渝		
	重要书籍	由昆明疏散到北郊桃源村		
瑞安县立圕	图书	4月19日敌军登陆，被流氓地痞扫荡一空	浙江瑞安县立圕谨启	1941，15（6）

续表

圕/城市	重要图书/馆舍	被害/下落	来源题名	来源卷期
国立北平圕状况	4473册所谓“有碍邦交”的图书	被北平新民会取去	七七事变后平市圕状况调查	1941，16（1-2）
国立清华大学圕	馆舍	被占为病院	七七事变后平市圕状况调查	1941，16（1-2）
	约1万册	被列为禁书		
	约4万册（方志与应用科学）	被军部、新民会、近代科学圕运走		
	约20万册	交北大圕		
国立北京大学圕	俄文图书八、九架，杂志多种	被特务机关和新民会取走	七七事变后平市圕状况调查	1941，16（1-2）
	北大保管委员会（内有圕保管员）	1937年12月14日被解散		
		1939年1月伪北大改组，圕同时恢复		
文华圕专校	办公楼、校舍	分别于1941年5月9日、7月7日被敌机炸毁	本会慰问文华圕专校及西南联大圕	1941，16（1-2）
西南联大圕	圕大部分	1941年8月14日被敌机炸毁	本会慰问文华圕专校及西南联大圕	1941，16（1-2）
国立广西大学圕		七七事变后几经迁徙，至良丰西林公园	国立广西大学圕近况	1941，16（1-2）

续表

圕/城市	重要图书/馆舍	被害/下落	来源题名	来源卷期
师大圕	校舍	被宪兵队占据	七七事变后北平圕状况调查（续）	1942，16（3-4）
	部分图书	迁至文学院圕		
	1 万多册	被“消灭抗日圕检查团”查禁		
国立北平师范大学暨所属各校圕	师大南北附中图书	图书损失十分之一二，杂志损失十分之七八	七七事变后北平圕状况调查（续）	1942，16（3-4）
	师大附属儿童圕及第一附小圕	因驻兵而屡次迁徙，经宪兵检查十余次，损失图书达十分之五六		
	师大第二附小圕儿童读物 4000 余册	被主任孙世庆全部焚烧以避祸		
福建省立圕		迁沙县	福建省立圕工作近况	1942，16（3-4）
金陵大学圕	选择 17000 册（139 箱），其中仅 103 箱	被运出，迁成都华西大学（行四千里，耗时 3 个月）	金陵大学圕迁蓉经过及工作近况	1942，16（3-4）
	藏书十分之九	未迁出		
武昌文华圕专科学校		1938 年西迁重庆	私立武昌文华圕专科学校近况	1942，16（3-4）
		1941 年 5 月、7 月曾家岩校址两次被炸		
		1941 年 10 月迁廖家花园		

续表

圕/城市	重要图书/馆舍	被害/下落	来源题名	来源卷期
岭南大学圕	中西文图书20余万	沦陷	岭南大学圕近况	1942，17（1-2）
	小部分	迁港，沦陷		
金陵大学圕	部分图书	迁川	金陵大学圕近况	1942，17（1-2）
	南京校舍	被伪中央大学接收		
	中文书超30万卷，其三分之二	被携去		
国立北平师范学院圕和北洋工学院圕	图书	均未携出。迁至西安	国立西北师范学院圕近况	1943，17（3-4）
中华圕协会	会址	1943年9月迁渝，沙坪坝国立北平圕内	本会会址由昆迁渝	1943，18（1）
复旦大学圕	一部分图书	迁镇江-九江-牯岭-重庆	国立复旦大学相伯圕概况	1943，18（2）
厦门大学圕	重要图书装箱，550余箱图书杂志	迁移长汀	国立厦门大学圕概况	1943，18（2）

续表

圕/城市	重要图书/馆舍	被害/下落	来源题名	来源卷期
甘肃省立圕	珍贵图书	疏散乡间	甘肃省立兰州圕概况	1944，18（5-6）
	楼房七间	敌机炸毁		
	图书 8000 余册、杂刊 22000 余册、报章 67000 余张、器具 263 件、珍贵之左刻五经四书及甘肃新通志板片 55 块、150 块残缺不完整板片	被焚烧		
安徽省立圕	十余万册	分移数地，大都化为灰烬	安徽省立圕恢复成立	1944，18（5-6）
河南大学圕	潭头图书	抢运出十分之七八	河南大学图书仪器损失续闻	1944，18（5-6）
	嵩县城内医学院各种图书	悉数被毁		
河南大学圕	图书仪器	由豫西转宝鸡。敌进犯，损失甚重	河南大学圕转运陕西	1945，19（1-3）
广东省立圕	图书 15639 册、报纸 33 种，档案 1 箱，卡片等	敌进攻粤北，疏散连县，途中被炸、被烧	广东省立圕消息	1945，19（1-3）
民生实业公司圕		1939 年重庆被轰炸，迁移至合川	民生公司圕充实藏书	1945，19（4-6）
广西圕	图书十余万	南宁两次沦陷，迁果化、白色	南宁圕疏散及复员艰苦情况	1945，19（4-6）
广西大学圕	图书仪器文物	迁榕江，遇山洪，全毁	广西大学图书被水毁	1945，19（4-6）

续表

圕/城市	重要图书/馆舍	被害/下落	来源题名	来源卷期
浙江省立圕	文澜阁四库全书	迁渝	浙省立圕损失甚大	1945，19（4–6）
	文籍30余万册	敌伪接管		
	馆舍	被拆		
	善本三分之一	散失		
	报刊	荡然无存		
北平故宫博物院	铜缸66口、钢炮1尊、残破铜灯亭91件	日人运走	北平故宫博物院文献图书幸保存	1945，19（4–6）
	新书与杂志	宪兵搬走或撕毁1万余册		
北平第一普通圕	图书	损失1400余种	北平第一普通圕损失情形	1945，19（4–6）
	期刊	被盗卖无存		
北京大学圕	文法两院存书	被驻军摧毁荡然无存	北京大学圕损失情形	1945，19（4–6）
	圕 党义书126部	新民会取去		
	圕 俄文图书小册3700余册	宪兵队运走		
	圕 政府公报等284册，违禁书约3千册	伪教部索去、检查		
	圕 杂志2万余册	新民会运去		
	理学院藏书	借出书籍未收回		
清华圕	大英百科全书	仅剩三五本	清华圕损失重大	1945，19（4–6）
	十余万册图书	寄存北大		

续表

圕/城市	重要图书/馆舍	被害/下落	来源题名	来源卷期
燕大圕		1941 年 12 月 8 日后，被日军占守，狼藉满地	燕大圕损失情形	1945，19（4-6）
北平政治学会圕	馆址	被日军占驻	北平政治学会圕即可恢复	1945，19（4-6）
	所有图书	被伪新民会全部劫走		
南开学校	圕	被改为车房	南开学校在津图书尽被盗去	1945，19（4-6）
	图书仪器	尽为盗去		
中央大学圕	在南京之图书仪器	被伪中大取用	中大在京图书仪器全部收回	1945，19（4-6）
金陵女子学院圕	图书	日寇宣布投降后，遭盗卖，得伪币 1500 万元	金陵女子学院图书被敌盗卖	1945，19（4-6）
广州国民大学圕	迁港图书	损失 34 箱	广州国民大学图书损失尚少	1946，20（1-3）
	126 箱	迁四邑内地		
河南省圕	书籍 15000 余册、挂图 500 余张、文卷 300 余宗、器具 500 余件	损失	河南省圕损失情形	1946，20（1-3）
河北省立女子师范学院圕	中文书 57000 余册、外文书 9000 余册，中文杂志 210 种、外文杂志 140 种，中文报纸 11 种、外文报纸 9 种，参考书 76 种，照片 230 余幅，古钱 270 余种、邮票 790 余种	全部被劫，荡然无存	河北省立女子师范学院图书全部损失	1946，20（1-3）

续表

圕/城市	重要图书/馆舍	被害/下落	来源题名	来源卷期
松坡圕	书报刊物、松坡遗墨	被新民会劫去、撕毁、焚烧	松坡圕损失情形	1946，20（1-3）
	3300余本	藏于煤炭房中幸存		
天津市立第一圕	书籍529册、杂志275册、儿童书籍156册	被敌胁迫烧毁	天津市立第一圕损失书志情形	1946，20（1-3）
国立中山大学圕	善本书199箱	迁九龙货仓	广州香港各圕近况	1946，20（4-6）
	10余万册	沦于敌手，全部散失		
	211箱	临时迁出，初迁粤西罗定，又迁云南澂江，再迁粤北坪石，再迁连县		
岭南大学圕	部分藏书	运至香港	广州香港各圕近况	1946，20（4-6）
	馆舍	太平洋战争爆发后被占		
	藏书	被敌东亚研究所、陆军医院、伪广东大学掠去		
广东省立文理学院圕	3万册	被携出，随校西迁	广州香港各圕近况	1946，20（4-6）
广州大学圕	图书	分作3处，分迁顺德、香港、台山，后全失	广州香港各圕近况	1946，20（4-6）
广州市立中山圕	馆舍	被日敌海军武官府占据	广州香港各圕近况	1946，20（4-6）

续表

圕/城市	重要图书/馆舍	被害/下落	来源题名	来源卷期
香港大学圕	馆舍	太平洋战争爆发后，被日敌占据	广州香港各圕近况	1946，20（4-6）
	圕	由日敌调查班接管，保管从香港各处搬运来的图书		
江苏省立国学圕	寄存苏北兴化 6802 册	被焚	江苏省立国学圕损失概况	1946，20（4-6）
	龙蟠里本馆清季档案 6486 宗、另加 60 余大篓	运走，被焚、造纸		
	本馆印行出版物	被敌伪劫掠一空		
	日报 1894 册及 19 束	被焚或变卖		
	本馆器具	被劫一空		
国立北平圕	图书	被伪教署、新民会掠去	国立北平圕近讯	1946，20（4-6）
		日寇 1800 部队掠去		
		敌伪东方文化协会掠去		
		伪新民学会职员曲傅政盗去		
北平师范大学圕	总计 32794 册	送缴新民会	北平各圕损失一览	1946，20（4-6）
中法大学圕	共计 17549 册	损失	北平各圕损失一览	1946，20（4-6）
朝阳学院圕	共计 25110 册	损失	北平各圕损失一览	1946，20（4-6）
中国大学圕	共计 19535	损失	北平各圕损失一览	1946，20（4-6）

续表

圕/城市	重要图书/馆舍	被害/下落	来源题名	来源卷期
故宫博物院太庙图书分馆	共计611种11022册	损失	北平各圕损失一览	1946，20（4–6）
北平师范大学附属中学圕	共计2886册，又323幅	损失	北平各圕损失一览	1946，20（4–6）
金陵大学圕	中文书	损失21353册	金陵大学圕近况	1947，21（1–2）
	西文书	损失4373册		
	中文杂志	损失10492册		
	西文杂志	损失10733册		
	中文小册	损失10508册		
	西文小册	损失16469册		
	共计	损失73928册		
湖北省立圕	图书	全部迁恩施保存	湖北省立圕	1947，21（1–2）

日本对中国图书的破坏，即使从世界范围来看都称得上是最为严重的。二次世界大战中，被侵略国家图书馆普遍受害，“据美国图书馆学家弥尔顿与夏法在哈佛大学校友会报上报道：第二次世界大战中，书籍与图书馆之破坏，或已超过历来战祸中所有破坏总数之好几倍。据彼等估计：波兰被破坏或抢劫之图书馆占百分之七十。苏联仅乌克兰一地被破坏之图书即有五千五百万卷。捷克半数的图书馆被掠一空；布拉格之查利大学图书馆七十万卷藏书，被纳粹运往德国。英国约有三十所大图书馆遭受严重之轰炸。中国一百零八所大学中有九十一所被占据或炸坏。”① 从数量和比例上来看，中国受害尤为严重。

有鉴于此，1938 年 12 月全国学术机关团体战时征集图书委员会成立。该委员会指出，“自倭寇侵略以来，我国图书馆被毁无数，图书损失，至为重大。最近全国各学术机关，因感觉征集图书协助被毁各文化机关从事复兴工作之重要，联合成立战时征集图书委员会，拟向各国作大规模之宣传与征集。”② 国际社会，对于中国人民和中国图书馆界充满了同情，以牛津大学石博鼎先生为代表的友好人士，在积极捐赠的同时，表达了世界人民的心声，“对于贵国抵抗侵略之伟举，莫不予以极大深切之同情，盖吾人深觉贵国不仅为自由而战，实为拥护全世界人类之自由与人道而战也……吾人今日能在文化方面实际援助贵国，藉以表示吾人深切之同情，实深以为欣慰。”③ 在美国，应中华图书馆协会之要求，也于 1938 年冬发起全国捐书运动，将征集到的图书陆续运到中国④。

---

① 国外消息 被侵略国图书馆之遭殃［J］. 中华图书馆协会会报，1946，20（1-3）：12.

② 全国学术机关团体组织战时征集图书委员会［J］. 中华图书馆协会会报，1939，13（5）：18-19.

③ 英国牛津大学石博鼎先生复函［J］. 中华图书馆协会会报，1939，13（6）：11.

④ 英美学术界积极援华［J］. 中华图书馆协会会报，1939，14（1）：11.

二、战后图书馆复员以及图书的清点和接收

1943年战争尚未结束，中华图书馆协会即开始征求全国图书馆复员计划①，内容包括：1. 战后如迁回原处重建或修建扩充，费用如何？2. 战后如需另迁他处，是否可利用已有建筑改造？如需另建，改建或另建容积与估计经费各如何？3. 如战后不拟迁移，现有建筑是否需要扩充，需款约若干？4. 战后迁运图书之经费估计。5. 对于组织或隶属问题之意见。6. 战后恢复所需职员人数与职员待遇改进之具体办法。7. 战后之中心工作与服务主要对象。8. 战后之采购计划（需要何种图书最切）。9. 战后之专门工作所需人数之约数。10. 整个复兴计划所需经费估计。

1945年日寇投降后，中国图书馆界立即开始图书的接收与清点，尽快开馆，同时又及时总结本馆的战时损失和战后恢复情况，撰写报告，向读者和同行加以通报。

战后上海市图书馆即由沪市教育局接收，并派周连宽为馆长，于1945年9月下旬恢复工作。中央大学在南京之图书仪器，曾被伪中大所取用，胜利后，校方派卢孝侯、冯泽芬二氏于10月间往南京接收，已将图书仪器，全部收回，伪中大亦已解散。汉奸陈群私设的泽存文库也在其服毒自尽后被没收封存。北平图书馆协会在1945年12月2日召开会员大会，其中一项重要内容就是要调查各馆损失。教育部特派员沈兼士于10月中旬主持了国立北平故宫博物院接收事宜。所损失者，有66口铜缸、91件铜灯亭，所藏新书与杂志历经敌宪兵检查，先后搬走及撕毁1万余册，其余古物图书文献等幸获保存。北平第一普通图书馆

① 本会征求全国圕复员计划［J］．中华图书馆协会会报，1943，18（2）：20-21.

在沦陷期间，多次受到检查焚毁，总计损失1 400多种图书，期刊半数被毁、半数被盗卖，已荡然无存。北京大学在七七事变后，指定陆式蘅、王锡英负责校产中图书部的保管。文法两院的藏书被敌驻军摧毁无存；理学院图书除借出未收回者，损失不大；图书馆因封闭甚严未被侵入。后来图书馆被伪新民会取走126部党义书、3 700余册俄文图书。伪教育部索去248册政府公报、法令周刊、教育部公报、行政公报等合订本及零本，以及西文社会科学、资本论等书。伪新民学会用载重汽车运去2万余册中文杂志。伪教署检查3 000册违禁书。清华大学损失最大的是图书，当时大英百科全书仅剩下三五本，还有10余万册藏书寄存北大。清华大学从北平20多个单位收回图书，有中日文135 422册，西文43 555册，期刊21 575册，共计200 552册①。燕京大学在太平洋战争爆发后被日军占领，家具被搬运一空，图书狼藉，由三四个日本人从事整理，后邀燕大职工整理。日本投降后，由燕大收回。北平政治学会图书馆所有图书被伪新民会劫走，日本投降后收回。南开学校在津图书也全部被敌盗去②。

广东省立图书馆在抗战胜利后，接收米市路伪广东省立图书馆藏书约7万册，接收法政路汪逆住宅图书一大批，内有大清历朝实录及四部丛刊等。并于1946年3月在香港收回前意大利领事罗斯以50万元军票售与台湾总督府之广东专藏100箱③。

抗战胜利后，台湾回到祖国怀抱，范寿康撰写的《关于台湾省图书馆》一文反映了台湾图书馆的状况。台湾省图书馆由原来日本总督府图书馆及南方资料馆合并而成，总督府图书馆原有16万册图书，前

---

① 国立清华大学图书馆概况［J］．中华图书馆协会会报，1947，21（1-2）：6-7.

② 国内消息［J］．中华图书馆协会会报，1945，19（4-6）：4-11.

③ 广州香港各图书馆近况［J］．中华图书馆协会会报，1946，20（4-6）：5.

日籍馆长山中樵也被继续留用。南方资料馆原有8万册图书，那些返日的前台湾帝大教授所售书籍也被台湾省图书馆大力收购。地方上多达80所以上的小图书馆由各县市分别接收。此外，台湾大学图书馆是台湾规模最大的图书馆，藏书量达50万册。

范寿康对战时日本利用图书馆收集中国情报之情形有一段介绍值得注意，“南方资料馆的编目方法系以每篇文章作为编目的单位。譬如你要研究‘铁’，他可以立刻把各书籍中有关‘铁’的文章的目录完全检出，这和西方著名的图书馆相同，在东方恐还只此一家。南方资料馆乃是配合日本帝国主义南进政策的重要调查研究设计的机关。日本配合北进政策的调查、研究、设计的机关是设在满洲的南满图书馆，两者合一，即为完整的一套。其研究中国的方式亦是一样，研究中国北部的，在南满图书馆，研究中国南部的，在台湾图书馆。这里我要说明的，所谓‘南方’，不单指南洋一带，凡华南各省，海南岛，台湾等地都包括在内。”①

前事不忘后事之师，图书馆界发挥资料收集的长处，广泛收集战时史料，举办展览。1948年北平图书馆举办的中日战史展览，分抗战资料、敌伪资料、战时期刊及剪报、战时日报、敌伪期刊、敌伪日报等六项。展览所用史料早在十年前就开始收集了。1938年由北平图书馆及清华北大南开合组，在长沙成立中日战事史料征集会，由姚从吾、冯友兰两教授先后负责，抗战期间从未间断，战后仍继续征集，以广史乘②。北平图书馆为蒐集中日战事史料曾通报图书馆界，“自全国抗战以来，已逾一年有半，我民族抗战之事迹，实为极可宝贵之史料，有妥为保存之必要，国立北平圕有见及此，特在昆明柿花巷二十二号成立抗

① 范寿康．关于台湾省图书馆［J］．中华图书馆协会会报，1946，20（1-3）：2-3.
② 北平图书馆展览中日战史［J］．中华图书馆协会会报，1948，21（3-4）：14.

战史料室，从事大规模搜集有关抗战之资料，凡中文、日文，以及欧美出版之日报，通讯社稿，战地通讯员之报告，沦陷区内之通信等，皆在蒐罗之列。”①

对于敌伪遗留下来的文献，图书馆界也开始着手系统收集保存。傅振伦在《处置敌伪献征问题》一文中指出，敌伪书刊档案，在政治、军事、经济、外交、社会各方面，均有重要性，应设专库予以保存，可命名为敌伪文献馆。敌伪文献的时间范围上溯至九一八事变，内容范围：凡敌国、伪组织、敌人奸逆等记录，有关这次中日战争之文献，无论档案、书刊、实物等皆应收入。另外中华民国、同盟国等公私记录中涉及敌伪者，以及在沦陷区印行之书刊，作者无论是中国人或者盟国人，或敌伪奸逆，亦皆在应行征集之列。傅振伦还专门制定了敌伪资料和书刊的类目，依照中国分类传统，将敌伪著录为别库或别部，区别于正统②。

三、战后图书追讨

早在 1942 年杜定友先生就对战后追讨图书有所考虑，他说：“偿还文献，应为战胜条件之一。最后我们提出一致的要求，就是抗战胜利之后，敌人所劫去的图书古物，应订明条约，全部交还！这比任何战费，还更重要。图书学术，虽是世界公物。但是我国文献，是中华民族千年来文化之结晶，倘若陷于夷狄则后世子孙数典忘祖，不知本源，至将来想要研究一点自己的史料，就要受外族的限制。那时精神上学术上的痛苦有甚于作阶下囚。而且敌人惯用其歪曲史实的手段。可以说我们的祖宗是猴子变的。夏禹是一条虫。孔子实无其人。墨子源自印度。这一类

---

① 国立北平圕近讯［J］．中华图书馆协会会报，1939，13（5）：24-25.

② 傅振伦．处置敌伪献征问题［J］．中华图书馆协会会报，1947，21（1-2）：3-5.

的污蔑将层出不穷。使华夏裔胄，世世蒙不白之冤。这是多么可怕可惧的事！所以文献之偿还，希望国人不要忘记。以后我们要有整个计划和实施的方法，清偿这一盘血债！”①

1945年抗战胜利后，对敌清偿图书正式展开。教育部为办理收复区各公私及敌人所办教育文化机关接收事宜，并辅导地方教育复原工作起见，特设立了各收复区教育辅导委员会。同时，教育部将战区文物保存委员会改名为清理战时文物损失委员会。其任务为调查收复区重要文化、建筑、美术、古迹、古物等实况，设法保护，并拟派员前往日本，调查我国文物被日本劫夺情形。国立中央图书馆长、国立北平图书馆长均是该委员会委员②。

教育部清理战时文物损失委员会的工作颇有成效，据《对日清算文物损失 自甲午战役时开始——日劫我图书七万册已起运返国》一文报道：“日本于战时自中国劫得包含三万五千册古书之七万册图书，亟应早日归还中国失主之手，刻已造具清册，包扎完毕，正准备装运赴华途中。”教育部清理战时文物损失委员会上海办事处负责人说，“所谓三万五千册古书，就本人所知，其中大部分为郑振铎氏于抗战初期，京沪沦陷后，代国立中央图书馆强运赴香港，妥密寄存之明刊珍本（凡百余箱）。嗣太平洋战起，随为日寇攫去。其余图书细目，唯有南京总会，可以详查。关于此项图书璧返之交涉经过，历时颇久，悉由我驻日代表团专门委员张凤举氏负责其事。类此国立文化机关有案可稽之被劫文物清查，尚须往返周折，旷时费日，则全国各地公私家蒐藏文物，在敌日进据时，或被掠夺，或毁于兵燹，其要求归还或赔偿清理工作之繁

① 杜定友．香港沦陷后与我国文献之巨厄［J］．中华图书馆协会会报，1942，16（5-6）：5-7.

② 国内消息［J］．中华图书馆协会会报，1945，19（4-6）：4-11.

重，更不待言。就上海一区而言，本处成立以后，接受公私家收藏文物蒙受损失之报告，时至今日，大多观望不报，或报而不详。按麦帅总部，对于被劫文物则概须详细说明形体尺寸之外，并被劫时日，及劫夺后流入何人之手，庶能按图索骥。此外，公立机关，行动亦不一致……”①

教育部清理战时文物损失委员会在之后的2年中积极从事相关活动。1947年2月24日该委员会举行第13次会议，出席者有委员傅斯年、王世杰、俞大维、徐鸿宝等多人，由杭立武任主席，报告该会成立两年来工作概况。当时有报道说：“闻该会以工作告一段落，现已呈准于本月底办理结束，所有有关工作，将由教育部继续办理。关于该会前拟之实物赔偿办法，以及经由外交交涉尚未办结各案，该会并将层呈行政院及函请外交部加紧办理。”②

1947年2月教育部成立了接收文物分配会，分为图书、文物、调查三组。建议将所有敌伪产业处理局接收之敌伪逆文物均应无条件交教育部接收，不必另办作价手续，以资便捷，而免损失。将上海区图书，分别配予同济大学、暨南大学、东北大学、贵州大学、长春大学、英士大学、中山大学、国立兰州大学、国立西安图书馆、国立罗斯福图书馆等，每馆三万册左右。南京区伪图书馆专门委员会之存书，分别配给国立兰州图书馆、国立西安图书馆、国立罗斯福图书馆，每馆五万册。这些都是各馆自行申请，再经教育部根据实际需要分别核定③。

战后中华图书馆协会也积极行动起来，其理事会议决，“收复区图

---

① 芳．对日清算文物损失 自甲午战役时开始——日劫我图书七万册已起运返国［N］．益世报，1946-08-29（4）．

② 教部清理文物会［J］．中华图书馆协会会报，1947，21（1-2）：6-7.

③ 接收文物分配会［J］．中华图书馆协会会报，1947，21（1-2）：12.

书文献之损失，亟待调查，以备向敌人索取赔偿。”① 并打算参照英伦教务长会议草拟的向德意索取赔偿文物损失办法。该会向教育部详细报告了香港存书被劫的情况：

本会及北平图书馆、岭南大学等机关寄存香港大学冯平山图书馆之图书三百余箱被敌掠夺，本会特呈教育部报告详况，请予备案，以作将来向日本索偿之根据。呈文如左：

查职会在太平洋事变以前，曾由美国图书馆协会寄赠图书多种，除一部分运至昆明外，其余书箱以内运困难，暂寄存于香港大学冯平山图书馆内。内中并有北平图书馆、岭南大学图书馆一部分西文图书，共三百余箱，并有北平图书馆馆员王重民寄存图书三箱，馆员曾宪三寄存图书一箱，又中华教育文化基金董事会编译委员会寄存稿件及图书五箱，当时均置冯平山图书馆楼下书库之内。太平洋事变发生，即行封存。因系普通图书，敌人始终未加注意。其时适有国立中央图书馆收购沪上藏书家刘翰怡、沈曾植、费念慈等处之珍贵秘籍一百余箱，陈于楼上大阅览室之内，正待运美保存，每箱上均写“华盛顿中国大使馆查收”字样，一九四二年一月杪被日军调查班肥田木发现，乃开箱检查；在敌人军警监视之下，于二月初旬全部捆载以去；职会与其他学术机关寄存之书，亦被牵连，同遭掠夺。在未运出之前，每箱上均由敌人写明“东京参谋本部御中”字样，证明上列图书，均已运往东京。现日本正式投降，该项图书，自应由我追还，以免损失。理合具文。先行呈请备案，以作将来向日本索偿之根据，恳祈鉴核示遵，实沾

① 本会消息［J］. 中华图书馆协会会报，1945，19（4-6）：13-14.

德使。

备案之后，中华图书馆协会又通过何应钦向日本战犯追查存放在香港大学冯平山图书馆图书的下落，据《本会继续追查香港被劫存书》一文报道，“本会前承美国图书馆协会寄赠图书多种，连同北平图书馆等处存书三百余箱，原暂寄于香港大学冯平山图书馆内，太平洋事变后为日军劫夺，下落不明。本会曾呈报教育部，请予备案，并电请陆军总司令部协助追查，业已接到该部何总司令复电，对于向战犯酒井隆查询经过情形甚详，兹将全文录后……”

这批图书只有部分追回，中华图书馆协会对追回情况进行了报道：香港大学冯平山图书馆自经敌日占据后，被日军掠夺运返东京的图书有国立中央图书馆寄存待运往华盛顿中国大使馆之善本书 111 箱，国立北平图书馆及美国图书馆协会赠送我国之图书合计 300 箱。这些图书馆除国立中央图书馆善本书已在东京发现并经交还我国外，其余尚在追查中①。

关于国立中央图书馆这批图书被抢、运至日本，最后返还中国的经过，还有一段文字记载，“抗战期间，该馆曾在上海及香港两地，秘密购置大批善本图书，尤以在上海所购者为多。及太平洋风云渐紧，上海孤岛，时有沦陷之危。因将上海所购明本及抄本之一部分，并宋元刻本一部分，邮寄香港，拟合香港所购之书，设法运往重庆。终因交通困难，无法内运，遂不得不变更计划，拟改运美国，托本国大使馆保存。讵料未及运出，而香港沦陷。此三千余种三万余册珍本图书悉被日人掠去。胜利后，此批珍本，为我驻日代表团在日本帝国图书馆发现，即积极设法运还，先以飞机运回四十箱，继由船运运回一百零七箱——共计

---

① 广州香港各图书馆近况［J］．中华图书馆协会会报，1946，20（4-6）：7.

一百一十七箱。现已由沪运抵京馆，即将整理编目。”①（注：这两则史料箱数说法不一致，前者是111箱，而后者则可能出现了错误，其本身前后矛盾——40与107之和是147，而非117；而4与107之和恰好等于111。）

国立中山大学图书馆光复后，杜定友主任回到广州，倾尽全力搜集亡失。最先收回敌东亚研究所劫自该馆的2 000余册图书，次向各旧书店回购该馆旧藏，再于1946年3月在香港收回前存于九龙货仓，后被敌兴发运营团劫去移存西环永源货仓准备运回本国之171箱图书，其中多为善本、广东方志、金石碑帖、德文医学杂志。此外还收回日敌掠取该馆12箱图书运存海南岛者②。

南开大学南迁时在河内被日军掳去的图书，在外交部和教育部的协助下，从日本国内找回，全部共八十多箱，其中不少珍贵书籍，如《中国海关全书》，从1862年第一卷起全部保存，在国内只有三部③。

战时运往美国的资料，战后也着手运回。国立北平图书馆珍本3 000种运送美国国会图书馆保管，由王重民挑选2 800种制成缩印本，共计280万页，影片1 070卷。被美国哈佛、芝加哥、哥伦比亚、华盛顿等大学，英国牛津大学及荷兰莱顿大学采购。战后，这批珍贵古籍装箱准备送回国内，据美国国会图书馆东方部主任恒慕义称，另有缩印本三套将赠送我国④。

---

① 中央图书馆入藏善本［J］．中华图书馆协会会报，1947，21（1-2）：13.

② 广州香港各图书馆近况［J］．中华图书馆协会会报，1946，20（4-6）：3.

③ 南开大学图书馆［J］．中华图书馆协会会报，1948，21（3-4）：14.

④ 美英荷各著名大学购我珍本书缩影本［J］．中华图书馆协会会报，1948，21（3-4）：17.

第二节 一些日本图书馆员充当掠夺中国图书的帮凶

日本图书馆员参与侵略不是什么新鲜事，从九一八事变就开始了。沈祖荣指出，“日本的侵略军事，自九一八事变起，就有图书馆参加战地工作。”① 不过卢沟桥事变之后，日本图书馆员并非只是给军队提供书籍，进行精神安慰或提供知识等一般意义上的战地图书馆服务，而是以图书保护为名，进行图书掠夺。

日本一面疯狂侵略中国、破坏中国的文化，一面又以保护为名，有计划地进行图书掠夺。其首要目的就是从图书中获得有用的情报。据史书记载，“沛公西入咸阳，诸将皆争走金帛财物之府分之，萧何独先入收秦丞相府图籍藏之，以此沛公得具知天下阨塞、户口多少、强弱之处。”② 熟谙中国历史的日本人，对萧何收秦图籍的事情一定不陌生，也一定知道图书对于了解一个国家的重要性。事实上，每当军事占领一地，侵华日军就组织专门力量对当地图书文献进行清缴。根据大佐三四五的记述，侵华日军在南京得到的数十万册图书中，就有成套保存的国民政府中央及地方公报，涉及财政、外交、教育、交通、法制、建设、军事、实业等各方面的内容，凭此可对中国政府行政设施一目了然。还有一百三十余种各地报纸，大都从五六年前开始成套保存，也极有参考价值。另有中国最新的经济和产业调查、全国各地的地质和矿产资源、学术调查，对于今后中国的开发都是必不可少的参考③。因此，侵华日

① 沈祖荣．图书馆教育的战时需要与实际［J］．中华图书馆协会会报，1939，13（4）：4-6.

② 资治通鉴 卷九.

③ 大佐三四五．占領地區に於ける圖書文獻の接收と其整理作業に就て［J］．圖書館雜誌，1938（12）：336 341.

军一定不会放过图书这项如此重要的情报源。

其次，图书是侵华日军的战利品。他们当时并没有预计到后来会战败，必须退赔这些宝贵的文化财产，只是把图书作为自己的战利品，进行所谓的保护。此举完全是从日本自身的利益出发，而不是像某些日本学者所标榜的那样是为中国保存图书。正所谓，“我们许多文献古物，不毁于敌人的炮火下面，便随着沦陷的土地，同入敌手。”①

以杜定友为代表的中国图书馆界早在抗战时期就已看清了侵略者的伪善面目，他说，“自七七以来，东南半壁，沦于敌手。我国图书之损失，在一千一百万册以上。闻敌人每进据一城一市，在一星期内，即有所谓科学调查团派到。该团的组织，有各科专家，其中有图书馆学及版本名家一二人，也参加工作。到处搜刮，捆载而东。这次香港沦陷的第二天，据廿七日特电：‘敌寇尤假惺惺作态，谓须积极保护岛内文化设施及文献，以免损伤及湮沉，而实则搜刮一切，暗运回国……其最忙工作，将决定按户检查，藉名防范爱国份子潜藏，而实则欲择肥囊括云。’可见敌人对于我国文献，搜刮之力，无微不至。……以我国文献精华，所遭遇的损失，自抗战以来，要以此次香港的失陷最为重大！”②

侵华日军有计划地掠夺图书的罪行大规模地发生于华北、华东、华中和香港等地区，其中日本图书馆员大佐三四五、棚岛善次郎、大谷、武雄等人参与了上海、南京和北京等地图书的掠夺与整理，事实上已经成为日军掠夺文献的帮凶。他们还发表了若干文章对此做了颇为详细的记录，内中记载的周密细致的计划、竭泽而渔的行径，足以反映侵华日军妄图全部夺走图书文献，进而彻底控制中国文化的野心。

---

① 李蓉盛．江西省立图书馆的战时工作［J］．中华图书馆协会会报，1939，13（6）：5-6.

② 杜定友．香港沦陷后与我国文献之巨厄［J］．中华图书馆协会会报，1942，16（5-6）：5-7.

一、大佐三四五撰写《关于在占领地区图书文献的征收及整理工作》

1938年12月，在日本《图书馆杂志》上刊登了满铁大连图书馆司书主任大佐三四五的一篇文章《关于在占领地区图书文献的征收及整理工作》，该文是曾在1938年9月22日在伪满洲播放过的《战争与图书馆》一文的补充。这里详细介绍该文的内容，以表明日本侵略者对于中国图书有着完整的掠夺计划，而一些日本图书馆员成为掠夺行动的帮凶。

该文以历史上每逢民族之间、国家之间大战之际，战争对文化设施的破坏为引子，举出亚历山大图书馆毁于亚历山大港战争，比利时鲁汶大学图书馆毁于欧洲大战，圆明园文源阁四库全书毁于英法联军战火、镇江金山寺内文宗阁和扬州大观阁内文汇阁四库全书毁于太平天国战火等例子，说明在战争中很多贵重图书都会毁坏。由此论证日本在此次所谓的“支那事变”中文化保存的措施的正当性——积极将分散的图书文献收集起来，使之成为一个大图书馆的藏书。

该文针对当时中国战场的两种情形展开所谓的图书保护措施。一是在中国北部像北京、太原以西的云冈等未发生过战斗的占领区，没有遭受过破坏，只需加以适当的保护。二是在中国中部从上海到南京，遭到中国军队顽强抵抗的地区，文化设施破坏严重，占领后按照日军特务部的要求开始保护。

1937年12月初，“上海派遣军特务部”与满铁上海事务所、东亚同文书院、上海自然科学研究所商讨，成立了占领地区图书文献接收委员会，有15名干事及委员，并且以军特务部长的名义，给各军参谋长发信要求各方面军协助。

第一步先在接收当地初检。在上海，从 12 月 11 日起，在沪江大学、大夏大学、暨南大学、上海市政府图书馆、民众教育馆、大同大学、世界书局仓库等都设了检查点。在南京，从 1 月 22 日开始 10 天内，在外交部、国民政府文官处、考试院、全国经济委员会、省立国学图书馆、国立编译馆、中央党部、教育部、中央研究院、紫金山天文台交通部、行政院等 70 个地方设立了检查点。未检查到的地方仅有金陵大学、金陵女子大学，因为它们属于美国设立的文化机关。1938 年 8 月底，大佐三四五以个人名义视察了这 2 所大学，对残存图书进行管理。在京沪铁路沿线，1 月 19 日–22 日在苏州和镇江、2 月 1 日–4 日在句容、金坛、武进、江阴、无锡、常熟、昆山、太仓、嘉定等县城设检查点。在杭州，2 月 22 日–26 日，检查了文澜阁、浙江建设厅、省立西湖博物馆等。经过检查发现江南三阁中唯一残存下来的文澜阁四库全书，在战争开始前已被运往对岸，大佐三四五猜测这些书已经被运往四川了。

第二步是征收保管。初检之后，在南京征收的图书最多，从 3 月 6 日–4 月上旬耗时一个多月，把 25 个机关研究所的图书全部集中到南京珠江路上原地质调查所保管，总册数概算为 60 万册，搬运人员中，士兵 367 人，苦力 830 人，用了 310 辆卡车。运来的和汉洋书、报纸杂志堆积如山，放在天井里，夏天南京的暑热和湿气必导致其腐烂，必须迅速分门别类整理。于是设置了图书整理委员会。从满铁会社、东亚同文书院、上海自然科学研究所等四五个地方派来有图书整理经验者，于 6 月 27 日到达上海，6 月 30 日，他们和同文书院 5 名学生一起约 20 人到达南京。预定 2 个月内初步整理好。整理工作采用军事化管理，每天有 10 名士兵协助，8 月底如期完成第一次整理，共投入人力：整理人员 1 098名，士兵 420 名，苦力 1 902 名。

接着他们制定了详细的图书整理的方法和标准。初步按种类分开排架，为第二次真正整理成目录做准备。专门制定了新的图书分类标准，突出日本在相关类目中的地位，该分类法大纲如下：

表 5-2　占领地区图书文献的征收及整理分类法

A	总记（书志书目、事汇、类书丛书、年鉴、随笔、逐次刊行物、杂志、新闻）
B	精神科学（宗教、哲学、教育）
C	历史科学（历史、传记、地理）
D	社会科学（政治、法律、经济、财政、社会、风俗礼式、传说、家事、统计、殖民）
E	自然科学（数学、物理、化学、天文、地质、博物、医学、药学）
F	工学（土木、机械、电气、矿山、建筑、军事）
G	产业（农业园艺、林业、畜产业、蚕业、水产业、商业、工业）
H	交通（水运、海运、陆运、铁道、航空、通信、广播）
I	美术、音乐、演艺、运动（绘画、书道、雕刻、金石、拓本、印刷、照片、音乐、演艺、运动）
J	语学（日本语、支那语、其他外国语）
K	文学（日本文学、支那文学、其他外国文学）

另外，对于图书的类型也进行了详细的规定：

第一、新版或者洋装的中国旧籍仍按汉籍处理。

第二、汉籍分为经史子集四部，具体如下：

经部：易、书、诗、春秋、礼、孝经、五经总义、四书、乐、小学

史部：正史、编年、纪事本末、别史、杂史、诏令、传记、史抄、载记、时令、职官、政书、史评、地理、目录

子部：儒、兵、法、农、医、天文算法、术数、艺术、谱录、杂、类书、小说、释、道

集部：辞、别集、总集、诗文评、词曲

第三、丛书刊行物按照丛书处理。

第四、定期刊行物先分为公报、报纸、杂志三大类，再分为日本、中国、其他外国语。

第五、学会年报、定期召开的学术团体会议录、报告等按照定期刊行物处理。

此外还有一些特殊规定，如清朝实录约3 000册、四箱书画和卷轴、八千卷楼旧藏本都不按照四部分类法分类，而单放。另外，中书目录、地理类、奏议类、会典类、一般法律类、九通类、丛书等都单放以便今后整理。

与图书一起，书架也一同从各所收集起来了，俨然成了一个大图书馆。该图书馆藏书有极为详细的统计数字，具体到每个大类下的藏书数量。此处仅摘录总数：

洋书方面，单行本外文书27 704册，外文期刊合订本17 549册，未合订外文期刊1 924册，中国税关刊行物1 027册。

洋装书方面，总计160 869册。

定期刊行物方面，公报合订本11 829册，未装订册数不明者放了3间房间。杂志合订本11 872册，未装订册数不明者放了1个房间。其中中国杂志约500种，日本杂志约6 500册。报纸约150余种，其中中国报纸约130余种，外文报纸15种。报告能排架者约1 050册，册数不明者收藏在别的房间。

汉籍方面，大概为20~30万册。

以上总册数在50万左右。

大佐三四五指出，当时日本的帝国图书馆藏书约85万册，大阪府立图书馆藏书约25万册，由此断定南京的这50万册书，大概就是位于中国中部的中央国立图书馆应有的规模。

从种类上看，洋书种类最多的是法律，依次是工学、政治外交和教育。中文现代书，最多的是政治外交，依次是教育、产业、地理、历史等，汉籍中府县志、丛书很多，而且重要的书籍都有复本。例如有名的钦定古今图书集成，一组由一万卷、一千六百二十八册组成，大概有十组以上。文献通考数量也很多。

从内容上看，中国国民政府中央及地方的公报，也就是官报非常丰富，截至“支那事变”前，全都成套保存，先区分为中央和地方政府，再细分为财政、外交、教育、交通、法制、建设、军事、实业等，按类排列之后便能对中国政府行政设施一目了然。各地报纸大概有一百三十余种，大都从五六年前开始成套保存，可供参考。

其次，国民政府财政部长宋子文，作为全国经济委员会委员长，耗巨资完成的调查出版物约 80 种，每种都有 50 至 100 部，这些都是中国最新的经济和产业调查，以及事业计划书，绝大部分都是重要的参考资料。同样，地质调查所出版了约 40 种学术调查书，每种都是关于中国全国各地的地质和矿产资源、学术调查，对于今后中国的开发是必不可少的参考。

贵重书是指稀少的图书，汉籍中的宋代书，基本没见到，猜测是被中方转移走了。但是从国学图书馆没收来的图书仍然有很多汉籍没有打开箱子，其中也许会有不少宋版或者明版等贵重书。此外还有清朝实录写本约三千册以上，是从北京内阁实录库运到南京国民政府文官处图书馆的。

大佐三四五指出，从占领地区图书文献接收委员会中又派生出一个资料委员会，用以接收保管考古学遗物，如古陶器、古铜器、石碑、石佛等物，以上海自然科学研究所为主，以元代古物陈列所为事务所，为中央博物馆打基础。

8月25日驻上海的日本陆军、海军和外务三省派出机构开会决定，由图书文献接收委员会和资料委员会成立中支文化关系处理委员会，于8月底完成交接手续，负责今后新占领地图书文献及资料的接收保管，其下一个目标就是汉口。

大佐三四五的这篇文章详细记录了日本人对南京图书的掠夺情况，同一时期，《中华图书馆协会会报》上也有一条简短消息《南京贵重图书七十万册均被敌军劫去》，“据香港立报载，上海专电谓南京沦陷后，敌军事当局，曾组织图书委员会，从事搜劫图书，闻目前南京贵重图书，已被敌方搜去七十余万册。又苏州、杭州、南浔等处公私所藏珍贵图书，亦被搜劫一空。”① 该消息从另一个方面印证了侵华日军在南京等地掠夺图书的罪行。

以大佐三四五的这篇文章为基础，槲岛善次郎也写了一篇《图书的蒐集和整理——中支建设资料整备委员会保管图书返还民国政府》②。根据当期《圕研究》介绍，槲岛善次郎是青年图书馆员联盟第512号会员，当时在南京中支建设资料整备事务所工作，显然是一名图书馆员。该文大肆宣扬如何在江南战火中搜集整理保存88万册图书，并将其返还南京汪伪政府的经过，颇具迷惑性。

二、大佐三四五撰写《北京新民会接收图书整理状况视察报告》

如果说上文反映了侵华日军在华东掠夺图书的情况，大佐三四五还

① 国内消息 南京贵重图书七十万册均被敌军劫去［J］．中华图书馆协会会报，1938，13（1）：21.

② 槲島善次郎．圖書ノ蒐集ト整理——中支建設資料整備委員會保管圖書ノ民國政府ヘ返還マデ［J］．圕研究，1941，14（2）：237-248.

有一篇文章反映了在华北，特别是北京，侵华日军和新民会掠夺、破坏图书馆的情况。这篇文章题为《北京新民会接收图书整理状况视察报告》，原文刊登在《满铁资料汇报》1939年4期上，此处直接引用《满铁档案资料汇编》第十五卷《文献补遗与满铁年表》① 中相关资料的中文翻译，以详细展现新民会清查北京市内学校、图书馆、书店的情形。

满铁和新民会“接收”北京市各单位大量图书资料

民国28年2月23日北京新民会中央指导部长缪斌以新中公函第57号函致满铁华北事务局调查部长，请求援助整理目前新民会接收的抗日、共产党和国民党图书。该函已转致调查部资料课长。据此，调查部资料课职员田中清和大连图书馆雇员大谷、武雄二人受命前往北京，为期预定约1个月。本职［调查部大连图书馆大佐三四五］为商议做法和视察资料亦受命一同前往10天，昭和14年3月20日到达北京。兹特报告如下：

一、接收图书的由来

北京的中外各学校图书馆必定存有大量抗日、共产党和国民党方面图书杂志一事，早已作了估计，并已成为北京有识之士间的问题，但新民会中央指导部行政部调查课已从思想取缔的观点出发积极着手彻底接收。

新民会松尾调查课长与军特务部（现为兴亚院文教部）、新政府教育部进行了联系，直到以教育部总长汤尔和名义通令各学校图书馆，要求北京中外各校馆一齐提出此类图书为止，新民会与教育部之间反复进行数次交涉。下面就是往返函件之

① 满铁参与劫掠中国文献资料［C］//解学诗．满铁档案资料汇编 第十五卷 文献补遗与满铁年表．北京：社会科学文献出版社，2011：377-392.

一，由此便可以了解它的经过和教育部的协助态度。[函件从略]

此外，新会县去年6月中旬作为“剿共灭党运动”的一部分而组织了约20个“清查班”，各班配备有警察和具有相当识别书籍能力人员若干名。结果，不仅从各校图书馆，而且在市内各书店直接搜查到大量抗日、国民党、共产党方面的图书。

这些被接收的图书杂志均在北京西城丰盛胡同新民塾（原女子学校）房舍内，按图书、杂志分别存藏。

二、从各单位接收的图书杂志数目

1. 北京国立图书馆31箱 册数不详

2. 国立北京师范学院8箱4697册 报纸304部（每部为1个月份）

3. 北京市署通俗图书馆12包1061册

4. 松坡图书馆866册

5. 木斋图书馆85册

6. 北京市立第二女子中学校7册

7. 北京市立商业职业学校447册（其中223册为该校马教授私有）

8. 华光女子中学校50册

9. 成达中学校177册（其中杂志108部）

10. 镜湖中学校33册

11. 辅仁大学7册

12. 立达中学92册

13. 北京市立第二中学282册

14. 三基中学 30 册（其中杂志 15 部）

15. 四存大学 19 册

16. 市立第三中学 17 册

17. 师范大学女子附属中学 200 册（其中杂志 167、报纸 122）

18. 女子第一中学 63 册

19. 城成中学 113 册 报纸 70 部

20. 大同中学 21 册（其中杂志 17 部）

21. 育英中学 79 册

22. 贝满中学 86 册

23. 市立第四中学 247 册（其中杂志 173 部）

24. 汇文中学 286 册

25. 平民中学 44 册

26. 汇文中学（第二次）559 册（其中杂志 524 部）

27. 慕贞女子中学 147 册（其中杂志 33 部）

28. 成新中学

29. 商业职业学校（第二次）16 册

30. 师范大学附属中学 约 50 册

31. 北京市立第一中学 1735 册

32. 华北大学 约 400 册

33. 志成中学 3 箱（约 2000 册）

34. 朝阳大学 9 箱（约 5000 册）

35. 春明女子中学 48 册

36. 要北公学 19 册

37. 燕冀中学（东北大学）1240 册（其中杂志 1000 部）

38. 第四民众教育馆 约300册

39. 第一中学校长杨荫庆 约300册

40. 华北大学（第二次）约200册

41. 两级女子中学 约200册

42. 第五中学 约200册

43. 第一中学 约200册

44. 温泉女子中学 约200册

45. 市立第一中学（第二次）137册

46. 华北大学（第三次）22册

47. 北京艺术专科学校5箱（2344册）

48. 河北省立北京高级中学校7箱（约3000册）

49. 合作社中央会31册

50. 育华中学19册

51. 市立第一女子中学校580册

52. 国立北京大学23025册

53. 国立北京大学（第二次）1351册

54. 民国大学543册

55. 民国大学（第二次）1600部（杂志）

56. 警察局（内一）223册

57. 警察局（内二）501册

58. 民国大学（第三次）3006部（杂志）

59. 民国大学（第四次）3053册（杂志）

60. 警察局（内三、内四）1584册

61. 市立通俗图书馆4068部（杂志）（其中611部为儿童刊物）

62. 国立北京师范学院（第二次）4240册
63. 警察局（内五、内六）1540册
64. 警察局（教科书）约50000册
65. 国立清华大学163册
66. 警察局（外三、外四、外五、西郊、东郊）1838册
67. 北京市第二社会教育区616册
68. 市立高级职业学校37册
69. 国立北京师范学院附属中学115册（其中杂志55部）

三、整理图书的目的

由各学校和图书馆自行交出的以及清查班直接没收的，都是在匆忙中进行的，如果检查其内容，接收的书刊就不会占有很多数量。所以，第一个目的是把它们分为两大类，认为没有关系的返还给原单位。这件事看来比较简单，但与一般的图书整理不同，要判断其性质和内容。另外，还因检查的人不同，必然或多或少地有分歧意见。因此，与其多数人协同作业，莫如少数人多用些时间，由同一个人从头到尾地进行比较合适，可以起图书检查官的作用。

四、整理作业的现状

对于新民塾所接收图书的整理，已设立图书整理委员会，现在由该会五六名委员负责。图书先分为中、日文和西文两大类，然后再把它们分为如下三类：（1）必须禁止和没收的；（2）需要再研究的；（3）与禁止方针不抵触需要返还的。

第一次检查已经结束，属于（1）类已挑出12万册，这些又分为中国军事、抗日、国民党、共产党等类上架。其中西文图书中的俄语书（约700册）由外务省派遣留学生1名，其

他西文书（约2500册）由东亚经济调查局派遣员1名（仙波安雄）担任。

中文、日文书籍由新民会中被任命为委员者担任检查。目前已着手杂志和合订本报纸的整理，重复者很多，正在为各选出一份而清查卷号数，大约有1万余册，需要相当多时间。

大佐三四五的这篇报告立即就得到了日本国内的关注，1939年10月出版的《圕研究》就对这篇报告进行了介绍，指出报告的内容共有6部分：1接收图书的由来、2接收图书杂志的单位分类、3图书整理目的、4整理作业现状、5今后的作业方针、6接收图书杂志今后的处置。评论对大佐三四五提出的接收图书处置方法深表赞同，即（1）认定有害日中国交的，不烧掉，仅在一个馆中作特殊整理保存以便将来参考。（2）没有禁止必要的和需要再检查的。保留并返还原单位，没有良策的附上处理意见①。

另外，大佐三四五的这篇文章中所列新民会从北京69家机构没收图书的情况，也被后来的日本研究者②所采信。

除了大佐三四五对南京、北京等地侵华日军和新民会掠夺图书的记录以外，还有《占领地区图书文件接收委员会大塚令三干事总报告书》《在华中设立"华中建设资料整备委员会"》《日本没收上海租界各团体企业图书文献》③等记录，反映了当时侵华日军在华掠夺图书的总体安排和情况。

---

① 紹介［J］. 圕研究，1939，12（3）：397.

② 鞆谷純一. 日本軍接収図書：中国占領地で接収した図書の行方［M］. 大阪：大阪公立大学共同出版会，2011：42-44.

③ 满铁参与劫掠中国文献资料［C］//解学诗. 满铁档案资料汇编 第十五卷 文献补遗与满铁年表. 北京：社会科学文献出版社，2011：377-392.

以上资料，反映出侵华日军在华掠夺图书计划周密、时间持久，地域广泛，对于上海、香港等租界内英美等国所属机构的图书馆也不放过，从太平洋战争爆发之前的检查，到爆发之后的掠夺，暴露了侵华日军贪得无厌的本质。而充当帮凶的图书馆员也不在少数，满铁大连图书馆、满铁上海事务所、东亚同文书院大学、自然科学研究所、日本近代科学图书馆等的许多图书馆员都是所谓的占领区图书文件接收委员会、华中建设资料整备委员会、图书整理委员会的成员。

三、《中华图书馆协会会报》上的相关记录

除了日方文献之外，《中华图书馆协会会报》上《国立清华大学图书馆状况》一文也记载了侵略者有目的整理并攫取清华大学图书馆藏书的情况①，1940 年底满铁北方经济调查所及华北交通株式会社，即有整理清华图书之倡议，并拟有 4 种规程：《押收图书标本模型整理中央委员会则》《北京清华大学押收图书标本模型整理实施要纲》《押收图书标本模型整理要领》《押收图书标本模型整理实施要领》，同时指定参与机关 6 处，及各机关派遣整理员若干名。参与整理清华图书标本模型的机关有：多田部队本部、兴亚院华北联络部、华北政务委员会、新民会、满铁北支经济调查所及北支那开发株式会社、华北交通株式会社。押收图书标本模型整理中央委员会委员名单和押收图书标本模型整理中央委员会整理员名单中都有北支那开发株式会社大佐三四五的名字。北支那开发株式会社的其他几名成员，包括樽崎丰市、本间不二男、古籐悌一、玉木福太郎、荻野正二郎、山本长藏，这些人中还有多少是图书馆员不得而知。

① 七七事变后平市图书馆状况调查［J］. 中华图书馆协会会报，1941，16（1-2）：4-12.

整理图书从1941年5月开始，其分工是：多田部队本部负责总记、辞典、卫生、建筑；兴亚院华北联络部负责政治、外交、法制、移殖民、文化相关者；华北政务委员会负责灾害相关者；新民会负责禁书相关者；满铁北支经济调查所及北支那开发株式会社负责地志、一般经济及产业、财政、金融、社会相关者；华北交通株式会社负责交通、治水、运输相关者。其整理手续是先按门类依次整理书架，再从中按需挑选，携归私有，因此各机关争先恐后，不遗余力，花费数周完成此事。后因他故，罢除前议。改议全部图书寄存至北平近代科学图书馆，因北平近代科学图书馆长山室三良认为数量过多，无地容放而作罢，最后改由军部、新民会、近代科学图书馆分别各取所需，其余拨交北大图书馆。

第三节　评《日本军接收图书》一书

《日本军接收图书——在中国占领地接收图书的去向》是日本学者鞆谷纯一在其博士论文《第二次大战中在中国的日本军接收图书研究》的基础上修改而成的，于2011年10月由大阪公立大学共同出版会出版。该书出版后受到了日本图书馆学界的广泛关注，小林昌树①、村上美代治②、河村俊太郎③分别写了书评，对这一研究成果进行推荐。

该书日文题名是《日本軍接収図書——中国占領地で接収した図書の行方》④，该书题目中的“接收”二字大大美化了日本侵略军的这

① 小林昌樹.『日本軍接収図書』——日本図書館史研究における学術の行方［J］. 図書館文化史研究，2012（29）：127-136.

② 村上美代治. 書評［J］. 図書館界，2012，64（2）：168-169.

③ 河村俊太郎. 書評［J］. 日本図書館情報学会誌，2013，59（1）：32-33.

④ 鞆谷純一. 日本軍接収図書：中国占領地で接収した図書の行方［M］. 大阪：大阪公立大学共同出版会，2011.

一罪恶行径，日语“接収”与汉语“接收”一词相对应，另有“没收”、“接管”、“征用”的意思，但都不表达“掠夺”之意。鞆谷纯一在先期发表的一篇学术论文①中，将日语关键词“接収図書”翻译为英语“Requisition books”，该英语所对应的汉语意思是“征用图书”。村上美代治所写的书评中已经注意到该书前后在用词上存在不一致的情况，也就是说，该书在第1部和第2部中分别使用了“接収”和“略奪”两个不同的词语来描述日军的同一个行为，村上美代治认为若将二者统一起来可能会更好些②。笔者认为鞆谷纯一不如大大方方地使用没有歧义的“掠夺”一词，方显学术研究应有的客观态度。

作为一篇由博士论文发展而来的著作，其结构规范，首先是研究现状综述，在此基础上确定了自己的研究方法、研究目的和研究对象。紧接着是研究的主体部分，分为第1部和第2部，分别论述日军在各个占领地掠夺图书的情况和日本战败后对掠夺图书的返还情况。最后总结全书，明确自己研究所取得的成果。

第二次世界大战中，日军在中国掠夺了大量图书，但是其中的很多史实并不是很清楚。围绕这一问题在日本有不少回忆文章或学术研究论著，鞆谷纯一把这些文献进行了梳理，将其划分为4个时代：20世纪60-70年代是回顾的时代、80年代是反省的时代、90年代是利用二次史料进行研究的时代、从本世纪开始是利用一次史料进行研究的时代。鞆谷纯一指出，在回顾的时代，日本许多当事人认为掠夺图书避免了图书因战祸而遭受更大的损失，因而对这一行为加以肯定，根本没有对掠夺图书进行反省的表示。在反省的时代，本着反省日本的侵略战争，向

① 鞆谷純一．太平洋戦争下・上海租界における日本軍接収図書［J］．情報学，2010，7（1）：1-12.

② 村上美代治．書評［J］．図書館界，2012，64（2）：168-169.

中国人民谢罪的愿望，许多人希望清算掠夺图书的罪行。鞆谷纯一所说的二次史料是指战前和战后发行的刊物、杂志记事等史料，一次史料是指战时和战后军中的通牒、电报、图书馆的内部文书等。整体来说，他认为这一问题作为学术研究的时间尚短，研究者人数尚少，研究水平仍处于起步阶段。

鉴于此，鞆谷纯一在吸收前人研究成果的基础上，重点利用一次史料，包括战时和战后史料，其中大部分是日文史料，如《陆军省大日记》、《外务省记录》、《中田帮造资料》、《占领地政策同盟国的遗产等的调查》、《掠夺品（图书）返还相关文件》、《返还图书相关文书》、《驻日盟军司令部相关文件》；中文史料有：《南京国民政府行政院会议录》（注：此处指汪精卫政权）、《日赔会档案》（中央研究院近代史研究所档案馆）；英文史料有《驻日盟军最高司令官总司令部文件》（*Records of General Headquarters Supreme Commander for the Allied Powers*，简称GHQ/SCAP）；同时参照二次史料，如《新民报》、《新民会报》、《剿共灭党运动报告书》、《满铁资料汇报》、中支建设资料整备委员会的《业务研究》。

从鞆谷纯一对其所使用的史料的介绍上看，姑且不论这些史料内容的准确性和客观性，还应质疑其资料的全面性。在当时战火纷飞的年代，许多事件都不能形成书面记录保留下来。此外，一方保留下来的东西往往也是对一方有利的内容。从上面列出的史料看，未包括作为战争中的受害者，中国抗日军民留下的史料，如本章第一节根据《中华图书馆协会会报》整理的内容。相信随着民国报刊文献数字化的发展，大家将会从中看到当时侵华日军对于中国图书和文化犯下的更多罪行。

该书研究目的有三个：一是弄清楚第二次世界大战中在华日军掠夺图书的史实；二是亲自验证日军掠夺图书的目的是什么，是不是真像其所标榜的那样为了保全文献资料；三是弄清掠夺图书如何被运到日本主要图书馆，之后如何整理利用，如何在战败后又返还的经过。

书中讲述了各占领地日军掠夺图书的情况。由于日军占领中国各地的情况不一样，掠夺图书的情况也不同。以北京为中心的华北，中国军队不战而退，所以文化设施没有受到战火损失，日军没有必要为了保全文献资料而掠夺图书，但事实上日军通过其民众教化团体“新民会”对学校、图书馆、书店等进行清查，掠夺抗日图书，并将其中一部分“寄赠”东京帝国大学附属图书馆，这部分图书战后进行了返还，包括单行本 6 071 册、杂志和报纸 14 734 份。鞆谷纯一认为华北地区的图书掠夺是日本陆军占领政策中思想战的一环，纯粹是为了进行思想统治，为了剥夺中国民众知的权利。

以上海、南京为中心的华中（华东），侵华日军受到了中国军队激烈的抵抗，文化设施在战火中毁坏严重，许多图书焚于战火。日军掠夺图书看起来似乎是为了保全文献资料，但是日军的文件《占领地区图书文件接收委员会要纲》表明，掠夺图书第一位还是为了军队的使用，以备将来或者研究上的使用。1941 年汪精卫南京政府建立一周年之际，日方将掠夺图书大约 80 万册移交给南京政府文物保管委员会，但是其中的复本，“分让”给日本各机关，如兴亚院华中联络部、满铁上海事务所、东亚同文书院大学、上海自然科学研究所等。此外，日方认为必要的图书也并没有全部移交给南京政府。鞆谷纯一认为华中地区的图书掠夺是以情报收集为目的的。

作为跨越国界和跨越文化的研究，该书难免有缺憾，鞆谷纯一引用中国方面的史料太少，这或许是他能找到的中国相关史料还太少的缘故，离彻底弄清事实真相还有不小差距。

总的来说，该项研究用一次史料、用数据阐明了侵华日军掠夺图书并最终返还图书的某些基本史实，也达到了鞆谷纯一最初设定的研究目的，这是值得肯定的。但是，在日本还有没有尚未返还给中国的图书呢？这个问题的答案在中国是不言自明的，而在日本似乎还是值得进一步研究的问题。

对于中国学者来说，鞆谷纯一的研究似乎只是一项避重就轻的研究。熟悉中国图书馆史的人都知道，侵华日军对于中国的文献绝非只是觊觎，在得不到的情况下，首先要做的便是破坏，1932年侵华日军轰炸商务印书馆，进而放火烧毁东方图书馆便是明证。这些文化设施根本不是军事目标，侵华日军对此反复进行破坏，必毁之而后快。只有在侵华日军认为能够得到这些图书的情况下，才会将其当作他们自己的战利品，采取某些措施。侵华日军当时并没有想到此后会战败，而且必须返还这些图书。否则，情形可能完全不同。

另外，在日本全面发动侵华战争之前，中国的图书馆事业包括图书馆学研究都呈现出良好的上升势头，这是连当时的日本图书馆学者都承认的事实。善良的中国图书馆界对于间宫不二雄为代表的日本图书馆界也是一直保持积极友善的态度。

而在1937年日本侵华战争爆发后，中国的图书馆事业受到了沉重的打击，仅有很少一部分图书被转移至敌后或者海外，大部分的图书要么毁于战火，要么遭受沦陷。图书馆学研究也止步不前，《图书馆学季刊》《武昌文华图书馆学专科学校季刊》和《国立北平图书馆馆刊》等大大小小的图书馆学期刊亦纷纷停办。侵华日军对中国图书馆事业的破坏并非用“掠夺图书”一项就可以全部概括，掠夺图书的返还更是其中一项小而又小的内容，是冰山浮在海面上的一角。弄清抗战时期中国图书馆事业遭受的破坏和损失需要中日学者，甚至国际学者的共同努力。特别需要指出的是，这个问题也是中国图书馆史的研究内容，更需要中国图书馆学者自己的声音。

第六章 第二次世界大战之后的相互交流

第二次世界大战之后，日本图书馆界更加直接地受到美国图书馆学的影响。受联合国部队总司令部民间情报教育局的派遣，美国图书馆使团到达日本，对其图书馆制度进行改革，日本图书馆学亦受到美国图书馆学的影响，尤其受以巴特勒为代表的美国图书馆学社会学派的影响，加强了理论研究，眼光也更加开放，先后出现了数本具有总结性的图书馆学学术史著作，如大佐三四五的《图书馆学的展开》、武居权内的《日本图书馆学史序说》，对于包括中国图书馆学在内的图书馆学发展多有论述。1949 年以后，中国图书馆学开始受到苏联的影响，以刘国钧为代表的中国图书馆学家积极吸收苏联图书馆学之精华，在学术上又有了新的突破，这些成就很快被嗅觉灵敏的日本图书馆界发现并引进，在日本引起了不小的反响。以松见弘道为代表的一些日本图书馆学者，成为刘国钧等人学术成果的积极引进者，他们阅读、翻译、介绍并运用中国图书馆学的成就，再次开创中日图书馆学友好交流的新篇章。然而这种良好趋势在中国的“文化大革命”前夕，不得不中断了，中国图书馆学走上了一条相对封闭的道路。这也是本研究把时间界限断到

20世纪60年代中期的原因。

第一节　大佐三四五对中国图书馆学的研究

大佐三四五被称作日本图书馆界的先觉者，他1927年毕业于哥伦比亚大学图书馆学校，又到欧洲视察社会教育，之后从事图书馆的各种事务，包括在满铁大连图书馆担任司书主任，后来在京都学艺大学担任图书馆事务长，同时担任该校的图书馆学讲师。

1954年大佐三四五出版《图书馆学的展开》①，该书实际上是一部世界范围内的图书馆学史，从图书馆学在德国发端讲起，对世界各国的图书馆学发展历史及状况进行了系统的梳理和总结。书中专门有一章讲述中国的图书馆学，与其他章节相比，这一章篇幅较短、使用资料多为民国时期的内容，反映出那个时代中日图书馆学交流不太通畅的一面。

作为一本讨论图书馆学的著作，该书第一章首先讨论“图书馆学是什么?”，因为日本文化发源于中国文化，凡是论及东方文化，无不从中国说起，以下试举几例：

在讨论“什么是学”的问题时，大佐三四五指出中国的《中庸》第20章中就出现了“学”字：“或生而知之，或学而知之，或困而知之，及其知之一也”，由此认为“学”是与生来自然就知道的事情相对应，需要经过后天努力才能获得的知识和技能，论证了“学”与西方的science、wissenschaft的意义相同，东西方具有一致性。

在讨论“什么是图书馆”的问题时，大佐三四五指出“图书”在中国很早就出现了，源于“河图洛书”。在《晋书天文志》中，有“东壁二星主文章，天下图书之秘府也”。韩愈《送石处士序》中有“坐一

---

① 大佐三四五．圖書館學の展開［M］．東京：丸善，1954.

室，左右图书”。中国收藏图书的处所，叫做石室、阁、观、楼、库、堂、室，前边可以加上各种各样的固有名词，还有使用兽名的，如白虎观、麒麟阁。在宫廷中，使用秘府、书府、册府等。中国最早使用“图书馆”的，是1904年湖南公立图书馆。

大佐三四五指出，所谓图书馆，最初是收藏图书的处所，然后被用来称呼所收集的图书全体，在这方面，东西方也是一致的。不过现在的图书馆已经不限于贮藏图书，业务内容和性质发生了很大变化，要担当起教育、情报、美的鉴赏、调查研究和娱乐等机能。

在讨论古代的图书馆时，大佐三四五指出在东方，自周代（公元前1122–256）就设置有收藏图书的文库，并且任命官吏司守文献，《史记》列传卷六十三《老庄申韩列传第三》中说“老子者……周守藏室之史也”。

在讨论“什么是图书馆学”时，大佐三四五引用了卢震京的《图书学大辞典》① 中的定义“图书馆学为人类学问之一部，系以有系统之科学方法，专研究人类知识学问及一切动态记载之产生，保存与应用，使之成为教育化、学术化、社会化、科学化之一种科学也，简言之，即以科学方法研究关于图书馆一切事项之学问也。”

该书第十章论述日本图书馆学，首先论述日本图书馆学之滥觞。大佐三四五指出作为图书馆学的一部分，中国的目录学很早就发达了，从汉代的《七略》到各代艺文志、经籍志，将中国自古以来的学术思想变迁弄得清清楚楚。清代王鸣盛使目录学进一步发达，他在《十七史商榷》中说“目录之学，学中第一紧要事。必从此问途，方能得其门而入。”他认为日本目录学受中国影响非常显著，藤原佐世在公元889–897年间曾奉敕编纂日本最早的汉籍目录《日本国见在书目录》。

---

① 卢震京著．图书学大辞典［M］．长沙：商务印书馆，1940：460.

该书第十五章论述近代图书馆学的体系。大佐三四五以卢震京《图书学大辞典》中提到的图书馆学体系来代表中国的图书馆学体系，该体系将图书馆科学分为“历史之图书馆学”和“系统之图书馆学”两部分。前者进一步分为图书学史、图书馆史、图书馆学史，后者进一步分为理论的图书馆学、实际的图书馆学。各小类仍有细分。大佐三四五除对该体系全盘照搬之外，还特意指出，中国图书馆学的一般书和技术专业书数量远远超过了日本。

以上事例说明大佐三四五对于中国古代图书馆史，甚至民国时期图书馆史都有充分的了解。那么他对于该书出版之际中国的图书馆学状况掌握多少呢？以下就通过分析该书第九章“中国图书馆学”的内容来寻找答案。

中国图书馆学包括7个部分：古代目录学、文华图书馆学专科学校、金陵大学图书馆学专修科、北京大学文学院图书馆学专修学校、中国的图书馆学讲习会、最近中国图书馆学及其动向、中国的图书馆学文献。

关于古代目录学，大佐三四五指出中国自古就有图书馆业务和目录分类学，周代的王室文库，汉代的石渠、天禄、兰台、麒麟诸阁，晋代的秘书、中、外三阁，南北朝的学士馆、文德殿等都是古代有名的文库，然而这些所谓的书库大多数与一般人无关。清朝末期才出现了公共图书馆，光绪二十二年，刑部侍郎李端棻奏请在京师及各省设置藏书楼，因此，浙江、河北、安徽等省郡都相继设立藏书楼，允许一般人阅览，这就是中国近代的公共图书馆之滥觞。宣统元年发布《京师图书馆及各省图书馆通行章程》，浙江、江苏各省的藏书楼或者书院又改名为图书馆。民国成立后重视社会教育，1915年颁布《通俗图书馆规程》和《图书馆规程》，促进了图书馆事业的普及，为图书馆学兴起打下了基础。大佐三四五从《通俗图书馆规程》第7条不征收阅览费的规定中发现，中国公共图书馆的免费阅览比日本早了35年。

大佐三四五还指出，在中国作为图书馆学一部分的目录学分类学早在汉代刘向、刘歆父子就开始了，正像班固在《汉书·叙传》中所说的“刘向司籍，九流以别，爰著目录”，他们著录了别录和七略。但是这些是图书编目，虽然包括根据图书的内容进行判定，但并非现在图书馆学中所说的关于目录法、分类法自身的研究。作为一种学问的研究，严格说来是从民国开始的，例如王云五的《中外图书统一分类法》、杜定友的《杜氏图书分类法》、刘国钧的《中国图书分类法》、徐旭的《民众图书馆分类法》等很多研究先后发表，在图书馆学其他方面也有很多著作发表，中国的图书馆学呈现出超过日本的状态。

关于文华图书馆学专科学校。大佐三四五认为中国图书馆学急速发达的原因，很大程度上归功于美国人韦棣华女史，她于1919年（按：实际上是1920年）创立了武昌文华图书馆学专科学校。韦棣华女史设置了武昌公书林，又在文华大学内设置了图书馆学专科学校，很多有为青年都是这个学校培养的，他们毕业后又到美国图书馆学校学习，回国后作为图书馆学的教授或者图书馆的指导者非常活跃。该校对于中国图书馆界厥功甚伟。

大佐三四五指出民国政府在南京建都之后，积极推进社会教育政策，1927年公布《图书馆条令》，1930年改正了《图书馆规程》。之后新设的图书馆剧增，与之并行的是图书馆学日益兴隆，出版更多的著作、举办了更多的讲习会。文华大学的图书馆科，从大学二年级开始，三年级毕业，发给大学学位证和专科证，后来独立为文华图书馆专科学校。校长是沈祖荣，有20余名职员。文华图书馆学校，在“日支事变”中由武昌迁往重庆，在求精中学内继续授课，而且同从前一样，从中华教育文化基金董事会，管理中英庚款董事会及中国政府教育部领取补助金。

关于金陵大学图书馆学专修科，大佐三四五指出，南京的金陵大学在文华大学之后开讲图书馆学，刘国钧、李小缘等中国首屈一指的学者担任指导，与文华一起培养高级图书馆员。在“日支事变”之际，金陵大学虽然与外国教会有关，也还是迁往了内地，在成都继续其图书馆学专修科，而且仍由该校文学院院长刘国钧负责。

从以上大佐三四五对文华图书馆学专科学校和金陵大学图书馆学专修科的介绍中可以看出，他所掌握的两校的信息依然停留在抗战结束之前，对于之后的回迁及发展情况并不了解，反映出当时中日图书馆学交流不畅的一面。

关于北京大学文学院图书馆学专修学校，大佐三四五采用了当时最新信息，不过包括成立时间在内的有些内容现在看来并不正确。他指出，令人感到奇怪的是，首都北京与各国不同，从来没有图书馆学校。直到1949年8月，在北京开设了新中国培养图书馆员的专门学科。教授由北京各图书馆长和大学教授担任，主任是国立北京图书馆长王重民，修业年限2年，各学年课目如下：

第1学年，图书馆概论、目录学概论、工具书使用法、图书常识、阅览指导法、图书馆实习、中国目录学文选。

第2学年，图书分类及编目法，校勘学、档案学、索引法、版本学、图书馆管理及行政、研究论文写作。

各学年共通课目：中国文学、中国通史、俄语、英语、政治经济学、唯物史观。

除此之外，还有为各地图书馆员再训练而开设的暑期实习班。

关于中国的图书馆学讲习会，大佐三四五指出，几乎在开设图书馆学校的同时，中国各地就举办了图书馆学讲习会，每年持续不断，主要的讲习会如下：

表 6-1　大佐三四五列举的中国各地图书馆学讲习会

时间	场所	讲师
1920 年夏	北平高等师范学校	戴志骞
1922 年	广州图书馆员养成所	杜定友
1923 年	东南大学暑期学校	洪有丰
1924 年	上海约翰大学	海女士
1924 年	河南学校图书馆管理法讲习会	杜定友
1925 年	南京，中华图书馆协会主办，暑期图书馆学校， 上海民国大学（图书馆学讲座）	
1926 年	东吴大学暑期学校（苏州）6 个月	李小缘

大佐三四五对比了中日讲习会的不同，他认为，中国的这些讲习会持续的时间比较长，以图书馆学权威为中心，因此理论和实习都很彻底。这一点与日本不同，日本从开始到现在的讲习会，都是一周左右，时间很短，基本没有实习的时间，每次讲习都有监督行政机关工作人员发表的冗长讲话。

大佐三四五指出，“日支事变”后，尽管中国政府及教育机关都向内地迁移，大学的图书馆学课程仍然继续，同样，许多图书馆学者仍然举办图书馆讲习和讲演。文化事业、教育事业，在战争爆发后已经与其重要性无关了，不管怎样被忽视，甚至在残酷的战争中有时被迫全部放弃，与图书馆学在战争中受到官民提携相比，在中国，图书馆学研究和讲习竟能继续下去，实在令人惊叹。他将战时讲义题目及演讲人一一列举如下：

表6-2 大佐三四五列举的中国各地图书馆学讲习会讲义题目及演讲人

讲义题目	演讲人
书院藏书之沿革与图书馆之使命 省立图书馆地方文献	陈东原
大学图书馆行政	洪有丰
中央图书馆之使命	蒋复璁
战时图书馆工作实施计划	岳良木
人事制度	王文山
英国图书馆概况及图书馆训练	彭道真
战时出版事业概况	辺燮衡
海外图书馆所藏中籍概况	萧一山
经书研究与图书馆分类编目问题	杜定友
地质文献	黄汲清

关于最近中国图书馆学及其动向，大佐三四五有较多的思考和推测。他指出，中国的图书馆学从目录考证开始，近来图书馆技术层面相关的研究发达起来，这方面的著作越来越多。然而图书馆全体在机能上以知识阶层或者说上层阶层为对象，仍未向全体国民中渗透，并没有实现近代图书馆是社会教育机关的目标，未充分发挥其作用，一言以蔽之，仍未脱静的范围。

大佐三四五对于新中国的图书分类法尤为期待，他说，新中国成立后可以看出图书的使命性质发生了很大变化和跃进，即图书馆现在走进大众之中，成为宣传党的生活思想的场所，农村图书馆急剧增加，面向农民的活动兴旺起来，因此指导图书馆运动的图书馆员，必须掌握党的新政治理念。中国最近要依照马克思、列宁主义对以往的科学和制度进行合理的科学的改革的思潮很强，1951 年 7 月组织了图书分类法委员会及小组委员会，东北图书馆、杜定友、卞宝策等所作的旧分类法的改正草案正在被研究。值得关注的是，与以往的图书分类法大部分是图书馆学者个人的研究成果相对比，该委员会让许多领域的专门学者与图书馆学者共同研究，以排除仅凭个人力量对浩瀚深广的学术进行整理分类所产生的缺陷，这种方法和态度是值得注意的。新中国的统一分类法，其内容将如何呈现？这个问题备受瞩目。大佐三四五猜测，马克思、列宁主义、毛泽东思想、革命理论、土地改革问题等项目将会新加进去。

关于中国的图书馆学文献，大佐三四五将图书和杂志分开进行介绍。他说，在中国与图书馆员养成机关开设的同时，就创建了近代图书馆学，刊行了很多图书馆学文献。截止到 1936 年底，重要的已达到 170 种，其研究之旺盛超过了日本。大佐三四五列举了其中重要的图书如下。

表 6-3　大佐三四五列举的中国图书馆学重要文献

书名	作者	出版社
图书馆学通论	俞爽迷著	正中书局
比较图书馆学	程伯群著	世界书局
学校图书馆学	杜定友著	商务印书馆
图书馆学要旨	刘国钧编	中华书局
图书馆学	杨昭悊著	商务印书馆
图书馆学概论	杜定友著	商务印书馆
图书馆学 ABC	沈学植著	世界书局
现代图书馆事务论	马宗荣著	世界书局
图书馆［学］九国名词对照表	徐能庸著	商务印书馆
目录学研究	汪辟疆著	商务印书馆

续表

书名	作者	出版社
现代中国图书馆概况	金敏甫编	作者书社
中国之图书馆	袁同礼著	中华图书馆协会
图书馆组织和管理	洪有丰著	商务印书馆
图书馆参考论	李钟履	中华图书馆协会
分类之理论与实践	刘子钦著	文华图书馆学专科学校
善本图书编目法	于震寰著	北平图书馆
大学图书馆经营之实际	马宗荣著	大夏图书馆
现代图书编目法	金敏甫著	
图书馆建筑与设备	赵福来	文华图书馆学专科学校

他接着列举了中国抗战时间出版的图书馆学图书如下表：

表6-4　大佐三四五列举的中国抗战时期出版的图书馆学图书

书名	作者	出版地	出版年
战时图书馆	许振东著	浙江丽水	民28（1939）
中国图书分类补遗	国立北平图书馆中文编目组编印	昆明	民28（1939）
民众教育馆	教育部社会教育司编	重庆	民29（1940）
图书馆	教育部社会教育司	重庆	民29（1940）

由此他发出感慨：从这些文献可知，自“支那事变”到“大东亚战争”，日本图书馆界萎靡退步，而中国，各大学在迁往内地之际，还在进行图书馆学研究。

此外，他还列举了各年份出版的其他主要图书如下表：

表 6-5　大佐三四五列举的中国各年份出版的其他图书馆学图书

刊年	著者	书名
1918	顾实	图书馆指南
1918	孙毓修	中国雕版源流考
1920	周贞亮，李之鼎	书目举要
1923	张英敏	中日著者号码表
1928	北京图书馆	中国政府出版品目录
1929	刘国钧	中国图书分类法
1929	王云五	中国图书分类法
1931	裘开明	中国图书编目法
1931	陈彬合	中国书史
1932	杜定友	图书管理学
1932	陈登原	古今典籍聚散考
1933	钱基博	版本通义
1933	杨家骆	图书年鉴
1934	马导源	书志学
1934	北平来薰阁编	中国学术机关出版物，联合目录
1934	姚名达	目录学
1935	蒋元卿	校雠学史
1935	蒋元卿	中国图书分类之沿革
1936	邓嗣宇，毕乃德	中国参考书目解题
1936	杨家骆	历代经籍志
1936	施廷镛	丛书及图书名索引
1938	姚名达	中国目录学史
1940	卢震京	图书学大辞典

关于中国图书馆学杂志，大佐三四五介绍了6种，即《文华图书馆学专科学校季刊》《中华图书馆协会会报》《图书馆学季刊》《图书展望》《广州大学图书馆季刊》《国立北平图书馆刊》，对其创刊时间、刊期、刊名变化、主要内容及影响等做了简单介绍。

笔者注意到，大佐三四五所列举的中国图书馆学重要文献，均为我国学者所公认。此外，大佐三四五在书中列出了日本为研究图书而到美国留学者名单（截止到1945年），与我国图书馆学史的研究方法有异曲同工之处，亦将其翻译过来，帮助我们了解那些在日本从美国引进图书馆学过程中发挥了作用的学者。

表6-6　日本为研究图书而到美国留学者名单

氏名	期间	要项
田中稻城	明治21（1888）-23（1890）	文部省派出到美英国学习图书馆相关学术（东京图书馆）
汤浅吉郎	明治35（1902）-36（1903）	芝加哥图书馆讲座，纽约州立图书馆学校学习，美英图书馆视察（京都府立图书馆）
坪谷善四郎	明治40（1907）-41（1908）	欧美各国视察（大桥图书馆）
和田万吉	明治42（1909）-43（1910）	文部省派出到欧美视察图书馆（东大图书馆）
今井贯一	明治45（1912）-大正2（1913）	文部省派出到英美德研究图书馆事项（大阪府立图书馆）
田中一贞	大正2（1913）-3（1914）	庆应义塾派出到欧美视察教育情况及图书馆事项（庆应义塾大学教授兼图书馆监督）
橘井清五郎	大正2（1913）-3（1914）	欧美图书馆事业视察（英德俄美等），伦敦大学图书馆学讲座
平野千惠子	大正3（1914）-昭和14（1939）	西蒙斯学院学习图书馆学，1916年后在波士顿美术馆工作（东洋图书部长）

续表

氏名	期间	要项
佐野友三郎	大正 4（1915）5 月 - 同年 9 月	文部省派出到美国调查图书馆事业，出席 ALA 旧金山大会（山口县立图书馆）
毛利宫彦	大正 4（1915）- 5（1916）	早稻田大学派出，美国纽约市公共图书馆图书馆学校毕业
间宫不二雄	大正 4（1915）- 5（1916）	到美国调查机械文具制作贩卖以及各图书馆
中岛犹治郎	大正 9（1920）- 12（1923）	美国纽约市公共图书馆图书馆学校入学，Peabody 师范大学图书馆学科毕业
植松安	大正 10（1921）- 11（1922）	文部省派出，海外图书馆视察（英德意美等）（东大图书馆）
井手董	大正 11（1922）- 12（1923）	美国布法罗大学图书馆学科修完
坂西志保	大正 11（1922）- 昭和 17（1942）	在美国国会图书馆工作
柿沼介	大正 13（1924）- 15（1926）	美欧诸国图书馆事业视察（满铁大连图书馆）
山田珠树	大正 15（1926）- 同 11 月	文部省派出参加 ALA50 年庆典（东大图书馆）
松本喜一	大正 15（1926）- 昭和 2（1927）	文部省派出参加 ALA50 年庆典，视察欧洲图书馆事业（帝国图书馆）
大佐三四五	大正 15（1926）- 昭和 2（1928）	参加 ALA50 年庆典，美国哥伦比亚大学图书馆学校毕业后欧洲各国图书馆事业视察（满铁大连图书馆）
内藤赳夫	大正 15（1926）- 昭和 2（1927）	大原社会问题研究所派出，欧洲诸国收集图书及视察图书馆
福田直美	昭和 9（1934）- 15（1940）	美国密歇根大学图书馆学校毕业后，在美国国会图书馆工作
河合博	昭和 12（1937）- 13（1938）	美国洛克菲勒财团奖学金研究生留学，视察欧洲各国（东大图书馆）

续表

氏名	期间	要项
仙田正雄	昭和13（1938）-16（1941）	在美国国会图书馆东洋部目录系工作（天理图书馆）
山极花子		在美国密歇根大学图书馆工作

1926年夏天杜定友访日之际，曾提到日本办理图书馆的人，“全国图书馆专门人材不过三、四人，但是很有经验而且专赴欧美参观图书馆的，也有十余人以上。”① 对照上表，可见杜定友所言不虚。杜定友又说，“日本人对于图书馆学，还没有很深的研究。图书馆学的书籍，也寥寥无几。但是他们有一种胜人之处，就是不尚空论。办理图书馆的人，大都是一边办事，一边研究，随时改良，随时探讨。所以没有像欧美那样设了几位教座，专门研究什么图书馆学的。他们也没有空谈理论，不务实际的，对于图书馆什么问题，没有什么贡献，其原因也多半在此。现在从事于图书馆的人，我所碰见的，很多是好学深思的人。他们若能够专心在图书馆学上研究，将来一定有绝大的贡献。”

从1927年杜定友对日本图书馆学的预测，到1954年大佐三四五对于中国图书馆学的认知，中间相距27年，时过境迁，中日图书馆学家对于对方的敬重态度却依然未变，也许这才是中日图书馆学交流得以持续的主要原因。

① 杜定友. 日本图书馆参观记. 山东教育月刊，1927，6（2）：51-63；6（3-4）：65-71；6（6）：43-56；6（7）：33-43.

第二节　松见弘道对“北刘南杜”的研究

从20世纪50年代开始，日本学者松见弘道就致力于介绍、翻译和研究中国图书馆学，他关于刘国钧和杜定友的研究成果非常丰富，堪称“北刘南杜”海外研究的集大成者。笔者从他对刘国钧、杜定友论著的翻译，他与二人的通信联系，以及他对二人介绍和研究等几个方面，系统梳理其研究成果，一则彰显其学术贡献，二则为国内“北刘南杜”研究乃至中日图书馆学交流史研究提供借鉴。

一、松见弘道简介

海外学者对于中国图书馆学的研究，因其文化背景、学术立场，甚至研究方法的不同，往往充满了令人意想不到的学术见解，颇有借鉴价值，应当引起国内图书馆学研究者的重视。日本学者松见弘道就是其中的一位佼佼者，他40年如一日，热切关注中国的图书馆学，取得了丰硕的研究成果，遍及中国的图书馆事业、图书馆学家、图书分类法和目录学等诸多方面，对中日两国图书馆界交流的促进与宣传贡献尤多。特别是他对中国老一代图书馆学家刘国钧和杜定友的学术成就的翻译和介绍尤为突出，对于他们毕生的学术贡献也做出了非常全面而客观的评价，堪称从事“北刘南杜”研究的海外第一人。

松见弘道于1918年6月8日生于日本滋贺县虎姬町中野，1942年毕业于大谷大学文学部中国学科。1946年任大谷大学人文学第2研究室副手，1951年任岐阜大学司书长兼讲师，1963年任岐阜大学附属图书馆事务长，1978年任东海女子短期大学教授兼图书馆长。曾于1970年获得国立大学图书馆协会岸本奖。主要研究领域是中国学和图书馆学，尤其对中国图书馆学感兴趣。所参加的学术团体有日本图书馆协会、日本图书馆学会和日本图书馆研究会①。他曾在一篇论文中称“恩师神田喜一郎”②，可见其师承。卒年未详③，不知其所终，实在遗憾。

在中日图书馆学交流史上，松见弘道是一位不可多得的学者。他于20世纪50-90年代的40年间始终致力于向日本介绍中国的图书和图书馆学界，把这项事业视作他“毕生学习的主题”④，为促进中日图书馆学友好交流做出了重大贡献，因此赢得了中国图书馆学界的尊敬。他的一些论著先后被翻译为中文，在中国产生了一定的影响，其中最著名的就是由黄宗忠等人翻译的《中国图书与图书馆》⑤一书，此外还有多篇论文也被翻译为中文，如《日本高等学校图书馆概况》⑥、《评介台湾图书馆学、目录学论著索引》⑦、《樱花更灿烂 相映杜鹃红》⑧等，还有一篇关于杜定友的论文竟然被翻译了2个版本，即《怀念图书馆学专家杜

① 日外アソシエーツ. 図書館関係専門家事典［M］. 東京：日外アソシエーツ，1984：257-258.

② 松見弘道. 中国目録学私考［J］. 図書館界，1953（4）：1-6.

③ 张白影于1999年访日之际曾想拜会这位神交已久的老友，却被告知他已经去世。笔者据此查阅了日本图书馆协会所编《图书馆杂志》1994年以来日本图书馆界相关人事信息，均未发现其讣告或纪念文章。

④ 黄宗忠，松见弘道. 中日两国图书馆学交流之花［J］. 高校图书馆工作，1995（2）：8-9，21.

⑤ 松见弘道. 中国图书与图书馆［M］. 黄宗忠，姜振儒，杨志清，译. 北京：书目文献出版社，1995.

⑥ 松见弘道. 日本高等学校图书馆概况［J］. 陈霖生，译. 图书馆学通讯，1957（3）：53-54.

⑦ 松见弘道. 评介台湾图书馆学、目录学论著索引［G］. 赵金兰，节译//书目文献出版社编辑组编. 图书馆学情报学参考资料第2辑. 北京：书目文献出版社，1982：94-95.

⑧ 松见弘道. 樱花更灿烂　相映杜鹃红——拜受中国湖南大学图书馆张白影馆长撰并附主跋、郭吉冈手书之大匾额的欣喜［J］. 彭一中，译. 高校图书馆工作，1995（1）：67-68.

定友》① 和《中国现代图书馆学家——杜定友》②。他曾 2 次访问中国，与一些知名图书馆学者建立了友谊，并被相关文献记录了下来，如《东邻新寄语 初识如故人》③、《中日两国图书馆学交流之花》④ 等。黄宗忠对他评价甚高，“他 40 年如一日，坚持研究中国的图书和图书馆事业，发表了不少充满对中国、对中国文化热爱的论著。他不仅从资料中研究中国，而且多次到中国进行实地调查；他不仅翻译中国学者的著作，而且撰写了大量论著向日本读者宣传和介绍中国文化。我们对他 40 年来一直坚持研究和介绍中国图书馆与图书馆事业所做出的贡献，表示敬意。”⑤

二、关于“北刘南杜”

在中国图书馆界有“北刘南杜”和“北刘南杜中皮”的提法，尚未有人精确考证这两种提法出现的确切时间和语境。笔者猜测，当其出现之际可能有正反两方面的意思，从正面来看，“北刘南杜”应该是说从 20 世纪三、四十年代到六、七十年代，身处南方的杜定友和身处北方的刘国钧在学界的影响力；“北刘南杜中皮”应该是说刘国钧、杜定友、皮高品三人所编制的分类法在中国图书馆界具有三分天下的影响力。从反面来看，可能是作为批判对象的两种简称，因为这 3 位老先生

---

① 松见弘道．怀念图书馆学专家杜定友［G］．王世斌，译//书目文献出版社编辑组编．图书馆学情报学参考资料第 4 辑．北京：书目文献出版社，1984：73-74，38.

② 松见弘道．中国现代图书馆学家——杜定友［J］．魏振起，译．大庆师专学报，1985（2）：59-60，63.

③ 张白影．东邻新寄语 初识如故人——记日本东海女子短期大学图书馆馆长松见弘道教授［J］．高校图书馆工作，1994（3）：54-55，73.

④ 黄宗忠，松见弘道．中日两国图书馆学交流之花［J］．高校图书馆工作，1995（2）：8-9，21.

⑤ 松见弘道．中国图书与图书馆［M］．黄宗忠，姜振儒，杨志清，译．北京：书目文献出版社，1995：译本前言．

在1958年先后受到“北京大学图书馆学系1956年级‘什么是图书馆学’批判小组”、“北京大学图书馆学系1955年级资产阶级思想批判小组”、“武汉大学图书馆学系三年级学术思想批判小组”以及“武大图书馆学系通讯小组”的批判，“文革”中尤甚。姑且不论“北刘南杜”这一提法的来历，仅从“把毕生都贡献给了中国图书馆事业”，而且“对中国图书馆学做出了巨大贡献”这两条标准来衡量，刘国钧和杜定友并称“北刘南杜”都是当之无愧的。

三、松见弘道对“北刘南杜”的研究概观

尽管“北刘南杜”在中国图书馆界具有崇高的地位，但是把刘国钧和杜定友联系在一起进行系统研究的并不多。即使是松见弘道本人，在他自己的论著中也从来没有出现过“北刘南杜”的提法。不过这并不影响他对刘国钧和杜定友二人的研究，他始终将此二人视为现代图书馆的奠基者，在不少场合将他们相提并论，他甚至制作了一个表格将杜定友和刘国钧紧紧地联系在了一起，笔者把它称作松见弘道的“北刘南杜”对照表。

表 6-7　松见弘道的“北刘南杜”对照表

区分	生年	卒年月日	留学地	归国年	当时活动地区	当时工作单位	后来工作单位	分类法发表年	要素说发表年	学位
杜定友	1897	1967. 3. 13	菲律宾大学	1921	上海	南洋大学	中山大学	世界图书分类法 1925	3 要素 1932	文学士 教育学士 图书馆学士
刘国钧	1899	1980. 6. 27	威斯康星大学	1925	南京	金陵大学	北京大学	中国图书分类法 1929	4 要素 1934	哲学博士

这张表格出自《中国近代图书馆巨匠：刘国钧的肖像及其丰功伟绩》①，是1980年松见弘道在得知刘国钧去世的消息以后，花了3年时间，在儿玉孝乃和山内弘江二人的帮助下，写下的一篇纪念长文，不仅对刘国钧的生平和业绩进行了非常详细的回顾，也对刘国钧和杜定友学术和事业的各个方面进行了系统对比。

松见弘道对于“北刘南杜”的研究包括四个方面。

其一是研读他们的著作，进而将其翻译为日文出版。1958年他将杜定友的《图书分类法史略》翻译发表在《图书馆界》上；1963年、1980年他先后将刘国钧的《中国书史简编》及其修订版翻译出版；刘国钧的另一本著作《中国书的故事》，经他翻译后连载在1967—1978年的《东海地区大学图书馆协议会志》上，该书经过郑如斯修订后，被他在1983年再次翻译出版。值得指出的是，松见弘道并非机械地翻译，而是将原著中的错误也尽量加以改正，此举得到了刘国钧之子刘家祜的肯定和感谢②。

其二是多次撰文介绍他们的学术业绩和人格，并致以崇高的评价和敬意。根据他的《中国图书与图书馆》日文版一书中所附历年著述目录以及日本CiNii数据库检索统计，截止到1993年，他所发表的论文中，以刘国钧为标题的有4篇，以杜定友为标题的有2篇，除了这些专门研究以外，还有多篇论文中也提到了与二人相关的内容。

其三，松见弘道对“北刘南杜”的研究是置于世界图书馆事业和图书馆学的发展视野之中的，所以他才会史无前例地把他们与举世公认的世界一流图书馆学专家相提并论。20世纪80年代初，日本《图书馆杂志》曾经以《图书馆的奠基者》为标题，系统介绍世界知名的图书

---

① 児玉孝乃，山内弘江，松見弘道．中国近代図書館界の巨匠：劉国鈞の肖像——その多彩な業績をめぐって［J］．東海女子短期大学紀要13，1987：135-161.

② 刘家祜．《中国书史简编》出版三十周年并日本版出版二十五周年记［J］．河南图书馆学刊，1988（3）：31-34，37.

馆专家。松见弘道为该主题先后撰写了两篇文章，分别介绍刘国钧和杜定友，使中国的“北刘南杜”与诺德（Gabriel Naude，1600—1653）、布朗（James Duff Brown，1862—1914）、卡特（Chales Ammi Cutter，1837—1903）、阮冈纳赞（Shiyali Ramamrita Ranganathan，1892—1972）等人的名字并列在一起，可见，松见弘道的确具有了不起的胆识和眼光。不愧是“北刘南杜”研究方面的专家。

其四，松见弘道在对他们的研究过程中，还与他们本人建立了密切的通信联系，并且互相寄赠彼此在研究中急需的专业书籍。他们的一些亲笔通信还通过各种途径流传开来，对于无缘面识老一代图书馆学家的后辈来说，无疑是一笔珍贵的财富，从其书信手迹中可以想见其为人、处事及品德。

四、松见弘道与“北刘南杜”的书面交往

早在1940年夏，松见弘道就在京都的东方文化研究所读过刘国钧编写的《金陵大学图书馆概况》，书中介绍的金陵大学及其图书馆，让他感受到了这所大学独特的气息，从而给他留下了深刻印象。1949年以后，他不断从各种杂志上读到刘国钧发表的论文，后来又多次通信，越发被刘国钧高深的学识和高尚的人品所感动。1955年，在收到刘国钧赠送的新著《中国书的故事》之后，他尝试着翻译此书，并且反复向刘国钧请教。1955年12月，郭沫若率中国科学代表团访问日本，这是在中日实现邦交正常化之前的一次具有非常重要意义的外交活动，在两国都引起了巨大反响。就是在这次访问中，松见弘道委托郭沫若转交给刘国钧一封信，希望获得《中国书的故事》一书的翻译权①，刘国钧

① 松见弘道的有关论文都说是《中国书史简编》的翻译权，作者记忆大概有误，因为《中国书史简编》中文版此时尚未出版，其初版时间是1958年。

为了促进中日友好和文化交流，不仅回信同意了松见弘道的请求，还为日文版写了序言。1956 年 6 月松见弘道经过中国人民对外文化协会转交给刘国钧一封信，告知已经收到了刘国钧寄来的翻译许可和日文版序言，并且汇报了自己翻译的进展情况。刘国钧回信对松见弘道的刻苦勤奋大加赞赏，同时对中日两国文化交往和人民的友好往来也充满了信心①。经过多次通信，松见弘道对刘国钧的认识更加深入，开始撰文向日本图书馆界介绍刘国钧，这就是他在 1956 年 10 月写成的第一篇关于刘国钧的文章——《中国图书馆学、书志学泰斗刘国钧先生》②。

在之后的几年里，松见弘道忙于本馆新馆舍的建设，加上自己已经翻译完的《中国书的故事》因为出版社不景气等各种原因不能如期出版，而学界以及他的许多朋友却催促他尽早出版，使他左右为难，同时他又觉得愧对刘国钧，故而有几年时间没有通信。后来在国会图书馆整理部长弥吉光长的建议下，他又把刘国钧 1958 年出版的《中国书史简编》进行了翻译。1963 年 1 月，松见弘道写信给刘国钧，解释了《中国书的故事》日译本迟迟未出的原因，同时希望能获得《中国书史简编》一书的翻译权。由于当时的政治形势和个人特殊的处境，刘国钧对此事非常慎重，他首先向北京大学各级党组织进行了汇报，在得到王学珍的同意批复后，才回信同意其翻译，并写了日文版序言③。松见弘道和前述刘家祜的文章都提到了这封信，落款时间是 1963 年 3 月 10 日。1963 年 11 月在收到松见弘道寄来的《中国书史简编》日译本后，刘国钧写了回信称赞日本的印刷技术，在 12 月 26 日的信中，提到自己

① 刘国钧，松见弘道．书信［OL］．［2014-12-07］．http：//www. kongfz. cn/item_ pic_ 11573767/.

② 松見弘道．中国の図書館学書誌学の泰斗劉国鈞先生のこと［J］．東海地区大学図書館協議会誌 2. 1957：3-5.

③ 刘国钧，松见弘道．书信［OL］．［2014-12-07］．http：//www. kongfz. cn/item_ pic_ 11573700/.

从春天起因为高血压感到身体不适，五月份开始休养，不能讲课和研究，不过已逐渐好转。刘国钧在短短一个月内写给松见弘道 3 封信。1964 年 12 月 25 日，刘国钧在获知日译本的销售情况后所写回信的影像被松见弘道刊登在相关纪念文章中，信笺上的古代仕女图愈发衬托出幽幽书香。

“文革”期间他们的通信不得不终止了。1979 年春，松见弘道终于实现了访问中国的夙愿，却因刘国钧动脉硬化需要绝对安静而未能见面，次年 6 月刘国钧去世，给松见弘道留下了永远的遗憾。

相对于与刘国钧的书信交往，松见弘道与杜定友的书信交往见于记载的并不多，不知《杜定友文集》中有无记载，仅知松见弘道在 1958 年翻译杜定友的《图书分类法史略》之际，曾与杜定友有过通信联系。

五、松见弘道对“北刘南杜”的介绍和评价

作为一个外国研究者，松见弘道对于刘国钧和杜定友等人的研究和关注是持续的，从其从业开始到其去世，跨越了社会制度的变革，对于他们的认识和评价是不间断的、完整的，也是难得的，非常值得重视。

1. 关于刘国钧

《中国图书馆学、书志学泰斗刘国钧先生》一文写作时间最早，把刘国钧定位为新中国图书馆事业的指导者，以及图书馆学和书志学的泰斗，对于刘国钧在中国图书馆界的地位，他使用了“君临”这样的字眼来描述，这个词语的特定含义决定了其使用范围的有限性，迄今为止，笔者仅见他对刘国钧和杜定友在图书馆界的地位使用了该词①，而

① 松見弘道．間宮不二雄大人と中国図書館人［J］．短期大学図書館研究，1983（4）：1-12.

在日本图书馆界，松见弘道也只对间宫不二雄的地位使用了这个词语。

这篇文章因其写作年代的特殊性而具有难得的历史价值，在上世纪50年代，以如此细腻的笔触描写一个中国图书馆学者的小传是非常少见的，对于后人了解刘国钧的生平和家庭都非常有意义，至少使读者了解到刘国钧先生在事业、学术和生活上曾经有过一段时间堪称黄金发展期。1963年出版的《中国书史简编》日文版的后记，也采用了这篇文章的部分内容，可见尽管岁月流逝，经历了1958年大批判的刘国钧，其形象在松见弘道的眼中丝毫未损。

该文大致分为以下几个部分，首先概述新中国成立后的中国图书馆界不同以往的新气象以及刘国钧的特殊地位，接着叙述自己与刘国钧的书面交往，然后是刘国钧小传，包括新中国成立前后两部分内容，之后叙述《中国书的故事》的写作背景和主要内容，其中强调了刘国钧对于中日友好交往的积极乐观态度，最后介绍了刘国钧当时的家庭情况。

该文指出，刘国钧在中华图书馆协会时代的主要成就是作为《图书馆学季刊》的编辑主任发挥才干，同时还发表了许多杰作，如《四库分类法之研究》《目录论略》《中国现在之图书分类问题》等分类和目录方面的论文。1929年发表的《中国图书分类法》是运用从美国学来的近代图书馆的管理法、特别是图书分类的概念而提出的中国的图书分类法，直到1949年后仍被以北京图书馆、故宫博物院、南开大学、辅仁大学等为代表的公共和专业图书馆所采用，是中国具有代表性的分类法，与王云五、何日章等沿袭杜威十进分类法的那些分类法完全不同。同年又发表的《中文图书编目条例草案》对于刚成立的中国近代图书馆做出了巨大贡献。1934年发表的《图书馆学要旨》对图书馆学提出了明确的见解。1949年后，刘国钧无论是作为理论家还是作为实践家，都取得了非常显著的成就。他作为北京大学教授，一面从事着研究和教育活动，一面还到北京图书馆、科学院图书馆去，参加大图书馆的实际经营管理工作，将从社会主义国家苏联图书馆界吸收到的先进经验和理论运用于实践指导当中。1952 年出版了《图书怎样分类》，该书不仅是指导图书分类方法的手册，还涉及图书分类理论，对研究者也不无益处，据说日本文部省图书馆职员养成所 6 期生佐佐木敏雄、菅原勲、菅野宏子 3 人正计划翻译此书。1954 年发表了《对世界文化的伟大贡献——纸和印刷术的发明》，在日本也拥有大量的读者。1955 年由中国青年出版社出版了《中国书的故事》，该书是作为目录学者，以成熟的学识和爱国热情，以青年学生为主要对象，讲述中国书的故事，但对于日本研究和书的起源和发展来说，也有很大的参考作用。

得知刘国钧去世的消息后，松见弘道接连写下 3 篇文章来纪念这位伟大的图书馆学家，即 1981 年的《伟大的图书馆学者刘国钧先生——围绕相继去世的中国图书馆界要人展开》①、1982 年的《图书馆的奠基者⑩：刘国钧》②、1987 年的《中国近代图书馆巨匠：刘国钧的肖像及其丰功伟绩》。这些文章以更广阔的视野，补充介绍刘国钧的早年经历和业绩，以及“文化大革命”以来的经历，对刘国钧在各个学术领域所做出的贡献进行了恰当的评价。虽然部分内容有重复，但他所收集的材料之丰富、倾注的感情之深沉，令人动容，刘国钧先生竟有这样一个异国知己！

为了说明刘国钧的伟大。他举出了两个例子，其一是刘先生去世半年内，他看到至少有 3 种杂志，包括武汉大学的《图书情报知识》、科学出版社的《图书情报工作》、中国图书馆学会的《图书馆通讯》等，

---

① 松見弘道．偉大なる図書館学者劉国鈞先生——あいつぐ中国図書館界要人の他界をめぐって［J］．東海地区大学図書館協議会誌 26. 1981：2-6.

② 松見弘道．図書館をつくった人々⑩劉国鈞［J］．図書館雑誌．1982，76（3）：151-152.

刊登了北京大学为刘先生举办葬礼的消息。其二是在朱天俊、张琪玉写的评论中，把刘国钧称作奠定中国近代图书馆基础的重要人物。

他概括了刘国钧毕生著述，指出刘国钧早在大学读书阶段，就在《世教新潮》上发表了《近代图书馆的性质》。在去世之前，与病痛搏斗的同时，还在写《分类目录主题索引编成法》。不仅如此，他去世后，他的弟子整理发表了他的遗稿，如发表在《图书馆通讯》上的《中国图书分类法的发展》和《1965年以来美欧图书馆学论文简介》。刘国钧一生的著书、翻译、论文共有200多种，其学科不仅限于图书馆学，还有哲学、宗教和文学。

松见弘道认为包括MARC在内的对西方图书馆体系的引进是刘国钧最重要的贡献，他指出刘国钧在“文化大革命”中遭到迫害的情况下，仍孜孜以求于学术，密切关注外国图书馆界的动态，阅读、翻译不辍，率先介绍了MARC计划，并展望了其在国内未来应用的前景以及可能遇到的问题。所以他特意请朋友帮助，对刘国钧的这些成果进行了非常详细的翻译和介绍。

松见弘道对于刘国钧的研究使我们认识到，在日本，关注刘国钧研究成果的并非只是个别人，而且对其成果的关注也不仅限于一、两本书。松见弘道对刘国钧著作的翻译，不仅对他本人的教学研究有很大帮助，而且对日本文化也有重要的意义，正如野上俊静所说“解读了中国书，也就弄明白了我国文化的发展。可以说中国书是中国文化和我国文化的一个共同的基础。”①

2. 关于杜定友

在缅怀刘国钧的同时，他也没有忘记杜定友。在1981年发表的

---

① 劉国鈞，鄭如斯著．中国書物物語［M］．松見弘道，訳．東京：創林社，1983：序文．

《伟大的图书馆学者刘国钧先生——围绕相继去世的中国图书馆界要人展开》一文中，他按照这些要人去世的时间，先后缅怀了杜定友、赵万里、黄元福和刘国钧。关于杜定友，他首先讲到的是在日本图书馆学史上发挥了巨大作用的青年图书馆员联盟机关志《圕研究》，把它的地位比作中华图书馆协会创办的《图书馆学季刊》，二者同样声名显赫，而命运同样短暂。从刊名中的“圕”字来讲述青年图书馆员联盟的发起人间宫不二雄与杜定友的友谊，显示出杜定友的影响力早已超越了国界。可惜就是这样一对挚友，时常向后辈们提到杜定友趣闻轶事的间宫不二雄，直到1970年去世之际都不知道，杜定友早在1967年就已经去世。

然而，此文并不是松见弘道对杜定友的初次介绍，早在1973年，松见弘道在《日中图书馆界之虹——围绕着间宫不二雄先生展开》① 一文中就提到了许多中国图书馆界名人，如沈祖荣、胡庆生、桂质柏、杜定友、王云五、张凤、马宗荣、孙毓修、姚名达、卢震京、刘国钧等，他们中的大多数人只是一带而过，而关于杜定友的内容却占了相当大的篇幅。这篇文章带着浓厚的时代烙印，因为当时的中国大陆正处于“文化大革命”期间，相对于台湾地区，与中国内地的信息往来非常困难，松见弘道还不知道杜定友已经去世的消息，很自然地就对当时身处海峡两岸的王云五和杜定友做了一番对比：王云五正执掌台湾的财政界，虽然缺乏消息，杜定友想必仍是大陆图书馆界之重镇。松见弘道进一步说明自己推测的依据——因为自1966年开始的3年间，杜定友与北京大学的刘国钧教授、《中国图书十进分类法》的著者皮高品一起经受了“文化大革命”的理论批判，杜定友的地位由此可知。在这篇文

① 松見弘道．日中図書館の虹：間宮不二雄大人をめぐって［J］．東海地区大学図書館協議会誌18，1973：6-11.

章里，仅仅与杜定友有过通信联系的松见弘道，还回顾了杜定友访日期间与间宫不二雄的交往，特意提到当时正值国立北京图书馆编纂现存《永乐大典》目录之际，杜定友负责调查《永乐大典》在日本收藏情况，得到了间宫不二雄的大力支持，后者为此付出的艰苦努力，不用说令杜定友难以忘怀，所以松见弘道希望通过间宫不二雄能够进一步与杜定友交往，可惜间宫不二雄已经去世了，令松见弘道非常遗憾。1979年松见弘道访华，方才得知杜定友已经去世，其悲伤之情多次溢于言表，不仅专门以杜定友为题撰写文章，而且还在以间宫不二雄为题的文章中纪念杜定友。

松见弘道提到的杜定友访日为寻访《永乐大典》而得到间宫不二雄帮助一事，间宫不二雄在一篇文章①中也有所提及。此事发生在杜定友访日6年之后的1932年10月，在金泽市召开第25回日本全国图书馆大会之际，石川县立图书馆主办的展览会上曾经展览了一册《永乐大典》[第二十二覃（巖），卷之九千七百六十五—六合本]。间宫不二雄看到这册《永乐大典》，马上就想起1926年7月，现任上海交通大学图书馆长杜定友，当时作为童子军的英语翻译访日一事。杜定友在日本，除了担任翻译以外，还受托调查日本图书馆状况，同时受现在的北平图书馆委托，调查日本收藏的《永乐大典》，以便编纂目录。杜定友在间宫不二雄引导下，在大阪、京都等地视察了大阪府立、清水谷、大原社会问题研究所、京都府立、京都帝大等图书馆，一边考察现状，一边询问并记录有无《永乐大典》。杜定友曾对间宫不二雄说，像《永乐大典》这类罕见书、贵重书，如果能将各馆所藏明确记录下来，不仅给各图书馆提供方便，也为研究者提供方便，但是日本图书馆还未注意

① 間宮不二雄．石黑傳六氏美舉——永樂大典複製本國立北平圖寄贈［J］．圕研究，1933，6（1）：142-144.

到这一点，不知是什么原因。间宫不二雄当时对此深有同感。杜定友回国后，很快将日本图书馆事业视察记发表在《教育杂志》上，又将间宫不二雄的事迹①发表在《南针》上。杜定友对《永乐大典》的调查与其他人的调查结果一起刊登在现在的《国立北平图书馆月刊》② 上。间宫不二雄回到大阪后，找来该刊上发表的《永乐大典现存卷目表》一文查对，发现石川县立图书馆展出的那册《永乐大典》果然未被登记在册，就写信给袁同礼告知此事，袁同礼回信请求影印（photostat）复制。间宫不二雄立即请联盟会员石川县立图书馆长中田邦造促成此事。中田邦造很快就同藏书主人石黑传六取得联系，石黑氏爽快答应。复写本于1932年12月寄往北平图书馆，袁同礼收到后，回赠一册本馆《永乐大典》的抄写本。间宫不二雄认为石黑氏的美举、中田氏的好意，必将增进日中图书馆事业的亲善，如果此类国际交往增加，彼此的研究就会更加容易。在接到袁同礼寄来的《永乐大典》抄写本（卷之七千八百八十九—七千八百九十，十九庚）和书信后，间宫不二雄还将书影及来往信件刊发在《圕研究》上。他还设想，如果日本各位收藏者都能将所藏《永乐大典》影印复制送给北平图书馆，而该馆以手写复制本相交换的话，对于两国来说必定意义非凡③。

在1982年发表的《图书馆的奠基者⑪：杜定友》④ 一文中，深谙中国传统文化的松见弘道，以大丈夫盖棺定论来评价杜定友在中国图书馆史上的地位。该文分五部分：沉痛的悼念、杜老与间宫老的友谊、杜老与“圕”字，忠贞不贰的事业心、辉煌的成就。“杜老一生著译甚

---

① 马祖圣．图书馆实业家间宫氏传［J］．南针，1926（2）：16-18.

② 袁同礼．永乐大典现存卷目表（附表）［J］．北平北海图书馆月刊，1929，2（3-4）：215-251.

③ 間宮不二雄．永樂大典（手寫複製本）［J］．圕研究，1933，6（2）：247-248.

④ 松見弘道．図書館をつくった人々⑪杜定友［J］．図書館雜誌．1982，76（5）：255-256.

丰，据刘国钧先生透露，他一生仅著作就达700万言。另外，因为杜老还是《图书馆学季刊》编辑方面的权威，所以他可能也是活跃在《图书馆学季刊》编辑领域的重要人物。”① 这段话虽然是对杜定友成就的描述，也从一个侧面反映出在松见弘道眼中“北刘南杜”之间有着惺惺相惜的关系。

1983年发表的《间宫不二雄先生与中国图书馆人》② 一文用了大量篇幅介绍杜定友的事迹，包括杜定友、刘国钧、皮高品等人在“文化大革命”遭受到的批判、《广东图书馆学刊》在杜定友去世13周年之际刊发的纪念文章、杜定友的简历、杜定友在创办上海图书馆协会和中华图书馆协会中发挥的作用、《图书馆学季刊》的特色、杜定友在图书分类法方面的建树、杜定友访日与间宫不二雄友谊的结成、《圕研究》的创刊等内容。松见弘道还说，自从间宫不二雄与杜定友分别后，时常把对杜定友的思念挂在嘴边，如果杜定友在抗战中为保护图书所作的努力，以及在1941年（注：估计松见弘道的记忆有误，杜定友的《建议十一月十一日为圕节》发表于《中华图书馆协会会报》1942年17卷1-2合期）的炮火硝烟中设立11月11日为“图书馆日”的建议能传到间宫不二雄的耳中的话，间宫不二雄一定会为杜定友叫好的。

1984年，松见弘道发表了一篇长文《中国近代图书馆的开拓者——杜定友的人格及活动》，刊登在《日本图书馆学会年报》当年4期上，惜未得见。

松见弘道对杜定友的研究始终体现了他对中日图书馆学发展共生关系的理解，他讲间宫不二雄必讲杜定友，讲《圕研究》必讲《图书馆

① 松见弘道．怀念图书馆学专家杜定友［G］．王世斌，译//书目文献出版社编辑组编．图书馆学情报学参考资料第4辑．北京：书目文献出版社，1984：73-74，38.

② 松見弘道．間宮不二雄大人と中国図書館人［J］．短期大学図書館研究，1983（4）：1-12.

学季刊》，反之亦然。从创始人到学术刊物，中日图书馆学中两个最重要的标志竟然如此相似与关联，不能不让人得出“中日图书馆学密不可分”这样的结论。

阅读松见弘道的文章堪称学习中日图书馆学交流史的一条捷径，因为他对于中日图书馆学两方面的文献都非常精通。从中方文献来说，他一直珍藏着中华图书馆创办的《图书馆学季刊》。民国时期中国出版的一些重要的图书馆学及其相关著作，比如《古今典籍聚散考》、《中国目录学史年表》等，他都专门进行过研究，他的许多见解和结论已经接受了时间的检验。从日方文献来说更是如此，他对间宫不二雄创办的《圕研究》的高度评价，以及他所揭示的间宫不二雄在《圕研究》刊名中“圕”字的使用与杜定友的密切渊源，曾引导笔者一步步深入探明了一段杜定友访日与中日图书馆学双向交流过程形成的始末①。同样，松见弘道对于“北刘南杜”等中国图书馆学家的研究也使我们进一步认识到，自民国时期开始，中国图书馆学家的贡献就绝不仅限于把图书馆学从日美引进中国，他们还使外来的图书馆学在中国的土地上扎根生芽，反过来又对国外的图书馆学产生了积极的影响，远远超出了我们已有的认识，应当进一步深入研究。

---

① 范凡．杜定友访日开启中日图书馆学双向交流的“圕时代”［J］．山东图书馆学刊，2014（4）：35-40.

第七章 日本图书馆学史若干专题研究

本章尝试从专题角度研究这一时期的日本图书馆学史，包括对日本图书馆学史专家武居权内的学术成果和观点的评介，对日本书志学史的研究，以及对日本图书馆史的研究等三个专题。从内容上看，有些研究不限于中日图书馆学之间的交流；从时间上看，有些研究延伸到了 1964 年以后。然而这些研究有助于我们加深了解日本图书馆学的发展过程，同时为中国图书馆学史同类问题的研究提供一些借鉴。

第一节　日本学者武居权内的图书馆学史研究述要

武居权内（1904—1978）是日本著名的图书馆学史研究专家，他的研究系统反映了日本图书馆学引进、发展的过程，明确了图书馆学史研究是图书馆学作为一门学科得以成立并发展壮大的重要组成部分。他以历史学家的眼光，将图书馆史研究从图书馆学视野局限中解放出来，使之与社会、文化和人们的生活联系在一起，扩大了图书馆的社会影响，提高了图书馆学的学科地位。他提到的大佐三四五引用卢震京的图书馆科学体系一例，也为我们认识中国图书馆学家对图书馆学发展做出的贡献提供了一个新的视角。

武居权内具有历史学和图书馆学双重教育背景，他 1933 年毕业于京都帝国大学文学部史学科，1934 年毕业于文部省图书馆讲习所。先后在公共图书馆和高校图书馆工作过，如岐阜、长野、新潟等县立图书馆，以及信州大学、名古屋大学等大学图书馆，担任过馆长、学校讲师等职。他在图书馆史和图书馆学史研究方面成绩显著，先后发表过《日本图书馆史的方法》、《日本图书馆学的发展》、《关于图书馆学史》等论文，显示出他在这方面研究的逐步深入和成熟。1960 年出版的《日本图书馆学史序说》一书更是奠定了他在日本图书馆学史研究方面的学术地位。该书出版后，获得广泛好评，供不应求，于 1976 年再次印刷①。牧山弘在纪念武居权内的一篇文章中指出，该书出版后，图书馆界为之瞩目，即使是在武居权内去世之后，对该书的评价仍然很高，而武居权内本人也被视为“图书馆学创始的先觉者之一”②。

一、《日本图书馆史的方法》

《日本图书馆史的方法》③ 一文写于 1937 年，反映了作者关于日本图书馆史研究的重要史观，即，日本图书馆史应当放在历史学的视野中进行研究，而不是局限于图书馆学的封闭视野中。在这个前提下，他界定了日本图书馆史的概念，总结了明治以来该领域的研究状况，提出了日本图书馆史应以时代区分为中心的叙述方法，该文共分 3 部分。

---

① 武居権内．日本図書館学史序説［M］．東京：早川図書，1976.

② 牧山弘．名古屋大学中央（古川）図書館と武居権内先生［J］．図書館雑誌，1978，72（12）：628-629.

③ 武居権内．日本図書館史の方法［J］．図書館雑誌，1938，32（3）：61-68.

1. 日本图书馆史的概念

根据当时日本图书馆界的实际情况，武居权内认为“日本图书馆史”这个概念可以说已经形成。原因在于图书馆界对图书馆史的关心明显高涨，已经形成了一种对图书馆进行历史考察，和回顾本国图书馆发展历程的氛围。比如日本图书馆协会主办的第30次全国图书馆大会决议编纂本邦图书馆事业发展史，还打算编纂图书馆年鉴。另外，图书馆史方面也发表了很多论文，甚至有了出版图书馆史研究专辑的打算，这些都说明人们对于图书馆史的关心。他指出，正如盛世修史一样，图书馆史研究的高扬与图书馆的发展是密切相连的，因此有必要对日本图书馆史的概念和日本图书馆史研究方法加以探讨。

他认为，以往的图书馆史是图书馆学的一个部门，是把图书馆史当做图书馆学的一部分加以考虑。因此图书馆史只采取了以图书馆为中心，从图书馆出发进行考察的立场。说得通俗易懂些，就是图书馆员的图书馆史。那么，与之相对的从历史出发的图书馆史是怎样的呢？可见武居权内是以一个历史学家的眼光，来研究图书馆史的。

他指出，历史考察的要素就是对发展进行考察，发展的概念是历史最基本的规定，必须从历史理论上加以认识。历史的“发展”概念就是指事实的历史经过，并非专指进步，也包括退步。采用了这个“发展”概念的话，日本图书馆过去的变迁就能显示自身发展的样子，即，图书馆有时兴隆，有时并不兴隆，这就是日本图书馆史的特征。

接着讨论日本图书馆史的概念。日本近代图书馆的发展是明治以后的事情，明治以前没有图书馆，所以日本图书馆史并非是自古以来就成立的，而只是对明治以后近代图书馆的叙述。然而，图书馆史的对象当然也可以把文库纳入进来。图书馆是明治以后发展起来的，在德川时代甚至更早的时候，是以文库的形态存在的，这是日本历史的特性，考虑到这种特征，日本图书馆史才可能真正是日本的图书馆史。

他接着讨论作为特殊史的日本图书馆史。这是从历史学立场出发，从特殊史与一般史的关系进行叙述。也就是把图书馆置于一般史的视野中加以考虑，这样才能完成对日本图书馆史的叙述。特殊史离不开历史的思维，离开了日本历史的发展，去考虑日本的具体事物的发展是不可能的，正如考察日本衣着的发展，离开了对日本人的生活、日本的文化的考察是不可能的一样。日本图书馆史，离开了日本的文化、日本人的精神生活，也是不可能存在的。反过来说，把日本图书馆史作为图书馆学的一部分，限定在此范围内进行考察的话，仅仅就是为了图书馆学而图书馆史，从图书分类和文库的状态中去除了与日本人过去的精神文化、与各个时代精神等相关的内容，要反映文库的生动的面貌是不可能的。

所以作者认为日本图书馆史，应该采取历史思考的立场，这也是日本图书馆史能够成立而应采取的立场。他接着讨论日本图书馆史的对象，这是日本图书馆史概念规定中的应有之义。

日本图书馆史的对象当然要考虑日本的文库和图书馆发展和变迁。这里要注意的是，日本图书馆史的对象，是根据日本人的生活而研究如何对图书进行保管和利用的。换言之，日本图书馆史，不仅要究明图书是如何保管利用的，还必须把图书放在日本国民的生活中考虑。

2. 明治以降日本图书馆史的研究状况

在界定了日本图书馆史的概念之后，武居权内进一步探明日本图书馆史叙述应有的方法，为了这个达到目的，他回顾了明治以降日本图书馆史的研究是怎样的，将其概括为通史的叙述、特殊的研究、地方史的研究，以及资料4个方面。

通史方面，日本图书馆通史尚未独立成书，都是与其他内容合成一本书的，例如，和田万吉博士的《图书馆史》，主要是讲西洋图书馆史，对日本图书馆史未加细述，其中短短的《日本图书馆的沿革》反映了博士的历史眼光。和田万吉博士从古代的芸亭说起，对王朝时代、武家时代、德川时代、明治时代等各时代文库的各种特色进行了论述。特别引人注目的是展示了总括和区分的方法，分为上世、中世和近世，显示了和田万吉博士在时代区分方面的卓见。

正如武居权内所说，和田万吉博士的《图书馆史》中关于日本的内容太少，而被认为是锦绣美衣缺少一条袖子。和田万吉是图书馆史研究方面的权威，其图书馆史单行本的出版，不仅使图书馆界，而且使日本一般学界都受益匪浅，然而从其内容来看，实质上是欧美图书馆史①。

武居权内指出，新村博士的《日本往古的图书馆概观》，从古代开始讲到德川末期，叙述了日本文库的发展，对于王朝时代和德川时代的文库、古书保管、文库遇到的灾厄写得特别详细。新村博士虽然使用了图书馆这个词，所论及的仍然是关于德川时代以前的文库及其藏书。再如，日本大学出版部编的《日本的图书馆史》，是迄今为止篇幅最大的日本图书馆史，然而这种叙述的方法还有少量推敲的余地，而且从古代开始到德川时代为止，时代区分采用了上古、中古和近古的三分法，上古是从大化改新到平安末期，中古是从镰仓到足利，近古是从织丰时代到德川时代末，从这样的时代区分可以看出把日本图书馆的发展同时代精神进行关联的意图。此外还有植松安教授的《书库的起源》，也不仅限于日本的图书馆史。

---

① 紹介［J］. 圕研究，1937，10（2）：168.

特殊的研究方面，森润三郎的《红叶山文库和书物奉行》是唯一有单行本的特殊研究，花费很多心思收集了丰富的史料，反映红叶山文库的变迁、目录编纂，后附文库重要事项年表、书物奉行（馆长）传记集等，不仅叙述了红叶山文库的历史，也使普通人能够了解红叶山文库所具有的意义。除了这个单行本，剩下的都是论文。这些论文，有的研究石上宅嗣和芸亭；有的研究王朝时代的官务文库、江家文库，中世的金泽文库、足利学校；还有传记，如德川家康、松云侯、了翁禅师、青柳文藏、《与图书有关的诸侯及其旗下的调查》等。有的研究文库，多数是德川时代的，如神宫文库、红叶山文库、浅草文库、青柳馆文库、射和文库等。那么日本近代图书馆史的研究，根据竹林熊彦的《明治时代的图书馆历史研究》看，目前的研究尚属序说阶段。数量上大概有 20 多篇，从思想、文学、法规、目录、传记，还有各个主要图书馆等各个角度进行研究的都有。竹林熊彦还对明治初年到昭和十年期间这类研究的观点进行了整理，写成了《本邦近代图书馆的源流》，其篇首设有《近代图书馆思想的展开》，反映了他作为历史学家的眼光，而且文中处处可见的近代图书馆的概念，是根据 Tyler 教授的图书馆史观来观察明治以降的图书馆发展的，对此尚有可考的余地。关于明治初年的图书馆，还有波多野贤的编年史。

地方史研究方面，植松安教授写的日本图书馆史中有关于射和文库、日本的小文库调查，村上清造的《富山县图书馆史》，将调查资料按照年代进行排序，期待根据这个调查可以写成图书馆史。迄今为止，都是将收集来的资料按照编年史的方法处理的，然而第三次富山县社会教育和图书馆考察，是结合了富山县的地方特色而写成的图书馆史，作为唯一的近代地方馆史研究而引人注目。

资料方面，田村盛一的《日本圕史及有关事项年表》是日本图书馆史研究的有力资料，具有开日本图书馆史研究先河的意义，收集了很多资料，编制了精细的年表，所付出的努力令人佩服，然而如果用写史的办法写作的话，应该就是一部日本图书馆史了。此外，还有牧野善兵卫编的《德川幕府时代书籍考》。

3. 日本图书馆史叙述的方法

武居权内认为在历史研究中必须把历史叙述的历史搞清楚，他以在日本图书馆史上和在日本文化上都非常有价值的金泽文库为例，分别说明图书馆史叙述的两种方法，即，仅局限于图书馆形态中的方法，或与时代和文化相关联的方法。他认为在叙述图书馆自身历史的同时，也应在更大范围内，赋予其时代精神，即，采用文化史研究的方法。与图书馆学仅以图书馆员为目标而与一般民众隔绝相比，图书馆史更容易让一般人也能看懂。指出图书馆史的方法，第一位是时代区分，这是史学家的常识。文化史一般是古代、中世、近世三大划分，特殊史则根据其对象的发生消灭进行时代区分。关于日本图书馆史时代区分，武居权内认为如果按照外国图书馆发展的过程，把日本图书馆发展的过程也分为私有文库时代、寺院文库时代、学校文库时代之类的话，就不能明确显示日本图书馆史的主流，故而将其划分为贵族文库时代、武家文库时代、公共图书馆时代。他分别对三个时代的图书馆精神进行了概括：贵族文库时代（古代-奈良、平安时代，或称王朝时代），图书馆精神受上流社会的支持，图书文化的中心是贵族阶级，公开的图书馆只是为了公卿贵族做学问而设，到了平安朝，兼具公卿贵族的教养功能。武家文库时代（镰仓时代-德川时代），以武士阶级文化为中心，根据武家社会的发展，又分为前、后二期，前期从镰仓时代到室町时代，这一时期武家文化，主要受佛教，特别是禅宗支配，还包括金泽文库、足利学校、寺院和图书的关系等。后期从织丰时代到德川时代，以学问和文化为中心，主流是封建制度精神，其本质是儒教，由此而生的图书出版和搜集的文化意义，还有诸侯的学问与文库等。德川时代，还有一些特殊的文库，全是为个人的学问而设，尽管也有为了公开目的而设的文库，但均非产生于民众之手。德川时代市民社会的发展，产生了贷本屋，仅供市井娱乐，还不具有近代图书馆精神。公共图书馆时代（明治以后到近代图书馆），日本图书馆发展的特殊性在于近代图书馆精神是从明治以后才开始发展起来的，而在明治之前是没有的。明治初年文明开化精神以及西洋文化的移入，是近代图书馆发展的基础。以上就是武居权内以时代区分为中心的日本图书馆史的观点和看法。

最后，武居权内指出日本图书馆史研究中的困难就在于史料搜集。所以日本图书馆史研究的第一步就是史料集成，各地的中央图书馆收集了本地的图书馆史料，本地的图书馆发展历史就清楚了，然后全国的图书馆史也就顺理成章了。

二、《日本图书馆学的发展》

《日本图书馆学的发展》①、②实质上是一部日本图书馆学简史，这是武居权内继图书馆史研究之后对图书馆学史研究的新尝试。该文获得了1954 年度日本文部省民间研究资助，因其篇幅过长，分 2 次刊登在《图书馆研究》上，中间相隔 2 年。共分 6 章：序说、图书馆学前史、准备期、启蒙期、形成期、结语。该文实际上也是他后来写作《日本图书馆学史序说》的一个重要基础。

第 1 章序说。本章首要解决的是图书馆学究竟是不是一门学问的问

① 武居権内．日本における図書館学の発達 上［J］．図書館研究 2，1955：1-10.

② 武居権内．日本における図書館学の発達 下［J］．図書館研究 3，1957：29-42.

题，这一点与上文他对图书馆史的关注不同，那时的他是用史学家的眼光来看待图书馆史的方法，认为图书馆史不能仅仅局限于图书馆学。而此时当他关注图书馆学史之际，却不能回避图书馆学是不是一门学问这个根本的问题。

图书馆学作为一门学问能否成立，这是任何人多多少少都会考虑的。因为如果图书馆学不出图书馆实务的范围，就不可能在其体系上强加上理论和价值，所以谁都会有这样的疑问。但是，作为人类生活中必不可少的重要的文化机关，图书馆存在的价值已经得到了认可，同时在对图书馆进行管理运营中，也自然而然地形成了理论与实际浑然一体的体系。

对图书馆学概念进行检讨，在日本虽然是最近的事情，但在国外却很早。在近代图书馆学形成的美国，其图书馆学的特色是从实际出发，以公共图书馆、大学图书馆的管理经营为基础，形成了科学的实际技术。所以图书馆学的形态，就是图书馆的实际教育，是在大学的图书馆学校里成长起来的，图书馆学原理很新，这是巴特勒等人的芝加哥学派理论最显著的地方。

在欧洲图书馆学原理更早，施莱廷格在1834年曾经著书从理论上究明图书馆学是一门什么样的学问，他最早弄明了图书馆学原理，他的图书馆学，还说不上科学方法，与从前以古代目录学为中心的图书馆学相比，面向图书馆人眼中的管理和利用。1887年哥廷根大学图书馆长齐亚茨科开设了图书馆学讲座。

在美国，1876年《图书馆杂志》创刊、1887年杜威在哥伦比亚大学创设图书馆学校，图书馆学也同时发展起来了，图书资料整理的实际工作变得很重要，图书馆学诸要素，如分类法、目录法等科学性都很高，使美国图书馆学处于领先。最近的图书馆学定义，不论是欧洲还是美国，都是指与图书馆相关的理论和技术的全体知识。

日本的图书馆学概念明朗化是在战后，图书馆学的要素仍在形成阶段，不过发展很快，因此有必要对过去的图书馆学诸要素进行反省。

在日本，图书馆学这个词最先出现于1907年《图书馆杂志》第1号，汤浅吉朗的《图书馆员养成的必要》，是对美国芝加哥大学图书馆学校讲义的介绍。该刊第3号，和田万吉博士论述了图书馆学的性质，指出图书馆学虽然不是独立的学科，却是很必要的辅助学科。1918年，田中敬的《图书馆教育》中有《图书馆学的范围及可能》，介绍了Meyer百科辞书中对图书馆学的解释。1936年，小野则秋的《图书馆学序说》界定了图书馆学概念。1937年，中田帮造的《关于图书馆的对象学》，究明了图书馆学的本质。1953年日本图书馆学会成立。1954年大佐三四五的《图书馆学的展开》叙述了世界各国图书馆学的发展，使日本图书馆学的状态变得清晰的同时，也明确了图书馆学的概念。

日本的图书馆学，离不开日本图书馆的发展和日本的文化，否则就无法明白它的特性。要特别对明治以后的图书馆学的发展进行检讨、叙述和弄清其特性。图书馆学史的方法，不仅要考虑到时代和文化，还要考虑到图书馆发展的本质。要收集所有资料，但收集资料不是终极目的，而是为了对之检讨，弄明图书馆学发展的重要作用，以及先辈的业绩及其意义和价值。

他指出由于历史观的不同，对历史的叙述和看法就会因人而异，那么图书馆学史的叙述肯定也是如此。他个人的立场是把时代和文化当做一个基本要素进行考察，同时兼顾图书馆学诸要素的历史。

第2章“图书馆学前史”。他认为日本的图书馆学发展的起点定在明治初年为妥，因为它是近代图书馆发展的起点，而图书馆学是在图书馆发展的基础形成的。但在明治以前，一直有文库存在，这正是日本文化的特性。即使是明治时代的图书馆和图书馆学要素，也必定受到传统的影响，要弄清楚这种影响是什么。图书馆学前史就是要弄清楚日本的传统与明治之间的联系。

文库时代的图书馆学要素只有一个，就是目录或者书目。而编制书目就离不开分类，因此目录及与之相伴随的分类是图书馆学前史的中心课题。他依据前人的研究，回顾了从735年日本最早的书目（吉备真备从唐朝带回的汉籍目录）到德川时代的各个时代的目录，这些书目与明治时代有没有关系呢？实际上明治时代的目录和分类也不是突然形成的，而是受了这些目录的影响的。《东京书籍馆书目》分6类，《东京图书馆书目》分8类，虽然都参考了欧美的分类法，仍然受到了日本自古书目和分类影响，从其简明的类名等方面看，受到了《四库全书》的影响，1876年《东京书籍馆书目》的凡例里就是这么说的。此外，书目的形式受到的影响更深，日本目录法以书名为主是一个传统，和汉书目录一直都坚守这个传统就是这个原因。照此方法考察，就能把握明治以前的特殊性与明治时代的关联。

第3章“准备期”。从明治初年到大正初年，该时期是图书馆学要素播种时期，对美国图书馆学进行了粗浅的介绍，尚未真正理解，但是为向图书馆学发展打下了基础。

关于这一时期，武居权内认为，对图书馆学史的叙述离不开对图书馆史的叙述。他从1872年“学制”发布为教育打下基础讲起，1879年教育令公布，从学制到教育令，朝令夕改，使与学校教育紧密相关的书籍馆也存废不定。1876年作为教育令的参与者，文部大辅田中不二麻吕到美国参加了费城万国博览会，做了3件事：一是见识了美国图书馆协会的成立，二是把美国联邦教育局编纂的图书馆特别报告当成重要资料带回国，三是回国后刊行了《美国百周年博览会教育报告》，其中第三卷有《书籍馆》一项。田中不二麻吕的美国之行被视为日本图书馆发展的重要起点。1880 年建立了日本最早的图书馆——东京图书馆，而该馆的历史要追溯到 1872 年设立的书籍馆，其归属、内容、形式均几经变迁。1897 年帝国图书馆设立。

武居权内对图书馆学史的叙述，涵盖了这个时期出现的各种目录、著述、期刊、协会、规则和讲习。目录方面有《书籍馆书目》、东京教育博物馆目录、东京图书馆目录、帝国图书馆目录。协会方面：1892 年日本文库协会创立，1908 年改称日本图书馆协会，自 1906 年开始每年都召开全国图书馆大会。期刊方面，1907 年《图书馆杂志》创刊。讲习会方面：1903 年日本文库协会主办的第一次图书馆事项讲习会召开，1908 年文部省主办的第一次图书馆事项讲习会召开，为后来图书馆职员养成所设置打下了基础。这一阶段，著作讨论的主题是图书馆管理法。着重介绍的有 1907-1908 年《图书馆杂志》第 1-3 号上连载的太田为三郎的《关于图书馆的图书整顿法》，该文介绍了图书分类法和记号，比较了杜威十进法、卡特展开法，以及插合法三者的性质，并仿照插合法，用汉字和数字表示分类名。最后还介绍了卡特的字顺表，方便同著者同种书的集中排列。规则方面：1893 年日本文库协会发表《和汉书目录编纂规则》，1910 年《和汉图书目录编纂概则》发表。关于图书馆学概念方面有上文已经提到的汤浅吉朗、和田万吉的著作。

第 4 章“启蒙期”，1915 年到 1922 年。从大的时代背景看，明治之后的大正时代，是欧洲大战后日本资本主义伸张的时代，有了自由主义倾向，美国文化在世界一跃而起。这一时期是日本图书馆学的启蒙时期，也是日本近代图书馆建设启蒙运动时期。日本图书馆协会为图书馆的共同发展起到了很大作用。从明治时代就开始活跃的图书馆界前辈也发挥了很大作用，启蒙运动的中心人物是协会的总裁德川赖伦，他个人给协会活动提供了很大的经济支持。和田万吉、太田为三郎、佐野友三郎、今泽慈海等人都是纯粹的图书馆人。在启蒙运动中人是中心要素，肯定至少有一到数名中心人物是必不可少的，当人们回顾那个时代历史的时候，他们就自然而然地浮现出来了。

这一时期的重要著作有：1915年和田万吉、今泽慈海、村岛静雄、植松安4人编纂的《图书馆小识》，由日本图书馆协会刊行，从这本书的内容就能看出这个时期图书馆学的背景和构成。1918年田中敬著《图书馆教育》、1919年今泽慈海、竹贯直人合著《儿童图书馆的研究》、1920年佐野友三郎著《美国图书馆事情》。1922年和田万吉《图书馆管理法大纲》。论文方面，1918年今泽慈海《图书选择上的一般注意事项》和《美国图书馆学校一斑》、和田万吉的《图书馆的图书搜集难》、柿沼介的《关于杂志论文索引》，1921年和田万吉《美国图书馆学校的发展》。

讲习会方面，1916年日本图书馆协会在庆应大学主办了图书馆讲习会，1919年文部省主办了讲习会，1918年至1922年和田万吉博士在东京大学举办图书馆学讲义，1919年以这个讲义的听讲生为中心组成了图书馆研究会。1921年文部省图书馆员教习所在上野开设，直到1955年这仍是日本唯一的图书馆员养成机关，它的成立是一件大事，它的毕业生后来进入图书馆界成为图书馆学发展的中心力量。

这一时期，图书馆工作逐渐专门化，出现了专门图书馆、学校图书馆等。1922年和田万吉在图书馆大会上发表演讲《图书馆运动的第二期》，指出在过去的5、6年里，图书馆运动出现了停滞的状况，第一期浪潮已经结束，希望掀起第二期浪潮。

第5章“形成期”。图书馆学各要素增多，图书馆经营更加多面化，实际方法也分化了，图书馆学需要更深入的理论，理论和技术的分化、深化及其融合推动图书馆学的形成和发展。由于该时期成果丰富，武居权内将其划分为 7 个方面进行叙述。

① 包括图书馆各要素的著作。1926 年今泽慈海著《图书馆经营的理论和实际》，显示出图书馆学初步形成，从中还可以看到图书馆学前进的路向：理论导致了实际状况，而实际状况又为理论的形成开辟了道路，这个过程将一直持续下去。同时期的还有 1925 年林靖一的《图书的整理和利用法》。关于公共图书馆和村镇图书馆经营的著作也大有发展，如 1931 年伊藤新一的《村镇学校图书馆经营实际》、1933 年三宅千代二的《村镇图书馆论要项》、1934 年乙部泉三郎的《农村图书馆经营手册》及其 1939 年的《图书馆的实际经营》。这是因为大正时代的自由主义倾向还没有丧失，昭和初统制倾向已经出现，还没有妨碍到理论与实际的融合，还可以看到实际的发展。1930 年日本图书馆协会设立了统计样式调查委员会，力图统一对公共图书馆的统计。1931 年日本图书馆协会设立了目录法调查委员会，产生了《和汉图书目录法》。

② 关于图书分类法。分为各图书馆的分类法和图书分类理论著作 2 部分。图书馆分类法方面：1886 年以来帝国图书馆分类法发生多次演变，1898 年京都府立图书馆在日本最早采用十进分类法，1909 年山口图书馆采用 DC 的记号和帝国图书馆的分类体系来分类图书，1919 年该分类表被府县立图书馆协会认定为日本标准的分类表，台湾总督府图书馆的分类表就是山口图书馆分类表的展开。1922 年大阪府立图书馆出现书架分类，1924 年东京市立图书馆在十进法的 0 大类中加进了地方志而成为一大特色。昭和以前的十进分类法存在各种缺点，1929 年森清发表了日本十进分类法（NDC），日本有了标准的分类表。该表主纲顺序是卡特的 EC，而组织是杜威的 DC，1931 年增补第二版，1935 年第三版，1939 年第四版，确保其标准分类表的地位，它在图书分类法

上的影响与地位、在图书馆学上的价值就不用说了。其他还有一些特殊的分类表，如1928年东京帝国大学分类表、1932年东京文理科大学分类表、1929年大桥图书馆分类表，1933年千叶县图书馆协会的《和汉洋图书分类表》等。

昭和时期图书馆学上最大特色是图书分类法在理论上的进步。主要是加藤宗厚和铃木贤祐对Merrill、Sayers和Richardson的分类理论的翻译和介绍，发表在《图书馆杂志》或《圕研究》上，1931年《分类规程试案》，加藤宗厚首次采用了“分类规程”这个词。采用日本十进分类法作为标准分类表的主张得到了突出的强调，不仅图书馆讲习所选作课本，而且《图书馆杂志》附载的新刊图书目录也是按照NDC分类的。加藤宗厚还著有《比较分类法概说》（1939年）、《图书分类法要说》（1941年初版、1950年改订版）。分类理论方面还有，1926年卫藤利夫的《图书分类逻辑原则》、1927年乙部泉三郎的《杜威十进分类法解说及应用指南》、1930年间宫不二雄的《杜威十进分类法导言》、1927年铃木贤祐的《图书分类》、1932年村岛靖雄的《图书分类概论》、1935年加藤宗厚的《图书分类法相关资料》等。

③ 关于图书目录法。1918年有人开始提出著者标目很有必要，随后引起了书名与著者哪个做主要款目标目的争论，这是日本图书馆学发展上的重要契机，可参见武居权内的另外一篇论文《日本的图书目录法的进展和图书馆学的形成》。此外还有件名目录和辞书体目录等方面的研究。

④ 关于与分类法和目录法发展相关的其他图书馆学要素。包括图书记号法、排列中冠称的处理、杂志目录法、印刷册子目录、开架法、统计法、印刷目录等。

⑤ 其他方面。关于图书馆史，主要研究者有和田万吉、竹林熊彦、

小野则秋等。参考事务方面，有今泽慈海、小谷诚一、波多野贤一等。书志学方面，有田中敬、寿岳文章、小见山寿海等。图书馆学相关图书的出版方面，1938 年青年图书馆员联盟目录编纂委员会编纂了《图书馆学及书志学相关文献联合目录》，收录截止到 1935 年日本图书馆所藏的日文、中文、欧文图书馆学和书志学文献。这方面的文献还有《图书馆学讲座》《芸草会丛书》《图书馆研究丛书》《图书馆论丛》等。

⑥ 讲习会方面，文部省主办的讲习会每年都在各地召开，对图书馆学形成也是有力的推动。此外在 1927 年青年图书馆员联盟成立，第二年发行机关志《圕研究》，中心思想是学习美国的图书馆学，为日本图书馆学的发展打下了基础。

⑦ 日本图书馆学的发展在战争中停滞，战后又活跃起来了。在国民文化中，民主主义思想代替了全体主义思想，图书馆成为一个不可缺少的重要因素。最具体的表现就是国立国会图书馆的诞生。战争中烧毁了很多图书资料，取而代之的是代表美国文化的图书资料，此外，接受了美国图书馆学的指导，日本图书馆协会在战后重建，为图书馆界的发展打下了基础。1950 年制定了图书馆法，为公共图书馆打下了法律基础。1953 年制定了学校图书馆法。一方面通过图书馆学讲习学习图书馆学知识技能，一方面出现了很多图书馆学相关的参考书，真正开拓了图书馆学新局面。开办讲习会、研究会，讲座。图书分类法、目录法、参考法、新的图书馆资料整理法都比战前丰富。根据图书馆法，开办了针对司书、司书补资格的讲习。直接学习美国模式的图书馆学校在庆应大学开设了，文部省图书馆职员养成所也变成了 2 年制。1951 年东大图书馆学会成立，创办《季刊图书馆学》。1953 年日本图书馆学会成立，召开了研究发表会，而且创办了《图书馆学会年报》。

第 6 章“结语”。昭和时代，日本图书馆学已经过了启蒙期向着形成期发展，理论与实践相融合，具有了科学性，不幸受到战争的冲击，必须重新开始。但是过去的一切并不能抛弃，在此基础上加进新的要素，继续前进。日本图书馆学发展的特性已经很清楚了，今后图书馆学的范围和概念也明确了。美国图书馆学与美国文化、教育相一致才能发挥它的作用，日本图书馆学，也受日本文化和教育的左右，这一点不能忘记。美国图书馆学就是日本图书馆学，要是相信了这样的观点，就谈不上日本图书馆学的将来了。还要使图书馆资料与国民的生活、学校的教育相一致，因此，图书馆学的形成仍然是今后重要的问题。

三、《关于图书馆学史》

《关于图书馆学史》① 写于1956年，在某种程度上可以说是指导上文《日本图书馆学的发展》写作的方法论。该文重要之处在于武居权内对图书馆学史必要性的认识，他认为图书馆学要成为一门学问，仅仅有对现实的关注、对将来的期待是不够的，还要有对过去发展的回顾，即图书馆学史，三者俱全，才能称得上一门学问。

武居权内认为当时与图书馆学基础相关的研究开始多了起来，不只是技术方面的，也有关于理论方面的，而此前人们仅注重图书馆学的实证方面却忽视理论研究，因此他撰文对日本图书馆学理论进展进行总结。该文共分4部分：图书馆学诸问题、图书馆学和图书馆学史、日本图书馆学的发展和特征、图书馆学史理想的状态。

1. 图书馆学诸问题

武居权内认为图书馆学理论研究中有两个倾向，一是关于图书馆学

---

① 武居権内．図書館学史について［J］．東海地区大学図書館協議会誌2. 1957：6-9.

体系，二是关于图书馆学方法论。前者从作为图书馆学特征的实际技术出发，建立起学问体系，非常精细，包括所有的性质和要素。后者根据人际关系、社会关系而思考应当采取何种立场，追求图书及图书馆的本质，以哲学观点为中心。

武居权内对作为一门学问的图书馆学在德国和美国的发展历史进行了回顾。指出图书馆学这一名称最初是由德国的施莱廷格（Martin Schrettinger）于1808年提出来的，19世纪经艾伯特（Friedrich Adolf Ebert）和施密特（Johann August Friedrich Schmidt）之手，在图书馆经营的实际问题和书籍问题上加上了辅助科学使之向体系化方向发展。初期德语的“图书馆学”就分为Bibliothekslehre（图书馆管理学）和Bibliothekskunde［图书馆（沿革和概况）学、藏书学］，而前者又进一步分为Einrichtungskunde和Verwaltungskunde（设备和管理），已经显示了图书馆学的体系化。到了20世纪，1921年哈纳克（Adolf von Harnack）提出图书和图书馆的国民经济的见解，使图书馆学概念有了新观点；1928年莱丁（Georg Leidinger）提出科学研究图书馆员组织，他还在哈纳克的国民经济要素中加进了历史的、哲学的见解；1942年米尔考（Fritz Milkau）明确了图书馆学应该教授的课程。

与德国相比，美国图书馆发展的基础是市民性，即公共图书馆，对图书馆的管理和经营非常重视，图书馆技术发达。1876年杜威（Melvil Dewey）的《分类与主题索引》、1891年卡特（C. A. Cutter）的《展开式分类法》、1900年戴纳的《图书馆入门》、1904年卡特的《字典式目录规则》、1908年美国图书馆协会的《编目规则》，这些图书馆技术方面的基础标准，在19世纪后半期及20世纪初期都已经建立起来了。因此，图书馆学就是一门包括了那些为了图书馆的管理和利用而必不可少的知识和技术的学问。从现代美国图书馆学者如埃克斯（Susan Grey

Akers）、惠勒（J. L. Weeler）和 Robert L. Gitler 对图书馆学的定义来看，都非常重视关于资料的搜集、保存、整理和利用的知识与技术的科学性。可见，美国图书馆学倾向并不注重其作为学问的体系化，而更注重于实际的目录法、分类法的研究。然而，巴特勒（Pierce Butler）关于图书馆学和图书馆事业的思考有所不同，他虽然也是从实际出发，但是加进了哲学要素，采取了新的立场，他把美国图书馆人的自我意识划分为3个阶段：1850年代的图书馆员（librarian）、学者（bookman），1870年代的学者（bookman）和技术员（technician），1920年代的图书馆员职务（librarianship），他以哲学为追求，以学问和人的属性为中心，并且考虑到图书的生命、图书馆的文化机能，方法上，对图书馆进行了社会学研究。也就是说图书馆学还有纯理论的研究，单单依靠技术方面的研究并不能把握其他各个方面。巴特勒的研究在美国图书馆学研究中因其对人和哲学的思考而独具特色、引人注目。

战后，日本图书馆学发展非常显著，尤其是1953年日本图书馆学会诞生以来。这些研究可以分别列入开头所提到的2种倾向之中。武居权内认为，日本图书馆学理论研究应该向更深入的方向发展，如果能出现类似巴特勒的研究将是非常可喜的。

2. 图书馆学和图书馆学史

与图书馆学作为一门学问是否成立这个问题相比，更应该考虑它作为学问到底有什么样的内容。对于一门学问来说，对其历史的追溯是一个必要的基础，也是为了促进这门学科今后的发展。图书馆学作为学问提出来是在19世纪初，还很短暂，就如美国这样图书馆发达的国家，图书馆学也多局限于实际技术方面。各国的实际情况左右了其图书馆的发展，英法等国图书馆的发展就不显著。而且从图书馆史研究来看，主要是考察古代、中世图书馆的状态、图书史等，看不到关于图书馆学史的叙述，而作者认为对图书馆学史的追求才真正是最为必要的。

武居权内认为，大佐三四五的《图书馆学的展开》可看成图书馆学史，属于图书馆学体系研究之一，在史论中，与图书馆史、特殊藏书史、图书史相对应的是图书馆学史，但是未对此进行详细说明。同书中还有《中国的图书馆学体系意见》，是卢震京提出来的，其中有图书馆学史。卢震京的图书馆科学体系引人注目的特征是把图书馆学分为二部门：历史的部门、包括有理论和实际结合在一起的组织部门，图书馆学史属于第一部门，与图书馆史相对应。

武居权内指出图书馆学史并不是图书馆史，图书馆史是图书馆本身发展的历史，图书馆学史是对图书馆学的发展历史进行回顾，他坚信图书馆学史是图书馆学中第一不可少的要件。

3. 日本图书馆学的发展和特征

概观日本图书馆学的发展，明治以后是重点，日本近代图书馆的发展是以明治时代为起点。当然在明治以前，都是以文库形态存在，书目很发达，也有分类法。然而从真正意义的图书馆发达算起，明治以后是主要对象，明治以前作为前史来考虑。这样，把日本图书馆学的发展阶段划分为：前史、准备期、启蒙期和形成期 4 个阶段。

准备期从明治初年到 1913 年，是近代图书馆逐渐产生，开始准备的时期，图书馆学也冒头了，很多要素开始出现，开始介绍美国图书馆学。启蒙期从 1914 年开始到 1922 年，是近代图书馆建设的启蒙运动，从中央到地方，府、县、市等主要图书馆开始建设，图书馆专家开始介绍各种方法、图书馆学的要素等，有了研究发表、讲习等各种启蒙运动。形成期继之而起，是图书馆学形成的阶段，美国图书馆学基本上引进，开始对之进行消化吸收，形成日本自己的东西。

根据这样的分期，可以看出过去的图书馆学主要是偏重技术，大正时期是图书馆经营时代，构成要素不多，进入昭和时期，特殊技术方面急速发展起来，如分类法、目录法，从1932年前后开始到1934年，以著者记录为主、目录用语统一为开端的目录法基础概念确立，这一段时期是日本图书馆学形成的一个重要的时期。日本图书馆学的特征是在目录法上书名和著者两个都很重要，过去很长时间是以书名为中心，为了打破这个长期形成的传统，图书馆学者进行了艰苦的奋斗，获得了图书馆学的新方法，这是日本图书馆学发展中不能不说的重要特征，而在欧美图书馆学中对此根本不用加以考虑。

4. 图书馆学史理想的状态

研究图书馆学史在明白过去的同时，对未来图书馆学的发展有所帮助。那么图书馆学史应该采取什么方法呢？想简单地说清楚是不可能的，只能说出构想的一个方面，也就是图书馆学史的必要性。

日本图书馆学史能够弄明日本的图书馆学发展的历史、作为一门学问发展的过程以及它的特征。究明明治以来存在的或形成的图书馆学的理论和实际问题，在确定其特殊性的同时，还能探明其相互的历史关联。终极目的，是对图书馆学的学问形成进行检讨，以确认其最适当的形态。以往的图书馆学，只着眼于现状、今后应有的状态，而缺乏历史，不能不说作为一门学问忽略了重大的要素。大凡一门学问要想成立，必须经过不断地研究和发展，从这一点看，如果期待图书馆学将来仍能成立，必须把握从前的图书馆学的发展状况，这是第一紧要的。对过去的理论和实际进行叙述、究明，使各种图书馆学的要素和历史状况都鲜明了，真实的状况都揭示了，这是第一步，在此之上，对图书馆学的学问构成进行证明、检验、显示，才是图书馆学理想的状态，也是必要的研究课题。只有当历史的事实发展得到证明、真实的状况得到把握，对现在和将来也是如此的时候，才打下了这门学问的基础，没有历史考察这门学问就不成立。

四、关于《日本图书馆学史序说》

武居权内于1960年出版了《日本图书馆学史序说》一书。该书是在战后日本重新认识图书馆的意义的背景下而写，正像名古屋大学校长松坂佐一在序言中指出的那样，战争不仅使图书遭受了损失，也给日本提供了重新振兴文化的机会。为了提高人们的教养，图书馆的重要性得到加强。1950年日本公布了图书馆法，而且，战后新的大学制度要求，对应于1小时的讲义，学生要有2小时的自修准备，如果认真实行起来，无论如何都必须利用图书馆了，书库也就变成了教室。在美国，为了本科生的学习，在中央图书馆之外，还设了分馆，大大发挥了图书馆在教育上的作用。可见图书馆的社会使命变得越来越重要，因此，从事图书馆事业的人，就不能只限于从事图书馆的技术性事务，还要从事图书馆学研究，使图书馆变得更加完美①。

该书对日本的图书馆学的学说和思想，图书馆和图书馆学的发展历史进行探索，明确了图书馆史与图书馆学史的区别与联系。他指出，图书馆学史不是图书馆史，图书馆史是图书馆自身发展的历史，而图书馆学史是探索图书馆学发展的历史。当然，只要图书馆学作为一门学问成立，就有可能存在图书馆学史。这句话换个方式可以理解为，图书馆学产生之前是不可能有图书馆学史的，所以他把日本图书馆学产生之前的

---

① 武居権内．日本図書館学史序説［M］．東京：早川図書，1960：序．

历史命名为“图书馆学前史”。“图书馆学前史”的命名对于我们处理中国古代关于藏书整理和管理的学问是有一定的参考意义的。

武居权内认为，虽然完全脱离图书馆史的图书馆学史也是有可能存在的，但是他在研究图书馆学史的时候，仍然考虑在时代背景下对图书馆史的要素进行叙述，把图书馆学的发展放在国家和社会之中进行考察。他强调日本图书馆学史还要对一些图书馆现象如图书馆教育和读书指导等加以考察和叙述，要关注日本图书馆学者与外国的交流，尤其是与美国的交流。关于图书馆思想史，他明确强调对图书馆思想史的考察是图书馆学史的重要内容，因为图书馆作为一种文化现象，不可能脱离时代思想的影响。

该书继承了武居权内上述三篇论文的主要思想和观点，并将其运用于自己的日本图书馆学史的写作中，按照序说、明治以前的图书馆学、准备期-明治的图书馆学、启蒙期-自由主义的时代、形成期-昭和图书馆学等各章展开，书后附录日本图书馆学史年表。是一本史实、史论、史识俱全的图书馆学史著作，值得中国图书馆学史研究者借鉴。

第二节　20世纪前期目录学在日本的研究与发展

本节从1934年传入中国的第一本以“书志学”命名的著作入手，系统回顾并梳理20世纪前期日本书志学著述，以揭示日本书志学所受中国目录学的深刻影响、书志学研究的主要成果和发展状况。目的是为了探讨日本书志学与中国目录学之间的密切关系，并为中国目录学的发展提供借鉴。目录学和bibliography分别是中西方研究图书的学问，这两门学问本来相互独立、自成体系，因在日本发生了交汇，而产生了一门新的学问——书志学。书志学不仅在日本日渐发达，而且在20世纪

二、三十年代还被输送到中国，引起了一定反响。

20世纪前期，书志学不仅在理论上取得丰硕成果，而且作为方法论在实践中也得到广泛应用和发展。随着书志学研究范围的扩大，以长泽规矩也为代表的日本图书馆界决定以图书学取代书志学作为这门学问的名称。尽管书志学的概念式微了，但书志学的研究成果就像目录学的研究成果一样不会过时，并且作为一门后发的学问，它所具有的起点高、眼界宽的特点，更值得中国目录学研究者借鉴。在理论方面，20世纪初日本学者在接触西方Bibliography概念后，就开始了对书志学的探索，产生了不少书志学著作，其中包括植松安的《教育和图书馆》和《本邦书志学概要》、田中敬的《图书学概论》、橘井清五郎的《西洋书志学要略》、和田万吉的《洋书目录法》和《图书馆史》、太田为三郎的《和汉图书目录法》等。这些早期的书志学研究成果，几乎都是基于中国的目录学知识来理解和诠释Bibliography，从而形成了独具特色的日本书志学。1929年小见山寿海的《书志学》首次对日本的书志学研究状况进行了系统划分，他将书志学定义为以图书为研究对象的科学，并构建了一个由综观书志学和分观书志学组成的理论体系，标志着日本书志学的初步形成。在实际应用方面，书志学作为方法论，被日本图书馆员自觉地运用于实践。日本图书馆界先后成立了书物同好会、日本书志学会等机构，发行了《书志》、《书志学》等杂志，目的在于向图书馆员普及正确地记载书籍，使之成为读书人的治学门径的方法。由此建立了日本书志学基础，培养了许多书志学者。其中，长泽规矩也长于汉籍研究，川濑一马长于和书研究，他们为介绍新发现的古典善本，以及与中国目录学界的交流等工作做出了重要的贡献。中国的书志学和日本的书志学存在着密不可分的关系。

一、20世纪前期，目录学、书志学与Bibliography三者的关系及相互影响

目录学与书志学在日本是两个既有区别又有联系的概念，目录学是中国传统的关于读书治学的学问，它与中国的图书、中国的文化一同传入日本，在日本也得到了长足发展，不少日本学者都有目录学著作问世，如内藤湖南的《支那目录学》① 和仓石武四郎《目录学》② 都是目前在日本还很有影响的专门讲述中国目录学的著作。

2008年坂出祥伸所著《阅读中国古典的第一步》③ 一书指出，在日本，凡是要研究中国的文史哲等所谓中国学的大学生和研究生，以及在图书馆中负责中国图书分类的馆员，都必须具备一定的书志学知识。该书讲解了关于中国古典文献的体裁、版本知识、伪书、对皇帝的避讳、反切与直音的发音标记、古籍分类等众多内容，作者将自己的著作视为书志学入门读物，而未敢以书志学家的专业书自居。从坂出祥伸的这些观点可以看出，日本书志学的内容与中国的文献学或者说广义的目录学的内容非常相近。

从历史上看，书志学这个概念诞生在西方的library science和bibliography传入日本之后。目录学和bibliography分别是中西方研究图书的学问，这两门学问本来相互独立、自成体系，因在日本发生了交汇，而产生了一门新的学问——书志学。书志学不仅在日本日渐发达，而且在20世纪二、三十年代还被输送到中国，引起了一定反响。

相对于library science，bibliography一词尽管也在1920年前后就传

① 内藤虎次郎．支那目录学［M］//内藤虎次郎著．内藤湖南全集第12卷．東京：筑摩書房，1970.

② 倉石武四郎．目録学［M］．東京：汲古書院，1979.

③ 坂出祥伸．中国古典を読むはじめの一步：これだけは知っておきたい［M］．福岡：集広舎，2008.

入中国，却并未引起足够的重视，比如，在 1920 年杨昭悊翻译日本田中敬的《图书馆学指南》一书中，有 2 本书名中都出现了 bibliography 一词，分别是 *The library series* 之五 *Essays in librarianship and bibliography*，和 *Abbreviations and technical term used in book catalogues and in bibliographies*，但 bibliography 一词并没有被刻意地翻译为书志学。1927 年，杨昭悊翻译了田中敬的另一本著作《图书学概论》的第一章总论，以《图书学序论》为题发表在《学林》1927 年第 3 卷第 3 期上，该译文把 bibliography 一词翻译为图书学，而在日本，田中敬的这本《图书学概论》被视为综观的书志学。

1925 年中华图书馆协会成立以后，《图书馆学季刊》上先后发表了多篇采用西方目录学标准来评判中国目录学的论文，如刘国钧的《四库分类法之研究》《中国现在图书分类法之问题》《图书目录略说》，杜定友的《类例论》等，这些作者在海外接受了西方图书馆学和目录学的教育，很容易就把 bibliography 一词对应到了目录学。尤其是 1925 年刘国钧在《图书目录略说》中把中国古代目录学中普遍存在的三种目录形式进行了明确区分，给大家提供了一个研究目录学的科学方法，即，他把历代发挥学术史作用的艺文志等同于西方的著述史（Literary history）、专记所藏的称为书目（Catalogue）、泛录图书名目的称为书志（Bibliography）。

由于西方目录学与中国传统的目录学在着眼点上有着巨大的分歧（西方侧重于图书外在形式的描述；中国侧重于图书学术内容的评价，更肩负着辨章学术考镜源流的学术使命），因而对中国传统的目录学造成了很大的冲击，使其分化为新旧两派，产生了一大批目录学著作，使 20 世纪二、三十年代的目录学研究形成了一个新高潮。尽管如此，bibliography 一词本身在中国并无太大影响，比如，在 1930 年徐能庸所编图书馆学工具书——《图书馆学九国名词对照表（中、英、德、法、意、西、荷、瑞、丹）》中，竟然找不到bibliography一词的踪影。

1934年，书志学概念终于从日本被输送到了中国，首见于在镇江图书馆任职的马导源所著《书志学》，他曾留学日本。

马导源指出，书志学在中国犹如呱呱坠地的婴儿，人们要么不认识、不关注它，要么对它一知半解，把它混同于目录学、图书学、图书分类法。由于该书系商务印书馆的“百科小丛书”中的一种，1934年7月16日《申报》上曾为其刊登一则广告：“本书以研究书志为直接对象，统括版本、目录、校雠诸学，更益以‘书志是什么’的问题，探讨底蕴，坚定斯学之基础，开中国书志学之先声。”后人也曾积极地评价马导源所著《书志学》，称其“是在继承和借鉴古代目录学的基础上，发展起来的具有时代意义的新型目录学。”① 可见，无论当时，还是后世；无论是来自西方的bibliography，还是来自于东方的书志学，在中国，均被笼统地视为目录学。

然而马导源所著《书志学》出版后不久就被指出有剽窃的嫌疑。“负有出版权威的商务印书馆，也太轻于从事审查，该书不但把原书的精华删掉，反添入许多不关重要的东西，使失掉原书的价值，而译笔之错误，更指不胜数。”② 话出自李尚友之口，见其所译日本小见山寿海的《书志学》，译文先在《图书馆学季刊》1934年8卷3期、1935年9卷2期上连载，后来中华图书馆协会出了单行本。李尚友山西人，毕业于武昌文华图专的讲习班，1939年9月到沦陷区伪北京大学图书馆任典藏股股长。李尚友在译者序里指出，在中国图书馆界致力于建设图书馆学术体系的时候，首先要建设好图书馆学的基础学问——中国过去所

① 申畅等．中国目录学家辞典［M］．郑州：河南人民出版社，1988：549.

② 小见山寿海．书志学［M］．李尚友，译．北平：中华图书馆协会，［1935］：译者序．

谓的目录学，然而国内这方面的著作，尤其是能贯通中外的著作并不多见。而日本的小见山寿海具有国际眼光，将目录学的范围扩展为“书志学”，可供国人借鉴。

由此可见，书志学在1934年由日本返销中国是可以确定的了，其目的是为了扩展和补充中国的目录学研究。那么，书志学在日本又是怎样一种状况，与目录学还有什么关联呢？

二、小见山寿海对书志学的集成

小见山寿海是日本文部省1921年举办的第一期图书馆员讲习所的学生，毕业后进入文部省，负责管理与图书馆相关的工作，又旁听了第二期讲习所开设的大部分课程。每期讲习所都有书志学讲座，但是一般人对书志学的概念并不清楚，甚至第一、二期担任书志学讲座的先生所讲的都不是书志学的内容，直到第三期讲习所植松安先生所讲的才是真正的书志学。所谓的书志学到底是什么呢？这样就激发了他研究书志学的兴趣[①]。

小见山寿海的《书志学》写于1929年，但日本学者对bibliography一词进行的探索很早就开始了。小见山寿海在书中就明确指出，早在1912年，根据日本图书馆协会决议，由和田万吉、太田为三郎等人组成的委员会经过多次研究讨论而确定的图书馆用语中，bibliography一词就已被确定翻译为“书史或解题”，science of bibliography被翻译为“书史学或者图书学”。

经过考察，小见山寿海认为在当时的日本，人们对于书志学的认识仍然相当混乱与模糊，大概跟bibliography一词本身多歧义有关，总体

---

① 小見山寿海．書誌学概論［C］//図書館講習会講演集．第1回．熊本：熊本県立図書館，1940：1-15.

上看，bibliography 有广狭两义，一指 the science of bibliography，一指 bibliography，前者是“关于图书之科学”，后者是“书目”。

在日本，“Bibliography”有多种译法，如：“书籍志”、“书志”、“书史”、“书史学”、“书目”、“书目学”、“解题”、“解题学”、“书籍学”、“图书学”等等。他广泛对比了中国、日本及欧美的用法，最终认定将“Science of Bibliography /Bibliology”翻译为“书志学”最为合适。关于“书志学”这个词的来源，小见山寿海也并未掠美，而明确指出“书志”在从前亦称“书史”，原来是中文，狭义是指经书史籍，广义是指图书的说明科学，但是“书史”一词从字面上又容易被误解为“书籍的历史”，因而用书志而不用书史。“书志”一词也起源于中国，艺文志是中国最古的书志学，经籍志亦为中国古代的书志学。在日本，认为“志”是“誌”的古字，所以作者将其写作“书誌”，而非“书志”（笔者按照中国汉字的写法，依然将其写成“书志学”。）至于“书誌学”一词，小见山寿海曾亲耳听说是和田万吉博士因受到了市村瓒次郎的启发而创造的。

小见山寿海将书志学定义为以图书为研究对象的科学，并构建了一个由综观书志学和分观书志学组成的理论体系。

所谓综观的书志学，主要是从整体上考察图书，包括图书之意义、图书的生产、图书的分配和消费。所谓分观的书志学，是回答“有什么样图书”和“是什么样图书”的问题，具体包括目录的意义、个别目录、集成目录、“书志的书志”之书志，以及方法论的书志学。

他指出，综观的书志学是纯正的书志学，这类书志学成果中最值得推崇的是田中敬的《图书学概论》。分观的书志学是应用的书志学，其对象是书目，所以这部分书志学用固有的目录学名称亦无不可。这类书志学成果中，他特意介绍了杜定友的《图书目录学》，认为杜氏此书不但论述原来的目录学，还采用了西洋新的目录编制法。

笔者曾在博士论文中指出，小见山寿海的《书志学》可以说是受中国和欧美目录学共同影响而产生的一部日本目录学著作。从结构上看，具有非常完整的逻辑体系，和现在常见的教科书结构近似。作者小见山寿海对书志学的基本问题阐述得全面而详尽，而且在每一个问题的论述上，都广泛采纳欧美、中国和日本的研究成果，具有比较目录学的性质①。

尽管小见山寿海的《书志学》出版后很快受到了中国学者的重视，但是他本人于1940年，在熊本县图书馆讲习会的书志学概论讲演中，仍然很谦虚地评价自己的书目学概论并没有系统，算不上概论，只能算作漫谈。对于已出版的《书志学》，他很清醒地指出，自己著作的特色，既是长处同时也是短处，就在于过于拘泥于西洋 bibliography 的范围。此外，令我们感到最有意思的是，小见山寿海对于1934年发生在中国的关于《书志学》的事情也有所耳闻。对于商务印书馆以“某著”出版《书志学》，又有人对此出于义愤而将《书志学》原著全文翻译刊登在《图书馆学季刊》一事，他表示作为长期受到中国文化恩惠的日本人中的一员，如果他的研究能为中国的学术研究有所贡献的话，将不胜欣慰。

在1940年的这次演讲中，他关于书志学的认识又有了新的变化，其中最主要的就是，他认为书志学应该与图书学、与目录法分家，不再把它们分别视作综观的书志学和分观的书志学。他认为以图书为研究对象的就是图书学，以书志为研究对象的就是书志学，对象要与学问的名称相符，才能名至实归，并打算将这种意义的书志学作为今后的研究目

---

① 范凡．民国时期图书馆学著作出版与学术传承［M］．北京：国家图书馆出版社，2011：210.

标。可惜的是，他的演讲没有继续下去，所以后来他关于书志学又有了什么新成果不得而知。

三、书志学早期的探索

在小见山寿海的著作和演讲中曾提到了植松安的《本邦书志学概要》、田中敬的《图书学概论》、橘井清五郎的《西洋书志学要略》、和田万吉的《洋书目录法》和《图书馆史》、太田为三郎的《和汉图书目录法》等。这些著作均先于小见山寿海的书志学研究，因此我们称之为日本书志学早期的探索。通过分析这些早期的探索，我们能够更加感受到书志学受中国目录学影响之深。

1. 植松安的《教育和图书馆》① 和《本邦书志学概要》②

植松安是1908年东京帝国大学毕业的文学士，曾任东京帝国大学司书官、助教授，后任台湾帝国大学讲师、教授，1946年4月奉命从台湾撤退回日本，在归途中死于心脏病③。植松安曾先后编写过《图书馆小识》《教育和图书馆》《本邦书志学概要》等著作，中国图书馆学家马宗荣在东京帝国大学留学期间曾听过他的图书馆学讲座。

植松安在1917年出版的《教育和图书馆》一书中，有一章《书史学的研究与读书法》，专门论述了书史学与所对应的德语、英语、法语等西语词汇涵义的演变过程。他指出，在德语中Bibliothek wissenschaft相当于图书馆学的意思，分为Bibliothek kunde和Bibliothek lehre两个方面，前者包括图书馆图书阅览的方法、管理法、目录法和分类法等，后

① 植松安．教育と図書館［M］．東京：目黒書店，1917.
② 植松安．本邦書誌學概要［M］．東京：圖書館事業研究會，1929.
③ 土井重義．植松先生の事ども［J］．図書館雜誌，1946（7-8）：30-31.

者是指图书及其相关事物的研究，与日语中的书史学差不多。在英语中 bibliography、bibliology 和 bibliographer 三个词有多种涵义，通过对权威工具书上三个词释义的一一列举，他认为德英两国在图书馆学内容上差异不大。在他看来，日本虽然还没有图书馆学，但是图书馆学中的一些内容与书史学相似，比如在以古书为对象的书史学研究方面，日本的研究兴趣更浓一些，有《万叶集书目》《万叶集书目提要》等著述。

正是基于上述对日本书史学的认识，他于 1929 年出版了另一本书志学著述——《本邦书志学概要》，该书共分三章，分别为序论、写本的历史、刊本的历史。

序论一方面讨论贵重图书的分类，另一方面讨论书志学的对象和概念。他首先指出对普通书要按学术进行分类，尔后以东京大地震之前的东京帝国大学附属图书馆特别书分类表为例，系统地讲解了如何对日本的贵重书进行分类。他认为和汉书的种类，如古文书、古经、古写本、古版本、名家手泽本、绘画本、金石文、名家笔迹等均可按照上述分类表进行细分。作者这里对书志学的认识直接来源于之前他对书史学的认识，即，书志学的对象是书写物、印刷物，以及与二者相关的物品。同时，他直接采用了大英百科辞典中“Bibliography and bibliology”词条来界定书志学的概念，认为书志学包括：① 检查和校对的艺术、② 书籍描述、③ 列举和排列、④ 书目之书目等四个方面的内容。

因为日本受中国文化影响颇深，所以在“写本的历史”和“刊本的历史”二章中，不可避免地涉及中国书史上的许多内容。而且，作者在将日本各种书籍之流传与各个时代中国目录学成果融汇在一起的同时，还以旁观者的立场解释了中国书史上每逢改朝换代之际常见的藏书散佚、王朝建立之后大规模集书等现象，给中国读者以新鲜的感觉。

2. 田中敬的《图书学概论》①

田中敬（1880—1958），东洋大学毕业，曾学习中国哲学专业。担任东北帝国大学司书，兼任过东洋大学、京都大学、学艺大学等多个大学的讲师。在1956年76岁时获得文学博士学位，博士论文题目是《图书形态学及其在活版印刷发明史研究上的应用》。专著有《图书馆教育》《图书学概论》《内外参考图书的知识》《粘叶考》《和汉书目录法》等，其著作被汇集成《田中敬著作集》，共6卷，在20世纪七、八十年代由早川图书陆续出版②。

如前所述，田中敬是中国图书馆界较为熟悉的日本图书馆学家，主要得益于杨昭悊翻译过他的《图书馆学指南》（原文系《圖書館學研究の栞》连载于《学镫》1919年9-11号上）、《图书学序论》（原文系《圖書学概論》的第一章总论）。

田中敬于1924年出版的《图书学概论》曾被小见山寿海评价为“用作本文综观的书志学之代名词，可谓灵妙适当了。”③ 短短的一句评价突出了《图书学概论》对图书研究的全面性。在当时日本书志学著作中，该书部头相对较大，达500余页。该书的全面性体现在以下几个方面。

一是研究内容广博，从图书的书写、印刷、材料、形态四个方面来综合论述，均衡用力，而不是以写本和刊本为主，以材料和形态为辅。如果将其篇章内容转换为一张表格——《图书学概论》主要内容表，就能看出其经纬与博大。

---

① 田中敬．圖書學概論［M］．東京：冨山房，1924.

② 田中敬．田中敬著作集［M］第六卷．東京：早川図書，1981：431-433.

③ 小见山寿海．书志学［J］．李尚友，译．图书馆学季刊，1934，8（3）：360.

二是论述有据，每个论证都引经据典、涵盖东西。比如在第一章总论中，田中敬在论证图书与文化、图书的意义、图书学的意义及可能等命题时，就展现了基于东西方文化的考证功底。仅仅关于图书的语义，田中敬就用到了汉语里的河图洛书、图书、书、籍等各个说法的来历和用法，此外还有日语里的本和ふみ，英语里的 book、library、bible 以及与之相对应的拉丁语、希腊语、德语、法语、荷兰语、瑞典语、挪威语的来历与用法。此外，对于图书的定义、图书学的定义的考证也是如此。他指出图书学是对与图书有关的一切事项进行研究的学问，而与图书相关的研究并不仅限于古书目录或解题，还要研究书写方法、印刷样式、材料变迁、形态进化和装订技术等广泛内容①。从这一点上来看，虽然理论基础一致，但在实际上，他所构建的书志学范围比植松安的所构建的书志学范围要大许多。

田中敬因为图书在文化上的重要意义而展开图书学研究，很好地融合了中国、日本、西方关于图书研究各方面的成果，包括图书的书写、印刷、材料和形态，虽然没有专门的篇章来安排书目或解题，但是把有关图书的内容也不留痕迹地穿插其间。如果以西方目录学的标准来衡量的话，该书显然是一部合乎西方目录学范围的目录学著作。另一方面从其对图书内容的介绍上来说，把中国目录学关注图书内容的长处也保留了下来，因此可以说，该书对中西方目录学都有继承并有所超越，在日本书志学史上颇有价值。

① 田中敬．田中敬著作集 第六卷［M］．東京：早川図書，1981：18-19.

表 7-1 《图书学概论》主要内容表

<table>
<tr><td colspan="2">涉及的区域
涵盖的方面</td><td colspan="3">概述</td><td colspan="5">西洋</td><td colspan="4">中国</td><td colspan="6">日本</td></tr>
<tr><td rowspan="3">书写</td><td>历史</td><td colspan="3">记录、文字</td><td colspan="5">字母、书体</td><td colspan="4">文字</td><td colspan="6">假名</td></tr>
<tr><td>写本</td><td colspan="3">概说</td><td colspan="5">欧洲中世纪的写本</td><td colspan="10">东洋写本</td></tr>
<tr><td>著名写本</td><td colspan="3">金石文</td><td colspan="5">西洋写本</td><td colspan="10">日本写本（附中国写本）</td></tr>
<tr><td rowspan="2">印刷</td><td rowspan="2">印刷术的发明及发达</td><td rowspan="2">印刷的起源</td><td rowspan="2">木板</td><td rowspan="2">活版术</td><td colspan="5">西洋活版术</td><td colspan="4">中国印刷术</td><td colspan="6">日本印刷术</td></tr>
<tr><td>活版术的发明</td><td>活版术的普及</td><td>十七八世纪的印刷</td><td>美国的印刷</td><td>十九世纪以后的印刷</td><td>摇篮时代</td><td>雕版的起源</td><td>全盛时代</td><td>活版术附朝鲜铜活字版</td><td>奈良朝时代</td><td>镰仓时代</td><td>室町时代</td><td>桃山时代</td><td>江户幕府创立时代</td><td>江户时代</td></tr>
<tr><td rowspan="4">材料</td><td rowspan="3">书写材料</td><td colspan="3">纸发明以前</td><td colspan="5" rowspan="3">西洋纸</td><td colspan="4" rowspan="3">中国纸</td><td colspan="6" rowspan="3">日本纸</td></tr>
<tr><td colspan="3">纸的发明</td></tr>
<tr><td colspan="3">原料与纸质</td></tr>
<tr><td>书写用具</td><td colspan="3">墨水、绘具、墨，砚</td><td colspan="5">西洋笔</td><td colspan="10">东洋笔</td></tr>
</table>

续表

涉及的区域 / 涵盖的方面		概述	西洋	中国	日本
形态	形态	形态的进化		中国	日本
	大小与情趣	图书的大小			
		人们喜欢的图书大小			
		纸的厚薄与图书的形态			
	图书之美	图书与美术	洋装书		
		美的要素			
	制本	保护、装饰、实用、改良			

3. 和田万吉的《日本书志学概说》[①] 和《日本文献史序说》[②]

和田万吉（1865—1934），1890年东京帝国大学国文科毕业，曾担任东京帝国大学文学部教授兼附属图书馆馆长，日本文库协会以及后来的日本图书馆协会的会长，1919年获得文学博士学位。1923年东京大地震造成东京帝国大学图书馆失火，他因贵重图书全部烧毁而免职，1924年退休后曾任东洋文库顾问、商大、国学院、法政、东洋各大学讲师。编著有《图书馆小识》《图书馆管理法大纲》《图书馆史》《日本书志学概说》《图书馆学大纲》等多部有影响的著作，此外在其他学术领域也有很多成果。他被认为是日本近代图书馆建设的第一人，在欧美图书馆学日本化过程中发挥了很大作用[③]。

和田万吉的《日本书志学概说》并没有记载完成的时间，他于1918年在东京帝国大学开设图书馆学讲座时，曾经讲授过书志学讲座；另外，在书的末尾讲述西洋系统的活字版传来时，曾经提到当时的时间是昭和七年，也就是1932年。二者结合在一起考虑，说明他对书志学的研究不仅很早，而且持续时间很长。该书于1944年第一次出版，距离其去世已十年之久。

以今天的眼光来看，该书类似于我们通常所说的书史。第一章总说，从文字产生之前的口耳相传开始讲起，内容包括文字、日本假名的产生及汉字训读法、文章、佛教日本文学及影响、纸、书体、印刷、卷册等。第二章古写本，包括中国传来的古写本、日本人对中国古籍的转写、中国写本及传来、和书古写本、日记类古写本。第三章写经，包括

---

① 和田萬吉．日本書誌學概説［M］．東京：有光社，1944.

② 和田萬吉．日本文献史序説［M］．武蔵村山：青裳堂書店，1983.

③ 武居権内．日本図書館学史序説［M］．東京：早川図書，1976：176-177.

敕旨经、御愿经、知识经，奈良朝以后的写经、平安朝后期的写经。第四章刊本，包括佛书刊本、非佛书刊本、古活字版时代、西洋系统活字版的传来、耶稣会基督教的流行及其活字版印书业。

武居权内曾经对此书有一个评价，认为此书的特色，一是概述了书志学的发展，二是简洁明要。前三章是文语体，四章以后是口语体。该书的研究是基于长期的研究而成的，在概说日本书志学发展的同时也考虑到了从古代到江户末期各个时代的背景，就上代来说，特别关注本国文学的要素。就考察的内容来说，该书与川濑一马所提倡的书志学立场稍稍不同，和田万吉认为各时代图书的实际情况，是对图书内容的文学的要素进行考察时的关注点。此外，和田万吉在书中举出的一个个实例，对初学者帮助也很大。武居权内还指出该书的第二章写本、第四章刊本是全书的主要部分，最为重要①。

和田万吉所著另一本书志学著作——《日本文献史序说》，其成书时间也很难考证。该书手稿由其儿子和田辰雄保存，因存放在防空壕内而潮湿损坏，后来和田万吉的学生弥吉光长花费数年整理手稿，终于在1982年将其出版。根据写作的文体，弥吉光长推测手稿完成的时间大概在1918年东京帝国大学开设图书馆学讲座之际。

该书共分六章，第一章绪言，讲述目录及图书馆的效用、文献是什么、本邦书目的沿革。第二章奈良时代，讲述奈良时代的书目、写章疏目录的内容。第三章平安时代，讲述入唐诸家带回的书籍、八家带回书籍的部数、圣教类书目的撰述、外典类书目的撰述、《日本国见在书目录》、中国书志的沿革、平安时代集书事业概况、藤原赖长集书、平安末期存在的书。第四章镰仓时代，讲述镰仓幕府与文籍、各代将军对书的爱好、金泽文库藏书、中国书籍传来、佛书印行、皇室集书。第五章

① 武居権内．日本図書館学史序説［M］．東京：早川図書，1976：176-177.

室町时代，讲述足利学校复兴、足利学校和宋版书、本朝书籍目录、足利幕府求书、朝鲜及中国的活版术及对日本的影响。第六章江户时代，讲述江户时代初期的印书事业，枫山文库，一般书目的起源，诸侯以下的集书事业，学校刊书、集书事业及书目，独立文库，皇室御文库，社寺及个人集书，个人藏书目录的特色与一般解题书，特殊目录，考证书类及索引类。

该书对文献、文献史以及文献学三个概念进行了辨析。文献对应于英语的 liteature、德语的 literatur、法语的 littérature，这些词既能翻译为文学，也能翻译为文献。译作文献时是指与某个专业领域或者主题相关的论述，比如那些编目成果，书中使用的就是这个意思。文献学和文献史又完全不同，文献学对应的是德语词 philology，书中采用的是其方法论①。

弥吉光长不仅整理了手稿，还深入评价了这本书，他说《日本文献史序说》初读起来像是把图书馆史与目录史合在了一起，但是细读的话，就会发现，和田万吉其实是把日本学问以及日本文学的有关文献进行了历史展开：在奈良时代到平安时代，佛教和汉学输入并得到发展，由此建立了文库并编制了目录，这些目录的编者都是当时很有代表性的学者。中国输入的书被整理成《入唐八家录》；藤原佐世编的《日本国见在书目录》，收书比《旧唐书》还要古老，许多都是在中国已经散佚而在日本还有保存。八家带回的目录保存了丰富的唐文化，到了镰仓时代，已经筑成了日本辉煌的文化王国。平安末期开始编制日本图书目录，日本的学问也兴起了。但是由于战乱频仍，典籍散佚烧毁的也很多。江户初期由于古活字版的输入，渐渐开始印刷日本书，出版了不少新著，编制了多种目录。从幕府朝廷到诸侯到社寺都兴起了藏书，个人

① 和田萬吉．日本文献史序説［M］．武蔵村山：青裳堂書店，1983：11-13.

的藏书也多起来了，出现了公开的文库；出版和贩卖的综合目录也出现了。可惜的是，由于原稿受损，一些内容看不到了。弥吉光长认为这样一位先达的文献史曾遭埋没是日本学问的不幸，今后一定要以此为支柱，构筑日本的文献史①。

如果将《日本书志学概说》和《日本文献史序说》进行对比就会发现，前者是关于图书发展的历史，对应于我们通常所说的书史。后者大体和我们通常所说的目录学史相对应，它是关于历代图书事业和图书目录的发展历史，首先强调目录的重要性——求学的门径，然后讲述西方图书馆目录编纂规则的制定，接着讲述中国历代书目的发展，再后是日本历代图书事业和图书目录的沿革。

上述书志学研究者都将中、日、西三方的目录学很好地揉合在一起，起点更高、眼界更宽，形成了日本书志学独有的特点，对于中国目录学研究者来说是值得借鉴的。

4. 其他书志学著作

1932年太田为三郎的《和汉图书目录法》② 出版，该书是根据太田为三郎在日本文部省图书馆讲习所的讲义记录而成。正如书名所显示的那样，这是一本关于图书馆所藏日文图书和中文图书目录编纂方法的著作。该书在绪论中首先引用了中英两位名家的言论来说明目录的重要性，一是清儒王鸣盛的名言“目录之学学中第一紧要事必从此问途方能得其门而入”，二是英国硕学Carlyle的名言“A library is not worth anything without a catalogue; it is Polyphemus without any eye in his head.”（没有目录的图书馆毫无价值，就像独眼巨人波立菲墨斯没了眼睛一

① 和田萬吉．日本文献史序説［M］．武蔵村山：青裳堂書店，1983：解説．

② 太田為三郎．和漢図書目録法［M］．東京：芸艸会，1932.

样）。然后他从书名、著者名、出版事项、对照事项等四个方面，对目录著录法进行了详细介绍。

同年还有橘井清五郎的《西洋书志学要略》[①] 出版，作者来自于宫内省图书寮。与前面各书不同，这是一本专门介绍西洋书志学的著作。他首先解释书志学是什么，认为书志学内容包括书籍的形式、书籍的内容、书籍的历史、书志的编成、书籍解说的法则、书籍指南，以及书籍目录法、蒐集法、书籍的其他事项等。然后介绍了书籍的形式、书志的种类、书志的编成、著录略则、实用书志、古书要略、活字印刷与纸等内容，书中还有大量关于西方书史的插图。

综上，这些日本书志学的早期探讨，除了《西洋书志学要略》一书以外，其余都是在中国目录学的基础上，吸收了 Bibliography 的概念、理论和方法产生的，进一步体现了书志学与目录学、Bibliography 之间密不可分的关系。

四、书志学作为方法论，获得了较大的发展

小见山寿海曾经论述过书志学方法论，他引用清儒王鸣盛“目录学，学中第一紧要事，必从此问途，方能得其门而入”的名言，指出通书志学之事，不但对于直接在图书馆以参考阅览为任务的馆员，或涉猎文献资料最多的如历史家这些人来说是必要的，而且对于研究某问题的学者、研究某事的专家核查相关事项来说，也是必要的[②]。书志学作为方法论，被日本图书馆员自觉地向前推动。

---

① 橘井清五郎．西洋書誌学要略［M］．東京：図書館事業研究会，1932.

② 小见山寿海．书志学［J］．李尚友，译．图书馆学季刊，1935，9（2）：264.

1. 协会与期刊

大概在1925年前后，在东京帝国大学附属图书馆内成立了书物同好会，刚开始只有同志两三人，他们一起淘古书、分享有关图书的见闻，后来发展到十几人。1925年该会发行了《书志》。在其发刊词中指出，“书志”这个词还不通俗，是Bibliography的意思，包括关于图书的各种研究和记述。无论新刊古书，只要是与日本相关的国内外图书、地方志，或者公私藏书的研究或介绍该刊都欢迎。植松安在该刊发表了《大英博物馆图书陈列目录并解题》《关于神宫文库本古事记里的书》等多篇文章。庆应大学图书馆里收藏有1925—1927年《书志》合订本，该会及该刊后来结果如何未知其详。

1931年，来自多家图书馆的馆员成立了另外一个协会——日本书志学会，这些图书馆员来自宫内省图书寮、内阁文库、京大图书馆、大阪府立图书馆、早大图书馆、尊经阁文库、岩崎文库、静嘉堂文库等，此外还有一些藏书家。

1933年日本书志学会的机关志《书志学》创刊。和田万吉为该刊写了创刊辞，强调书志学还是一门新学问，尚无确切的定义，主要是关于正确地记载书籍，使之成为读书人的治学门径的方法的一门学问。此外，图书解题要准确无误地记载图书的外表和内容，要弄清不同版本的区别就要分别对其加以考虑。对古书和珍本的考证也很盛行，若没有丰富的知识和经验就不能对它们进行的正确记载。武居权内认为这段发刊词不仅简单地说了书志学的意义，而且指出了书志学研究上的困难①。

作为一本同人刊物，《书志学》的主要编者和作者是长泽规矩也和川濑一马。长泽规矩也长于汉籍研究，而川濑一马长于和书研究，他们

---

① 武居権内．日本図書館学史序説［M］．東京：早川図書，1976：177.

利用该刊发表了大量书志学论述。对于他们的贡献，中国学者曹淑文曾这样评价，“长泽规矩也与川濑一马一起创立了日本书志学会，发行了《善本影谱》。从1933年起发行《书志学》杂志。该杂志出到1942年第18卷102号时中断，战后复刊。长泽规矩也努力从事于调查日本书库，介绍发现的古典善本和与中国书志学界的交流等工作。在此过程中，建立了日本书志学基础，培养了许多书志学者。”①

尽管日本的书志学发展良好，仍有研究者对此不太满意。1943年川濑一马在其《日本书志学之研究》中总结了明治以来书志学落后的三个原因，一是研究资料缺乏，日本珍贵的文献很多，但是因为藏书家秘而不宣，书志学研究者并不能亲手接触到这些文献，以至于得不到充足的研究资料。二是缺乏专门的书志学研究者，书志学仅仅被当作史学的附庸。三是明治以来，书志学并没有像其他学问那样接受了西方先进的研究方法而快速发展起来，只不过是吸收了一些应用方法，比如说目录的编纂分类、图书馆经营方法、设备等，使书志学相对于其他学问来说落后了，因此他呼吁“促进书志学的发达，正是我国学界一大急务。”②

2. 长泽规矩也对书志学的集成与终结

长泽规矩也（1902—1980），1926年东京帝国大学文学部中国文学科毕业，继续进入大学院从事“中国文学的书志学研究”。马宗荣当时在日本留学期间，曾与其有密切交往。从1927年到1932年，长泽规矩也先后7次到过中国调查研究。服务过的公私立图书馆有静嘉堂、金泽文库、帝国图书馆等，在多所高中或者大学如东京帝国大学、法政大

① 曹淑文．日本书志学家长泽规矩也［J］．图书与情报，1983（1）：90.
② 川瀬一馬．日本書誌学之研究［M］．東京：大日本雄弁会講談社，1943：82-85.

学、庆应义塾大学等担任过教职，其中与图书馆界相关的有帝国图书馆附属图书馆职员养成所讲师、东京大学图书馆专门职员养成讲习讲师、图书馆短期大学讲师等。1966年因在中国书志学研究方面的业绩而获得紫绶褒章①，被尊为中国文学、书志学和图书馆学方面的权威。有《长泽规矩也著作集》11卷。

在书志学著作方面，长泽规矩也著有《书志学序说》和《图书学略说》等书，《书志学序说》综合了前人关于书志学的各种研究，而《图书学略说》则是在日本图书馆界停止使用“书志学”这个概念，代之以“图书学”概念时期的产物。由于这两本书成书年代较晚，对于日本书志学的发展来说是又一次总结。

《图书学略说》1979年出版。长泽规矩也在序说中首先讲述了图书学定义及其来历，图书学是以图书为对象，对此进行科学研究的学问。以前是把bibliography翻译为书志学，经图书馆短期大学教学计划委员会讨论决定改译为图书学。理由是，书志学对于专家和图书馆界人士来说大体上能懂得是什么，而对一般人来说却不知道是什么。图书学却不同，一方面因为有Science of Books这种用法，前人田中敬也写过《图书学概论》，并不是新词；另一方面关于图书研究的学问，对于一般人来说也容易想象。相应地，“书志”一词也可以改为“参考文献”。

除了使用新概念以外，长泽规矩也所认定的图书学范围也非常广泛，包括九个方面。①图书的定义、范围、种类、起源和发展；②图书的材料、形态、装订、附属品；③书写及印刷的材料、样式、方法、种类、历史。④内容的成立（著述、编修、翻译、图表）、种类、校订、传来、存亡；⑤图书的收集、保存、分散等相关事情、方法和历史；⑥图书馆与文库的差异、历史、类别和建筑；⑦图书整理的原理方法和历

---

① 長澤先生喜寿記念會編．長澤規矩也著作集［M］别卷．東京：汲古書院，1989：1-8.

史（选择法、目录法、分类法、排架法）；⑧著作权、出版法权、贩卖权等图书相关法律规则；⑨以图书为对象的各种企业（编修、印刷、制本、出版、贩卖、租书等）。

上述九个方面中的前三个方面实际上已经相当于田中敬《图书学概论》的范围，而九个方面合起来甚至也超出了小见山寿海构建的综观和分观相结合的书志学体系。此外他对图书内容的关注、对版权的关注、对图书企业的关注等都使他的图书学达到了一个前所未有的广度。

其实早在1960年，他在《书志学序说》一书中，就已经将书志学的研究范围确定为这九个方面，这次只是对调了第八、九项的顺序。说到底，虽然学科的名称发生了变化，但是研究对象的实质没变，故而研究范围也保持不变。另外，在《书志学序说》中，长泽规矩也就已经指出对于一般人来说，所谓书志学不如图书学一词容易理解。可见书志学最终被图书学所取代，长泽规矩肯定发挥了很大作用。从某种意义上也可以说，是他终结了书志学。

《图书学略说》告诉我们，书志学作为一门学问的名称，已经变成了历史。但在日本2007年版的《图书馆情报学用语词典》中，仍保留有书志学和图书学两个词条，且二者互相参见。它们基本上是同义词，都是指以图书为对象，对此进行科学的研究，以图书的材料、形态、大小样式、装订等的历史为中心，兼顾著作内容的成立、传来、出版、流通等内容。图书学与书志学的区别在于不涉及图书的解题①。既然区别依然存在，书志学就仍有存在的意义。而且在同一本词典中，关于书志学的解释也更为详尽一些，不仅有定义，还有日本书志学的涵义以及书

---

① 日本図書館情報学会用語辞典編集委員会編．図書館情報学用語辞典［M］．東京：丸善，2007：173.

志学的两种划分——分析书志学和体系书志学①。实际上日本每年新出版和发表的以书志学为研究话题的论著仍然不少。然而，不管怎么说，现在我们在日本图书馆学专业教材中确实看不到专门的《书志学》教材了。

由于中日图书文化上的密切关系，书志学与目录学之间也存在着密不可分的关系。像目录学一样，书志学的研究成果也不会过时，而且有不少内容值得中国目录学借鉴。正如1981年泷川政次郎在《长泽规矩也著作集》序里所说的那样，“中国的书志学和日本的书志学是不可分的关系。”“日本汉籍书志学研究，不止是日本学者的责任，中国学者也应付出努力。”②

目前中国学者若要关注书志学研究，至少能从以下两个方面着手，一是系统梳理被日本书志学所关注的中国目录学内容，二是学习日本书志学作为一门相对于中西方目录学来说后发的学问所具有的先进之处。

第三节　日本图书馆史研究概观

日本的图书馆史研究在概念辨析、研究方法、研究视野方面颇具特色。本节通过对庆应大学所藏图书馆史文献进行系统梳理，总结日本图书馆史研究的特点。在理论方面，注重方法论的探讨与研究领域的划分，如关于图书馆史、图书馆学史和图书馆思想史的认识，以及对日本图书馆史研究分野的概括等；在内容方面，由图书馆史研究分化为图书馆学史研究、图书馆思想史研究，后来细化为运动史、服务史、藏书

---

① 日本図書館情報学会用語辞典編集委員会編．図書館情報学用語辞典［M］．東京：丸善，2007：114-115.

② 長澤先生喜寿記念會編．長澤規矩也著作集［M］第一卷．東京：汲古書院，1982：序．

史、人物传记等各个主题；在研究基础方面，日本图书馆史有教材、史料和工具书；在组织方面，1982年成立专门研究图书馆史的组织图书馆史研究会，1995年后改名为日本图书馆文化史研究会，通过召开专门会议与发行刊物进行研究交流，开展学术批评；在研究视野上，秉承了日本受容文化的特色，研究视野宽广，并不限于日本，对世界图书馆史，以及中美德英俄等各主要国家的图书馆史都有较为深入的研究，形成了翻译著作多、国际研究著作多的特点。日本图书馆史研究的这些成果和特点可为我国同类研究提供借鉴。

日本图书馆界开展图书馆史研究较早，1901年关西文库协会创办的日本第一种图书馆杂志《东壁》的第四期上就刊登有一篇《美国近世图书馆年表》，把1638年哈佛大学图书馆建立以来美国图书馆发生发展的历史按年代详细排列，同时把日本图书馆发生发展的历史也混排其中①。1921—1934年，和田万吉在文部省图书馆讲习所讲授图书馆史，以他的授课笔记为基础整理的《图书馆史》于1936年出版②，和田万吉的《图书馆史》是笔者见到的日本最早的图书馆史专著。1929年我国学者马宗荣在日本留学期间用日文撰写了《中国图书馆事业的史的研究》，先后发表在日本两种刊物《圕研究》和《教育思潮研究》上，1930年他回国后又撰写了《日本图书馆事业的史的研究》，即使在当时的日本，该文也算得上是研究日本图书馆史的重要论文③。可见采用历史方法对图书馆的发展进行研究，是中日两国学者都擅长的领域，同时也从一个侧面说明中国史学的治学传统对两国学者的巨大影响，对于一种新兴的事物与学问，他们往往不约而同地采用历史方法和比较方法来

---

① 關西文庫協會．東壁：復刻版［J］．東京：学術文献普及会，1974.

② 武居権内．日本図書館学史序説［M］．東京：早川図書，1976：175.

③ 范凡．马宗荣的“创造世界共通的国际的图书馆学”理论构想评介［J］．河南科技学院学报，2015（1）：78-82.

认识和研究。

图书馆史研究在日本很受重视，正如日本图书馆协会会长永井道雄在日本图书馆协会成立百年之际所说的那样，图书馆的历史是与一国的社会、文化、学术进程轨迹相一致的，对图书馆史的研究，不仅对图书馆今后的发展和飞跃具有重要意义，也关系到该国的学术文化发展①，是一个非常重要的研究课题。因此，日本图书馆协会出版了不少图书馆史方面的著作，如《图书馆运动五十年》《日本公共图书馆的形成》《近代日本图书馆的进程》《现代的公共图书馆：半世纪的进程》《公共图书馆服务：运动的历史》等，而且每逢重大周年纪念，该协会还要回顾其走过的历程，如《日本图书馆协会五十年史》《日本图书馆协会六十年略谱：1892—1951（明治25年—昭和26年）》《日本图书馆协会80年史年表：1892—1971》《日本图书馆协会百年：1892—1992》《近代日本图书馆的进程：日本图书馆协会创立百年纪念》等，这些里程碑式的总结对于倡导和促进日本图书馆史的研究起到了积极的作用。

总体上看，日本图书馆史研究颇为发达，不仅成果数量多，而且研究主题丰富，研究领域细化，研究基础扎实，研究的组织性计划性强，研究视野宽广。

一、日益细化和丰富的研究领域

日本图书馆史研究，经历了从总体（图书馆史），到重要方面（图书馆学史、图书馆思想史等），再到更为细化的专题和专史（图书馆制度史、运动史、服务史、经营史、藏书史等）的发展历程。以下通过武居权内、河井弘志、三浦太郎等人的研究，对此进行解析。

---

① 日本図書館協会．近代日本図書館の歩み：日本図書館協会創立百年記念［M］．東京：日本図書館協会，1993：発刊之際．

1. 武居权内关于图书馆史、图书馆学史、图书馆思想史的认识

从武居权内对图书馆史研究的轨迹来看，他是从研究图书馆史入手，继而研究图书馆学史，最后写成《日本图书馆学史序说》专著。他的贡献在于：一是明确了日本图书馆史的研究方法和内容范围；二是强调图书馆学史对于图书馆学成立的重要意义，从这个意义上说，他应该是日本图书馆学的一个重要奠基人；三是对图书馆史与图书馆学史、图书馆思想史的相互关系进行了初步辨析，并且明确了日本图书馆学史应有的内容，丰富了图书馆史理论研究。

1937年武居权内发表了《日本图书馆史的方法》① 一文，不仅对明治以来的日本图书馆史研究进行梳理，将其概括为通史的叙述、特殊的研究、地方史的研究、资料四个方面，而且区分了图书馆史的两种立场。一种是从图书馆学立场出发，把图书馆史当作图书馆学的一部分加以考虑，以图书馆为中心，从图书馆出发考察图书馆史，说得通俗易懂些，就是图书馆员的图书馆史；另一种是从历史学立场出发，把日本图书馆史作为特殊史，从特殊史与一般史的关系进行叙述。指出特殊史离不开历史的思维，离开了日本历史的发展，去考虑日本的具体事物的发展是不可能的，正如考察日本衣着的发展，离不开对日本人的生活、日本的文化的考察。研究日本图书馆史，离开日本的文化、日本人的精神生活，也是不可能存在的。该文表明了他首先作为一个历史学者，其次才是图书馆学者的研究立场。

1950年日本颁布《图书馆法》以后，图书馆的社会地位进一步加强，图书馆学研究日益受到重视。武居权内也将研究的重点转向了图书

① 武居権内．日本図書館史の方法［J］．図書館雑誌，1938，32（3）：61-68.

馆学史，先后撰写了《日本图书馆学的发展》①、②和《关于图书馆学史》③，强调研究图书馆学史对确立图书馆学基础的重要性。他指出以往的图书馆学，只着眼于现状和今后应有的状态，而缺乏对历史的研究，不能不说作为一门学问忽略了其中最重要的要素。大凡一门学问要想成立，必须经过不断地研究和发展，从这一点看，如果期待图书馆学将来仍能存在，必须把握从前的图书馆学的发展状况，这是第一紧要的。对过去的理论和实际进行叙述、究明，使图书馆学的各种要素和历史状况都鲜明了，真实的状况都揭示了，这是第一步；在此之上，对图书馆学的学问构成进行证明、检验、揭示，才是图书馆学理想的状态，也是必要的研究课题。只有当历史的事实发展得到证明，真实的状况得到把握，并且对于现在和将来也能把握的时候，才打下了这门学问的基础，没有历史考察这门学问就不成立。

他对日本图书馆学史研究提出了明确的目标，就是要探明日本的图书馆学发展的历史、作为一门学问发展的过程以及它的特征。探明明治以来存在的或形成的图书馆学的理论和实际问题，在确定其特殊性的同时，还能探明其相互的历史关联。终极目的，是对图书馆学的学问形成进行检讨，以确认其最适当的形态。

武居权内持续在这一领域开垦，于 1960 年出版了《日本图书馆学史序说》一书。该书对日本的图书馆学的学说和思想，图书馆和图书馆学的发展历史进行探索，明确了图书馆史与图书馆学史的区别与联系。

他指出，图书馆学史不是图书馆史，图书馆史是图书馆自身发展的

---

① 武居権内．日本における図書館学の発達上［J］．図書館研究 2，1955：1-10.

② 武居権内．日本における図書館学の発達下［J］．図書館研究 3，1957：29-42.

③ 武居権内．図書館学史について［J］．東海地区大学図書館協議会誌 2，1957：6-9.

历史，而图书馆学史是探索图书馆学发展的历史。当然，只要图书馆学作为一门学问成立，就有可能存在图书馆学史①。这句话换个方式可以理解为，图书馆学产生之前是不可能有图书馆学史的，所以他把日本图书馆学产生之前的历史命名为“图书馆学前史”。“图书馆学前史”的命名对于我们处理中国古代关于藏书整理和管理的学问有一定的参考作用。

他认为，虽然完全脱离图书馆史的图书馆学史也是有可能的，但是他在研究图书馆学史的时候，仍然考虑在时代背景下对图书馆史的要素进行叙述，把图书馆学的发展放在国家和社会之中进行考察。他强调日本图书馆学史还要对一些图书馆现象如图书馆教育和读书指导等加以考察和叙述，要关注日本图书馆学者与外国的交流，尤其是与美国的交流。

关于图书馆思想史，他明确强调对图书馆思想史的考察是图书馆学史的重要内容，因为图书馆作为一种文化现象，不可能脱离时代思想的影响②。

2. 河井弘志对于图书馆史、图书馆思想史和图书馆学史三者关系的辨析

相对于武居权内，河井弘志关于图书馆史、图书馆学史和图书馆思想史三者关系的辨析更进一步。2004年，河井弘志在日本图书馆文化研究会上曾就图书馆史、图书馆思想史和图书馆学史三者关系做过特别演讲③，后来又在2008年出版的《德国公共图书馆思想史》一书中对

① 武居権内．日本図書館学史序説［M］．東京：早川図書，1976：10.
② 武居権内．日本図書館学史序説［M］．東京：早川図書，1976：16.
③ 河井弘志．特別講演図書館史と図書館思想史と図書館学史［J］．図書館文化史研究，2005（22）：1-27.

这一主题进行深入阐述。从他的阐述中，我们能够看到他在自觉地从哲学角度，具体说是用观念论历史观来诠释自己的图书馆史观。

河井弘志指出，一般来说，图书馆史优先记录客观事实，而对理论和思想进行正确记述很困难。但是他强调，著史时要考虑理念和意识，图书馆思想和图书馆学作为“观念”，都是在记述图书馆史中不能无视的重要史实。没有观念的图书馆史就不可能是正确的历史记述，只有当图书馆的思想史与图书馆史相重合，才能看到正确的图书馆史①。

他认为图书馆学和图书馆思想相互重复的领域比较多，划定界限比较困难，二者之间的不同可归纳为以下几点。

（1）图书馆学是针对实践题目以尽可能客观的立场进行考察，而图书馆思想则总是以图书馆员把自己当做实践主体为前提而形成的。这就是为什么图书馆学研究者和实践者之间不调和的原因。

（2）图书馆学是对理论简单易懂、条理清楚的论证，而图书馆思想局限于复杂的难以明确判断的实务和实践，还包括模糊不清的思想。

（3）图书馆学是把个别的题目拿出来研究并予以解答，而图书馆思想总是和世界观、人生观结合在一起来表达。

（4）图书馆学内部不允许有矛盾和对立，而图书馆思想中包含着各种各样的矛盾和对立，而且还可能变为现实，通过增大对思想分歧的包容性，来防止群体的分裂②。

他认为图书馆学史和图书馆史的接点很明确，例如目录理论与同时代的目录法实际、各种目录，以及根据目录理论而进行的目录法改革结果之间的关系，对它们一同进行探讨就很重要。

---

① 河井弘志．ドイツの公共図書館思想史［M］．京都：京都大学図書館情報学研究会，2008：3.

② 河井弘志．ドイツの公共図書館思想史［M］．京都：京都大学図書館情報学研究会，2008：21-23.

3. 三浦太郎对2002年以后五年间日本图书馆史研究分野的概括

如欲了解21世纪以来日本图书馆史的研究内容，最为简捷的办法是参考三浦太郎对图书馆史研究的综述。2008年，三浦太郎把日本2002—2007年五年间图书馆史研究的特色概括为三个方面：一是对图书馆史研究方法论的重新追问，二是对战后日本图书馆史的定位，三是对人物的关注。他将其他不属于上述范围的图书馆史研究内容划分为日本和海外两部分①。

所谓对图书馆史研究方法的重新追问，是指这五年间图书馆正处于变革期，人们针对图书馆的公共性、经营状况的变化、新服务理念等一系列现代课题展开讨论，对图书馆史研究分野问题，甚至图书馆是什么，以及图书馆史研究方法论等问题都重新拿出来讨论。比如，石井敦对战后图书馆史研究动向的回顾，藤野幸雄提出女性史的视点，岩猿敏生提出把握图书馆史的方法应该从时代区分着手，河井弘志的德意志图书馆史研究涵盖了谱系源流、图书馆的发生史、制度史、运动史、图书馆学史和图书馆思想史诸多方面，三浦太郎提出重新认识历史并扩充口述历史为研究素材。

所谓对日本战后图书馆史的定位，是指在这五年中多见对战后日本图书馆的实践进行历史评价，如对“中小城市公共图书馆运营”（即“中小报告书”，1963年）、“市民的图书馆”（1970年）的评价，以追问现在的图书馆究竟应该如何办理才好。如《现代社会公立图书馆应该发挥什么作用?》《市民的图书馆》、“战后公共图书馆实践再检验”研讨会、《公共图书馆服务运动的历史》等研究或探讨。此外还有对儿

---

① 三浦太郎. CA1673 研究文献レビュー：図書館史［J］. カレントアウェアネス，2008（297）：14-19.

童图书馆、学校图书馆、乡村图书馆运动、图书馆与诊疗所分离的图书馆解放运动，以及战后美国对日本图书馆改革政策的总结和评价。

所谓对人物的关注，是指这一时期出版了不少人物传记，研究群体人物成果的包括《民间情报教育局图书馆回顾》、《图书馆人物传》，以及根据《牛津英国传记事典》（2004 年）编纂的英国图书馆人研究。而金森德次郎、浅野七之助、森清、中田邦造、佐野友三郎、高津半造、加藤花子、田中不二麻吕等图书馆界的重要人士，则有了专门的传记。

三浦太郎对这个时期无法归入上述三类的图书馆史研究，采取按地域划分的方式，分为日本与海外两部分。海外研究包括对美国和德国图书馆史的研究。而日本研究方面，他用“战时下的图书馆”来概括战时中国领土上与“满洲”“抚顺”“满铁”“台湾”“殖民地”等主题词相关的图书馆史内容，可见日本图书馆学界在此方面有相当多的研究，这应当引起中国学者的足够重视，我们不能让后人只看到日本单方面的研究和见解。

二、研究基础扎实

日本图书馆史研究基础扎实，有其相应的图书馆史的教材、史料和工具书等。教材对于普及图书馆史的研究成果，培养研究人员来说是非常重要的，专门的史料集与工具书又为研究者提供了很大的便利。

1. 教材

日本图书馆史的内容进入教材，虽非创举，却是保证其研究基础扎实的一个有效措施。日本图书馆协会的《JLA 图书馆情报学教科书丛书》，自 2000 年以来已经先后出版了 3 版，每一版中，图书馆史都作为单独的一门课程在列，课程的性质是司书养成科目中的选修课（乙类课）。在第一、二版中，名为《图书及图书馆史》，在第三版中更名为《图书·图书馆史》，小黑浩司等人一直是这门教材的主要编著者。该教材的主要特点是重视媒介史，以日本为中心，重点放在近现代时期，以公共图书馆作为主要内容。尽管以介绍入门知识为主，仍然注意及时吸收日本图书馆史研究的最新成果。

该书的编著者认为，要更好地理解诸如图书馆概论、图书馆情报资源概论、终生学习概论、图书馆服务概论、儿童服务概论等各门必修课的内容，掌握其中关于历史的内容是非常重要的，但是把各门课的历史分开来学是不充分的，因而将它们综合起来，当作基础进行学习。他希望学生能通过历史内容的学习，探究图书馆学那些超越时代的不变的真理。

2013年出版的最新教材《图书·图书馆史》①，篇幅在150余页，图表较多，简明易懂。该书篇章结构如下。第一部分“记录媒体的历史”，包括10个单元：纸以前的记录媒体、纸、图书的形态史、印刷术的发明、印刷的种类、大量印刷的时代、杂志新闻的历史、近代的大众媒体、媒体的多样化、新媒体。第二部分“图书馆的历史：世界”，包括5个单元：图书馆的源流、中世的图书馆、近世的图书馆、公共图书馆的成立、近代的图书馆。第三部分“图书馆的历史：日本”，包括10个单元：前近代日本的图书馆、近代图书馆的诞生、民主与图书馆、战时体制下的图书馆、战后改革与图书馆、战后民主主义与图书馆、市镇村立图书馆的振兴与居民、自治政策中的图书馆、儿童与读书图书馆、科学技术的发达与图书馆。后附三个选读：“辞书事典的历史：西洋篇”“辞书事典的历史：东洋篇”“日本的图书馆杂志”。

---

① 小黒浩司．図書·図書館史［M］．東京：日本図書館協会，2013.

除了日本图书馆协会JLA以外，其他图书馆情报学丛书中也有图书馆史教材，如2014年绵拔丰昭所著《图书·图书馆史》①。该教材同样简明扼要，依次叙述文字、记录媒体、图书形态、图书出版、图书及图书馆史，虽然作者对日本图书出版、日本文库历史、日本图书馆史和现代日本的图书馆着墨较多，但读者仍能从中感受到中国造纸和印刷术的发明及传播对于世界文明尤其是对图书和图书馆发展的重要意义。

另外，日本图书馆界对图书馆史教材的研究也是非常重视的，早在1985、1986年，藤野幸雄就先后写过两篇关于图书馆史教科书改订的论文，其一是《论阿布拉莫夫的〈苏联图书馆事业历史〉》，其二是《关于约翰父子公司的〈西欧世界图书馆史〉》，先后发表在《图书馆史研究》第2、3期上。2002年岩猿敏生发表在《图书馆文化史研究》第19期上的《日本图书馆史的时代区分》一文指出，以往日本图书馆史教科书只是简单采用一般通史的时代区分方法，而没有基于一定的历史观来进行时代区分。

2. 史料

日本图书馆史研究的史料工作颇为扎实，就笔者所见，印象较为深刻的有三种：大佐三四五和武居权内有关专著中的附录，以及石井敦的专门史料集。

1954年，大佐三四五的《图书馆学的展开》② 一书中，有一个“图书馆学事项简略年谱”，内容为包括日本在内的世界各地图书馆学相关事项，书后附录内容很丰富，包括《图书馆法》《图书馆法施行令》《学校图书馆法》《学术奖励审议会令》《学术文献综合目录分科

---

① 綿抜豊昭．図書·図書館史［M］．東京：学文社，2014.

② 大佐三四五．圖書館學の展開［M］．東京：丸善，1954.

审议会运营规则》《国立大学图书馆改善研究会规程》《国立大学图书馆改善要项及解说》《对图书馆专门职员司书和司书补资格检定有关规定》等。

1960年武居权内的《日本图书馆学史序说》一书中，有一个详细的《日本图书馆学史年表》，时间跨度从公元716年至1958年，详列“图书馆学史”与“图书馆史及文化史”两项重要内容。

1989年石井敦所编《图书馆史：近代日本篇》① 是一本专门的图书馆史料集，是《新图书馆学教育资料集成》中的一种，这套资料集成按照一定的体系编排，并对资料的意义、出处等进行简单解说，为学习图书馆学的学生提供最低限度的，也是必不可少的参考资料。其目的是为更多人从事日本近代图书馆史研究提供便利，也让新入职的图书馆员能够正确把握日本图书馆的基本情况，从而对未来图书馆的发展方向充满信心。

该书共分四大部分。第一部分“走向图书馆创设之路”，从明治新政府把图书馆当作富国强兵、文明开化诸政策中的一环从外国移植过来开始讲起，内容包括：图书馆思想的导入、新闻纵览所与集书院、文部省书籍馆与地方书籍馆、自由民权运动与图书馆。第二部分“图书馆活动态势的确立”，包括：教育会经营的图书馆、图书馆相关法规的变迁、帝国议会与国库补助法案、公共图书馆活动的蓬勃发展、社会主义运动与图书馆。第三部分“被扭曲的图书馆群像”，该标题非常有意思，囊括了这段历史时期图书馆曾经发挥的各种社会功用。包括图书馆向思想善导机关发展、图书馆向社会教育行政机构发展、法西斯体制下的图书馆、劳动者和农民的图书馆、战时图书馆五个阶段。第四部分“向市民的图书馆发展”，包括图书馆法制定以前、图书馆法公布之后

① 石井敦．図書館史：近代日本篇［M］．東京：教育史料出版会，1989.

的摸索、大发展三个阶段。书后附有公共图书馆统计、日本公共图书馆年表。该书史料详细，编排系统而条理，可与李希泌和张椒华所编《中国古代藏书与近代图书馆史料（春秋至五四前后）》相媲美。尤其是作者在对各个阶段史料的组织和命名下了不少功夫，不仅给读者以明晰的发展脉络，也体现了日本学者的独特视角。

3. 工具书

日本图书馆协会从 1953 年开始逐年编辑出版《日本的图书馆》，内容有统计篇和名簿篇；从 1982 年开始逐年编辑出版《图书馆年鉴》，内容有图书馆概况、图书馆统计、图书馆名簿。此外，图书馆史方面还有一些学者和机构编制了书目工具书，如 1970 年的《图书馆史相关文献目录》[①]、1974 年的《外国图书馆史文献目录》[②]、1975 年的《东京图书馆相关文献年表》[③]。

三、研究组织完善

日本有一个专门研究图书馆史的组织，叫做图书馆史研究会，于 1982 年成立，1995 年改名为日本图书馆文化史研究会。这个研究会从 1984 年 8 月起，发行机关志《图书馆史研究》，为年刊，从 1996 年第 13 卷开始改名为《图书馆文化史研究》。该研究会将其描述为“唯一的俯瞰图书馆文化史与相关领域研究成果的论文集”。

图书馆史研究会成立之初，规模虽然不大，却组织严密，并制定了

① 図書館史に関する文献目録編集部．図書館史に関する文献目録［M］．東京：図書館研究会（図書館短期大学内），1970.

② 加藤三郎．外国図書館史文献目録：未定稿［M］．名古屋：中部図書館学会，1974.

③ 図書館問題研究会東京支部東京の図書館史を発掘する会．東京の図書館に関する文献年表（稿）：明治 5 年—昭和 20 年［M］．東京：図書館問題研究会東京支部，1975.

会则，分别规定研究会的名称、研究会的召开与机关志的出版、会员年会费的缴纳、事务局与运营委员的设置等。每年研究会的活动情况均记载在当年的机关志上，有着很强的连贯性。

根据 1985 年第 2 期《图书馆史研究会的活动经过》和 1986 年第 3 期《本会活动的记录》等文的介绍，该会的发起人有石井敦、河井弘志、川崎良孝、寺田光孝、常盤繁、藤野幸雄 6 人，他们于 1982 年 3 月 20 日向全国大约 50 余位图书馆史研究者发出了成立图书馆史研究会的意向书，意向书中对当时图书馆史研究状况表示担忧，希望能开展讨论和研究，并设立一个专门且独立的发表场所，提出对图书馆史研究对象的范围不要从地域和时代上进行限制。1982 年 12 月 12 日，成立大会暨研究会在东京召开。除了研究大会，还召开研讨会（seminar）。除了机关志《图书馆史研究》，还发行通讯（newsletter），主要刊登书评、评论和文献介绍等，无论哪个作者都能大胆且无所顾忌地表达自己的主张，促进了学术批评。1984 年底，该会会员人数达到了 124 名，远超发起人的预想，会员年会费 1 000 日元，入会没有任何限制，只要跟事务局联系即可。指导委员会（運営委員会）的委员最初由发起者连任，编辑委员会（編集委員会）和研讨会的评审委员会（后改为研究委员会）最初由指导委员独占。后来情况发生了变化，指导委员会委员任期三年，每年更换其中的 1/3，目的是让更多的会员参加到筹划指导中；编辑委员会和研究委员会则由会员参加组成，变得更加开放。

《图书馆史研究》与后继的《图书馆文化史研究》，每期刊文数量大多为四、五篇，偶尔数量较多，但不超过十篇。每期都有编辑后记，主要介绍本期稿件内容，当时国内外图书馆史研究趋势，以及本次会议主要议题等。比如，第 1 期编者表达了用稿倾向——方法论、学术批评、传记、口述历史等方面的内容；第 2 期编者指出第二次世界大战以后，图书馆史的专刊共有三种，第一种是 1966 年创刊的 *Journal of library history*，第二种是 1967 年创刊的 *Library history*，第三种则是该刊，即 *Japanese journal of library history*（注：1996 年改名为 *Journal of the Japan association of library and information history*）；第 3 期是地方图书馆史专辑；第 4 期是民主主义运动盛行期的图书馆运动，等等。2005 年第 22 期的编辑后记中针对会员投稿数量较少的情况，向年轻的研究者提出期望——要多贡献新鲜的研究话题。另外，这期编辑后记还总结了该研究会近年的活动情况：每年召开一次研究集会（总会）、三次例会，发行 1 期机关志、4 期通讯。通讯上主要刊登活动指南、报告、投稿、情报交换等内容，部分电子版全文可以从该协会的主页上看到。

与日本大多数图书馆学期刊类似，无论是《图书馆史研究》，还是后来的《图书馆文化史研究》，都没有全文数据库可供检索利用，尽管在该研究会主页上有该刊各期目录可供查询，但只有个别作者在网络上将其论文全文公开，开放存取。很显然，在数字时代，该刊目前的情形影响了其研究成果的使用和传播。

四、研究视野宽广

日本图书馆史研究视野宽广，并不限于日本，对世界图书馆史，以及中美德英俄等各主要国家的图书馆史都有较为深入的研究。前面提到的和田万吉所著《图书馆史》就是一本世界图书馆史，为日本的图书馆史研究开了一个好头。

1999 年，寺田光孝、加藤三郎、村越贵代美三人合著的《图书及图书馆史》① 一书的序文中有一番话解释了这种国际化眼光的由来，他

---

① 寺田光孝，加藤三郎，村越貴代美．図書及び図書館史［M］．東京：樹村房，1999.

们认为，图书馆历史首先应该讲述日本图书馆的历史，但是日本文化的本质是一种受容文化，正是由于对世界文化的接受和摄取，才形成了独自的文化，图书馆也是如此。

基于以上考虑，他们笔下的图书馆史，在内容安排上将西洋图书馆的历史、中国图书馆的历史、日本图书馆的历史并列为三大块，再将每一块按时代进一步划分。①把西洋部分划分为古代的图书馆、中世的图书馆、近世的图书馆、近代的图书馆、20世纪的图书馆五个阶段。古代部分讲述文字的产生和记录、古巴比伦和古埃及、古希腊和亚历山大图书馆、古罗马、初期基督教。中世部分讲述修道院图书馆、东罗马帝国、伊斯兰世界图书馆、欧洲中世后期。近世部分讲述文艺复兴、文艺复兴时期的图书馆、启蒙时代的图书馆、大众读书时代。近代部分讲述近代社会图书馆、法国图书馆、德国图书馆、英国图书馆、欧洲其他各国图书馆、美国图书馆。20世纪讲述社会背景、各国图书馆动态、国际图联、社会主义国家的图书馆、现代的图书馆。②把中国部分划分为古代（先秦—汉）、中世（魏晋南北朝—唐）、近世（宋—清）、近现代（民国以来），分别讲述纸发明以前的图书和图书馆、纸写时代的图书和图书馆、印刷时代的图书和图书馆、机械印刷时代的图书和图书馆。该部分的写作参考了谢灼华主编的《中国图书和图书馆史》和焦树安的《中国藏书史话》。③把日本部分划分为古代的图书馆、中世的图书馆、近世的图书馆、近代的图书馆、现代的图书馆，分别讲述奈良平安时代，镰仓·室町·安土·桃山时代，江户时代，明治大正时期，昭和时期的图书馆。该书后附《图书馆文化史略年表》，以时间为序，分两列进行对比，一列是西洋史实，另一列则是中日史实混合排列，该列隋唐之前史实以中国居多，之后以日本居多。

2003年，藤野幸雄曾经写过一篇《比较图书馆史的方法》，也进一步说明了这种国际化眼光的重要性，他指出，历史是人创造的，一个国家图书馆的特征和特色，能让其他国家图书馆通过学习其历史而受益[①]。

1. 翻译著作

在图书馆史研究的翻译引进方面，日本图书馆界一直有着良好的传统。从明治时期开始，对于欧美图书馆观念和知识的引进就有三条路径，一是向欧美派遣考察者和留学生，二是招聘欧美的学者和技术人员，三是翻译欧美的原著与报刊[②]。

从对中国图书馆史成果的翻译引进看，1928 年间宫不二雄创办了《圕研究》季刊，开始系统地介绍和翻译中国图书馆学的研究成果。根据笔者有限的检索，1937 年福田敏之翻译了濮秉钧的《中国图书馆事业的回顾与展望》[③]，距原文发表时间很短。从 20 世纪 50 年代开始，松见弘道将中国图书馆史方面的有关内容陆续翻译为日文，1958 年他将杜定友的《图书分类法史略》翻译发表在《图书馆界》上；1963 年、1980 年他先后将刘国钧的《中国书史简编》及其修订版翻译出版；刘国钧的另一本著作《中国书的故事》，经他翻译后连载在 1967—1978 年的《东海地区大学图书馆协议会志》上，该书经过郑如斯修订后，他在 1983 年再次翻译出版[④]。一些关于中国图书馆史的论文也相继翻译成日文，如黄宗忠的《新中国图书馆事业 30 年》、张树华的《四十年图书馆读者服务的实践与理论进展》、吴慰慈的《新中国图书馆学研

① 藤野幸雄．比較図書館史の方法［J］．図書館文化史研究，2003（20）：35-49.

② 石井敦．図書館史：近代日本篇．東京：教育史料出版会，1989：13.

③ 濮秉鈞．中国図書館事業の回顧と展望［M］．福田敏之，译．東京：日本図書館協会，1937.

④ 范凡．松见弘道对“北刘南杜”的研究［J］．中国图书馆学报，2015，41（2）：85-94.

究60年》等。21世纪以来，上海图书馆吴建中馆长的有关著作被川崎良孝等人翻译为日文出版，如《21世纪的图书馆：世界中的中国图书馆（英文版）》《中国的图书馆与图书馆学：历史与现在》《无所不在的图书馆：转型与超越（英文版）》《图书馆与社会：上海1840—1949（英文版）》等，以及吴建中馆长的其他一些非图书馆史方面的著作。此外，他们还超越了一般著者和译者的关系，于2001年合著出版了《对21世纪图书馆的思考：中国、日本、美国》。

不仅对中国图书馆史著作，对于美国图书馆史著作，川崎良孝也翻译了不少，其原因用他自己的话可以很好地诠释。1990年，川崎良孝与津田发表了一篇英语论文《日本的图书馆史研究与日本图书馆史研究会》，文中指出，“我们需要翻译更多的图书馆史著作，以便对外国图书馆的起源和发展有更多的了解。通过翻译介绍更多的新鲜事实、解释和研究方法，肯定能鼓励和刺激日本的图书馆史研究。”他接着说，“尽管对图书馆史著作的需求相对较少，当然那些简明的图书馆史教科书除外，我们仍要努力出版学术专著，以便为重要的图书馆史研究做出贡献。”①

川崎良孝的译作数量很多，主要译自英国、美国、中国等国家，根据他任职的京都大学大学院教育学研究科图书馆情报学研究室网站上对他的介绍②，主要有：《波士顿市立图书馆100年史——光荣、挫折、再生》《美国公立图书馆禁书——1876—1939年、文化适应研究》《围绕图书馆目的的路线斗争——美国图书馆界的智识自由与社会责任：

① Yoshitaka Kawasaki，Sumiko Tsuda. Library history studies in Japan and the Japan society for the study of library history（JSSLH）［J］. 図書館史研究（Japanese Journal of Library History），1990（7）：43-55.

② 川崎良孝［EB/OL］.［2015-08-16］. http：//www. educ. kyoto-u. ac. jp/~lib-sci/kawasaki/k-index. htm.

1967—1974年》《难缠的改革者——麦维尔·杜威的生涯》《对所有人免费的图书馆——卡内基图书馆与美国文化1890—1920年》《图书馆职业出现与政治——美国图书馆协会1876—1917年》《图书馆与图书馆职业——挑战与变革60年：1945—2005年》《繁华大街的公立图书馆——公众场所、读书空间：1876—1956年》《卡内基图书馆：历史和影响》等。

除了川崎良孝，其他学者也有不少译作，如藤野宽之译《一便士图书馆税率：英国公共图书馆史诸相》、田口瑛子译《把女子写进美国图书馆史》、原田胜译《美国公共图书馆史：1841—1987年》、藤野幸雄译《图书馆史要说》、小野泰博译《西欧的图书馆史》、三轮昌伸译《图书馆史》等。

2. 国际研究专著

在翻译的基础上，许多学者成为该研究的专家，撰写了有独特见解的专著。最明显的例子是松见弘道，他可称得上中国图书馆史研究专家，不仅写了多篇关于中国图书馆史方面的论文，还撰写了一部专著，受到黄宗忠等人的欣赏，并将其翻译为中文，书名为《中国图书与图书馆》。

同样，川崎良孝是美国图书馆史研究专家，他撰写了多部美国图书馆史方面的著作，主题涉及图书馆史、图书馆思想史，如《图书馆的历史：美国编》《美国公立图书馆成立思想史》《图书馆自由是什么——美国的事例与实践》《波士顿市立图书馆是如何产生的——通过阅读原始资料（探寻）公立图书馆成立时期的思想与实践》《图书馆、因特网、智识自由——美国公立图书馆的思想与实践》《公共教育与图书馆的关系——霍瑞思·曼与学校区图书馆》《美国公立图书馆、种族隔离、美国图书馆协会——理念与现实的争执》《新图书馆、图书馆史研究——以批判的图书馆史研究为中心》等。

河井弘志是德国和美国图书馆史研究方面的专家，他撰写了《德国图书馆学的遗产》《德国公共图书馆思想史》《德国公共图书馆运动：兴隆、挫折和再起的历史》《美国图书选择论的学说史研究》《美国图书选择论史研究》等。

此外还有工藤一郎著《中国的图书情报文化史》，小仓亲雄著《美国图书馆思想研究》，赤星隆子著《法国近代图书馆的成立》等，限于笔者的眼界，难以穷举其所有研究成果。

上述学者的诸多研究成果固然与他们的勤奋和外语水平高有关，日本图书馆的一些良好的管理方法也许对此起到了推动的作用。以笔者访学的庆应大学三田校区图书馆为例，从排架上看，其藏书不分和汉英等语种，均按照分类排列在一起，客观上对培养研究者的世界眼光，并向其推荐藏书起到了积极的作用。在期刊采访上，注重保持连续性，例如《中国图书馆学报》《图书情报工作》《故事会》从创刊号一直收藏至今。此外，外文图书入藏速度快，种类多，这些做法为研究者及时获得文献资料提供了保障。就数量丰富的日本图书馆史著作来说，笔者仅仅抓住了印象深刻的上述几个方面，并未概括其全部，也未涉及更精深的内容，今后仍需深入研究。

结 语

第一节 中日图书馆学65年交流史的特征和成就

本研究的时间范围以1899年梁启超在《清议报》上首开介绍日本图书馆学之先河为起点，以1964年刘国钧在其《中国书史简编》日文版出版发行一周年之际给翻译者松见弘道写回信为终点。前后65年，在人类漫长的历史中只是短短的一瞬。

然而，这65年对于中日图书馆学交流史来说却相当漫长。拥有悠久文明的中华大国，几乎从零开始，先从日本学习和引进近代图书馆制度，转而向美国学习图书馆学。一批赴美学习图书馆学的留学生回国后掀起了轰轰烈烈的新图书馆运动，使中国图书馆学研究迅猛发展，转而吸引了日本同行学习的目光。然而中日图书馆界互惠友好的交流被日本侵华的炮火所打断，只剩下日本图书馆界单方面从中国攫取，直至第二次世界大战结束。20世纪50年代开始，以大佐三四五和松见弘道为代表的日本图书馆界重开与中国图书馆界的友好交流，却再次因政治运动的山雨欲来风满楼而终止。在这65年间，中日图书馆学之间经历了“单向交流（中学日）——双向交流（中日互学）——单向交流（以日学中为主）——双向交流（中日互学）”的变迁。

同时，这65年又距离今天足够遥远，使我们能看清其全貌，总结其得失，以思考未来的发展。

1898年成立的京师大学堂藏书楼表明，中国已经将不同于中国历代藏书使命的新式图书馆制度引进了中国，此后在全国各地开展的公共图书馆运动，迫切要求图书馆学理论的指导。从1899年到1923年，就是中国向日本学习并引进图书馆学的单向交流时期，其中的代表人物有梁启超、罗振玉、孙毓修、谢荫昌、朱元善、李大钊、殷汝耕、杨昭悊等人，还有通俗教育研究会，其代表作分别是《论图书馆为开进文化一大机关》《教育私议》《图书馆》《图书馆教育》《图书馆小识》《图书馆管理法》《图书馆学指南》《图书馆学》等。这些著述给中国图书馆界带来的作用不尽相同，《论图书馆为开进文化一大机关》《教育私议》促进了在全国普遍设立公共图书馆与博物馆；1909年《东方杂志》上连载的孙毓修《图书馆》一文，首次介绍了《杜威十进分类法》；《图书馆教育》一书认识到了为学者研究而设的参考图书馆和为普及初等中等教育而设的通俗图书馆有很大不同，应该采取不同的方法办理；《图书馆小识》与《殷汝耕君与图书馆主任之通信论编图书目录事》则在中国图书馆的实际管理中真正发挥了作用；《图书馆学指南》使杨昭悊意识到了日本的图书馆学也来自美国，转而到美国留学学习图书馆学；《图书馆学》是由中国人自己编写的第一本最为完备的融通东西洋图书馆学的著作。

1917年沈祖荣作为中国第一个赴美学习图书馆学的留学生学成归国之后，曾到日本考察图书馆2个多月，没有发现能够解决中文图书分类编目和排列的有效方法，从而得出日本图书馆学方法“我们一点都不能采用”的结论。以沈祖荣、胡庆生、戴志骞、杜定友、洪有丰、袁同礼、李小缘、刘国钧、杨昭悊、李燕亭等人为代表的留美一代相继回国后很快联合起来，借助美国图书馆界的影响和支持，成立了中华图书馆协会，展开了轰轰烈烈的新图书馆运动，积极建设中国的图书馆学，很快在图书分类编目、排检法等方面取得了令人瞩目的成绩。

1926年夏杜定友访日，给日本图书馆界带去了一股新风。杜定友与间宫不二雄，这位有抱负有理想的日本图书馆用品商人的相会，产生了历史性的共鸣。杜定友的魅力彻底征服了间宫不二雄，间宫不二雄毫不犹豫地接受了杜定友新创的“圕”字，并于当年10月以此字为刊名创办了一本杂志。不过《圕》很快停刊。间宫不二雄紧接着仿照中华图书馆协会，于1927年底联络日本图书馆界年轻的图书馆员，成立了青年图书馆员联盟，还吸收了袁同礼、戴志骞、裘开明、桂质柏等散布于中美加等各国图书馆界的中国人作为会员。并且仿照中华图书馆协会的《图书馆学季刊》和《中华图书馆协会会报》，出版了《圕研究》和《青年图书馆员联盟会报》，甚至连出版的周期都一样。

日本图书馆界，从明治维新开始到杜定友访日之际已经有50多年历史，但是日本图书馆界各自为战，在图书馆学研究方面取得的成绩并不多，也没有统一的分类法和编目法，正如杜定友的《日本图书馆参观记》中所指出的那样。“日人于图书馆学上，虽说没有多大的贡献；但是于事实上，已收图书馆的功效。”

认识到自己的不足之后，日本图书馆界马上行动起来。在留日学生马宗荣的帮助下，间宫不二雄与其追随者分工合作，有计划地开展研究。铃木贤佑翻译和研究中美等国的分类法，加藤宗厚研究件名目录，森清编制了日本第一部统一的分类法NDC，间宫不二雄本人则对王云

五、杜定友等人的汉字排检法非常感兴趣，亲自翻译了王云五的《四角号码检字法》。远在美国的裘开明和加拿大的桂质柏，其一举一动更是吸引着日本图书馆界的目光。从此，日本的图书馆学开始走上了全面出击、有条不紊的发展道路，他们一面翻译介绍欧美和中国的图书馆学著述，一面参照这些理论来处理日本的图书馆实务，编制了适合于日本图书馆实际的分类法、著者号、标题法、目录法等，提高了日本众多图书馆的业务水平，促进了日本图书馆学研究的发展。

中国图书馆界6大刊物《图书馆学季刊》《中华图书馆协会会报》《北平（国立）图书馆刊》《文华图书馆学专科学校季刊》《学觚》《广东大学图书馆季刊》上刊登的论文，被列入《图书馆相关杂志主要论题（分类）目录》在《圕研究》上连载。中国图书馆界出版的重要图书也在该刊的《新书介绍》和“Books on Bibliography & Library Science”栏目中重点介绍。

中国图书馆界投桃报李，以刘国钧主编为代表，对于《圕研究》和《青年图书馆员联盟会报》上刊登的重要论文和消息也极为关注，在《图书馆学季刊》和《中华图书馆协会会报》上刊登了日本图书馆界的许多消息，并且翻译了多篇日本图书馆学的论文和著作，如《标题目录要论》《图书改装费与登录价格等问题》《通俗圕底图书选择法》《书志学》等。

1936年底，间宫不二雄访问上海，以一个日本图书馆学专家的眼光考察了上海东吴大学、圣约翰大学、国立交通大学、大夏大学等多个高校图书馆，以及上海市图书馆、中华书局图书馆和中国国际图书馆等各类型图书馆，并发表了《在上海视察中国图书馆》和《中华民国的图书馆》。后者被翻译刊登在《中华图书馆协会会报》和《文华图书馆学季刊》等多家杂志上。其主要观点有三：“在近十余年间，中国图书馆之发达，诚为可警，已超过日本图书馆进步数倍。”“最近十年来中国图书馆事业之猛进，实堪重视。日本人之所以对华问题之无有成果，或系蔑视中国图书馆事业之进展之故，亦未可知。如果欲认识中国，则应注意中国之图书馆。”“日本如能每年派送两名大学生至武昌文华图书馆专科学校肄业，实较留学欧美为佳也。”

在这段互惠互利的交流中，中华学艺社辑印古书、北海图书馆编纂《永乐大典现存卷目表》等活动都得到了日本友人如长泽规矩也、樋口龙太郎、间宫不二雄、中田邦造和石黑传六等人的大力帮助。

抗战全面爆发后，中日双向交流戛然而止。中国图书馆界为迁移图书，保存文化而奋战，而一些日本图书馆员随着日军侵略的脚步，一方面在中国各地大肆掠夺中国的图书，一方面实地考察研究中国的图书馆事业。前者如大佐三四五、椭岛善次郎，后者如西村捨也、富永牧太和铃木正次，他们单方面肆无忌惮地从中国攫取图书与学术研究成果。

第二次世界大战结束后，从战败中恢复了学者理性的大佐三四五，回归到图书馆学研究上。他撰写的《图书馆学的展开》，首次对中国的图书馆学进行了深入系统的研究，包括 7 个部分：古代目录学、文华图书馆学专科学校、金陵大学图书馆学专修科、北京大学文学院图书馆学专修学校、中国的图书馆学讲习会、最近中国图书馆学及其动向、中国的图书馆学文献。他对中国图书馆学家依然充满了敬重，对中国图书馆学的发展也充满了期待。

20 世纪 50 年代，在间宫不二雄的个人魅力熏陶下，以及在其主办的《圕研究》思想内容影响下成长起来的松见弘道，对中国图书馆事业和图书馆学产生了浓厚兴趣，他积极主动地与杜定友、刘国钧等中国图书馆学家沟通，将其著述翻译为日文出版。他还撰写了多篇著述，均与中国图书馆史和中国图书馆学研究相关。他对北刘南杜的研究，使我们再次看到了中国图书馆学家在国际图书馆界的地位和影响，也在中日图书馆学交流史上留下了绚烂篇章。

第二节　对中国图书馆学史研究的意义

中外图书馆学交流史是中国图书馆学史的重要组成部分，除了具备学术史对于图书馆学的当前和未来发展应有的借鉴意义以外，还具有国别比较的意义，即，能够从时间和空间两个维度来确定中国图书馆学发展所处的位置，并预测其未来的走向；能够帮助国内图书馆学研究者比较容易地解决一些基本问题。

首先，中国古代到底有没有图书馆？未来图书馆的存亡问题。

从日本的情况来看，古代就有文库，明治以后，出现了图书馆，文库与图书馆在本质上并没有天壤之别。正像和田万吉所说①所说，文库改称图书馆，顺应了明治维新以来扫除旧思想、建立新思想的风潮。当时日本人看到了欧美先进国家所设置图书馆的性质，也想在日本开设同类性质的设施，才翻译出图书馆这个新名称，以表明与过去的文库——那种只聚集保存书籍的场所有所不同。

西方的情况也差不多，图书馆一词所对应的英语 library 和德语 bibliothek 二个词也是自古以来就有的，既有图书馆的意思，也有图书的集合的意思。西方自古就有图书馆，日本也很早就有文库，可见图书馆并不是新生事物。但是一旦使用了图书馆这个词，人们的感觉就有所不同，那是因为图书馆的目的，以及实现这个目的的手段与过去的文库相比发生了很大的变化。

---

① 和田万吉著；弥吉光長編・解説．図書館学大綱［M］．東京：日本図書館協会，1984：3-11.

那么，中国古代藏书和图书馆的关系，也就非常容易理解了。与日本和西方一样，中国古代藏书就是中国古代的图书馆，二者之间的差别主要是功能上不同，前者是保存图书，仅供统治者和藏书家个人使用，后者则是以开启民智、社会教育为主要目的，供普通大众使用。此外，在感觉上二者的差别更大一些，前者代表了传统，后者代表了现代。就如中国现代高等教育以京师大学堂的建立为起点一样，藏书与图书馆的区别也体现了清末民初，人们想要与传统决裂的一种心态。

所以今后我们可以大大方方地说，中国古代就有图书馆，只不过那时候的图书馆总体上被称为藏书，个体上各有其名：府库馆阁、亭台楼舍，应有尽有。

那么未来图书馆还是否存在呢？这要看人类是否还需要一种文化保存、学术研究、社会教育、全民共享的一种社会保障机制。目前可以肯定的是，这种机制必然长期存在，但是究竟采取何种形式，则要看未来科技的发展与人文的需求。

其次，中国古代到底有没有图书馆学？中国的图书馆学发展分期问题。

概观日本图书馆学的发展，明治以后是重点。如武居权内所说，日本近代图书馆的发展是以明治时代为起点，当然在明治以前，都是以文库形态存在，书目很发达，也有分类法。然而从真正意义的图书馆发达算起，明治以后是主要对象，明治以前作为前史来考虑。这样，把日本图书馆学的发展阶段划分为：前史、准备期、启蒙期和形成期 4 个阶段。准备期从明治初年到 1913 年，是近代图书馆逐渐产生，开始准备的时期，图书馆学也冒头了，很多要素开始出现，开始介绍美国图书馆学。启蒙期从 1914 年开始到 1922 年，是近代图书馆建设的启蒙运动，从中央到地方，府、县、市等主要图书馆开始建设，图书馆专家开始介绍各种方法、图书馆学的要素等，有了研究发表、讲习等各种启蒙运动。形成期继之而起，是图书馆学形成的阶段，美国图书馆学基本上引进，开始对之进行消化吸收，形成日本自己的东西。

中国图书馆的产生与图书馆学的产生，与日本的情况惊人地相似。我们完全可以把鸦片战争以后，尤其是中日甲午战争以后到维新运动爆发之前，视为图书馆思想的准备期，这一时期，中国有识之士已经认识到建书藏是启迪民智的重要手段。相应地，鸦片战争（至迟甲午战争）之前，属于图书馆学前史，这个时期中国传统的藏书理论，主要是目录学、分类法等内容都已经非常发达。1998 京师大学堂藏书楼成立到 1920 年中国图书馆学教育的出现之前，是中国逐步设立各级各类公共图书馆，并引进东西洋图书馆学术的阶段（所谓东西洋图书馆学术流入时期）。1920 年以后，随着图书馆学教育的出现，以及稍后中国人自己撰写的图书馆学著作的出现，越来越多的图书馆学人才留学归来，中华教育改进社图书馆教育委员会和中华图书馆协会等行业协会相继成立，中国图书馆事业进入快速发展时期，中国图书馆学已经形成。

简言之，鸦片战争、维新运动、1920 年图书馆学教育出现等 3 个时间节点，把中国图书馆学史划分为图书馆学前史、图书馆思想准备、东西洋图书馆学术流入、中国图书馆学发轫等 4 个时期。这种划分一方面继承了民国时期金敏甫关于图书馆学术的“流入期”和“发轫期”之说①，一方面也参考了武居权内对日本图书馆学史的划分。对于今后中国图书馆学史研究来说，这种划分将会使研究者有一个更为清晰的思路。

第三，交流促进了相互繁荣、封闭意味着止步不前。

日本的文库发展史告诉我们，在明治维新以前，日本从文字、到图

---

① 金敏甫．中国现代图书馆概况［M］．广州：广州图书馆协会，1929：29-31.

书、到图书文化，再到文库，每一个元素都深受中国文化的影响，从某种程度上说，日本文库史就是中国藏书史的一个翻版或缩影，同时又具有自己鲜明的特色。明治维新以后，日本与西方有了更为充分的接触，率先引进了西方的图书馆制度，作为对抗外来侵略，积极推行富国强兵、文明开化的重要政策之一。日本也很快强盛起来，反过来超越了中国。中国在甲午战败后意识到了自己的问题，向日本派遣大量的留学生，于是中国才有了东西洋图书馆学术的流入。

从日本和中国引进图书馆制度的过程看，图书馆学一开始就被作为一种启迪民智、富国强兵的致用之学，它必然与国家和社会的命运紧密结合在一起。

从中国方面看，在留美一代的努力下，中国图书馆事业和图书馆学研究日渐蓬勃，甚至超过了日本，然而日本一场侵华战争，就让这些成果全部化为乌有，至少后退了许多年。反观日本，正是从快速发展的中国图书馆事业上看到了中国的崛起，间宫不二雄才会对杜定友心悦诚服，视中华图书馆学协会为模板，全面关注和学习中国图书馆学，同时从欧美图书馆学中汲取营养。他以严密的组织、精心的计划、诚恳的态度，全面吸收国外先进的图书馆学理论和方法，将日本图书馆学研究推进了一大步。不过好景不长，日本侵华害人不利己，日本青年图书馆员联盟也在第二次世界大战末期被迫解散，所办刊物《圕研究》和《青年图书馆员联盟会报》被迫停刊，日本的图书馆学研究也止步不前。

回顾65年交流史，中国图书馆学也从与日本图书馆学的交流中受益匪浅。间宫不二雄、大佐三四五、武居权内、松见弘道等人对中国图书馆学所取得成绩的认可，使我们获得一个新的视角，来重新审视中国图书馆学的发展，更加积极地投身于国际图书馆学的交流互动之中，期待中国图书馆学能有一个更加美好的未来。

参考文献

1. Harvard 大學‘漢和文庫’案内［J］．圕研究，1932，5（4）：507-521.

2. http：//finance. people. com. cn/GB/n1/2018/0823/c1004-30245703. html.

3. Libraries in China［J］．圕研究，1929，2（4）：544.

4. M-F. 中華民國ノ圕［J］．青年圖書館員聯盟會報，1937，10（1）：11-12.

5. Yoshitaka Kawasaki，Sumiko Tsuda. Library history studies in Japan and the Japan society for the study of library history（JSSLH）［J］．図書館史研究（Japanese Journal of Library History），1990（7）：43-55.

6. 哀时客［梁启超］．论学日本文之益（稿）［J］．清议报，1899（10）：579-581.

7. 坂出祥伸．中国古典を読むはじめの一歩：これだけは知っておきたい［M］．福岡：集広舎，2008.

8. 北平图书馆展览中日战史［J］．中华图书馆协会会报，1948，21（3-4）：14.

9. 本號寄稿者住居錄［J］．圕研究，1928，1（3）：224.

10. 本会会报复刊感言［J］．中华图书馆协会会报，1938，13（1）：1.

11. 本会启事二［J］．中华图书馆协会会报，1938，13（1）：2.

12. 本会消息［J］．中华图书馆协会会报，1945，19（4-6）：13-14.

13. 本会征求全国圕复员计划［J］．中华图书馆协会会报，1943，18（2）：20-21.

14. 鞆谷純一．日本軍接収図書：中国占領地で接収した図書の行方［M］．大阪：大阪公立大学共同出版会，2011.
15. 鞆谷純一．太平洋戦争下・上海租界における日本軍接収図書［J］．情報学，2010，7（1）：1-12.
16. 倉石武四郎．目録学［M］．東京：汲古書院，1979.
17. 曹淑文．日本书志学家长泽规矩也［J］．图书与情报，1983（1）：90.
18. 查启森．中国书史研究纵览［G］//程焕文编．中国图书论集．北京：商务印书馆，1994：37.
19. 長澤．東方圖書館の復興［J］．書誌學，1934，2（3）：70.
20. 長澤．四庫全書影印問題後報［J］．書誌學，1934，2（1）：66.
21. 長澤先生喜寿記念會編．長澤規矩也著作集［M］．東京：汲古書院，1989.
22. 陈鸿飞．图书馆学图书及工具展览会概况［N］．大公报上海版，1937-07-15（17）.
23. 程焕文．晚清图书馆学术思想史［M］．北京：北京图书馆出版社，2004.
24. 川瀬一馬．日本書誌学之研究［M］．東京：大日本雄弁会講談社，1943.
25. 川崎良孝［EB/OL］．［2015-08-16］．http：//www. educ. kyoto-u. ac. jp/~lib-sci/kawasaki/k-index. htm.
26. 村岛靖雄著．图书分类法［M］．毛春翔，译．上海：开明书店，1934：序.
27. 村上美代治．書評［J］．図書館界，2012，64（2）：168-169.
28. 存沪图书回运［J］．北平周报，1933（30）：2-3.
29. 大佐三四五．圖書館學の展開［M］．東京：丸善，1954.
30. 大佐三四五．占領地區に於ける圖書文獻の接收と其整理作業に就て［J］．圖書館雜誌，1938（12）：336-341.
31. 东方图书馆重庆分馆开幕［J］．中华图书馆协会会报，1945，19（4-6）：7.
32. 東方圖書館被焚 損失約有百餘萬 東方文化之浩劫［N］．新闻报，1932-02-02（3）.
33. 東京大学百年史編集委員会編．東京大學百年史 資料 3［M］．東京：東京大学出版会，1984-1987：26，142.

34. 東京帝國大學．東京帝國大學要覧　昭和四年［M］．東京：丸善，1929.

35. 東京帝國大學．東京帝國大學一覧 從大正十五年至昭和二年［M］．東京：東京帝國大學：1926.

36. 董康著；王君南整理．董康东游日记［M］．石家庄：河北教育出版社，2000：112，303，406.

37. 杜定友．A Statement from Mr. Ding U Doo［J］．圕，1926，1（1）：3.

38. 杜定友．日本图书馆参观记［J］．山东教育月刊，1927，6（2）：51-63；6（3-4）：65-71；6（6）：43-56；6（7）：33-43.

39. 杜定友．日本图书馆参观记［J］．教育杂志，1927，19（3）：1-17.

40. 杜定友．図書分類法史略［J］．松見弘道，译．図書館界，1958，10（3）：87-91.

41. 杜定友．图书馆学概论［M］．上海：商务印书馆出版，1927：84-85.

42. 杜定友．圕［J］．图书馆学季刊，1927，2（1）：166.

43. 杜定友．圕［J］．圕研究，1928，1（4）：545-547.

44. 杜定友．香港沦陷后与我国文献之巨厄［J］．中华图书馆协会会报，1942，16（5-6）：5-7.

45. 児玉孝乃，山内弘江，松見弘道．中国近代図書館界の巨匠：劉国鈞の肖像——その多彩な業績をめぐって［J］．東海女子短期大学紀要 13，1987：135-161.

46. 二ツノ論文支那文ニ譯サル［J］．圕研究，1937，10（2）：265.

47. 范凡．马宗荣在东京帝国大学留学的时间和专业考［J］．图书馆杂志，2015（3）：107-11.

48. 范凡．1927-1928年到内阁文库访书的中国学者——樋口龙太郎相关文章解读［J］．大学图书馆学报，2015（3）：100-106.

49. 范凡．杜定友访日开启中日图书馆学双向交流的“圕时代”［J］．山东图书馆季刊，2014（4）：35-40.

50. 范凡．马宗荣的“创造世界共通的国际的图书馆学”理论构想评介［J］．河南科技学院学报，2015（1）：78-82.

51. 范凡．民国时期图书馆学著作出版与学术传承［M］．北京：国家图书馆出版社，2011：129-130.

52. 范凡．松见弘道对“北刘南杜”的研究［J］．中国图书馆学报，2015，41（2）：85-94.

53. 范寿康．关于台湾省图书馆［J］．中华图书馆协会会报，1946，20（1-3）：2-3.

54. 飯田英次．本邦著者名目錄ノ實現ニ對スル一解決案［J］．圕研究，1931，4（3）：495-510.

55. 芳．对日清算文物损失 自甲午战役时开始——日劫我图书七万册已起运返国［N］．益世报，1946-08-29（4）.

56. 分類法書各種［J］．圕研究，1930，3（2）：243.

57. 佛里特尔著．图书馆员之训练［M］．杨昭哲，李燕亭，译．上海：商务印书馆，1928：3.

58. 傅振伦．处置敌伪献征问题［J］．中华图书馆协会会报，1947，21（1-2）：3-5.

59. 顾实．图书馆指南［M］．上海：医学书局出版，1918.

60. 關西文庫協會．東壁 復刻版［J］．東京：学術文献普及会，1974.

61. 广告［J］．圕研究，1935，8（2）：248.

62. 广州香港各图书馆近况［J］．中华图书馆协会会报，1946，20（4-6）：3-7.

63. 桂質柏．支那圕發達史（圖表）［J］．圕研究，1929，2（3）：454-457.

64. 郭斌佳．书评：清代图书馆发展史［J］．国立武汉大学文哲季刊，1935，4（2）：417-427.

65. 国府種武．国府犀東［J］．日本文學誌要，1970，22：27-31.

66. 国立北平圕近讯［J］．中华图书馆协会会报，1939，13（5）：24-25.

67. 国立清华大学图书馆概况［J］．中华图书馆协会会报，1947，21（1-2）：6-7.

68. 国立中央圕简讯一束［J］．中华图书馆协会会报，1942，17（1-2）：13.

69. 国内消息 南京贵重图书七十万册均被敌军劫去［J］．中华图书馆协会会报，1938，13（1）：21.

70. 国内消息［J］. 中华图书馆协会会报，1938，13（1）：18.
71. 国内消息［J］. 中华图书馆协会会报，1945，19（4-6）：4-11.
72. 国外消息 被侵略国图书馆之遭殃［J］. 中华图书馆协会会报，1946，20（1-3）：12.
73. 和田万吉. 図書館学大綱［M］. 東京：日本図書館協会，1984：329-331.
74. 和田万吉著；弥吉光長編・解説. 図書館学大綱［M］. 東京：日本図書館協会，1984：3-11.
75. 和田萬吉. 日本書誌學概説［M］. 東京：有光社，1944.
76. 和田萬吉. 日本文献史序説［M］. 武蔵村山：青裳堂書店，1983.
77. 河村俊太郎. 書評［J］. 日本図書館情報学会誌，2013，59（1）：32-33
78. 河井弘志. ドイツの公共図書館思想史［M］. 京都：京都大学図書館情報学研究会，2008.
79. 河井弘志. 特別講演図書館史と図書館思想史と図書館学史［J］. 図書館文化史研究，2005（22）：1-27.
80. 衡. 日本青年图书馆员联盟［J］. 图书馆学季刊，1928，2（3）：180-181.
81. 洪薇. 抗战期江西省立圕的动态［J］. 中华图书馆协会会报，1938，13（3）：8-9.
82. 戸野周二郎著. 学校及教師と図書館［M］. 東京：宝文館，1909.
83. 沪市圕协会定期举办圕学图书工具展览会［J］. 中华图书馆协会会报，1937，12（6）：30.
84. 黄仁生. 论汉籍东传日本及其回流［J］. 常德师范学院学报（社会科学版），2002（6）：37-41.
85. 黄宗忠，松见弘道. 中日两国图书馆学交流之花［J］. 高校图书馆工作，1995（2）：8-9，21.
86. 会员园地 青年图书馆员协会宜急起组织［J］. 中华图书馆协会会报，1937，12（5）：42.
87. 會員馬宗榮君ノ新著二種［J］. 圕研究，1928，1（3）：349.

88. 加藤三郎．外国図書館史文献目録：未定稿［M］．名古屋：中部図書館学会，1974.
89. 加藤宗厚．北支圕瞥見記［J］．圖書館雜誌，1936，30（2）.
90. 加藤宗厚．和漢圖書件名標目 III（終）［J］．圕研究，1929，2（3）：355-386.
91. 加藤宗厚．和漢圖書件名標目後記［J］．圕研究，1929，2（3）：387-408.
92. 加藤宗厚．回顧十六年［J］．圕研究，1943，16（1）：10-17.
93. 加藤宗厚．日本件名標目表：附ローマ字及漢字直接索引［M］．大阪：間宮商店，1929.
94. 加藤宗厚著．标题目录要论［M］．李尚友，译．武昌：文华图书馆学专科学校，1934：译者弁言．
95. 間宮不二雄．「圕」ト言ウ文字ノ生立記［J］．圕研究，1934，7（4）：27-28.
96. 間宮不二雄．漢字排列法ノ革命：王雲五氏發明四隅番号化検字法［J］．圕研究，1929，2（3）：115-129.
97. 間宮不二雄．滿洲ノ今日アルワ圕事業ニ負ウ處多シ［J］. 圕研究，1934，7（1）：22-23.
98. 間宮不二雄．期刊索引［J］．圕研究，1934，7（2）：164.
99. 間宮不二雄．上海ニ於イテ視察シタ中國圕（1）［J］．圕研究，1937，10（1）：75-82.
100. 間宮不二雄．上海ニ於イテ視察シタ中國圕（2）［J］．圕研究，1937，10（2）：209-224.
101. 間宮不二雄．上海ニ於イテ視察シタ中國圕（3）［J］．圕研究，1937，10（3）：351-370.
102. 間宮不二雄．石黑傳六氏美舉——永樂大典複製本國立北平圕寄贈［J］．圕研究，1933，6（1）：142-144.
103. 間宮不二雄．圕とわが生涯 前期［M］．东京：著者藏版，1969.
104. 間宮不二雄．永樂大典（手寫複製本）［J］．圕研究，1933，6（2）：247-248.
105. 江浙私家藏书遭浩劫［J］．中华图书馆协会会报，1938，13（3）：22.

106. 教部清理文物会［J］．中华图书馆协会会报，1947，21（1-2）：6-7.
107. 接收文物分配会［J］．中华图书馆协会会报，1947，21（1-2）：12.
108. 节山．弔叶王两先生［J］．斯文，1927，9（7）：437.
109. 金敏甫．中国现代图书馆概况［M］．广州：广州图书馆协会，1929.
110. 橘井清五郎．西洋書誌学要略［M］．東京：図書館事業研究会，1932.
111. 崛口貞子，神波武夫，小島武男等．圕關係雜誌主要論題分類目錄［J］．圕研究，1935，8（2）：241-248.
112. 李蓉盛．江西省立图书馆的战时工作［J］．中华图书馆协会会报，1939，13（6）：5-6.
113. 李希泌，张椒华．中国古代藏书与近代图书馆史料 春秋至五四前后［M］．北京：中华书局，1982.
114. 李钟履编．图书馆学论文索引［M］．北京：商务印书馆，1959：14.
115. 梁启超．论图书馆为开进文化一大机关（译太阳报第九号）［J］．清议报，1899（17）：1073-1078.
116. 林靖一．图书改装费与登录价格等问题［J］．于式玉，译．图书馆学季刊，1930，4（2）：237-254.
117. 鈴木正次．上海圖書分类史［J］．圕研究，1943，16（1）：59-88.
118. 刘国钧，松见弘道．书信［OL］．［2014-12-07］．http：//www. kongfz. cn/item_ pic_ 11573700/.
119. 刘国钧，松见弘道．书信［OL］．［2014-12-07］．http：//www. kongfz. cn/item_ pic_ 11573767/.
120. 刘国钧．现时中文图书馆学书籍评［J］．图书馆学季刊，1926（2）：346-349.
121. 刘家祜．《中国书史简编》出版三十周年并日本版出版二十五周年记［J］．河南图书馆学刊，1988（3）：31-34，37.
122. 劉国鈞，鄭如斯．中国書物物語［M］．松見弘道，译．東京：創林社，1983.
123. 劉国鈞．図書の歴史と中国［M］．松見弘道，译．東京：理想社，1963.
124. 柳和城．一部不该遗忘的古籍丛书——《中华学艺社辑印古书》考［J］．出版史料，2009（3）：110-116.

125. 卢震京著．图书学大辞典［M］．长沙：商务印书馆，1940：460.

126. 罗振玉编．教育世界文篇译篇 八［J］四十九卷：5-6.

127. 马导源．书志学［M］．上海：商务印书馆，1934.

128. 马衡．中国书籍制度变迁的研究［J］．图书馆学季刊，1926，1（2）：199-213.

129. 马宗荣．日本图书馆事业的史的研究［J］．日本，1930，1（2）：1-12.

131. 马宗荣．现代图书馆序说［M］．上海：商务印书馆，1928：4.

132. 马宗荣．中国图书馆事业的史的研究 上［J］．学艺杂志，1930，10（3）：1-6.

133. 马祖圣．图书馆实业家间宫氏传［J］．南针，1926（2）：16-18.

134. 馬宗榮．圕誌ノ發刊ヲ賀メ［J］．圕，1926，1（1）：16.

135. 馬宗榮．外形カラ見タ漢書ノ體制［J］．圕研究，1928，1（3）：9，13.

136. 馬宗榮．支那圕事業ノ史的研究［J］．圕研究，1929，2（3）：84-99.

137. 馬宗榮．中華民國清華學校舊籍五部分類法［J］．圕研究，1929，2（3）：465-467.

138. 满铁参与劫掠中国文献资料［C］//解学诗．满铁档案资料汇编 第十五卷 文献补遗与满铁年表．北京：社会科学文献出版社，2011：377-392.

139. 美英荷各著名大学购我珍本书缩影本［J］．中华图书馆协会会报，1948，21（3-4）：17.

140. 綿抜豊昭．図書・図書館史［M］．東京：学文社，2014.

141. 牧山弘．名古屋大学中央（古川）図書館と武居権内先生［J］．図書館雑誌，1978，72（12）：628-629.

142. 南开大学图书馆［J］．中华图书馆协会会报，1948，21（3-4）：14.

143. 内閣文庫圖書陳列目錄 附内閣文庫沿革略［M］．東京：内閣書記官室記錄課，1914：1-5.

144. 内藤湖南，长泽规矩也等．日本学人中国访书记［M］．钱婉约，宋炎，辑译．北京：中华书局，2006.

145. 内藤虎次郎．支那目录学［M］//内藤虎次郎著．内藤湖南全集第12卷．東京：

筑摩書房，1970.

146. 濮秉鈞．中国図書館事業の回顧と展望［M］．福田敏之，译．東京：日本図書館協会，1937.

147. 七七事变后平市图书馆状况调查［J］．中华图书馆协会会报，1941，16（1-2）：4-12.

148. 钱亚新．忆马宗荣与我国近代图书馆学［J］．江苏图书馆工作，1981（3）：49-51.

149. 清水正男．比較教育の課題：図書館教育の場の構造-User［J］．紀要，1989，12：1-45.

150. 清水正男．図書館資料分類の研究［J］．長野大学紀要，1987，8（3）：75-94.

151. 清著名藏书家方功惠［OL］．［2019-04-07］．http：//fang. zupu. cn/mingren/6070. jhtml.

152. 慶應義塾総覧［M］．東京：慶應義塾學報發行所，1922：291.

153. 裘開明．Harvard 大學‘漢和文庫’分類表［J］．圕研究，1932，5（4）：522-528.

154. 裘開明著中國圖書編目法（華文）［J］．圕研究，1932，5（4）：521.

155. 全国学术机关团体组织战时征集图书委员会［J］．中华图书馆协会会报，1939，13（5）：18-19.

156. 任可澄．国民参政会参政员马宗荣墓表［G］//何静梧，龙尚学主编．贵阳人物续．贵阳：贵州教育出版社，1996：127-128.

157. 日本内地各圕采用十进分类法［J］．中华图书馆协会会报，1932，7（4）：25.

158. 日本十进分类法［J］．中华图书馆协会会报，1929，5（1-2）：72.

159. 日本図書館情報学会用語辞典編集委員会編．図書館情報学用語辞典［M］．東京：丸善，2007.

160. 日本図書館協会．近代日本図書館の歩み：日本図書館協会創立百年記念［M］．東京：日本図書館協会，1993.

161. 日本图书馆协会原著，通俗教育研究会编辑．图书馆小识［M］．北京：通俗教

育研究会，1917：2

162. 日米關係［J］．圕研究，1939，12（4）：523-525.

163. 日圕专家推崇中国圕界［J］．中华图书馆协会会报，1937，12（4）：42

164. 日外アソシエーツ. 図書館関係専門家事典［M］．東京：日外アソシエーツ，1984：257-258.

165. 三浦太郎．CA1673 研究文献レビュー：図書館史［J］．カレントアウェアネス，2008（297）：14-19.

166. 森清．NDCのつかい方 もり きよし編［M］．東京 日本図書館協会 1966：18-19.

167. 森清．和洋圖書共用十進分類表案［J］．圕研究，1928，1（2）：121-161.

168. 森清．日本十進分類法：和漢洋書共用分類表及索引［M］．大阪：間宮商店，1929.

169. 上海日本近代科學圕．上海市圕圕學圖書及工具展覽會（1937 年 7 月 7-18 日）本館出品目錄［J］．圕研究，1937，10（3）：442-449.

170. 上海日本近代科學圕．上海圕協會及上海圕主催圕學圖書及工具展覽會［J］．圕研究，1937，10（3）：433-441.

171. 上海市政府指令第一八四七三号 为据呈报奉令兼任本市图书馆馆长令准备案由［J］．上海市政府公报，1936（169）：61-62.

172. 绍诚．抗战建国期中的圕事业［J］．中华图书馆协会会报，1938，13（1）：3.

173. 紹介［J］．圕研究，1933，6（2）：198.

174. 紹介［J］．圕研究，1935，8（1）：102.

175. 紹介［J］．圕研究，1935，8（1）：54.

176. 紹介［J］．圕研究，1935，8（2）：142.

177. 紹介［J］．圕研究，1935，8（2）：182.

178. 紹介［J］．圕研究，1935，8（3）：269.

179. 紹介［J］．圕研究，1935，8（4）：434.

180. 紹介［J］．圕研究，1936，9（1）：106

181. 紹介［J］．圕研究，1936，9（3）：447.

182. 紹介［J］．圕研究，1936，9（4）：571-572.
183. 紹介［J］．圕研究，1936，9（4）：572.
184. 紹介［J］．圕研究，1937，10（2）：168.
185. 紹介［J］．圕研究，1937，10（3）：432.
187. 紹介［J］．圕研究，1937，10（3）：449.
188. 紹介［J］．圕研究，1939，12（2）：193.
189. 紹介［J］．圕研究，1939，12（3）：397.
190. 紹介［J］．圕研究，1941，14（1）：132.
191. 紹介［J］．圕研究，1942，15（2）：198.
192. 申畅等．中国目录学家辞典［M］．郑州：河南人民出版社，1988.
193. 神波武夫，間宮不二雄，關野真吉等．圕關係雜誌主要論題分類目錄［J］．圕研究，1933，6（2）：251-256.
194. 神波武夫，間宮不二雄，關野真吉等．圕關係雜誌主要論題目錄［J］．圕研究，1933，6（1）：149-152.
195. 神波武夫，間宮不二雄，鈴木賢佑．圕關係雜誌主要論題目錄［J］．圕研究，1931，4（3）：579-585.
196. 沈祖荣．图书馆教育的战时需要与实际［J］．中华图书馆协会会报，1939，13（4）：4-6.
197. 沈祖荣．在文华公书林过去十九年之经验［C］//丁道凡搜集编注．中国图书馆界先驱沈祖荣先生文集1918~1944年．杭州：杭州大学出版社，1991：62-75.
198. 棚島善次郎．圖書ノ蒐集ト整理——中支建設資料整備委員會保管圖書ノ民國政府へ返還マデ［J］．圕研究，1941，14（2）：237-248.
199. 石井敦．図書館史：近代日本篇［M］．東京：教育史料出版会，1989.
200. 斯文會著．斯文六十年史［M］．東京：斯文會，1929.
201. 寺田光孝，加藤三郎，村越貴代美．図書及び図書館史［M］．東京：樹村房，1999.
202. 松见弘道．怀念图书馆学专家杜定友［G］．王世斌，译//书目文献出版社编辑组编．图书馆学情报学参考资料第 4 辑．北京：书目文献出版社，1984：73-74，38.

203. 松见弘道．评介台湾图书馆学、目录学论著索引［G］．赵金兰，节译//书目文献出版社编辑组编．图书馆学情报学参考资料第 2 辑．北京：书目文献出版社，1982：94-95.

204. 松见弘道．日本高等学校图书馆概况［J］．陈霖生，译．图书馆学通讯，1957（3）：53-54.

205. 松见弘道．樱花更灿烂　相映杜鹃红——拜受中国湖南大学图书馆张白影馆长撰并附主跋、郭吉冈手书之大匾额的欣喜［J］．彭一中，译．高校图书馆工作，1995（1）：67-68.

206. 松见弘道．中国图书与图书馆［M］．黄宗忠，姜振儒，杨志清，译．北京：书目文献出版社，1995.

207. 松见弘道．中国现代图书馆学家——杜定友［J］．魏振起，译．大庆师专学报，1985（2）：59-60，63.

208. 松见弘道．中国现代图书馆学家——杜定友［J］．魏振起，译；高凯军，校．大庆师专学报，1985（2）：59-60，63.

209. 松見弘道．間宮不二雄大人と中国図書館人［J］．短期大学図書館研究，1983（4）：1-12.

210. 松見弘道．日中図書館の虹：間宮不二雄大人をめぐって［J］．東海地区大学図書館協議会誌 18，1973：6-11.

211. 松見弘道．図書館をつくった人々⑩劉国鈞［J］．図書館雑誌，1982，76（3）：151-152.

212. 松見弘道．図書館をつくった人々⑪杜定友［J］．図書館雑誌．1982，76（5）：255-256.

213. 松見弘道．偉大なる図書館学者劉国鈞先生——あいつぐ中国図書館界要人の他界をめぐって［J］．東海地区大学図書館協議会誌 26，1981：2-6.

214. 松見弘道．中国の図書館学書誌学の泰斗劉国鈞先生のこと［J］．東海地区大学図書館協議会誌2. 1957：3-5.
215. 松見弘道．中国目録学私考［J］．図書館界，1953（4）：1-6.
216. 宋景祁主编．中国图书馆名人录［M］．上海：上海图书馆协会，1930：30.
217. 损失清册：本馆总厂及东方图书馆等损失数目［J］．商务印书馆通信录，1932（376）：3-4.
218. 太田為三郎．和漢図書目録法［M］．東京：芸艸会，1932.
219. 谭卓垣，伦明，徐绍棨等撰．清代藏书楼发展史，续补藏书纪事诗传［M］．徐雁，谭华军，译补．沈阳：辽宁人民出版社，1988：1-83.
220. 譚卓垣著．清代圕發展史（2）（3）（4）［J］．西村捨也，譯．圕研究，1941，14（2）：135-157；14（3）：323-352；14（4）：473-490
221. 汤旭岩．续写我国早期图书馆学家杨昭悊［J］．图书情报论坛，2009（1）：8-12.
222. 藤野幸雄．比較図書館史の方法［J］．図書館文化史研究，2003（20）：35-49.
223. 天野敬太郎，神波武夫，小岛武男等，圕關係雜誌主要論題分類目錄［J］．圕研究，1937，10（3）：453-461.
224. 天野敬太郎，神波武夫，小岛武男等，圕關係雜誌主要論題分類目錄［J］．圕研究，1937，10（4）：595-598.
225. 天野敬太郎，神波武夫，小岛武男等，圕關係雜誌主要論題分類目錄［J］．圕研究，1938，11（2）：267-270.
226. 天野敬太郎．圕學文献目錄［J］．圕研究，1934，7（3）：341-352.
227. 田中敬．田中敬著作集 第1巻 図書学概論［M］．東京：早川図書，1979：444-470.
228. 田中敬．田中敬著作集［M］．東京：早川図書，1981.
229. 田中敬．圖書館學研究の栞［J］．學鐙，1919，23（9）：1-7；23（10）：1-14；23（11）：1-5.
230. 田中敬．圖書學概論［M］．東京：冨山房，1924.
231. 樋口龍太郎．桔梗門叢談（二）馬宗榮君を送る［J］．圖書館雜誌，1930（12）：

332-334.

232. 樋口龍太郎．桔梗門叢談（三）張元済先生と看覧図書に就て［J］．圖書館雑誌，1932（2）：31-34.

233. 樋口龍太郎．中國文学革命の先驅胡適博士と談ずるの記［J］．圖書館雑誌，1927（7）：228-229.

234. 樋口龍太郎氏死去［J］．圖書館雑誌，1951（6）：145.

235. 樋口生．北京圖書館主任袁守和氏と会談の記［J］．圖書館雑誌，1927（8）：248-249.

236. 樋口生．董康先生を内閣文庫に迎ふるの記［J］．圖書館雑誌，1927（5）：169-170.

237. 図書館史に関する文献目録編集部．図書館史に関する文献目録［M］．東京：図書館研究会（図書館短期大学内），1970.

238. 図書館問題研究会東京支部東京の図書館史を発掘する会．東京の図書館に関する文献年表（稿）：明治 5 年—昭和 20 年［M］．東京：図書館問題研究会東京支部，1975.

239. 图书馆界 国内消息：上海市图书馆成立［J］．学觚，1936，1（6）：12.

240. 土井重義．植松先生の事ども［J］．図書館雑誌，1946（7-8）：30-31.

241. 圕参考書間宮商店發行及取扱圖書目錄［J］．圕研究，1928，1（2）：255.

242. 圕学图书工具展览会昨晨开幕［N］．大公报上海版，1937-07-08（7）.

243. 圕学图书及工具展览会今晨开幕 由洪慰慈小姐行剪彩礼［N］．大公報上海版，1937-07-07（7）.

244. 万大章．国民参政会参政员马君宗荣墓志铭［G］//何静梧，龙尚学主编．贵阳人物续．贵阳：贵州教育出版社，1996：128-130.

245. 王云五发明．漢字ノ四隅番号化検字法［J］．間宮不二雄，译．圕研究，1929，2（3）：130-162.

246. 王云五发明．漢字ノ四隅番号化検字法 附 檢字一覽表［M］．間宮不二雄，译．大阪：間宮商店，1930.

247. 文部省図書館職員養成所図書館研究部．図書館雑誌総索引［1907－1960］［M］．東京：日本図書館協会，1964：46
248. 我等ノ業績海オ越ユ［J］．圕研究，1931，4（2）：331.
249. 武居権内．日本における図書館学の発達 上［J］．図書館研究 2，1955：1－10.
250. 武居権内．日本における図書館学の発達 下［J］．図書館研究 3，1957：29－42.
251. 武居権内．日本図書館史の方法［J］．図書館雑誌，1938，32（3）：61－68.
252. 武居権内．日本図書館学史序説［M］．東京：早川図書，1976.
253. 武居権内．図書館学史について［J］．東海地区大学図書館協議会誌 2. 1957：6－9.
254. 武居権内．日本図書館学史序説［M］．東京：早川図書，1960.
255. 夏万元．辽宁全省圕与东省日侨所设圕之比较观［J］．武昌文华图书科季刊，1930，2（3－4）：289－296.
256. 仙田正雄．米國議院圕東洋部職務記［J］．圕研究，1942，15（1）：53－73.
257. 小黒浩司．図書・図書館史［M］．東京：日本図書館協会，2013.
258. 小见山寿海．书志学［J］．李尙友，译．图书馆学季刊，1934，8（3）：360.
259. 小见山寿海．书志学［J］．李尙友，译．图书馆学季刊，1935，9（2）：264.
260. 小见山寿海．书志学［M］．李尙友，译．北平：中华图书馆协会，［1935］.
261. 小見山寿海．書誌学概論［C］//図書館講習会講演集．第1回．熊本：熊本県立図書館，1940.
262. 小林昌樹．『日本軍接収図書』——日本図書館史研究における学術の行方．図書館文化史研究，2012（29）：127－136.
263. 小野則秋著．日本文庫史研究［M］．京都：臨川書店，1979.
264. 校闻：图书馆将参加市图书馆学图书及工具展览会［J］．大夏周报，1937，13（29－30）：695.
265. 新刊紹介［J］．圕研究，1928，1（4）：669.
266. 新刊紹介［J］．圕研究，1929，2（1）：215.
267. 新刊紹介［J］．圕研究，1929，2（2）：262.

268. 新刊紹介［J］. 圕研究，1930，3（1）：114.
269. 新刊紹介［J］. 圕研究，1930，3（1）：43.
270. 新刊紹介［J］. 圕研究，1930，3（1）：48.
271. 新刊紹介［J］. 圕研究，1931，4（3）：476.
272. 新刊紹介［J］. 圕研究，1931，4（4）：648.
273. 新刊紹介［J］. 圕研究，1932，5（1）：175.
274. 新刊紹介［J］. 圕研究，1932，5（2）：180.
275. 熊洪薇. 抗战期中图书馆应做些什么工作［J］. 中华图书馆协会会报，1938，13（2）：1-5.
276. 严文郁. 中国图书馆发展史——自清末至抗战胜利［M］. 台北："中国" 图书馆学会出版，1983：15.
277. 岩崎皇. 四角号碼という方法について［J］. 駒沢大学外国語部論集，2001（54）：1-54.
278. 岩猿敏生. 東壁について［J］//東壁. 關西文庫協會　復刻版. 東京：学術文献普及会，1974：23-32.
279. 岩猿敏生著. 日本図書館史概説［M］. 東京：日外アソシエーツ，2007.
280. 杨昭悊. 东游记 未完［J］. 晨报副刊，1922-02-08（3）.
281. 杨昭悊. 东游记 续［J］. 晨报副刊，1922-02-21（3）.
282. 杨昭悊. 图书馆学（上、下）［M］. 上海：商务印书馆，1923：310.
283. 杨昭悊. 我对于图书馆讲习会的意见［J］. 晨报，1920-08-18（7）；1920-08-19（7）.
284. 杨昭悊. 再论图书馆讲习会［J］. 晨报，1920-08-29（7）.
285. 殷汝耕君与图书馆主任之通信论编图书目录事［N］. 北京大学日刊，1918-08-08（1）.
286. 英国牛津大学石博鼎先生复函［J］. 中华图书馆协会会报，1939，13（6）：11.
287. 英美学术界积极援华［J］. 中华图书馆协会会报，1939，14（1）：11.
288. 袁同礼. 杨惺吾先生（一八三九——一九一五）小传［J］. 图书馆学季刊，

1926，1（4）：637-642.

289. 袁同礼．永乐大典现存卷目表（附表）［J］．北平北海图书馆月刊，1929，2（3-4）：215-251.

290. 张白影．东邻新寄语 初识如故人——记日本东海女子短期大学图书馆馆长松见弘道教授［J］．高校图书馆工作，1994（3）：54-55，73.

291. 张道藩提议．新委省立图书馆长赵冕呈辞拟予照准遗缺拟请以马宗荣充任请公决案（省政府委员会第四二〇次会议）［J］．浙江教育行政周刊，1931，2（49）：8.

292. 张元济．张元济全集 第1卷 书信［M］．北京：商务印书馆，2007.

293. 章干芳．马宗荣先生传（初稿）［J］．贵州民意，1945，1（4）：32-33.

294. 章桢．教育家马宗荣［J］．贵州社会科学，1983（6）：100-101.

295. 赵洪雅．一衣带水书为舟——日本永青文库向中国捐赠汉籍始末［N/OL］．人民日报海外版，2018-08-10（7）．http：//paper. people. com. cn/rmrbhwb/html/2018-08/10/node_ 871. htm.

296. 赵景深．长泽规矩也先生：一个日本的中国俗文学通［J］．导报，1946（10）：12-13.

297. 郑丽芬．民国时期的图书馆学教育研究［D］．北京：北京大学，2015：98-102.

298. 郑韫三．图书馆管理法．太原：晋新书社，1920.

299. 郑贞文．我所知道的商务印书馆编译所［G］//中国人民政治协商会议全国委员会文史资料研究委员会编．文史资料选辑 第53辑．北京：文史资料出版社，1964：158.

300. 支那デ新ラシク出來タ元素用文字［J］．圕研究，1936，9（1）：149.

301. 植松安．本邦書誌學概要［M］．東京：圖書館事業研究會，1929.

302. 植松安．教育と図書館［M］．東京：目黒書店，1917.

303. 誌友ノ名譽［J］．圕研究，1931，4（3）：494.

304. 中华图书馆协会．抗战建国时期中之图书馆［J］．中华图书馆协会会报，1939，13（4）：2-4.

305. 中華民國清華學校圖書館藏書目錄［J］．圕研究，1928，1（2）：240–241.

306. 中華民國鐵道部出版品目錄［J］．圕研究，1930，3（1）：121–124.

307. 中華民國圕界ノ中樞機關［J］．圕研究，1932，5（4）：591.

308. 中華圖書館協會機關志 圖書館學季刊［J］．圕研究，1928，1（4）：577.

309. 中外图书馆消息：上海市图书馆成立［J］．厦门图书馆声，1936，3（10–12）：11.

310. 中央民教馆正式成立［J］．中华图书馆协会会报，1943，17（5–6）：4.

311. 中央图书馆入藏善本［J］．中华图书馆协会会报，1947，21（1–2）：13.

312. 资治通鉴 卷九.

附　录

1899—1964年中日图书馆学交流65年大事记

1. 1899年梁启超首次在《清议报》17期上刊登《论图书馆为开进文化一大机关（译太阳报第九号）》一文，开启介绍日本图书馆学之先河。

2. 1900年《清议报》57期上刊登了一条来自美国新报的消息《地球大事记：古图书馆》。

3. 1901年4月《教育世界》杂志在上海创刊，其发起人是罗振玉，主编是王国维。

罗振玉提出的教育人才十条方略之一就是设立图书馆及博物馆。《教育世界》多次刊载介绍日美图书馆的译文，包括《关于幼稚园图书馆等及私立小学校规划》《美国轮阅图书馆》《拟设简便图书馆说》《日本图书馆之增设》等。

4. 1901年4月30日日本关西文库协会机关志《东壁》创刊，是日本最早的图书馆杂志。

《东壁》从其刊名到其刊载的研究论文和著作评论中，均不乏中国文化元素，甚至直接以中国图书为研究内容，如该刊对清代学者钱大昕《元史艺文志》一书的评介。

5. 1910年谢荫昌翻译出版户野周二郎《图书馆教育》，系中国首次翻译日本图书馆学著作，该书中已多次出现“图书馆学”一词。
6. 1917通俗教育研究会翻译出版日本图书馆协会编《图书馆小识》，该书在中国产生很大影响。
7. 1917朱元善译述日本文部省编《图书馆管理法》。
8. 1917年中国第一个赴美学习图书馆学的留学生沈祖荣学成归国之后，曾到日本，在东京和其他各地考察图书馆2个多月。
9. 1918年马宗荣考取贵州省公费留学日本。

马宗荣先后肄业于东京第一高等预科、名古屋第八高等本科。1926年考入东京帝国大学教育学科专攻教育行政及社会教育，1929年毕业，获文学士称号，并继续在该校大学院文学部研究图书馆教育。1930年春归国。

10. 1918年7月殷汝耕受其早稻田大学同窗、北京大学图书馆主任李大钊之托，介绍日本图书馆管理方法，写成《殷汝耕君与图书馆主任之通信论编图书目录事》。
11. 1918年9月10日，日本法学博士阪谷芳郎男爵向北京大学图书馆捐赠283种410册，价值二千金的图书，被该馆设为“阪谷书藏”。
12. 1920年5月31日，杨昭悊翻译田中敬著《图书馆学指南》一书，这是中国第一本以“图书馆学”命名的著作。
13. 1921年底杨昭悊发表《东游记》，记述赴美留学途中考察日本图书馆的情形。
14. 1923年杨昭悊出版《图书馆学》，该书是综合美国和日本两国图书馆观念而成的著作。

15. 1924年陈逸译述今泽慈海和竹贯直人的《儿童图书馆之研究》。

16. 1926年7月杜定友作为英语翻译，随中国童子军访问日本。

杜定友在间宫不二雄介绍和帮助下，于两周内参观了东京、京都、大阪、名古屋、静冈县等地的14所图书馆，结识了包括大阪府立图书馆今井贯一馆长、京都帝大图书馆笹冈馆长等在内的20多名日本图书馆界人士，受到日本图书馆协会设宴欢迎，在东京还得到中国留日学生马宗荣的帮助。

17. 1926年10月15日，间宫不二雄创办日本图书馆学刊物《圕》，标志着杜定友所创图书馆三字的缩写“圕”字首次在中日两国的正式出版物上使用。

18. 1926年10月杜定友在《圕》上发表 *A Statement from Mr. Ding U Doo*，马宗荣在《圕》上发表《祝贺圕志发刊》，提出创造世界共通的国际的图书馆学理论构想。

19. 1926年12月袁同礼发表《杨惺吾先生（一八三九——一九一五）小传》，介绍杨守敬日本访书事迹。

20. 1927年11月5日，日本青年图书馆员联盟成立。

21. 1927年濬明（杨昭悊）翻译日本学者田中敬所著《图书学概论》第一章《图书学序论》，刊登在《学林》第3卷第3期上。

22. 1927年杜定友发表《日本图书馆参观记》，表达对日本图书馆事业和图书馆学的看法。

23. 1927年3月底至4月初，董康多次到访内阁文库，樋口龙太郎撰文《董康先生内阁文库到访欢迎记》纪念。

24. 1927年5月7日，胡适参观内阁文库，樋口龙太郎撰文《与中国文学革命先驱胡适博士交谈记》纪念。

25. 1927年6月袁同礼参观内阁文库，樋口龙太郎撰文《与北京图书馆主任袁守和会谈记》纪念。
26. 1928年1月青年图书馆员联盟开始发行《圕研究》季刊和《青年图书馆员联盟会报》双月刊。
27. 1928年4月森清发表《和洋图书共用十进分类表案》，文中对比了杜威十进分类法和杜定友世界分类法的异同。
28. 1928年4月《圕研究》开设New additions：Books on Bibliography & Library Science栏目，不定期刊登。该栏目中不时介绍中国图书馆学著作。
29. 1928年9月刘国钧撰写《日本青年图书馆员联盟》一文，介绍青年图书馆员联盟及其机关志《圕研究》。
30. 1928年1月至10月《圕研究》刊登了杜定友、刘国钧、袁同礼、戴志骞、桂质柏、裘开明等人的信件。
31. 1928年10月15日，郑贞文、张元济一行以中华学艺社名义到日访书，得到留学生马宗荣、中国驻日公使汪荣宝与日本青年汉学家长泽规矩也等人的帮助。
32. 1928年10月马宗荣把王云五著《第二次改订四角号码检字法》介绍给间宫不二雄。
33. 1928年11月10日，张元济和郑贞文参观内阁文库，樋口龙太郎撰文《桔梗门丛谈三：关于张元济先生和他阅览的图书》纪念。
34. 1929年7月经王云五同意并授权，间宫不二雄翻译并介绍四角号码检字法。
35. 1929年10月《中华图书馆协会会报》介绍《日本十进分类法》一书，称其为日本明治五年以来第一次公刊之和汉洋书共用分类表。
36. 1930年2月20日，日本友人欢送马宗荣学成回国，樋口龙太郎撰文

《桔梗门丛谈二：送马宗荣君》纪念。

37. 1931年7月《圕研究》开始连载《图书馆相关杂志主要论题目录》，后来改名为《图书馆相关杂志主要论题分类目录》。将中国图书馆学主要期刊纳入到世界图书馆学主要期刊体系中，对每期重要论文加以报道。

38. 1931年7月饭田英次发表《编制日本著者名目录的一个解决方案》一文，讨论四角号码法在图书馆的实际运用。

39. 1931年7月《圕研究》上刊发《我等业绩跨过了海洋》一文，对于来自中国图书馆界的肯定感到非常欣喜。

中华图书馆协会主编刘国钧来信中提到中国希望能翻译《圕研究》第3卷上刊登的林靖一的《图书改装费与登录价格等问题》一文，还希望能将同一期上田村盛一的《通俗图书馆的图书选择法》也翻译为中文。《圕研究》发表的论文在中华民国很受欢迎。

40. 1932年2月《中华图书馆协会会报》再次报道了《日本十进分类法》，称其使用馆已达46处之多。

41. 1932年10月间宫不二雄在金泽市发现一册《永乐大典》（第二十二覃（巖），卷之九千七百六十五-六合本）。经其收藏者石黑传六同意，将原书影印，寄赠北平图书馆。袁同礼回赠一册《永乐大典》手写复制本。

42. 1933年日本书志学会的机关志《书志学》创刊，是中日图书馆学交流的一个重要平台。

43. 1934李尚友翻译加藤宗厚著《标题目录要论》。

44. 1934毛春翔翻译村岛靖雄著《图书分类法》。

45. 1934邓衍林翻译长泽规矩也著《宋元刊本刻工名表初稿》。

46. 1935李尚友翻译小见山寿海著《书志学》，并揭露1934年马导源所著《书志学》有剽窃之嫌。

47. 1936 年 11 月 26 日，间宫不二雄利用给上海日本近代科学图书馆送货机会乘渡轮到达上海。访问了上海东吴大学、圣约翰大学、国立交通大学、大夏大学等多个高校图书馆，以及上海市、中华书局和中国国际等各类型图书馆，之后发表《在上海视察中国图书馆》和《中华民国的图书馆》。

48. 1937 年 2 月陈鸿飞翻译间宫不二雄的《中华民国的图书馆》。

49. 1937 年福田敏之翻译出版濮秉钧的《中国图书馆事业的回顾与展望》。

50. 1937 年 7 月 7 日，上海日本近代科学图书馆参加“上海图书馆学图书及工具展览会”。

51. 1937 年 7 月铃木贤佑发表《上海圕协会及上海圕主办的圕学图书及工具展览会》一文，其中详细统计《中日图书馆相关著作及论文表》。

52. 1938 年 1 月内山完造撰《中国最近读书倾向与日本图书》。

53. 1938 年 10 月三宅千代二撰《中国小学教科书上与图书馆相关的内容和插图》。

54. 1938 年 12 月大佐三四五发表《关于在占领地区图书文献的征收及整理工作》。

55. 1939 年 1 月中华图书馆协会发表《抗战建国时期中之图书馆》，指出对于中国图书馆事业取得的成绩，“敌国图书馆界且于其图书馆出版物屡屡举之以激励其国人。”

56. 1939 年大佐三四五发表《北京新民会接收图书整理状况视察报告》。

57. 1940 年 1 月栅岛善次郎撰《战后上海图书馆概况》，西村捨也撰《上海图书馆现状》。

58. 1940年小见山寿海在熊本县图书馆讲习会的书志学概论讲演中提到，他已经知道中国有人剽窃、有人翻译其《书志学》一事，他表示作为长期受到中国文化恩惠的日本人中的一员，如果他的研究能为中国的学术研究有所贡献的话，将不胜欣慰。
59. 1940年夏松见弘道在京都的东方文化研究所阅读刘国钧编写的《金陵大学图书馆概况》。
60. 1941年4月棚岛善次郎发表《图书的蒐集和整理——中支建设资料整备委员会保管图书返还民国政府》。
61. 1941年4月西村捨也翻译谭卓垣的《清代图书馆发展史》。
62. 1942年10月富永牧太撰《战时中国图书馆管见》。
63. 1943年10月铃木正次撰《上海图书分类法》，《圕研究》和《青年图书馆员联盟会报》停刊。
64. 1944年青年图书馆员联盟解散。
65. 1954年大佐三四五出版《图书馆学的展开》，专章讲述中国的图书馆学。
66. 1955年松见弘道收到刘国钧赠书——《中国书的故事》。
67. 1955年间宫不二雄重新整理、复制出版《圕研究》。
68. 1955年12月，松见弘道委托郭沫若转交给刘国钧一封信，希望获得《中国书的故事》一书的翻译权。得到刘国钧的同意，并得到日本版序言。此后二人多次书信来往。
69. 1956年10月松见弘道写成第一篇关于刘国钧的文章——《中国图书馆学、书志学泰斗刘国钧先生》，发表在《东海地区大学图书馆协议会志》上。
70. 1957年陈霖生翻译松见弘道的《日本高等学校图书馆概况》发表在《图书馆学通讯》当年第三期上。

71. 1958年松见弘道将杜定友的《图书分类法史略》翻译发表在《图书馆界》上。

72. 1960年间宫不二雄重新整理、复制出版《青年图书馆员联盟会报》。

73. 1960年武居权内出版了《日本图书馆学史序说》，提到大佐三四五引用卢震京的图书馆科学体系一例。

74. 1963年松见弘道将刘国钧的《中国书史简编》翻译出版。

75. 1963年11月刘国钧收到松见弘道寄来的《中国书史简编》日译本后，写回信称赞日本的印刷技术。此后二人又有多次书信来往。

76. 1964年12月25日，刘国钧在获知《中国书史简编》日译本的销售情况后给松见弘道回信，被松见弘道刊登在相关纪念文章中。

后 记

2014年12月28日我受苏全有馆长之邀，在河南师范大学图书馆举办的“图书馆事业史的过去与未来”研讨会上以《日本访书》为题做过报告。其中部分内容和本书正文有重复，但是为了全面反映自己的研究经过，还是将此发言稿原汁原味地保留下来，作为后记。

一、为什么叫做访书？访书的目的是什么？

我不懂日语，对于日语，我只是在20多年前读本科的时候学过一学期的日语，留在脑子里的就只有五十音图和关于动词需要变形的概念，可以说基础很差，是听不懂日语的，所以在日本期间我没有去听过课，就不能叫访学，我只是钻在图书馆里看日文书，因此我自认为是访书。

既然不懂日语，怎么还敢去看日文书呢？这是由于梁启超曾经说过一段话，给了我很大信心。1898年戊戌变法失败后，他到日本去避难，在那里接触了很多他认为非常有用的日本翻译的欧美书籍，他认为，学英语要花费数年时间才能奏效，而学日语则相对容易，他甚至说，“学日本文者，数日而小成，数月而大成，日本之学已尽为我有矣。”又说“学日本语者一年可成；作日本文者半年可成；学日本文者，数日小成，数月大成。”（《论学日本文之益》），可见他对日文的说写读能力掌握难易程度的认识，说明学会日文远比学会日语容易得多。他根据自己学习日文的经验，写了一本《和文汉读法》，对于阅读当时与中文差别不那么大的日文来说，非常有效，这个方法很快就在留日学生中流传开来，随后在国内广泛流传，使当时许多没有什么日文基础的人都可以看懂日文书了。所以出现了大量翻译日语的著作，图书馆界也不例外，像著名的《图书馆小识》《图书馆学指南》等等。图书馆界有中国图书馆学开始步武东瀛，转而学习美国的说法。除了梁启超的说法非常鼓舞我之外，还有一个就是目前的日汉在线词典和翻译软件，尽管不是那么靠谱，至少可以帮助我理解大概的意思。另外，我所去的庆应大学图书馆情报学专业，还有 3 位中国留学生，分别是博士生隋亥华、硕士生李靖和王丛，她们对我的帮助也很大，如果看不懂的话，可以随时通过即时聊天工具向她们请教。但是我与日本人的交流一直都有困难。

其实，近代以来所谓的访书，尤其是中日之间的访书，自 1880 年杨守敬首开赴日访书之先河以来，都是中日学者互相到对方去访中文书，也就是说不论是中国人还是日本人，访书的对象都是中国书。中国学者到日本访书，是去发现和寻找那些在中国本土已经看不到的中国书，这些书反倒是在日本有所保存或者抄写、刻印、流传，这些学者把它们找出来，想方设法进行抄录、照相，回来以后进行复制、刊刻，使其在中华大地上重新得以流传，是一件有功于文化传承的事情。一些古籍善本，内容包括经史子集和小说都是通过这种方式得以重现中土的。像董康、胡适、袁同礼、马宗荣、张元济、郑贞文、傅增湘等多位中国著名学者都到日本进行过访书，不过这些好事基本上被他们做完了，用不着我再去做，再说我也没有那么高的学识去拾遗补缺。

我所谓的访书，是去看那些与我们民国时期同时代出版发行的日文书刊，我对此非常感兴趣。我想知道自从中国图书馆界那些留美学者归国以后，中国不再需要学习日本的图书馆学了，是不是中日图书馆界之间就再也没有任何联系了呢？如果有联系的话，会是怎样一种情况呢？我想恐怕有不少人与我有一样对此感兴趣。

二、跟着松见弘道的著作学习中日图书馆学交流史

有了访书目标还不够，因为从何入手并不是太清楚。我在日本接触到的人，没有谁和我具有同样的研究兴趣，无从讨论。我的联系老师庆应大学的安形麻里副教授，带领我参观了三田校区图书馆中收藏图书馆学著作、期刊的各个书库和图书馆学专业阅览室，从此我就一头扎进了这些书架之中。

我在图书馆发现了很多关于图书馆史方面的书籍，其中一本叫做《图书馆与汉籍》，一下子就引起了我的注意，这本书里说不定有很多内容是关于中国图书和图书馆的，日本学者是怎么认识这些问题呢？该书的著者是松见弘道，我看到其中关于民国时期的图书馆学虽然写的很简略，但是重要的内容也都写到了，可见作者对于中国图书馆学的了解程度，那么他会不会对中国图书馆学有更多的研究呢？从著者入手进行检索，居然收获不小。

首先，他的这一本书已经被黄宗忠等人翻译为中文了，名字就叫做《中国图书与图书馆》，看来我这是二次发现新大陆。

第二，他的研究内容非常广泛，从人物来说，他研究过从古至今中国著名人物与图书馆事业的关系，从古代来说有秦皇汉武、董仲舒、司马迁、唐玄宗、日本著名遣唐留学生晁衡等等，从现代来说有杜定友、

刘国钧、姚名达、陈登原、皮高品、钱存训等等。他对于中国图书馆的分类法和目录学尤为精通，此外他的著作还涉及中国图书馆事业的各个方面，同时他对于日本图书馆学的历史也非常精通。读他的书，简直就是找到了一条了解中日图书馆学之间交流的捷径。

他关于杜定友的一篇文章2次被翻译为中文，即《怀念图书馆学专家杜定友》和《中国现代图书馆学家——杜定友》。其中关于杜定友访日的内容引起了我的特别注意。

松见弘道于1918年6月8日生于日本滋贺县虎姬町中野，1942年毕业于大谷大学文学部中国学科。1946年任大谷大学人文学第2研究室副手，1951年任岐阜大学司书长兼讲师，1963年任岐阜大学附属图书馆事务长，1978年任东海女子短大教授兼图书馆长。曾于1970年获得国立大学图书馆协会岸本奖。主要研究领域是中国学和图书馆学，尤其对中国图书馆学感兴趣。所参加的学术团体有日本图书馆协会、日本图书馆学会和日本图书馆研究会。他曾在一篇论文中称“恩师神田喜一郎”，可见其师承。卒年未详，不知其所终，实在遗憾。

在中日图书馆学交流史上，松见弘道是一位不可多得的学者。他于20世纪50-90年代的40年间始终致力于向日本介绍中国的图书和图书馆学界，把这项事业视作他“毕生学习的主题”，为促进中日图书馆学友好交流做出了重大贡献，因此赢得了中国图书馆学界的尊敬。他的一些论著先后被翻译为中文，在中国产生了一定的影响。他曾2次访问中国，与一些知名图书馆学者如张白影、黄宗忠等人建立了友谊。黄宗忠对他评价甚高，“他40年如一日，坚持研究中国的图书和图书馆事业，发表了不少充满对中国、对中国文化热爱的论著。他不仅从资料中研究中国，而且多次到中国进行实地调查；他不仅翻译中国学者的著作，而且撰写了大量论著向日本读者宣传和介绍中国文化。我们对他40年来一直坚持研究和介绍中国图书馆与图书馆事业所做出的贡献，表示敬意。”

三、杜定友访日开启中日图书馆学双向交流新局面

松见弘道对杜定友访日的介绍，关于这方面的内容，已经在《山东图书馆学刊》2014 年 4 期上发表了，可能有些老师感兴趣，已经看到了，我在这里简述一下主要内容。

杜定友于 1926 年夏天访日，当时他是上海南洋大学图书馆主任。日本图书馆界知名人士、曾经留美的图书馆用品专门合资会社间宫商店的主人间宫不二雄专程从大阪到神户迎接杜定友一行，二人此前并未谋面，仅有几次通信联系，这次会面，一见如故，成为挚友。访问期间杜定友得到了间宫不二雄的大力帮助，间宫不二雄不仅邀请杜定友到自己家中做客，共同切磋中日图书馆的有关问题，而且陪同杜定友参观，或安排各地的行程、图书馆的接洽，并代杜定友给各馆写参观访问后的感谢信等，颇为周到。

杜定友在短短两周的访日行程中，经过日本 17 个埠头，重点参观了东京、京都、大阪、名古屋、静冈县等地的 14 所图书馆，结识了如大阪府立图书馆今井贯一馆长、京都帝大图书馆笹冈馆长等 20 多名日本图书馆界人士，并受到日本全国图书馆协会的设宴欢迎。除了这些日本友人，杜定友在东京还得到了中国留学生马宗荣的帮助，二人于图书馆学研究方面志趣相投，相谈甚欢，杜定友还拜托马宗荣处理此次访日未能达成的与日方商谈重印皕宋楼藏书一事。

杜定友此行，有三个直接的成果，一是“圕”字的正式使用，二是以一个图书馆学家的眼光对日本的图书馆事业和图书馆学的发展状况进行了调查分析，三是代表中华图书馆协会邀请日本全国图书馆协会派

出代表参加中华图书馆协会的会议，研究中日图书馆联络合作问题，并得到了对方积极的响应。

杜定友此行的影响却不仅限于此，杜定友在《日本图书馆参观记》中对中日图书馆界的比较分析，让双方看清了彼此的问题和成果，从而开启了一个中日图书馆学双向交流的新时代。而这个时代是如此独特，它以“圕”字的正式使用为特征，也差不多与“圕”的使用相始终。

今天我们看到“圕”字，仅仅知道它是“图书馆”三个字的缩写是不够的，还要把它与一个时代联系起来，把它与中国图书馆学的巨大影响联系起来，把它与中国图书馆学学术史上的一段辉煌历史联系起来。也就是说，看到“圕”字，就要想到一个时代——“圕时代”。

“圕”字的产生源于杜定友和间宫不二雄的“历史性的共鸣”。“圕”字的生父是杜定友，接生婆是间宫不二雄，出生地是在日本大阪市北区木幡町 21 番地间宫家，生日（在出版物上的正式使用）是日本图书馆学刊物《圕》的创刊时间 1926 年 10 月 15 日，取得中国户籍时间是 1929 年 1 月，由中华图书馆协会南京第一次年会大会决议通过。

“圕”字在日本受到了很高礼遇，日本人信奉“即知即行”，正如陈伯逵所说“彼邦人士，如获拱璧，更发行杂志，以此字命名”。间宫不二雄专门以《圕》为刊名，创办了一份刊物，于 1926 年 10 月 15 日正式发行，可惜此刊仅出了 1 期就停刊了。当时寄到中国多份，李小缘、戴志骞、陈伯逵等许多人都是拿到该刊后，才得知“圕”字的创制。我在庆应大学图书馆见到了《圕》刊。该刊正文篇幅仅有 40 来页，另有图书馆学图书、图书馆用品广告数页。正文首篇就是杜定友用英文撰写的关于“圕”字的发明和用法的文章，并配有杜定友的全家福照片。

间宫不二雄在杜定友来访之后，进行了一系列活动，他于当年发行

《圕》刊，次年成立日本青年图书馆员联盟，第三年开始发行《圕研究》季刊，勉力维持16年，1943年停刊，1944年青年图书馆员联盟解散，1955年他将《圕研究》系统整理、复制出版。他的这些举动很快受到了中国图书馆学界的关注。刘国钧亲自撰文予以报道，介绍日本青年图书馆员联盟，还对该联盟的会址、会费、组织机构和机关刊物《圕研究》所要承担的任务一一进行了介绍。

对于已经出版的两期《圕研究》，刘国钧认为其内容"甚为丰富"，指出其中最有价值的5篇论文分别是对美国芮嘉森的《分类法之理论与实际》和《分类法之过去五十年》的翻译，森清氏的《和洋图书共用十进分类表案》、间宫不二雄的《辞书体目录之特色及其解说》、井上光雄的《关于图书馆内电灯配置之研究》。刘国钧还注意到我国裘开明及美国波登在美国《图书馆杂志》上所发表的关于分类法的论文也已被铃木贤祐翻译为日文。刘国钧最后指出，该刊两期中共有5篇讨论分类法，可见此问题在日本图书馆界之重要性。

日本图书馆学界对间宫不二雄这一时期的贡献评价也非常高，松见弘道曾说，"对于间宫老早年在创建和经营间宫商店的同时对我国近代处于摇篮期的图书馆事业所做出的贡献以及到现代他还老当益壮精心指导图书馆事业的发展并成为青年图书馆员联盟之父的伟绩还应大书特书。"松见弘道还指出，"《圕研究》虽然仅有不足16年的历史，但它为日本图书馆事业所造就的济济人才却以雄狮奋迅之势为后人留下了宝贵的研究成果……优秀学者陆续撰稿，使该刊呈现出百花齐放的景象，这的确是一种创举。"

1936年间宫不二雄访华后，对中国图书馆界的蓬勃发展有了更深切的感受，他说，"最近十年来中国图书馆事业之猛进，实堪重视。日本人之所以对华问题之无有成果，或系蔑视中国图书馆事业之进展之故，亦未可知。如果欲认识中国，则应注意中国之图书馆。”又说，“在近十余年间，中国图书馆之发达，诚为可警，已超过日本图书馆进步数倍。”他对中国图书馆学人才培养尤为羡慕，“日本中等学校毕业后再行补习一年之图书馆讲习所只有一处，且多不合实用。中国大学毕业生有施以二年专科之设施，此种学生，大多均远涉重洋，赴英美德法留学，即在图书馆服务者，亦均经专科之补习。故余之见解，今后日本如能每年派送两名大学生至武昌文华图书馆专科学校肄业，实较留学欧美为佳也。”

《圕》和《圕研究》上刊登了多封中国图书馆学家的来信，包括袁同礼、戴志骞、桂质柏、裘开明、王云五等人。通过这些书信我们一方面可以看到，间宫不二雄与中国图书馆学界交流的积极态度，另一方面也可以看到，中国图书馆学界对该刊的评价。

四、从松见弘道的研究看刘国钧、杜定友等人在海外图书馆学界的影响

在中国图书馆界有“北刘南杜”和“北刘南杜中皮”的提法，尚未有人精确考证这两种提法出现的确切时间和语境。笔者猜测，当其出现之际可能有正反两方面的意思，从正面来看，“北刘南杜”应该是说从 20 世纪 30、40 年代到 60、70 年代，身处南方的杜定友和身处北方的刘国钧在学界的影响力；“北刘南杜中皮”应该是说刘国钧、杜定友、皮高品三人所编制的分类法在中国图书馆界具有三分天下的影响力。从反面来看，可能是对批判对象的两种简称，因为这 3 位老先生在 1958 年先后受到“北京大学图书馆学系 1956 年级‘什么是图书馆学’批判小组”、“北京大学图书馆学系 1955 年级资产阶级思想批判小组”、“武汉大学图书馆学系三年级学术思想批判小组”以及“武大图书馆学

系通讯小组”的批判，在“文化大革命”中更是如此。姑且不论“北刘南杜”这一提法的来历，仅从“把毕生都贡献给了中国图书馆事业”，而且“对中国图书馆学做出了巨大贡献”这两条标准来衡量，刘国钧和杜定友并称“北刘南杜”都是当之无愧的。

然而把刘国钧和杜定友联系在一起进行系统研究的并不多。即使是松见弘道本人，在他自己的论著中也从来没有出现过“北刘南杜”的提法。不过这并不影响他对刘国钧和杜定友二人的研究，他始终将此二人视为现代图书馆的奠基者，在不少场合将他们相提并论，他甚至制作了一个表格将杜定友和刘国钧紧紧地联系在了一起，我把它称作松见弘道的“北刘南杜”对照表（见表 6-7）。

该表出自《中国近代图书馆巨匠：刘国钧的肖像及其丰功伟绩》，是 1980 年松见弘道在得知刘国钧去世的消息以后，花了 3 年时间，在儿玉孝乃和山内弘江二人的帮助下，写下的一篇纪念长文，不仅对刘国钧的生平和业绩进行了非常详细的回顾，也对刘国钧和杜定友学术和事业的各个方面进行了系统对比。松见弘道的研究让我们看到了以“北刘南杜”为代表的中国图书馆学家的国际影响力，具有非常重要的意义。

有关这方面的内容我写了一篇文章——《松见弘道对“北刘南杜”的研究》，已经投稿，还不知道能不能被录用，不多说了。

五、日本图书馆史研究的一些特点带给我们的启发

以上说的都是我个人的一些感受，下面谈一下对于我们这一次会议可能会有一点参考意义的内容，我感觉日本图书馆史研究有这么几个特点值得我们借鉴，一个是他们的翻译著作多，这样有利于系统地、原汁原味地学习他国之长。一个是他们的研究有组织、有刊物、有会议、有

专攻。他们有一个专门的图书馆学史刊物，是一本年刊，在每次年会后出版。

我认为苏馆长组织的这次会议，是一个非常好的契机，我们是不是也可以成立这样一个研究会，出版一本年刊，每年集中集体智慧，干好一两件事情，比如关于图书馆学史研究方法论的话题，就是一个非常迫切需要解决的问题，此外还有很多领域值得深入探讨，这次会议都将是一个重要的开端，预祝大会圆满成功！